LVAGOSTINHODA
NHODASILVAGOSTINHODA
ILVAGOSTINHODASILVAGOS
TINHODASILVAGOSTINHODA
SILVAGOSTINHODASILVAGO
TINHODASILVAGOSTINHOD
SILVAGOSTINHODASILVAG
STINHODASILVAGOSTINHO
ASILVAGOSTINHODASILVAG

GOSTINHODASILVAGOSTINH
DASILVAGOSTINHODASILVA
GOSTINHODASILVAGOSTIN
ODASILVAGOSTINHODASILV
ODASILVAGOSTINHODASILV
AGOSTINHODASILVAGOSTIN
ODASILVAGOSTINHODASIL
ODASILVAGOSTINHODASIL
AGOSTINHODASILVAGOSTI
HODASILVAGOSTINHODASI
VAGOSTINHODASILVAGOSTI

BIBLIOTECA

AGOSTINHO
DA SILVA

Agostinho da Silva, em Lisboa, inícios da década de 1980. Acervo Associação Agostinho da Silva.

AGOSTINHO DA SILVA

EDUCAÇÃO, REINVENÇÃO E LIBERDADE

TOMO I
EDUCAR PARA A VIDA

Organização do volume
Romana Valente Pinho
e Amon Pinho

Prefácio
Antônio Nóvoa

Coordenação Biblioteca
Agostinho da Silva
Amon Pinho

É Realizações
Editora

Editor: Edson Manoel de Oliveira Filho
Concepção e coordenação da Biblioteca Agostinho da Silva: Amon Pinho
Organização, seleção e fixação de textos, e notas: Romana Valente Pinho e Amon Pinho
Produção editorial: É Realizações Editora
Projeto gráfico, diagramação e capa: Nine Design Gráfico | Mauricio Nisi Gonçalves
Preparação de texto: Fernanda do Nascimento Simões
Revisão: Alessandra de Miranda de Sá e Nestor Turano

CIP-BRASIL. CATALOGAÇÃO NA PUBLICAÇÃO
SINDICATO NACIONAL DOS EDITORES DE LIVROS, RJ

S578e
v. 2

Silva, Agostinho da, 1906-1994
Educação, reinvenção e liberdade. Tomo I : educar para a vida / Agostinho da Silva ; organização do volume Romana Valente Pinho, Amon Pinho ; prefácio Antônio Nóvoa. - 1. ed. - São Paulo : É Realizações, 2023.
392 p. ; 23 cm. (Biblioteca Agostinho da Silva, vol. 2)

Sequência de: Filosofia enquanto poesia
Continua com: Educação, reinvenção e liberdade. Tomo II: reinventar o futuro
"Anexos"
ISBN 978-65-86217-52-0

1. Educação - Filosofia. 2. Educação - Finalidades e objetivos. 3. Psicologia da aprendizagem. 4. Psicologia educacional. I. Pinho, Romana Valente. II. Pinho, Amon. III. Nóvoa, Antônio. IV. Título. V. Série.

23-82561 CDD: 370.1
CDU: 37.01

Meri Gleice Rodrigues de Souza - Bibliotecária - CRB-7/6439
15/02/2023 16/02/2023

É Realizações Editora, Livraria e Distribuidora Ltda.
Rua França Pinto, 498 · São Paulo · SP · 04016-002
Telefone: (5511) 5572-5363
atendimento@erealizacoes.com.br · www.erealizacoes.com.br

REPÚBLICA PORTUGUESA
CULTURA
DIREÇÃO-GERAL DO LIVRO, DOS ARQUIVOS E DAS BIBLIOTECAS

Edição apoiada pela DGLAB – Direção Geral do Livro, dos Arquivos e das Bibliotecas.

Este livro foi impresso pela Pancrom Indústria Gráfica em julho de 2023. Os tipos são da família DTL Elzavir ST, Trajan e Dear Sarah. O papel do miolo dos livros é o Avena 80g., e o da capa dos livros, Couchê fosco, 150 g.

Para Georgina do Carmo Baptista e Silva
José Augusto Teixeira Rego
Antônio Sérgio
Lauro Travassos
Hugo de Souza Lopes e
Sebastião José de Oliveira
In memoriam

Para Glória Paiva de Carvalho
Lydia Hortélio
Maria Amélia Pinho Pereira (Peo)
Maria Luiza Pinho Pereira e
Luiz Carlos Pontual de Lemos
Entusiastas da utopia em ação

SUMÁRIO

TOMO I – EDUCAR PARA A VIDA

TOMO II – REINVENTAR O FUTURO

LIVRO I

Agostinho da Silva, em Montevidéu, em junho de 1945 ou de 1946.
Acervo Maria Gabriela Agostinho da Silva Rodrigues.

PREFÁCIO

Agostinho da Silva, um ponto sem dimensão

ANTÔNIO NÓVOA[1]

> Ora o mestre não se fez para rir; é de fato um mestre aquele de que os outros se riem, aquele de que troçam todos os prudentes e todos os bem estabelecidos; pertence-lhe ser extravagante, defender os ideais absurdos, acreditar num futuro de generosidade e de justiça, despojar-se ele próprio de comodidades e de bens, viver incerta vida, ser junto dos irmãos homens e da irmã natureza inteligência e piedade; [...] o mestre é o homem que não manda; aconselha e canaliza, apazigua e abranda; não é a palavra que incendeia, é a palavra que faz renascer o canto alegre do pastor depois da tempestade; não o interessa vencer, nem ficar em boa posição; tornar alguém melhor – eis todo o seu programa; para si mesmo, a dádiva contínua, a humildade e o amor ao próximo.
>
> Agostinho da Silva

Felizmente, Agostinho da Silva é um autor conhecido e reconhecido. São muitos os textos que traçam a sua biografia e que dão a conhecer a sua obra. Em todos se confessa a dificuldade, mesmo a impossibilidade, de apreender uma

---

[1] Professor catedrático do Instituto de Educação da Universidade de Lisboa, doutorou-se em Ciências da Educação pela Universidade de Genebra (1986) e em História Moderna e Contemporânea pela Universidade de Paris IV-Sorbonne (2006). Foi reitor da Universidade de Lisboa entre 2006 e 2013, tornando-se logo em seguida seu reitor honorário. É doutor *honoris causa* pelas Universidades de Brasília (2015), do Algarve (2015), Lusófona (2016), Federal do Rio de Janeiro (2017), Federal de Santa Maria (2019) e de São Paulo (2021). No Brasil, em 2014, desenvolveu, junto ao Governo Federal, uma missão internacional da Unesco e foi professor visitante da Universidade de Brasília. Desde 2018, é embaixador de Portugal na Unesco. Publicou, entre muitos outros títulos, *As organizações escolares em análise* (1995), *Histoire & comparaison*: essais sur l'Éducation (1998), *Dicionário de educadores portugueses* (2003), *Evidentemente*: histórias da Educação (2005), *Paulo Freire*: política e pedagogia (2006), *O regresso dos professores* (2011) e *Política de vida* (2015). [NOTA DOS ORGANIZADORES]

personalidade tão multifacetada e complexa. Talvez o fato de não se deixar classificar seja o principal traço distintivo deste homem "extra-ordinário".[2]

Num primeiro momento, parece fácil compreendê-lo. Sentimo-nos atraídos pela sua fala simples, sedutora, pela sua rebeldia, pela sua escrita inconvencional e, frequentemente, inconveniente. Agostinho da Silva envolve-nos e conduz-nos pelos mistérios do pensamento com uma surpreendente naturalidade. Mas logo nos apercebemos de que esta facilidade é aparente. Em cada frase, em cada palavra, há um mundo de referências e de significados, e de sentidos, tantas vezes, paradoxais. Quando fala sobre Deus ou sobre a missão de Portugal ou sobre a escola ou sobre a sua própria vida: "Agradeço o fato de me considerarem paradoxal. Como vejo sempre no heterodoxo o ortodoxo do outro lado, creio que aquilo que realmente nos pode unir é o paradoxal. O existir e não existir ao mesmo tempo é, do meu ponto de vista, a união final das coisas".[3] Por isso, conclui: "Considerando-me paradoxal, dirigem-me o melhor elogio que eu poderia esperar".[4]

Ao instalar-se no paradoxo, o pensamento de Agostinho da Silva vive nos extremos, assumindo que "tanto se pode partir do postulado *Tudo é* como de *Nada é*".[5] O mesmo se diga da sua vida, como assinala Fernando Cristóvão, em texto sobre um templário que prepara o novo século português: "Pensamento a um tempo utópico (alguns diriam delirante) e extremamente realista (alguns diriam, propriamente, chocante), o pensamento de Agostinho da Silva seduz e estimula como um daqueles bálsamos das gestas antigas, ajudando a entender Portugal e as suas perspectivas de futuro".[6]

---

[2] Eduardo Lourenço, Prefácio, in Agostinho da Silva, *A última conversa* (entrevista a Luís Machado). Lisboa: Editorial Notícias, 1995, p. 19.

[3] Agostinho da Silva, Entrevista com Agostinho da Silva, in Agostinho da Silva, *Dispersos*. Organização e apresentação de Paulo Borges. Introdução de Fernando Cristóvão. Lisboa: ICALP: Ministério da Educação, 1988, p. 79.

[4] Idem, ibidem, p. 79.

[5] Idem, ibidem, p. 80.

[6] Fernando Cristóvão, Um templário prepara o novo século português, in Agostinho da Silva, *Dispersos*, ed. cit., p. 14.

São muito distintas as leituras da vida e da obra de Agostinho da Silva, mas todas coincidem num ponto: o modo como viveu em liberdade, no pensamento e na vida. Não é pouco para um homem que teve de lidar com duas ditaduras, em Portugal e no Brasil. A sua liberdade vai para além dos regimes políticos e situa-se numa dimensão humana de transcendência e criação.

Não pretendo ensaiar mais um exercício biográfico sobre Agostinho da Silva. Por isso, recorro às suas próprias palavras para o retratar. No seu "Projeto de um mestre", que escolhi para epígrafe deste Prefácio, encontro um desejo autobiográfico. Em cada frase vejo-o a falar de si mesmo quando fala de um mestre: "A ninguém terá rancor, saberá compreender todas as cóleras e todos os desprezos, pagará o mal com o bem, num esforço obstinado para que o ódio desapareça do mundo".[7]

Hesitei no título a dar a estas notas: *Um poeta à solta*, para marcar a liberdade, sobretudo de criação? *Um mestre do imprevisível*, para acentuar o paradoxo de estarmos "na posição de termos ao mesmo tempo um ideal – o imprevisível – e de não ter ideal nenhum, porque ele é imprevisível"?[8] *O impossível está apenas encoberto*, para reconhecer o seu esforço de des-cobrir, de des-vendar, o que está inacessível à vista?

No final, optei, uma vez mais, pelas suas próprias palavras: "A meta, provavelmente, é o ponto sem dimensão. E esse é muito difícil. Acho que não o vou atingir e estou muito contente por a meta ser essa!".[9] A imagem de *um ponto sem dimensão* cruza referências científicas e espirituais, "inteligência matemática e fé mística",[10] a natureza que é e que não é, o tudo e o nada, é o vazio pleno, o paradoxo infinito.

A organização e seleção dos textos deste segundo volume da Biblioteca Agostinho da Silva, empreendimento editorial concebido e coordenado por

---

[7] Agostinho da Silva, Projeto de um mestre, in Agostinho da Silva, *Considerações e outros textos*, ed. cit., p. 41-43.

[8] Agostinho da Silva, *Vida conversável*. Sintra: Zéfiro, 2020, p. 37.

[9] Agostinho da Silva, A minha meta é o ponto sem dimensão (entrevista a Antônia de Sousa), in Agostinho da Silva, *Dispersos*, ed. cit., p. 152.

[10] Agostinho da Silva, Proposição, in Agostinho da Silva, *Dispersos*, ed. cit., p. 611.

Amon Pinho, é da responsabilidade deste e de Romana Valente Pinho. Com um título sugestivo – *Educação, reinvenção e liberdade* –, juntam-se livros, opúsculos, artigos e outros escritos de Agostinho da Silva sobre educadores, experiências escolares, ideais pedagógicos e universidades. Assim, dividirei estas notas introdutórias em duas seções: na primeira, "Pelos caminhos da Escola Nova", procurarei anotar as suas reflexões no campo da educação escolar (ensino básico e secundário); na segunda, "Pelas margens da universidade", buscarei apreender a sua participação em diversas experiências institucionais e o seu esforço para pensar outros espaços e tempos universitários.

Oriento estas considerações pela notícia biográfica de Miguel Real no *Dicionário de educadores portugueses*, referindo que, na sua definição moderna, "não existe pedagogia em Agostinho da Silva", mas, tomada no seu sentido clássico, "então toda a atividade cultural de Agostinho da Silva pode estatuir-se como a de um pedagogo".[11] Por isso, apesar de uma das suas obras de referência, *Educação de Portugal*, não constar deste segundo volume, não deixarei de a mencionar, no final, como testemunho dessa "vocação pedagógica" ampla de Agostinho da Silva.

PELOS CAMINHOS DA ESCOLA NOVA

Ao longo da sua vida, de uma ou de outra maneira, Agostinho da Silva dá voz ao ideário da Escola Nova, tal como este se define na década de vinte do século XX. Numa série de textos que constituem o grosso deste volume, publicados entre 1938 e 1942, isto é, antes da sua partida para o Brasil, apresenta autores e experiências escolares que são precursores ou fazem parte deste movimento de renovação pedagógica: *A vida de Pestalozzi* (1938), *Sanderson e a Escola de Oundle* (1941), *O método Montessori* (1939), *Frantisek Bakulé* (1940), *As altas escolas populares da Dinamarca* (1939), *As escolas de Lietz* (1939), *As escolas de Winnetka* (1940), *O Plano Dalton* (1939 e 1942), *Escolas de altitude* (1940)...

[11] Miguel Real. Silva, George Agostinho Baptista da. In: Antônio Nóvoa (dir.), *Dicionário de educadores portugueses*. Porto: Edições ASA, 2003, p. 1313.

Os seus primeiros contatos com a Educação Nova foram, certamente, no seio da *Seara Nova*, através de Antônio Sérgio e de Faria de Vasconcelos, este último também seu professor na Escola Normal Superior de Lisboa. Mas é em Paris, no ano letivo de 1932-1933, aos 26 anos de idade, que, conforme expõe no seu relatório de estágio, adquire um melhor conhecimento desses autores através de uma série de "cursos e conferências sobre a Pedagogia moderna por *l'Éducation nouvelle*, na Escola de Altos Estudos".[12]

O traço que junta Agostinho da Silva à geração da Escola Nova é a desconfiança na escola ou, melhor dizendo, no modelo escolar tradicional. Nessa linha, afirma que "em educação, o nosso ideal não é o de que haja cada vez mais escolas: é o de que elas se transformem em não-escolas".[13]

É fácil aproximar este ideal do célebre prólogo de Adolphe Ferrière, quando, no seu livro-manifesto, *Transformemos a escola*, apresenta a escola como uma criação do diabo:

> A criança adora a natureza: encerraram-na por isso dentro de casas. A criança gosta de brincar: obrigam-na a trabalhar. Pretende saber se a sua atividade serve para qualquer coisa: fez-se com que a sua atividade não tivesse nenhum fim. Gosta de mexer-se: condenam-na à imobilidade. Gosta de palpar objetos: ei-la em contato com ideias. Quer servir-se das mãos: é o cérebro que lhe põem em jogo. Gosta de falar: impõem-lhe silêncio. Quer esmiuçar as coisas: constrangem-na a exercícios de memória. Pretende buscar a ciência de moto próprio: é-lhe servida já feita. Desejaria seguir a sua fantasia: fazem-na vergar sob o jugo do adulto. Quereria entusiasmar-se: inventaram-se os castigos. Quereria servir livremente: ensinou-se-lhe a obedecer passivamente.[14]

---

[12] Junta de Educação Nacional, *Relatório dos trabalhos efetuados em 1932-1933*. Lisboa, 1934, p. 90.

[13] Agostinho da Silva, Barca d'Alva: Educação do Quinto Império, fascículo 2, in Agostinho da Silva, *Dispersos*, ed. cit., p. 491. Assinado pelo personagem-heterônimo João Cascudo de Moraes.

[14] Adolphe Ferrière, *Transformemos a escola*. Paris: Livraria Francesa e Estrangeira Truchy-Leroy, 1928, p. 12-13. A edição original, publicada na Suíça, é de 1920.

Agostinho da Silva poderia ter assinado este prólogo, como poderia, aliás, ter feito suas as palavras de Antônio Sérgio nas *Divagações pedagógicas*: "Ah, imenso programa: liberdade ao aluno; não fazer mal!"[15]

É nesse pano de fundo que se desenvolvem as suas reflexões sobre a escola e o ensino, marcadas por seis grandes princípios ligados entre si.

Primeiro – A afirmação de que a criança é, na sua origem, pura e generosa, curiosa, capaz de fazer perguntas e de aprender por si mesma – não podemos permitir as "cargas de deseducação, digamos assim, do ser humano, que são as cargas daquilo a que se chama a educação em geral".[16]

Segundo – O reconhecimento de que a criança tem uma grande capacidade de iniciativa, de fazer perguntas e de cooperar com os outros – é nossa obrigação criar lugares para aprender e não para ensinar, para cultivar "a fantasia e não a memória", para pôr os alunos em contato "com os problemas e não com as soluções".[17]

Terceiro – A crítica radical aos professores que não sabem ser educadores, chegando mesmo a dizer que poderíamos supor que, pelo menos, se salvariam os que vão por aquilo a que chamamos humanidades – "longe disso, porém: cabe-lhes o pior da guerra e da matança; em geral o ensino os tenta: acabam professores; e a razão é sempre a mesma: não sabendo fazer, ensinam a fazer".[18]

Quarto – A consciência de que "instruir sem educar pode ser a mais perigosa das empresas" e, por isso, devemos aceitar que as crianças nos ensinam mais a nós do que nós a elas – "comecei eu a ser feito pelos que ensinei, muito mais do que os fazer a eles", confidencia em carta de 1971.[19]

---

[15] Antônio Sérgio, *Ensaios*, tomo II. Edição crítica de Castelo-Branco Chaves, Vitorino Magalhães Godinho, Rui Grácio e Joel Serrão. Organização de Idalina Sá da Costa e Augusto Abelaira. Lisboa: Livraria Sá da Costa Editora, 1972, p. 182.

[16] Agostinho da Silva, A minha meta é o ponto sem dimensão, in Agostinho da Silva, *Dispersos*, ed. cit., p. 140.

[17] Agostinho da Silva, Considerando o Quinto Império, in Agostinho da Silva, *Dispersos*, ed. cit., p. 196.

[18] Agostinho da Silva, Ecúmena, in Agostinho da Silva, *Dispersos*, ed. cit., p. 235.

[19] Agostinho da Silva, Compostela: carta sem prazo a seus amigos, in Agostinho da Silva, *Dispersos*, ed. cit., p. 511.

Quinto – A defesa de uma aprendizagem que se faz através do conhecimento, mas, acima de tudo, através da criação – "aos textos portugueses só deve ir o aluno depois de ele próprio ter escrito muito, pois é mais importante que esteja seguro de seu próprio poder de criação do que venha admirar o que fizeram outros".[20]

Sexto – A denúncia da pedagogia, "que não é mais do que a submissão e extinção gradual dos instintos e das espontaneidades criadoras",[21] sugerindo a sua substituição pela anagogia – "somos instruídos para não crermos em nós, para nos submetermos, para obedecer, não para criar, que foi ao que viemos; venha, pois, a anagogia, o caminho para cima, o mais depressa possível".[22]

Esses seis princípios articulam-se e aparecem, de uma ou de outra maneira, nos textos e entrevistas de Agostinho da Silva. O ponto de partida são sempre os três defeitos da escola atual: a separação das crianças da vida adulta; a atribuição da tarefa de educar a mestres "especializados"; e a preparação das crianças para servir e trabalhar.[23] Esta matriz de pensamento está bem sintetizada na *Proposição*, texto de 1974 publicado nos *Dispersos*, sobretudo nos parágrafos 51 a 65 dedicados à educação.[24]

As tendências desescolarizantes de Agostinho da Silva são nítidas ao longo do seu percurso de vida. Depois dos autores da Escola Nova, muito presentes nos seus escritos de juventude, não deixará de se referir, mais tarde, a Alexander Neill, a Carl Rogers, a Paul Goodman ou a Ivan Illich, inserindo-se assim numa linhagem de pensadores que se afastaram do modelo escolar para valorizarem outras formas de educação e aprendizagem.

---

[20] Agostinho da Silva, *Educação de Portugal*. Lisboa: Ulmeiro, 1989, p. 64.

[21] Agostinho da Silva, A comédia latina, in Agostinho da Silva, *Filosofia enquanto Poesia*: Sete cartas a um jovem filósofo, Conversação com Diotima, Filosofia nova e outros escritos. Organização, seleção e fixação de textos, posfácio e notas de Amon Pinho. São Paulo: É Realizações, 2019, p. 336. (Biblioteca Agostinho da Silva, vol. 1.)

[22] Agostinho da Silva, Composição do Brasil, in Agostinho da Silva, *Dispersos*, ed. cit., p. 559.

[23] Agostinho da Silva, Notas para um posição ideológica e pragmática da Universidade de Brasília, in *Educação, reinvenção e liberdade*, tomo II.

[24] Agostinho da Silva, Proposição, in Agostinho da Silva, *Dispersos*, ed. cit., p. 608-11.

PELAS MARGENS DA UNIVERSIDADE

Numa entrevista antiga, Jean-Luc Godard respondeu assim ao fato de ser considerado um realizador "marginal": "Sabe, são as margens que definem as páginas". Bela expressão, que coloca o olhar num outro ponto, des-centrado ou mesmo ex-cêntrico. É deste outro lugar que Agostinho da Silva nos fala sobre a universidade.

Se a sua experiência no ensino secundário é bastante reduzida, já a sua ação nos meios universitários merece uma referência especial. Nos anos 1930 do século XX, bolsista da Junta de Educação Nacional, realiza estudos de língua e de literatura, mas também de história e de pedagogia, tendo ainda contribuído para os estudos filológicos na Universidade de Lisboa.

Mas é no Brasil, entre 1944 e 1969, que a sua presença junto de várias universidades se revela de grande significado. No Rio de Janeiro, na Paraíba, em Santa Catarina, em Brasília, na Bahia, em Goiás, no Mato Grosso, e em vários outros lugares, desenvolve uma ação de grande relevância, tendo estado ligado a experiências institucionais fundamentais para o desenvolvimento das universidades brasileiras. Registre-se apenas, e já não é pouco, o seu papel na fundação da Universidade Federal de Santa Catarina e da Universidade de Brasília.

Há várias dimensões do seu trabalho e do seu pensamento que justificariam uma análise aprofundada. Na impossibilidade de o fazer, assinalo brevemente seis aspectos, em jeito de esboço de um programa para estudar o Agostinho da Silva *universitário*.

Primeiro – O modo como se bate, também no espaço universitário, pela língua portuguesa e culturas portuguesa, brasileira e africanas, criando e dirigindo centros de referência em várias instituições, trabalhando, com grande determinação, "por que haja um dia uma cidadania de todo o mundo de Língua Portuguesa".[25] A sua proposta de unir as universidades de língua portuguesa

---

[25] Agostinho da Silva, Entrevista a Tereza Sá Nogueira, in Agostinho da Silva, *Dispersos*, ed. cit., p. 24.

mantém-se ainda hoje plenamente válida, na perspectiva da criação de um espaço universitário forte e integrado.[26]

Segundo – A sua visão de universidade, fortemente ancorada na ideia de um primeiro ciclo de formação generalista, juntando "o Latim e a Física Nuclear, a Matemática e o Francês, a própria Filosofia e a História",[27] antes dos estudos mais especializados em Medicina, Direito ou noutras áreas. Agostinho da Silva chega mesmo a afirmar que solicitar que "a universidade forme melhores técnicos é, na realidade, destruí-la".[28] Falando da Universidade de Brasília, diz não querer que os estudantes "saiam dali homens que só sabem falar da sua especialidade, que não têm nenhuma espécie de linguagem comum com outros homens".[29]

Terceiro – A compreensão clara da necessidade de um compromisso da universidade com a sociedade, em todos os planos. Agostinho da Silva considera que "toda a universidade devia ter vergonha de o ser enquanto houver analfabetos".[30] E chama a atenção para a necessidade de a universidade não ficar muda perante os problemas do país, envolvendo-se plenamente nas questões sociais e econômicas.

Quarto – Uma sensibilidade aguda para a necessidade de abrir as universidades a públicos adultos, mesmo àqueles que não tiveram uma escolaridade regular ao nível do ensino secundário, o que implica, obviamente, a adoção de medidas extraordinárias de acesso e também novas modalidades de trabalho

---

[26] Cf. Agostinho da Silva, É urgente unir as universidades de língua portuguesa, in Agostinho da Silva, *Dispersos*, ed. cit., p. 121-23. É certo que, desde 1986, a Associação das Universidades de Língua Portuguesa (AULP) tem desenvolvido uma atividade importante. Mas a proposta apresentada por Agostinho da Silva tem uma ambição bem maior.

[27] Agostinho da Silva, Depoimento à Comissão Parlamentar de Inquérito destinada a investigar, entre outras coisas, a estruturação atual do sistema de ensino superior do país, abrangendo universidades federais, estaduais, particulares, bem como faculdades isoladas, in *Educação, reinvenção e liberdade*, tomo II.

[28] Agostinho da Silva, Reformas, in *Educação, reinvenção e liberdade*, tomo II.

[29] Agostinho da Silva, Presença de Portugal, in Agostinho da Silva, *Dispersos*, ed. cit., p. 203.

[30] Agostinho da Silva, Entrevista a Tereza Sá Nogueira, in Agostinho da Silva, *Dispersos*, ed. cit., p. 25.

pedagógico: "Achamos que um homem que deu as suas provas na vida pode dar as suas provas na universidade e que esta tem obrigação de o acolher se ele lhe der a honra de ser candidato aos seus cursos".[31] A ideia de que devemos preparar as pessoas para as permanentes mudanças que vão ter lugar ao longo da vida está também muito presente nas suas reflexões.

Quinto – A defesa de uma universidade centrada na criação de ciência e de cultura: "Um estabelecimento de ensino superior não deve ser, de modo algum, um simples transmissor de conhecimentos, mas também uma sede primacial de pesquisa científica".[32] Porém, Agostinho da Silva alerta, e muito cedo, logo em 1955, para não cedermos perante os desvios daquilo a que hoje chamamos o produtivismo acadêmico: "O único perigo que parece grave é o de poder querer a universidade entrar na carreira fatal do *publish or perish*, que é a negação de tudo quanto existe de medular na pesquisa científica".[33]

Sexto – A forma como pensa a universidade, enquanto espaço de ligação com a realidade exterior, nomeadamente no plano artístico, cultural e científico. Não se trata, apenas, de valorizar a "extensão universitária", no seu sentido tradicional, mas de compreender a importância das distintas formas de cultura popular e de enraizar os estudos universitários nas realidades locais.

No decurso da sua vida, tanto pela presença em diversas experiências institucionais, como pelas reflexões feitas em textos e entrevistas, Agostinho da Silva revela uma forma original de pensar a universidade e avança propostas que, ainda hoje, se mantêm atuais.

Curiosamente, o documento em que melhor expõe as suas ideias é o *Depoimento à Comissão Parlamentar de Inquérito*, feito em 1968, na Câmara dos Deputados em Brasília. Agostinho da Silva explica que foi um "dos poucos professores, dois ou três, que se conservaram na Universidade de Brasília depois da

---

[31] Agostinho da Silva, Presença de Portugal, in Agostinho da Silva, *Dispersos*, ed. cit., p. 205.

[32] Agostinho da Silva, A universalidade da pesquisa, in Agostinho da Silva, *Só Ajustamentos*. Salvador: Imprensa Oficial da Bahia, 1962, p. 13. Artigo originalmente publicado em *O Estado de São Paulo*, São Paulo, ano LXXVI, n. 24.505, 27 de março de 1955, p. 60.

[33] Idem, ibidem, p. 15.

crise",[34] isto é, depois que foi instaurada a ditadura militar no Brasil, em 1964. Quatro anos mais tarde, colabora com esta Comissão que se destina "a investigar, entre outras coisas, a estruturação atual do sistema de ensino superior do país, abrangendo universidades federais, estaduais, particulares, bem como faculdades isoladas". No seu *Depoimento*, defende que a instituição universitária "está se revelando velha, ultrapassada"[35] em todos os países e propõe que a liberdade e a criação sejam os pontos de partida para uma nova ideia de universidade.

*

Grande parte do pensamento educativo de Agostinho da Silva está resumido em *Educação de Portugal*, texto de 1970, apenas publicado em 1989, que será incluído nos próximos volumes desta Biblioteca Agostinho da Silva.

Não se trata de uma obra sobre educação, pois nada tem "que ver com educação no sentido comum" e "também em nada se refere aos problemas concretos de instrução",[36] mas de uma reflexão sobre a missão "educadora" de Portugal, do Brasil e dos países de língua oficial portuguesa no mundo. No entanto, aqui se encontram expostas as ideias centrais de Agostinho da Silva, desde a crítica à escola, considerando que "a educação não terá nenhuma outra tarefa senão a de deixar que a bondade inicial esplenda e seja",[37] até à crítica ao professor, pois "quanto menos aparecer o professor tanto melhor a escola".[38]

Um estudo de Olga Pombo, *A escola como memória do futuro*, de 2001, republicado no segundo tomo deste volume, chama a atenção para o "rousseauismo otimista" e para o "platonismo militante"[39] de Agostinho da Silva, sugerindo que, nessa tensão, aparentemente paradoxal, a figura da escola surge em todo o seu esplendor.

---

[34] Agostinho da Silva, Depoimento à Comissão Parlamentar de Inquérito, in *Educação, reinvenção e liberdade*, tomo II.

[35] Idem, ibidem.

[36] Agostinho da Silva, *Educação de Portugal*, ed. cit., p. 17.

[37] Idem, ibidem, p. 12.

[38] Idem, ibidem, p. 63.

[39] Cf. Olga Pombo, A escola como memória do futuro, in *Educação, reinvenção e liberdade*, tomo II.

Idêntica reflexão se pode ler na notícia biográfica de Miguel Real, quando refere que, em Agostinho da Silva, a escola surge como uma instituição que, por um lado, "reproduz massivamente a carga cultural racionalista e tecnicista da Idade Moderna" e, por outro, "confere acesso ao saber de outras épocas e ao conhecimento de outras estruturas mentais", cabendo-lhe por isso um grande papel no futuro.[40]

É sempre nos extremos que se define o pensamento de Agostinho da Silva. Ora defende o direito ao analfabetismo – "fique, pois, seguro o analfabeto de que sou todo por ele votar e por ficar analfabeto, se for esse seu gosto"[41] –, ora afirma que, no mundo de hoje, "são na realidade analfabetos os que não tiverem cultura superior".[42] Agostinho da Silva não nos convida a escolher entre um e outro desses extremos, mas antes a pensarmos uma terceira possibilidade, que só existe se formos capazes de rever os termos habituais das nossas definições, neste caso, de "analfabeto" e de "cultura superior".

Os biógrafos de Agostinho da Silva apontam os seus paradoxos como profundamente criadores e libertadores, pois são tão radicais que tornam impossível a nossa inscrição num desses extremos. Só nos resta uma opção: escolher o nosso próprio caminho. Ele é um mestre justamente porque não é um mestre:

> Ninguém me chame de mestre
> nem ter discípulos quero
> que chegue cada um por si
> ao nada ser que venero.[43]

---

[40] Miguel Real. Silva, George Agostinho Baptista da. In: Antônio Nóvoa (dir.), *Dicionário de educadores portugueses*, ed. cit., p. 1317.

[41] Agostinho da Silva, Barca d'Alva: Educação do Quinto Império, fascículo 2, in Agostinho da Silva, *Dispersos*, ed. cit., p. 486.

[42] Agostinho da Silva, Entrevista a Tereza Sá Nogueira, in Agostinho da Silva, *Dispersos*, ed. cit., p. 25.

[43] Agostinho da Silva, *Quadras inéditas*. 2.ª ed. Lisboa: Ulmeiro, 1997, p. 75.

Livros

Antero de Quental
por José Pacheco Toste
Instituto Cultural de Ponta Delgada
Açores, Portugal

VIDA DE PESTALOZZI*

Johann Heinrich Pestalozzi | 1746-1827

* Agostinho da Silva. *Vida de Pestalozzi.* Vila Nova de Famalicão, Portugal: Grandes Oficinas Gráficas Minerva, 1943. (Edição do Autor.) Publicada anteriormente em Agostinho da Silva. *A vida de Pestalozzi.* Lisboa: Seara Nova, 1938. (Cadernos da *Seara Nova* – Biografias.) E ainda antes, dividida em seis partes, saídas semanalmente na *Seara Nova*, revista de doutrina e crítica. Lisboa, ano XVIII, n. 546, 547, 548, 550, 551 e 552, 29 de janeiro a 12 de fevereiro de 1938 e 26 de fevereiro a 12 de março de 1938. A edição de 1943, adotada aqui como de referência, apresenta diferenças pontuais se comparada com as duas outras que lhe precederam. [N. dos O.]

I

Pestalozzi nasceu em Zurique, a 12 de janeiro de 1746. A família de reformados a que pertencia era originária da Itália e tinha emigrado para a Suíça, no século XVI, na altura em que o desenvolvimento do comércio e as lutas religiosas tanto provocavam os deslocamentos. Não sabemos qual dos dois fatores – a maior facilidade do ganho ou a mais ampla liberdade de pensamento – influiu na resolução dos Pestalozzi; não parece, no entanto, que tenham sido perseguidos pelos católicos italianos, ou, pelo menos, que as suas ideias lhes tenham acarretado quaisquer dificuldades; tudo faz crer que foram motivos comerciais os que levaram a Zurique a família de Pestalozzi; nenhum deles se mostrou particularmente interessado na batalha protestante e o seu reformismo foi antes de uma espécie tranquila e nada conflituosa.

O pai de Pestalozzi, João Batista, exercia a profissão de médico; no entanto, não lhe pesavam muito os deveres do cargo; dotado de forte vitalidade, impaciente e nervoso, menos atendia às queixas dos doentes e ao estudo das drogas do que à sua vocação de caçador e pescador; aí sentia-se à vontade, plenamente de acordo com o seu feitio aventureiro, com o anseio de surpresa e de viva emoção; o contato forte com a mãe natureza, as longas caminhadas pela serra, na aspereza das lombas, com os grossos sapatorros ressoando na rocha ou enterrando-se na neve, enchiam-no de gosto; outras vezes, pacientemente, todo se domando no esforço de esperar, vigiava a boia, entre os turbilhões da torrente; picava o peixe e João Batista arrancava das águas a truta ou o barbo que se debatiam, ouro e prata, ao sol claro.

Os prazeres do médico não eram de molde a fazer prosperar a casa, nem ele se interessava demasiado pela economia doméstica; na mulher, Susana Hotz, delegava tudo que pudesse perturbar as suas ocupações favoritas; poupar e fazer contas apareciam-lhe como duas atividades repugnantes, impróprias de alguém que se sentia criado por Deus para gozar a Natureza; outros seres mais pacatos, com menor sensibilidade poética e, sobretudo, com pernas menos sólidas e uma ciência do anzol infinitamente fraca, podiam dedicar-se a esses trabalhos inferiores; por si, escolhera: o exterior prendia-o mais que o lar e pouco atendia às reclamações e às queixas de Susana. O nascimento dos filhos não o modificou; o Senhor, que tudo oferece às aves e aos peixes, atenderia aos seus; entretanto, seguiria os seus impulsos.

De resto, havia tempo no mundo para pensar em tudo; quando fosse mais velho, e já o não atraíssem tanto a ascensão da montanha e a espera à borda de água, trataria de amontoar o dinheiro que bastasse para sustentar a mulher e os filhos; até lá, ir-se-iam aguentando conforme pudessem. Mas a vida foi curta; cinco anos depois de Pestalozzi ter nascido, morreu João Batista; nas últimas horas tomou-o a angústia de os deixar desprotegidos, com recursos mínimos, expostos à miséria; morrendo, descansava; e os outros ficavam para as noites de inverno sem lume, com a neve que vai batendo nos vidros e silenciosamente se amontoa, para os dias em que o pão seco se considera um luxo e se rói devagar, para que dure; agora lhe aparecia menos brilhante a existência que escolhera e, tragicamente, sem remédio.

Toda a sua esperança foi para a Babeli, a criada que, nas horas mais difíceis, nunca abandonara a família e a ela inteiramente se tinha dedicado; pediu-lhe que não deixasse Susana e os filhos, que os defendesse das asperezas da vida, que os ajudasse a serem melhores do que ele; a Babeli jurou-lho. Depois, simplesmente, pôs-se a cumprir o que tinha jurado; a educação de Pestalozzi e dos irmãos tornou-se o seu ideal, por ele afrontou todas as amarguras e se dispôs a todos os sacrifícios; sustentou os mesquinhos combates da miséria, lutou nos mercados e nas lojas, soube o valor da mais ínfima moeda; fez economias heroicas, poupou em todos os minutos, rijamente se bateu contra o fantasma da pobreza que não cessava de rondar; a vida austera e nobre se lhe gastou na atenção a tudo o que é pequeno e se vê desprezível, na tenacidade por alcançar um mínimo de conforto aos que o moribundo lhe tinha confiado.

Susana a ajudava na tarefa sem fim; ela, que fora tímida ante a exuberância do marido, fraca ante a sua vontade, incapaz de se impor e de limitar-lhe as loucuras, era agora a digna companheira da Babeli; camaradas na batalha, mutuamente se amparavam, se incitavam nos momentos de desânimo, valentes se erguiam frente à desgraça. Adorava os filhos, mas a sua ternura não conhecia as fraquezas; não os amimava, nem chorava com eles as tristezas de uma existência tão humilde; construía-os para a vida, hora a hora, pelo exemplo da sua serenidade, da sua coragem, do seu viril amor; queria-os resistentes e fortes, capazes de imporem a sua vontade a um mundo rebelde, de não se dispersarem como o pai; as responsabilidades que um homem tem na terra obrigam-no a sacrifícios e ao domínio dos instintos; de pequeninos os desejava formar para fainas humanas.

No entanto, apesar de toda a boa vontade, a natureza traía-a; era mulher, e a feminilidade, que debalde tentava reprimir, ia exercendo nos filhos a sua influência; sobretudo a notava em João Henrique, mais vivo que os irmãos, mais desperto do que eles às impressões do mundo; as íntimas tendências do pequeno adivinhavam o que havia no fundo de Susana; era, como ela, tímido e nervoso, aberto às emoções, mais do que ela, impaciente e rápido; a imaginação corria-lhe sem peias, deleitava-se nas mais extravagantes fantasias, levava-o a regiões de sonho onde ficava durante horas, absorto em visões que se iam, pouco a pouco, tornando o seu mundo real; alheava-se dos brinquedos dos irmãos, para meditar, solitário no seu canto; os olhos brilhavam de uma luz interior, os lábios murmuravam as palavras que ninguém entendia; dia a dia, Pestalozzi se formava um ser estranho, diferente do que a mãe o queria.

De quando em quando, passava temporadas em casa do avô André, pastor de uma aldeia próxima de Zurique; o velho levava-o a passeios pelo campo e visitava com ele as cabanas dos camponeses; penetravam nas choças de tetos baixos por onde entrava no inverno o vento frio dos montes; o fumo enegrecera as paredes e os poucos móveis; o chão era úmido, a terra batida ressumava água e gelava os pés; as enxergas, postas sobre quatro tábuas, cobriam-se com mantas esfarrapadas que pouco deviam proteger; na lareira estreita, a um fogo lento que mal vermelhava, cozia o pobre caldo. O pastor era bem recebido; todos lhe conheciam a bondade; e, mal se sentava, num banco que oscilava, logo vinham as queixas da miséria em que viviam ou as expressões de uma resignação que ainda confrangia mais do que os lamentos; alguns tentavam reagir; a maior parte, porém, deixava-se esmagar pela mão de ferro.

Noutros dias, entravam nas escolas; um homem severo andava por entre as crianças de vara em punho e batia ao menor pretexto; por toda a aula se gritava e chorava e o homem, infatigável, batia; os alunos encolhiam-se quando se lhes punha ao lado e só respiravam quando outra vítima atraía as atenções do mestre. Acontecia também que os professores, em certas escolas, eram pouco zelosos; esses abandonavam os rapazes, que brincavam, se agrediam, caçavam moscas e besouros ou adormeciam sobre os livros; de tempo a tempo, o professor, entretido no trabalho, soltava um berro, quando o barulho lhe parecia demasiado; havia um silêncio, mas ainda o mestre regougava ameaças, quando já de novo os alunos se batiam ou dançavam em cima dos bancos. Os professores do outro tipo eram, porém, os mais numerosos e o pequeno Pestalozzi ia compreendendo por que motivo os filhos dos campônios, tão vivos e alegres, se transformavam com os anos nos moços melancólicos e estúpidos.

Com um tio, que era médico em Richterswil, foi aos hospitais e às casas miseráveis onde agonizavam os doentes; na maior parte das vezes não havia dinheiro nem para um caldo nem para um remédio; o médico receitava em vão ou tinha de pagar do seu bolso; e contava ao sobrinho as manhas de que se serviam para lhe tirarem dinheiro ou para fazerem, pelo menos, que fosse gratuita a visita; não havia ardil a que se não baixassem, miséria moral de que não dessem provas durante a diligência; conselhos e reprimendas nada faziam; não havia modo de se regenerarem. Nos hospitais, cuidava-se bem dos que podiam pagar; os pobres esperavam em vão pelo tratamento ou pela comida e, se gritavam ou esboçavam um protesto, corriam, além de ouvirem as injúrias dos criados, o risco de os expulsarem por indisciplina e temperamento insuportável.

A escola em que andou Pestalozzi era semelhante às outras; conforme os professores, reinavam a severidade ou o desleixo; contudo, sempre havia para João Henrique, filho de burgueses, embora pobres, a atenção que raramente se prestava às crianças das classes inferiores; para estes, quase se considerava um favor ter uma escola aberta e dar-se-lhes a instrução rudimentar que nela podiam adquirir; pensavam muitos que se tratava de um luxo e que um operário ou um camponês podiam muito bem dispensar a leitura e a escrita; os próprios mestres muitas vezes as sabiam de uma forma que estava longe da perfeição;

e havia muito quem julgasse que os males do século provinham das escolas e que bom seria para a felicidade geral, a começar pela do povo, que de todo se dispensasse a instrução: quanto mais ignorante fosse um país, tanto mais probabilidades teria de se distinguir nas esferas da virtude e da ordem.

Os companheiros não tinham grande apreço por João Henrique; cada um procurava apresentar-se na escola o melhor que podia, com os fatos menos remendados e as botas menos sujas de lama; para Pestalozzi, a questão do vestuário era de todo indiferente; desde cedo a gravata se acostumou às posições menos próprias; raramente aparecia com todos os botões nas casas e era habitual ver-lhe os sapatos sem fivelas ou presos por cordéis. Acrescia ainda que o aluno Pestalozzi não tinha pela água uma devoção excessiva; eram muitos os dias em que lhe esquecia lavar-se, e a reincidência tornava-se notada. Continuamente distraído, alheado do mundo exterior, levado num fogo de pensar que espantava os condiscípulos, não lhe interessava o que dissessem acerca do casaco ou da revolta cabeleira; as suas preocupações eram mais graves e profundas.

O mestre não o podia classificar como estúpido; facilmente apreendia os assuntos, a menor explicação lhe bastava para dominar a essência das questões; sem esforço se fazia senhor dos pontos mais difíceis em que esbarravam os companheiros; consideravam-no o primeiro da classe em tudo o que requeria inteligência rápida e viva. Já o mesmo se não dizia de todas as tarefas em que, mais do que o poder de compreensão, entram a paciência e as horas de aplicado trabalho, cuidadoso e quase mecânico; o seu desprezo pela ortografia não conhecia limites; capaz de perceber o mecanismo aritmético, errava todas as contas, porque trocava os algarismos ou se perdia nas operações. No que aos outros escapava, brilhava ele; quando se entrava nos terrenos da prática, quando se exigiam o domínio dos meios e a técnica miúda, Pestalozzi vinha atrás de todos os alunos.

Inadaptado à vida comum, chamavam-lhe "o pateta"; não se entendia nos jogos, caía em todos os ardis, afastava-se dos grupos que brincavam. Não o podiam, contudo, acusar de covardia; muitas vezes, a escola inteira admirou Pestalozzi, que trepava a um lanço de muro altíssimo, passeava tranquilamente pela vereda estreita, em contínuo risco de se despenhar e morrer; era empresa a que ninguém mais se atrevia e o perigo parecia diverti-lo; não atendia aos aplausos e aos gritos, continuava como quem cumpre uma tarefa, mas a cumpre com amor. Em outras ocasiões, montava um cavalo conhecido pelas manhas; sólido no meio dos rodeios e das upas, firme na sela, era ele quem acabava por dominar o bicho, o trazer, já manso, ao ponto onde queria descer; os companheiros felicitavam-no e ele, indiferente à admiração que despertara, voltava às suas meditações, era de novo o extravagante de que se podia troçar.

Em novembro de 1755, os abalos que destruíram Lisboa chegaram à Suíça; em plena aula, as paredes oscilaram violentamente e o chão tremeu; os mestres e alunos atropelaram-se à saída, disputaram a soco a salvação, gritaram de pavor; fora, nas ruas, a gente corria, desorientada. O tremor, porém, foi de curta duração; a escola continuava de pé, mas ninguém ousava entrar nas classes; todos receavam que o abalo voltasse; só se pensava em ir para casa, onde cada um se sentia mais seguro do que no velho edifício; simplesmente, os chapéus, os livros, os cabazes do lanche, tudo ficara na aula, e nenhum professor, nenhum rapaz, se atrevia a ir buscá-los; então, Pestalozzi, com o ar de quem realiza o menos valoroso dos feitos, entrou sozinho na escola e foi trazendo a todos o que lhes pertencia; acabada a distribuição, enterrou na cabeça, ao acaso, o seu próprio chapéu e regressou a casa.

Algumas vezes o professor se viu obrigado a castigá-lo por indisciplina manifesta. Foi o que aconteceu quando se lembrou um dia de protestar, em altos brados, todo levantado numa fúria, contra os mestres que passavam em claro as faltas dos alunos que lhes levavam presentes e só eram duros para os que nada lhes podiam oferecer; a ordem fora perturbada, faltara-se ao respeito devido aos professores; era justo que se punisse Pestalozzi. Doutra vez, bruscamente, atirou-se por uma janela ao pátio, interrompendo uma explicação, só porque vira um dos alunos maiores bater noutro mais fraco. Mas encheu-se a medida e consideraram-no incorrigível na tarde em que, por ter sido o melhor na lição, lhe deram como prêmio recitar do estrado a oração do dia; João Henrique pôs-se junto do mestre e ia começar, quando, inexplicavelmente, o acometeu um riso doido, inextinguível, que lhe enchia os olhos de lágrimas e lhe não permitia sequer principiar as palavras sagradas.

Da escola elementar passou Pestalozzi ao Colégio de Humanidades, e daí ao Carolinum. Neste instituto, que tinha grande fama, preparavam-se teólogos e, por sugestão do avô, a família desejava fazer de João Henrique um pastor de aldeia. A profissão parecia boa para o moço, embora não desse mostras de vir a ser um sacerdote exemplar no que respeitava a minuciosos cuidados com as ovelhas e ao gosto de certo ritual; esperava-se, no entanto, que melhorasse com a idade, que se lhe abrandasse a extravagância, se voltasse mais francamente à vida prática; por outro lado, o estudo pormenorizado dos mistérios teológicos e de certas condições políticas havia de lhe fazer compreender que a religião não pode ser abstrata e nua e que, por algum modo, se tem de atrair e prender o povo; confiava-se na sua inteligência e na docilidade que sempre mostrara à mãe e ao avô.

Mais livre de mestres importunos e de lições marcadas, mais incitado, pelo ambiente do colégio e pelas matérias estudadas, ao trabalho pessoal, Pestalozzi entregou-se por completo ao seu gosto de leitura; percorreu tudo quanto possuía a biblioteca do Carolinum, tudo o que lhe emprestavam os amigos; encerrado no seu quarto, tomando ocasião nas páginas que lia, traçava-lhe a imaginação as cenas mais ousadas, rasgava-lhe ante os olhos a estrada de futuro que a sua inteligência e o seu coração ambicionavam; não havia empresa a que não lançasse ombros, por mais desproporcionadas que lhe parecessem as forças; jamais recuava perante as dificuldades, que sempre lhe apareciam vencidas; a vida erguia-se, frente a Pestalozzi, como uma construção de heroísmo, de obstinação e de forte amor, de virtude e de inteira devoção ao bem comum.

Bodmer, professor do Carolinum, exercia sobre ele uma grande influência; revelou-lhe a literatura antiga, acostumou-o a vê-la sob um aspecto sentimental e romântico; os seus dois ídolos eram Plutarco e Demóstenes; com um, aprendia sobretudo as qualidades que fizeram a grandeza de Roma, a frugalidade, a simplicidade, a bravura cívica, o culto do verdadeiro, o altruísmo do indivíduo que se perde para que a cidade se salve, a heroica teimosia que jamais considera uma causa perdida e a renasce das cinzas; com Demóstenes, revivia a luta de um povo livre contra o tirano que o procura agrilhoar, ficava sabendo como um só homem, ardente e forte, com um ideal que o possui e se lhe torna a própria vida, é capaz de realizar os milagres que ninguém esperava; como, ainda vencido, é ele próprio, pela energia acumulada, quem vai abater, para além dos séculos, o peso que o esmagou.

O ambiente da cidade auxiliava-lhe a cultura. Iam aparecendo os primeiros lampejos de uma literatura nova; Gessner, Lavater, Wieland e Klopstock desvendavam os horizontes até aí encobertos e punham na alma dos rapazes um anseio de construção, um entusiasmo pelo futuro que, mais que nos outros, iam crescendo e flamejando no peito generoso de Henrique Pestalozzi. O mundo saía pouco a pouco da secura dos últimos clássicos e da tristeza em que o deixara o século XVII; uma aurora despontava e breve se tornaria claro dia para todo o universo. No terreno político, os livros de Rousseau, que se acolhiam com ardor, iam pondo a nu os defeitos do que estava organizado e apontando as soluções que mais convinham ao duplo problema de um acordo com a sensibilidade e a razão; ressurgia a confiança nas possibilidades de melhorar o mundo, à força de afeto e de clarividência.

Tão audacioso se tornou Pestalozzi, que se atreveu a criticar os defeitos de que enfermava o venerado Carolinum; expulsaram-no por algum tempo, mas parece que o aviso de nada lhe serviu porque, pouco depois, fundou, com amigos, a Sociedade Helvética. A Sociedade, que se apresentava sob o manso aspecto de um grupo literário, resvalou, pelos fáceis pendores da filosofia e das atividades filantrópicas, para as regiões tenebrosas da revolução; se se tratava de Gessner, muito mais se falava do *Contrato social*; as autoridades constituídas vigiavam-nos com olhares de suspeição, zelosas como eram do bem público; com a Sociedade espalhava-se em Zurique um fermento de desordem que, naturalmente, não agradava a ninguém; se a toleravam era por ser constituída por rapazes: passava como uma verdura da mocidade, como uma extravagância que anos mais refletidos haviam de dissipar; e assim, decerto, aconteceria com quase todos.

Pestalozzi, contudo, revelava-se um pouco mais perigoso; apesar de alimentado de idílios e odes e de enfunado pelas declamações de Demóstenes, não perdia o seu tempo em discursos e batalhas literatas; deixava aos outros as altas regiões da metafísica, da política e da estética; acolhia-se a mais baixas esferas e reclamava para todo o cidadão, fosse qual fosse a sua condição social, a educação elementar a que tinha direito a sua natureza de homem; aí lhe parecia colocar-se o ponto essencial da questão que todos, sob vários aspectos, debatiam; o progresso filosófico e o progresso literário viriam depois, como consequências das boas escolas que se deviam fundar; enquanto se permitisse que a instrução continuasse o que era, não havia a esperar nenhuma forte e duradoura renovação.

Os acontecimentos tomaram, porém, uma feição tão precipitada e de tal modo Pestalozzi colaborou na sua preparação que os poderes o começaram a ver como uma personagem bastante desagradável. Alguém escrevera um diálogo, obra de combate, em que o autor, incapaz de compreender as condições especiais do seu tempo, protestava contra a miséria que se abatia sobre os campos; a fome e a doença, a imoralidade e o desespero tornavam intolerável a vida dos agricultores mais pobres; ou se encontrava depressa um remédio para o mal ou, dentro em pouco, todos se veriam a braços com uma catástrofe cujos efeitos ninguém podia calcular. O panfleto impressionou pelo exagero e pela evidente injustiça, a polícia interveio; o autor do diálogo conseguiu escapar-se e parece que Pestalozzi o auxiliou na fuga. Pouco depois prenderam-no e só o puseram em liberdade convenientemente admoestado e, segundo julgaram, arrependido.

Mas João Henrique era de uma raça teimosa, sempre disposto a colocar-se ao lado dos mais fracos. No próprio Carolinum, redigia com outros um jornal em que se apontavam e criticavam os abusos religiosos e políticos que lhe pareciam mais censuráveis. De França vinham maus ventos; inexplicavelmente, o povo agitava-se; já no diálogo se levantavam também contra o envio de uma expedição de suíços que ajudaria o rei francês a reprimir os assomos de revolta que muitos iam notando pelos campos e cidades; os folhetos de propaganda atravessavam a fronteira e entravam por toda a parte; a juventude contagiava-se de más ideias e as autoridades começavam a passar uma rude vida, na obrigação da contínua vigilância. Com maior ou menor audácia, com mais ou menos persistência, os moços iam meditando e espalhando as mesmas concepções de política e de religião que Pestalozzi expunha no seu jornal escolar.

Por esse tempo, abandonou o Carolinum, sem completar o curso; frequentada a seção filológica e a seção filosófica que formavam uma introdução ao ensino da Teologia, resolutamente se recusou a seguir a profissão religiosa. O protestantismo não o atraía tão profundamente que o levasse a consagrar-lhe a vida; sabia o que havia de dogmatismo e de estreiteza de espírito por detrás da brilhante e acolhedora fachada do livre exame e da revolta contra o absolutismo católico; sabia como a atividade do pastor se tinha de subordinar, muita vez, mais às considerações políticas do que às normas espirituais; e notava que as igrejas protestantes estavam ao lado dos opressores, numa traição ao seu mais sério fundamento, à sua última razão de ser; jamais poderia pactuar com a sua subserviência e o seu comodismo; era preferível negar-se desde já a trilhar o caminho batido, evitar assim um conflito que seria doloroso para todos.

Certamente, pela seriedade, pelo ardor, pelo anseio de melhorar que punha em toda a sua vida, pelo desejo de um reino de amor e de justiça, se podia Pestalozzi olhar como um homem religioso; um Deus feito de todas as perfeições o atraía continuamente, o incitava a ser em cada hora mais humano e mais nobre. Mas não se contentava com o culto apressado e feito de fórmulas que lhe ofereciam já pronto; nenhuma igreja o atraía; o seu Deus não cabia na estreiteza das paredes, nos ritos acanhados; não era o senhor da terra e dos céus, nem o tirano que se teme, nem a bondade de que se esperam todos os perdões para todos os crimes; se o seu Deus existia é porque era o ideal modelo a que ele mesmo tendia; sentia-o mais vasto e belo, à medida que o seu próprio espírito se ia alargando e dominando o mundo; Deus criava-se criando-o. Eis aí o que nem os protestantes, nem os católicos, nem os da igreja dos ateus podiam perceber claramente.

Por outro lado, Pestalozzi não era dos que contemplam e se extasiam ante os lírios dos vales e as avezinhas do céu e se esquecem da miséria dos homens seus irmãos. De todos os seres que Deus nos oferece, nenhum há mais perfeito e mais nobre; à sua imagem e semelhança o formou o Senhor; amemos os homens, procuremos tornar-lhes a vida mais fácil e bela;

libertemo-los das supostas fatalidades que os oprimem, contribuamos para que o reino de Deus – feito de harmonia e de abundância – se estabeleça na Terra. A felicidade dos homens é a mais profunda das liturgias e nenhum sacrifício é mais agradável a Deus do que o feito para melhorar, embora em ponto mínimo, a condição humana. A nenhuma outra religião dedicará Pestalozzi a sua alma; o seu único dogma será o amor ao próximo, o seu único templo a humanidade divina e lamentável.

Tem, no entanto, de escolher profissão; por um momento o atrai o estudo do Direito; por aí se poderá preparar para, chegado o instante propício, se dedicar à política e trabalhar tenazmente pelo bem do povo; vê-se homem de governo, com poder suficiente para modificar a situação dos humildes e a coragem para o exercer. Mas a resolução ainda não é firme; facilmente o faz desistir o conselho de Bluntschli; conhece-o bem, o seu amigo: exorta-o, já quase à morte, a que escolha uma profissão tranquila e faz-lhe notar os perigos a que o expõe o seu caráter impulsivo; se algum dia se meter em empresa importante, não o faça sem ter junto de si um homem calmo, refletido, que o ajude e tempere o que há de imprevisão, de desleixo, de demasiada improvisação em toda a sua maneira de ser.

A família tentou arranjar-lhe um emprego, sossegado e cômodo, com o pão garantido, afastado da agitação da vida pública; a intenção era excelente e reconhecia-o Pestalozzi; mas o engano dos parentes estava em julgar que a velhice deste homem, que nunca foi velho, começaria aos vinte anos. Não viera ao mundo talhado para a monótona existência, para o deixar no mesmo estado em que o vira ao chegar. Queria ser um renovador e ao serviço da sua vocação poria a vida inteira, sem contar as horas de incerteza, os tormentos e as dores que fatalmente o haviam de assaltar; o que sofresse nada era em comparação com o que tantos semelhantes seus estavam efetivamente sofrendo; tinha de os socorrer, de os ajudar a recobrar a dignidade perdida; era a faina que via mais própria ao seu caráter; nenhuma outra o poderia satisfazer.

Resolveu fazer-se agricultor; levava-o, certamente, o amor da natureza que herdara do pai e que seu avô André lhe reforçara com os passeios pelo campo; mas não havia no seu espírito, nem o gosto vadio e desportivo de João

Batista, nem a sensibilidade um tanto versalhesca do pastor protestante; não era ativo pelo prazer do jogo e um *Embarquement pour Cythère*, no meio da miséria geral, aparecia-lhe no plano do crime. Se o campo o atraía era por mais o aproximar dos pobres lavradores que a fadiga derruba e a fome espreita; talvez pudesse praticar novos processos de cultivo, ensinar-lhes a obterem das terras um maior rendimento; e decerto os levaria, pelos interesses do espírito, a menos sentirem a sua triste condição. Firmado o propósito, partiu para casa de Tschiffeli, filantropo e agrônomo, a buscar a instrução necessária; ia iniciar-se a sua primeira experiência.

II

Quando morrera Bluntschli, notara Pestalozzi a delicada ternura, a amizade carinhosa com que o tinha tratado Ana Schulthess. Nunca mais se lhe apagou do espírito a imagem da moça, curvada sobre o leito do moribundo, dando-lhe um último conforto, depois consolando ela própria os amigos que choravam. Ao reconhecer a força da paixão que o tomava, escreveu-lhe e propôs que se casassem logo que lho permitissem as suas condições econômicas; Ana, mais velha que ele, levantou obstáculos prudentes, pediu-lhe que adquirisse a certeza de que se não tratava de uma afeição passageira, de que seria capaz de conservar por toda a vida o amor que dizia sentir; a resposta ardente e os protestos de Pestalozzi tiraram-lhe as dúvidas e, prontamente, acedeu ao pedido que fazia João Henrique; daí por diante, seria a sua noiva e celebrar-se-ia o casamento quando Pestalozzi conseguisse os meios necessários para o sustento da casa.

Pestalozzi não a levava iludida pela perspectiva de uma vida tranquila e fácil, no aconchego de uma boa casa e de um amor feito apenas de momentos de delícias e de líricos êxtases. Prevenira-a de que, acima de tudo, punha a pátria, de que o seu último ideal era conseguir o bem do povo, salvá-lo do atoleiro em que mais e mais se ia afundando. Pelo povo sacrificaria a sua vida e, se preciso fosse, a vida dos seus; e não seria a ação rápida e brilhante que tortura um minuto e no minuto seguinte traz a quem a praticou a palma dos heróis; seria a batalha de todos os instantes, a pobreza e a fome, o desconforto e, quantas vezes, o desespero mais profundo, ilimitado. Lealmente lho dizia; sentindo-se obrigado a ter por ela toda a espécie de atenções, a ir, pelo seu bem-estar, a todas as renúncias, só conservava intacto o seu amor dos miseráveis, o seu desejo de os levar ao convívio dos homens; diante dessa consideração, todas as outras se abatiam; parecia-lhe que Ana Schulthess devia refletir.

Ana Schulthess refletiu; e, na sua resposta, escreveu a Pestalozzi que jamais consentiria ligar a sua vida à dum homem que, perante o mal dos outros, se conservasse inativo, preso pelo seu egoísmo e pela sua insensibilidade. Nas horas em que o mundo estremece, em que um novo universo se vai construindo pedra a pedra, entre lamentos e tumultos, desce abaixo de toda a estima o que se recusa a cooperar na tarefa sobre-humana, o que não puder um dia afirmar como os outros que esteve no combate e não recuou ante os perigos. O seu dever era bater-se, contribuir, naquilo que pudesse, para a organização de uma vida melhor; a vileza do que não atua pesava-lhe mais que todas as misérias; podia estar certo que nunca o amor de Ana seria impedimento a que cumprisse o seu dever; antes o encontraria sempre firme, quando se tratasse de animá-lo, sempre carinhoso depois dos revezes, das inevitáveis derrotas que a vida lhe traria, antes da vitória final.

Seguro de que encontrara a melhor companheira para a grande jornada, voltou Pestalozzi a Zurique, ansioso por organizar a sua vida. Merki serviu-lhe de intermediário para a compra de terras em que se pudesse estabelecer; um dos parentes de Ana fez-lhe um empréstimo de quinze mil florins, com que montaria a exploração agrícola. Pestalozzi vinha cheio de planos e consumia--o a febre do trabalho; assim que os lotes de terreno entraram em sua posse, lançou-se à faina com entusiasmo, resistência infatigável, renovada energia em cada madrugada; de sol a sol, percorria Pestalozzi os seus campos, mal se afastando para correr a Brugg, à compra de utensílios ou ao fechar de um negócio; queria, o mais cedo possível, trazer Ana para casa, tê-la por sustentáculo da sua vontade, por testemunha do seu ardor; só então, verdadeiramente, se poderia considerar feliz.

As dificuldades, porém, começavam a surgir; a família dos Schulthess tinha dúvidas sobre a capacidade administrativa de Pestalozzi; não lhes parecia que este homem impulsivo e pouco previdente fosse proporcionar a Ana a existência que naturalmente ambicionavam para a rapariga; já a mãe lhe dissera que, se o seu ideal era viver a pão e água, o ia fazer à farta se casasse com Pestalozzi; em poucos dias, a mesa seria mais variada e abundante. Mas, teimosamente, Ana resistia às sugestões e aos conselhos; Pestalozzi escrevia-lhe que não tolerava uma tal situação, que não admitia que duvidassem das suas possibilidades; não queria esperar mais; se os pais de Ana de propósito demoravam o casamento, para verem o que davam os campos de Neuhof, ele declarava que não se punha à experiência e que rompia com todo o compromisso; confiava ou não? Se confiava, devia casar imediatamente; se não confiava, não lhe servia para esposa.

Ana decidiu-se e casou, apesar da hostilidade dos parentes; foi juntar o seu esforço e o dinheiro que lhe deram ao capital e à feroz vontade de Pestalozzi; corajosamente trabalhavam os dois. Parecia, no entanto, que as terras davam menos do que se tinha calculado; os lavradores velhos do lugar abanavam a cabeça; Merki, na compra, enganara Pestalozzi e valera-se da sua inexperiência para lhe passar uns terrenos que havia muito não eram amanhados e cujo trabalho se revelava cada vez mais difícil; os calhaus acumulados tornavam quase improdutiva grande parte do campo; a energia e o amor nada podiam fazer contra as desfavoráveis condições naturais; acrescia que Tschiffeli era um agrônomo teórico e que os seus processos pouco ou nenhum resultado vinham a dar quando postos em prática.

Mas Pestalozzi não desiste; as dificuldades aumentam-lhe a dedicação ao trabalho e a implacável tenacidade; duramente trava com a terra, que recusa ceder, uma luta bravia; um dos dois tem de sair aniquilado do duelo: ou o campo se desentranha em searas e lhe permite realizar todos os seus projetos ou ele há de rolar estourado de fadiga; aquela encosta pedregosa há de ser um dia, como as leivas em roda, o orgulho de Brugg; se a terra não estava tratada, ele a havia de tratar; será ao mesmo tempo violento e afetuoso, compreensivo de que a terra não tem culpa de a não terem cuidado, mas enérgico e exigente, até que ela produza o fruto apetecido; por ele se há de regenerar o campo maninho, aumentar a riqueza do cantão e a felicidade dos que vivem à volta.

Mostrará aos outros lavradores como é possível, pelos processos modernos de que tanto se riem, fazer que os terrenos produzam mais do que o costume; verão como uma jeira, arroteada segundo as suas ideias, dará tanto como três ou quatro em que se tenham seguido os métodos que a rotina consagrou. Podem chamar-lhe o que quiserem, tratarem-no de "espantalho" e de "peste", mostrarem-lhe desconfiança ou antipatia, troçarem os seus modos, ridicularizarem-lhe as palavras. Resistirá a tudo com a firmeza peculiar de quem sente a sólida, inabalável razão do seu pensamento e do seu proceder; o mundo nada poderá contra ele, a última palavra há de dizê-la Pestalozzi. Perseverar no caminho que tomou – eis o que tem a fazer; breve se verá quem seguiu aos precipícios e quem tomou pela estrada real.

Certo é, porém, que à sua vontade parece opor-se outra vontade de ferro; a terra continua a resistir por seu lado e, a pouco e pouco, se esgotam os recursos. O banqueiro Schulthess retirou o seu crédito e outros lhe seguiram o exemplo. Mais dinheiro e tudo se poderia salvar; dois, três anos mais do combate gigantesco e todos veriam que a sua persistência não fora em vão; pagaria todas as dívidas feitas, teria reservas para sustentar a empresa. Mas a todos os pedidos respondia a negativa; o mundo fechava-se ante a vontade desesperada; vendeu-se o que se pôde vender, o que não fazia falta imediata, o que ainda se considerava luxo na pobre casa de Neuhof; mas iam vendo a inutilidade de tal sacrifício; nada bastava para encher o abismo; tudo o que se lançava tudo devorava e cada vez parecia mais aberto e mais fundo; evidentemente, nada havia a fazer.

Aí vinha a miséria que profetizara a mãe de Ana, aí vinham as noites sem lume e os dias sombrios de pão e água; ninguém os ajudava, ninguém queria emprestar-lhes o dinheiro que os poderia tornar felizes, lançá-los de novo ao trabalho, com redobrada fúria. Preferiam censurá-los por se terem metido num empreendimento tão louco; toda a gente tinha visto, toda a gente tinha dito; o que sofriam nada mais era que o justo castigo da presunção e da leviandade, um bom ensinamento para eles próprios e para todos os que, nalgum dia, tivessem veleidades de os imitar. Criam mesmo que ainda se estava no princípio e que mais desastres lhes trariam a estulta confiança, as extravagantes ideias do marido e o cego apoio, o amor inquebrantável que Ana lhe oferecia; as boas almas, as almas prudentes, os sábios corações só tinham que esperar; e talvez não tivessem que esperar muito.

De fato, os pensamentos de Pestalozzi não eram de molde a dar grande sossego aos que o pretendiam voltado a uma vida pacífica. Meditando no fracasso, começava a achar-lhe certos aspectos de providência; ia nascendo a ideia de que talvez tivesse sido bom achar a terra estéril e desiludir-se de toda a esperança de vir a ser um grande agricultor. Voltado ao mais íntimo do seu espírito, reparava que uma boa quinta, produtiva e rica, embora se pudesse tornar o centro de um progresso econômico e moral da região, não correspondia ao que constituía a linha essencial da sua vocação; a riqueza de Pestalozzi, a sua felicidade material, seriam sempre uma barreira entre ele e o povo; nunca poderia aparecer senão como um protetor condescendente que se abaixava da grandeza para consolar os pobres na sua vida de sofrimento; por outro lado, afastá-lo-ia bastante do contato direto, imediato, com os homens que iam sendo cada vez mais a sua preocupação.

Querer ser proprietário fora um engano; como todos os enganos, causava-lhe horas de amargura; como de todos os enganos, deste havia o homem forte de tirar ensinamento e experiência. A pouco e pouco, o foi vendo como o degrau necessário para os futuros cometimentos; punha-o de nível com os pobres que pretendia elevar e, pobre agora, sentia radicar-se a convicção de que o povo não precisa de esmolas, nem as quer; se as aceita, fá-lo levado pela miséria em que se debate e para remediar, passageiramente, o mal que o persegue. Toda a verdadeira ressurreição do povo, todo o esforço sério de o elevar à dignidade humana, se têm de fundar nas próprias energias populares; só é segura a construção que é feita pelo próprio: o dever dos outros é dar-lhe as possibilidades econômicas, intelectuais e morais para que leve a cabo a tarefa que o há de redimir.

Uma existência de educador se rasga aos olhos de Pestalozzi; esse é, na verdade, o caminho a percorrer, o único que poderá conduzir ao grande templo harmonioso de uma perfeita humanidade. Pela escola, por uma escola que seja digna deste nome, por uma escola que não ensine simplesmente o catecismo, ou a leitura, ou a escrita, mas tenha como ideal supremo o formar homens, se poderá renovar a face da Terra; a escola lhes dará os anseios ou lhes definirá as vagas esperanças que os animam e os há de habilitar para a sua realização cada vez mais completa; mostrar-lhes-á que não é fatal o estado em que se encontram, que o mundo comporta as soluções de beleza, de justiça e de fraternidade que o egoísmo de tantos nega e afasta para o domínio dos sonhos; dar-lhes-á confiança em si próprios e nos meios de que dispõem, o amplo passo ritmado que atinja e ultrapasse os horizontes.

Dos mais novos havemos de tratar; os que já se desenvolveram em sociedade mal organizada estão demasiado cheios de vícios para que os possamos aproveitar; poucos serão os que tenham ficado, resistindo aos embates da vida, com as almas infantilmente cheias de curiosidade e de poéticos projetos; aos outros, a rude existência lhes cortou as asas que elevam para os céus. Para as crianças se hão de dirigir os cuidados e esperanças; para elas se hão de curvar os descobridores das novas terras, nos seus olhos se há de surpreender o fulgor das estrelas longínquas. Os pequeninos são a primavera da terra e por eles hão de vir os frutos saborosos e belos, na calma dourada dos outonos; Pestalozzi, repetindo o gesto já antigo, quase esquecido pelos homens, vai pedir que os deixem vir a ele, que os deixem acolher-se e criar-se ao fogo do seu amor, do seu ideal de uma vida luminosa.

De preferência, há de cuidar dos pobres; não há nele o mínimo desprezo dos ricos ou o mínimo ódio ao seu conforto; quando pensa nos que desfrutam das mesas opulentas e dos vestidos luxuosos, não evita que o tome uma imensa piedade: a tragédia moral do rico, que ele oculta, porque finge não dar, mas que devora intimamente, enche-o de compaixão e de tristeza. Sente, porém, que o tom em que os reformadores têm de falar aos que dominam é muito diferente do que necessitam os miseráveis, os desprotegidos a que tanto quer; o seu temperamento não se adapta a essa faina diversa; o fundo de dedicação, de carinho, de inteligente simpatia, de sacrifício, convém aos pobres, não aos outros; com os pobres o gastará inteiramente, sobre eles lançará em torrentes o tesouro sem par; com eles se entende, para eles viverá.

Se Neuhof faliu como empresa agrícola, não deixou por isso de estar na posse de Pestalozzi. Aí mesmo, aproveitando o edifício e os campos, fundará o seu primeiro Instituto. Será a um tempo asilo e oficina, um lar e uma escola; recolherá todos os meninos pobres que a casa comportar e esforçar-se-á por lhes dar uma educação que os habilite para a vida; simultaneamente lhes há de desenvolver as aspirações humanas e os ensinará, pelo trabalho, para o trabalho; quando saírem da escola, hão de levar, com o intenso desejo de um mundo melhor, a habilidade e a ciência que aproveitam o que existe, que se adaptam ao real e, momento a momento, o vão transformando no ideal traçado;

solidamente plantados no solo, sobre um firme terreno, saberão olhar, sem vertigens, para as nuvens ligeiras.

Quanto aos métodos a seguir e a pormenores de funcionamento, depois se verá; o que se quer, logo de início, com toda a perfeição, jamais se realiza. Uma ideia fundamental põe como base de tudo: a de que Neuhof deve ser para os alunos uma experiência de vida; por consequência, o que lhe compete sobretudo, como mestre, é orientar, ensinar a fazer; o professor que faz, embotando a iniciativa do aluno, o que o impede de agir, é um mau professor; só o contato com os problemas e as dificuldades, só a busca interessada das soluções, são capazes de educar. Para o resto, o seu amor da verdade e a sua vontade de uma vida melhor irão encontrando os processos e os caminhos a tomar; o desconhecido não o assusta e confiadamente se mete ao trabalho, sem pensar um instante nos perigos que o esperam, nas situações delicadas em que vai encontrar-se.

Basileia, Berna e Zurique calorosamente lhe acolheram o projeto e lhe forneceram os meios quase necessários para que o estabelecimento se iniciasse; alguns filantropos, simpatizando com a ideia, enviaram-lhe dinheiro. Pestalozzi tem a certeza que, dentro em pouco, poderá pagar tudo que lhe emprestaram e que será possível manter o Instituto pelos seus próprios meios; os alunos, com o trabalho de agricultura e com a oficina de fiação e tecelagem que tenciona montar, ganharão o suficiente para proverem a todas as despesas de Neuhof; será esta a primeira lição, e uma das mais importantes, que o asilo lhes dará. Depois, estabelecido Neuhof com independência econômica, será fácil fundar outras casas idênticas e ir espalhando por toda a Suíça, por toda a Europa, por todo o mundo, a semente benéfica que, frutificando, salvará todos os homens.

Abre o Instituto em 1774 e Pestalozzi acolhe todos os pequenos miseráveis que lhe batem à porta; ele mesmo vai pelos caminhos ao encontro das crianças vagabundas e as leva a Neuhof. Particularmente se mostra afetuoso para os que as mães abandonaram, para os que, filhos ilegítimos, por milagre escaparam de serem mortos à nascença. A lei era dura e, mais dura do que ela, a sociedade que a criara; as raparigas que tinham filhos eram postas à margem, cobertas de vergonha, viam negarem-lhes os meios de existência, fatalmente caíam no desespero e na mais baixa das misérias; e quando algumas, aterrorizadas ante o futuro, se desembaraçavam dos filhos, as máquinas da ordem, do pudor e da justiça solenemente funcionavam e esmagavam a mãe desumana, a bárbara mãe; depois, satisfeitas pelo dever cumprido, recolhiam ao silêncio.

Os meninos que se salvavam dos péssimos instintos das mães criavam-se na fome e naquele salutar desprezo com que os tratavam as pessoas honestas e austeras. Geralmente, acabavam por fugir e vaguear pelas estradas, a fazer a aprendizagem dos vícios mais imundos, no contato com os piores criminosos; deles vinha a maior parte da população dos hospitais e das cadeias, sobretudo das cadeias; a sociedade, cuidadosamente, construía mais cadeias. Mas Pestalozzi pensava que, se o criminoso tinha culpas, se à sua índole especial se devia atribuir grande parte do mal praticado, cabia ao corpo social a responsabilidade de o ter deixado respirar o mau ar durante tanto tempo, de não ter feito a menor tentativa para o guiar e corrigir. Quem não educava, por força teria de prender; e, em lugar de mocinhos já úteis à humanidade, se iam desenvolvendo os miseráveis que todos os dias Pestalozzi, com brandas palavras e gesto protetor, conduzia à casa de Neuhof.

Assim os livrava da servidão e da miséria, sem deixar de os habituar a uma vida de trabalho. De verão, labutavam nos campos, cuja hostilidade não dava mostras de se ir atenuando; aprendiam o maneio da terra, iam-lhe arrancando o que podiam e que servia para o sustento do asilo; Neuhof nunca produziu o suficiente para que a venda de cereais e de frutos pudesse constituir receita apreciável; o solo era tão mau que uma tal perspectiva se distanciava cada vez mais no tempo. Além disso, havia que contar com a concorrência dos lavradores vizinhos, possuidores de melhores campos e pouco dispostos a ajudar a empresa de Pestalozzi; não acreditavam no seu desinteresse e alguns, mais espertos, já tinham descoberto que, não podendo Pestalozzi arrotear sozinho as terras, arranjara aquele meio barato e cômodo de conseguir criados; as crianças trabalhavam para ele, nada mais fazia do que explorar sem consciência os infelizes que lhe caíam nas mãos.

No inverno, enquanto a terra dorme sob a espessa neve, funcionavam as oficinas; os pequenos aprendiam a fiar e a tecer, sob a direção de um técnico; mais tarde, a indústria os absorveria a quase todos e Pestalozzi queria que lhes fossem poupados os vexames e maus-tratos de que eram vítimas, em quase todas as oficinas, os pobres aprendizes. De quando em quando, acompanhado de dois ou três alunos, Pestalozzi ia à feira vender os panos de Neuhof; estabelecia o seu lugar e a freguesia começava a aparecer; davam uma volta lenta em roda dos tecidos, depois tomavam-nos nas mãos e examinavam-nos de sobrolho franzido, num ar de sabedoria superior; poucos eram os que não passavam a outros fabricantes e esses eram os pobres que não tinham dinheiro para panos mais caros; os outros recusavam sempre o que lhes oferecia Pestalozzi; os tecidos, na verdade, não prestavam; eram de fabrico irregular, de mau aspecto, de qualidade duvidosa. E o carregamento voltava quase intacto a Neuhof.

Nas horas livres de trabalho, iam aprendendo o cálculo, a escrita, a leitura e o desenho. O contato com a natureza e o trabalho manual produziam o que esperava Pestalozzi; os alunos entregavam-se despertos às outras atividades, aprendiam com entusiasmo, faziam rápidos progressos. O mestre enchia-os de ardor, comunicava-lhes a sua firme vontade e o impulso de avanço, mantinha as aulas num ambiente de vivacidade, cuja influência em todos se sentia. Nada tranquilo, enérgico e nervoso, passava velozmente de banco para banco, incitava os pequenos, gritava as suas recomendações para o fundo da sala, organizava coros de abecedário e tabuada que demonstravam amplamente à vizinhança os excelentes pulmões dos internados de Neuhof; não se concedia um momento de descanso, a tudo queria atender, estava sempre junto de cada aluno que chegava a um lugar mais difícil; o amor multiplicava-lhe as forças.

As suas relações com os alunos eram as de um pai com os filhos; não compreendia que se pudesse numa escola pensar em disciplina diferente; ganhava a confiança das crianças, que o adoravam pela afabilidade, pela atenção de que os cercava, pela aguda ironia que, de onde a onde, lhe faiscava nos olhos ou perpassava nas palavras; era o amigo íntimo de todos, a pessoa, a única pessoa, a quem podiam contar os seus segredos, as suas dúvidas, as suas pequenas preocupações, em quem sempre encontravam compreensão e conselho; aquele homem abrira-lhes a porta de mundos que até aí lhes fechavam, não encontravam nele a barreira de indiferença e de desprezo que os grandes sempre tinham erguido diante dos seus sonhos, das suas mais íntimas aspirações; ele tudo percebia e tudo perdoava, o seu olhar era sempre bondoso, sempre afetuosa a sua voz, sempre vivo o poder de penetrar nas almas infantis.

Sem perder a linha de fronteira que o fazia diverso e superior, sabia adaptar-se a cada aluno que lhe aparecia diante; tocava sempre a nota justa, descobria num momento as bases de cada construção, os elementos de cada personalidade; pelo que eram, sabia levá-los ao que queria. Tinha diante dos moços o tato e a mão firme dos artistas; conhecia o valor dos meios simples, a influência do aperto de mão, da palmada no ombro que se aplicam a tempo, do volver de olhos que substitui os longos discursos, do tom sério e sentido que faz mais que toda a reprimenda. Mas o que valia em Pestalozzi e lhe dava o domínio era não ser tudo isso uma receita que se aprendeu e se aplica; naturalmente o fazia, cada um dos seus gestos era a expressão do seu interesse, a imediata emanação do seu coração afetuoso, do vivo imaginar, da inteligência construtora que nunca adormecia.

Os dias o iam convencendo de que era bom o caminho que trilhava; a sua escola obtinha melhores resultados do que as outras; em nenhuma se respirava um tal ar de liberdade e confiança recíproca; fosse possível fundar todas as escolas que bastassem para todas as crianças, fosse também possível encontrar os mestres que as soubessem dirigir, e a humanidade, numa vintena de anos, seria bem diferente do que era. Tal sonho, porém, era irrealizável; Pestalozzi sentia que a tragédia da educação está exatamente em que, sendo uma arte que precisa de magníficos artistas, estes nunca serão em número bastante para atender a todos; só resta a esperança de que um dia a organização social e econômica permita aproveitarem-se os que andam dispersos por outras profissões e, sobretudo, que, pelo progresso dos métodos, a escola aprenda a dispensar o mestre e a voltar-se, em busca de educadores, para todos os grandes espíritos do passado e do presente.

Neuhof dava-lhe a certeza de vencer. E, no entanto, a situação do Instituto não se podia considerar satisfatória. O afeto de Pestalozzi, a sua contínua dedicação, não prendiam por completo os alunos; mal sabiam alguma coisa do ofício, vinha a vida e dava-lhes batalha: despertava ambições, fazia-lhes sentir como era dura a frugalidade da escola, dourava o distante futuro; e abalavam de novo pelas estradas à busca de lugar que os pudesse satisfazer. Aos que eram da terra, estragavam-nos os pais; a influência de Pestalozzi era contrariada pelas famílias, invejosas da afeição ou ansiosas porque os filhos, com o que tinham aprendido, viessem melhorar a economia da casa; tão grave era a miséria que os pungia que Pestalozzi não podia censurar os que assim procediam. Contudo, a partida dos alunos, na altura em que o seu trabalho melhor poderia auxiliar o Instituto, era um grave golpe para os projetos de Pestalozzi.

De novo, e apesar das promessas de que Neuhof se bastaria a si própria, tivera de recorrer aos filantropos; alguns tinham acedido aos seus pedidos, dos outros nem resposta lhe chegara. O dinheiro faltava, as dívidas iam-se acumulando de tal modo que tiravam toda a esperança de uma renovação econômica; o descuido de Pestalozzi pelas contas da escola, o seu desleixo dos bons métodos administrativos rapidamente agravavam o mal. Por seu turno, as autoridades que tinham auxiliado a fundação, desinteressavam-se do destino da casa; havia assuntos muito mais importantes que lhes absorviam o tempo, diligências de polícia, preocupações fiscais, lutas de política à volta dos empregos de Estado, as recepções e os banquetes; de resto, após os primeiros entusiasmos, tinha-lhes surgido a suspeita de que Pestalozzi era doido; ora, a gravidade das funções públicas não é compatível com relações desta ordem.

Os recursos de Ana estavam igualmente esgotados; o último soldo partira havia muito; os parentes recusaram-se a sustentar Neuhof e só tinham prometido, entre as palavras de censura e a afirmação cem vezes repetida de que logo de início tinham previsto o desastre, que pagariam todas as dívidas se Pestalozzi consentisse em fechar o asilo; não havia nenhuma outra saída. Pela tarde, diante das classes reunidas pela última vez, mandou Pestalozzi que entrouxassem as coisas; Neuhof ia encerrar as suas portas; tudo gastara com eles, nada mais poderia fazer; na manhã seguinte sairiam de casa. Depois, lentamente, com os olhos enevoados de lágrimas, percorreu os lugares, contemplou sem palavras cada um dos alunos; os mais pequenos soluçavam; e todos, atirados de novo para a desgraça e para a fome, para a dura existência dos acasos, sentiam que nunca mais outra mão afetuosa viria como agora acariciar-lhes os cabelos.

Quando o último partiu, achou-se Pestalozzi sozinho, face a face com a miséria; Ana adoecera e não havia dinheiro para a tratar; o filho que tiveram, fraco de espírito e de corpo, era outro ponto escuro numa vida que se anunciava mais dolorosa do que esperava. Sobretudo o deprimia a consciência dos seus defeitos; se ele fosse melhor, mais cuidadoso e mais forte, o mundo nada poderia, por mais esforços que empregasse, na destruição da sua obra; mas a sua imprevidência, a sua inabilidade de administrador, perseguiam-no como uma fatalidade; o fim de Neuhof não lhe pesava por si: atormentava-o a ideia de que nunca mais haveria confiança nos projetos que formava, que as suas más qualidades o impediam de ser útil à humanidade que tanto amava e inutilizavam toda a experiência que adquirira no asilo. A coragem de Pestalozzi fraquejava; o desespero ante a fome, a doença e a casa vazia, onde os passos ressoavam, tomavam-lhe a alma, que jamais se abatera; a noite fechava-se, cheia de sustos e tristezas.

III

Breve se abriu no céu pesado um primeiro clarão de madrugada. De Richterswil, de casa de um tio de Pestalozzi, veio oferecer-se a Neuhof, para servir como simples criada, e sem que lhe pagassem, Lisbeth Näf, que a pouco e pouco se assimila à família. Quer trabalhar para que se restabeleça a situação da herdade e, como outrora a Babeli, vai encetar a luta contra a miséria que não mostra desejos de largar a sua presa. Simples e boa, com a energia cuidadosa que, incapaz de grandes feitos, domina e molda o pormenor, Lisbeth toma sobre os ombros a enorme tarefa. Espelho da alma de Pestalozzi, nada quer para si, tudo reserva para os outros; num posto subalterno, sofrendo a mesma fome e o mesmo frio, todos os sacrifícios lhe parecem pequenos para que, nalguma paz, possa o homem que admira dar livre curso ao seu talento e à vontade de redimir os seus irmãos; a ela chama todas as canseiras e todas as preocupações, para que o ambiente seja sereno e incite Pestalozzi a realizar os seus projetos.

Por ela, que inocente partilha da pobreza de Neuhof, por ela que, podendo rumar a outra vida, deliberadamente escolhe o caminho pedregoso, se hão de resgatar os pecados dos que abandonaram o mestre; a humilde mulher aparece como o prenúncio da humanidade que enche o sonhar de Pestalozzi: desinteressada e generosa, corajosa e afável, inteligente e modesta, já olha também o pobretão, que todos mais ou menos desprezam, como o grande amigo que de longe lhe preparou uma existência digna e bela. E labuta na consciência de que, na medida do que pode, vai ela mesma construindo o futuro; as gerações por vir ser-lhe-ão gratas por ter, num áspero momento daquele novo calvário, aparecido, com a sua piedade e a viril força de alma, a sustentar o peso da cruz que abatera Pestalozzi; que importavam, pois, ante a larga perspectiva, as pequenas fadigas e os pequenos desgostos!; nuvens ligeiras que um grande vento do mar livre um dia varrerá da pureza dos céus.

Lentamente, a esperança ressurge; já se vão descortinando, depois do naufrágio, as lonjuras da costa; mas só boiam destroços e toda a reação parece impossível e inútil. Não há meios para se fundarem institutos, ninguém atenderia os pedidos que Pestalozzi fizesse; uma indiferença se estabelece à volta de Neuhof e melhor será que se não pense, por enquanto, num projeto a que a realidade se recusa. Em vão se procuram as menores ocasiões de renovar a experiência, de dar corpo à ideia de outro asilo; mas à própria Lisbeth, que sabe inventar os acasos, não surge nenhuma inspiração; por uns anos terá de se curvar Pestalozzi à necessidade que o mundo lança sobre as suas aspirações de educador. Só resta, num gesto de homem, arrancar à inação o que ela ainda pode dar e fazer a tentativa de, por um meio diferente, continuar a mesma empresa de enobrecimento e salvação.

A quem não pode fazer, fica aberto o caminho da pena. Escreverá, pois; porá nas páginas dos livros o mesmo entusiasmo, a mesma dedicação, a mesma vontade modeladora que pusera nas páginas da vida; dar-se-á inteiramente à tarefa de escritor, com igual desprezo dos seus interesses e dos confortos que o podiam cercar; está seguro que algum resultado se há de conseguir. Ao mesmo tempo, mostrará ao povo o que deve fazer, como deve lutar contra a miséria que o oprime, e aos senhores do mundo como devem ajudar os íntimos desejos dos humildes, dar-lhes clareza e consciência, guiá-los à solução que os poderá satisfazer. Mais depressa talvez se espalhará a palavra do que a obra, em muitas almas hão de vibrar e ecoar as fortes expressões do seu amor e da sua inteligência; logrará comover os que Neuhof não tocou e certamente, à voz distante, se hão de mover as próprias pedras e abrandar os mais ferozes corações.

Daí por diante, todo o romper de aurora encontrava Pestalozzi a cuidar da sua obra; escreve como vive, com a mesma inspiração, os mesmos irrefletidos impulsos, a mesma desordem iluminada a relâmpagos de gênio; não conhece a arte de compor, nem a paciente faina de refundir e melhorar; por outro lado, não há nele um projeto definido em pormenores, uma ordenação minuciosa e lógica, o gosto clássico das construções geométricas; é lírico e romântico, fixa tudo o que lhe surge no primeiro brotar, numa beleza tumultuosa e impura; com um fundo riquíssimo de sensações e de ideias, vivendo intensamente a vida em todos os aspectos, capaz de penetrar o que há de mais íntimo na natureza humana, animador inigualável dos quadros populares, senhor de uma linguagem expressiva e robusta, só lhe faltou, para ser um grande escritor, que fosse também um grande crítico.

No próprio escrever, o persegue a miséria e se lhe revela a coragem; para redigir os seus livros, falta-lhe o papel e tem de aproveitar as margens dos cadernos de apontamentos ou das contas ferozes de Lisbeth Näf; tem de conquistar o tempo que lhe foge, perdido nos negócios da casa, em que por vezes é necessária a sua intervenção, ou no contato com os comerciantes de Zurique que ainda lhe confiam fazendas para vender à comissão pelas aldeias; por fim, conhece, terminada a sua obra, a angústia de a ver inútil, porque não tem o dinheiro para a publicação; é ainda um escritor que principia, aos trinta e cinco anos, que o público não estima e os editores não procuram; mas a intervenção dos amigos vai, pouco a pouco, aplanando as dificuldades, os primeiros ensaios de Pestalozzi aparecem, embora com êxito pequeno; e o trabalho continua obstinado, sempre no mesmo ritmo de tenacidade e de esperança.

Quando sai o romance de *Leonardo e Gertrudes* a batalha está ganha; o nome de Pestalozzi num momento se espalha na Suíça e na Alemanha, começa a entrar noutros países. Todos admiram a fiel pintura dos costumes populares, a exata reprodução do ambiente de miséria e de falta de senso moral em que vivem os campônios, o realismo em que o autor banhou toda a ação do livro; a fraqueza de Leonardo, o seu bom coração que se arrepende depois de cada queda, abalam as almas sensíveis, penetradas de Rousseau; a corajosa figura de Gertrudes, educadora a um tempo cheia de inteligente ternura e de firme audácia, encanta os moralistas; ao lado do tortuoso e venal regedor, que explora a pobreza e sobre ela alicerça o seu poder, admiram os políticos o fino senso, a piedade e a coragem do governador a que Gertrudes se dirige.

Claramente mostrava Pestalozzi os dois grandes males que então afligiam o povo. A dependência econômica em que o lança a organização social, o medo em que se encontrava cada homem de que o mínimo gesto de dignidade o atirasse para a miséria, o poder que dava sobre as almas o dinheiro que possuíam os grandes, não deixavam que plenamente se desenvolvessem as boas sementes de honradez, de altruísmo e de amor da beleza que encerrava dentro de si o espírito do povo. Além disso, subordinadas as possibilidades de educação às condições sociais de cada um, é fatal que as classes mais baixas estejam, na sua maioria, acorrentadas a todos os males que a ignorância e a falta de guia seguro em tempo próprio podem trazer consigo; desenvolvem-se ao acaso sem que lhes deem fundamentos e os ensinem para a vida.

A todo o cidadão consciente e disposto a auxiliar os seus irmãos se rasgavam, portanto, dois caminhos. Teria de bater-se por que melhorasse a situação econômica do povo; o ideal seria a total liberdade, porque só quando se quebrarem os laços de dinheiro que prendem homem a homem se terá atingido a estrutura social conveniente ao desenvolvimento da nossa natureza divina; mas tal meta só muito mais tarde se poderá atingir; por agora, a urgente tarefa é a de conceder ao povo um nível de vida mais alto, mais humano. Ao mesmo tempo, lutará pela abertura de escolas, por uma educação em que se parta, não das alturas diferentes a que se encontram os homens nas escalas jerárquicas, mas das necessidades primordiais que constituem a própria essência da alma e que têm de satisfazer-se, sob pena de uma animalização cada vez mais profunda.

Esperava Pestalozzi que o romance, ante o êxito, conseguisse o milagre; o primeiro impulso para a renovação ele o dava com as páginas que todos iam lendo com fervor; já imaginava os grandes moldando-se por Arner, os salários a permitirem uma vida diferente, as escolas a cobrirem a Suíça e todas as nações do universo. Mas, onde se queria uma ação social e política, encontrou-se um triunfo literário; admirou-se a arte do escritor e passaram-se em claro a argúcia e o talento construtivo de quem se propunha reformar. A glória de autor não sorria a Pestalozzi; demasiado humano para ser um literato, não lhe interessava que louvassem as frases e gabassem os retratos; não ambicionava para a obra um eterno culto, nem a queria atual em todos os séculos futuros; no seu pensamento, ela era a alavanca que se põe de parte, depois de removida a carga; o seu maior desejo era que, volvidos poucos anos, ninguém mais falasse do romance, por se ter alcançado tudo que ele pretendia obter; quisera ser um homem e transformavam-no em artista.

O seu engano estivera decerto em se dirigir à massa de cultura mediana, que, sob uma aparência de instrução, oculta uma ignorância porventura ainda mais funda e perniciosa que a do povo. Convencidos de que o prazer, a delicadeza exterior, a satisfação refinada dos sentidos, constituem o que há de mais belo na vida, não atendiam ao que de essencial pusera no seu livro, deixavam oculto o único motivo que levara Pestalozzi a escrevê-lo. Agora aprendia que o contato com eles tinha de ser também educador e apostólico; a miséria, sob os dourados e os aspectos civis, era a mesma que reinava nas classes inferiores: aqui, porém, a miséria dispunha de dinheiro e tomava uma forma enganadora. Jamais os poderia olhar como auxiliares para a empresa que desejaria iniciar; eram apenas outro campo em que tinha de exercer-se a sua ação de mestre; a experiência servia-lhe e por ela ficava elucidado sobre o que havia a esperar das classes mais altas que as camadas populares; quase idêntico era o mal, quase iguais tinham de ser os remédios a aplicar.

Só um caminho lhe restava: o de se dirigir às minorias, aos que voluntariamente se tinham separado dos conjuntos e, possuidores de verdadeira cultura e de clara inteligência, meditavam, longe do comum, os meios que atalhariam o mal que aumentava cada hora. Pareceu-lhe que os melhores se tinham reunido na Ordem dos Iluminados; a seita secreta ia ganhando terreno, o número de adeptos crescia, marcava a sua influência; era uma força com que havia a contar. Um amigo introduziu-o na Ordem e acolheram-no bem; logo redigiu uma memória sobre os pequenos delinquentes e seu aproveitamento pelo Estado; pôs nela todo o calor da sua convicção e todo o resultado da sua experiência de Neuhof; os Iluminados acharam excelente a ideia e felicitaram-no muito; depois, o assunto foi esquecendo, outras questões mais graves vieram agitar aquele ambiente de segredo, de fuga ao sol, de vedados desígnios, que oprimia Pestalozzi, habituado à claridade e à franqueza; nunca mais se falou dos órfãos. Pestalozzi compreendeu que estava a mais na Ordem.

Já, porém, outro projeto se lhe desenhava no espírito; era impossível que os soberanos e governos fossem os duros criminosos de que os povos se queixavam; acusavam-nos de crimes que, segundo pensava, mais provinham de ignorância do que de maldade; se alguém se desse ao trabalho de os esclarecer, de os aconselhar, sem o tom agressivo e satírico de que até aí se tinha usado, não tardariam em descobrir o bom caminho e tomar por ele, honestamente, deliberadamente; sabia o peso dos interesses que por vezes os moviam, mas estava convencido de que à força de paciência e de exortações eloquentes seria possível reformar-lhes o critério, mostrar-lhes os perigos a que se expunham se persistissem nos processos, conciliá-los com o povo, fazê-los olhar a triste condição em que os mais humildes se encontravam; ninguém tinha, até aí, tentado faina semelhante; quando se dirigiam a reis e a ministros era para os insultarem e vexarem; procederia de outro modo, com interesse e deferência, a propor as suas soluções, a oferecer-se para a ação.

Escreveu a Zinzendorf e a José II, mais tarde ao duque da Toscana. Em memórias cheias de atenções, sem uma palavra que os pudesse magoar, sem uma expressão que desse a entender que as suas intenções seriam diferentes, expôs-lhes o estado das populações exploradas por governadores que nomeavam, decerto sem saberem que eles já levavam o único propósito de enriquecerem e satisfazerem um desejo estúpido de mando; disse-lhes a miséria dos operários e camponeses e a necessidade que havia de se atender ao que reclamavam; de novo tratou o problema dos criminosos e insistiu por que se criassem recolhimentos, escolas e asilos-oficinas, em que o povo se educasse, na obediência, certamente, mas também na compreensão da sua dignidade, dos seus direitos e dos seus deveres no mundo. Com surpresa notou que as respostas eram sempre evasivas, sem uma oferta nítida, sem uma decidida opinião; depois, começaram a falhar ou vinham com demora de meses; por fim, totalmente faltaram; por aquele lado, tudo estava decidido.

Mas havia casas de ricos e de nobres, à volta de Zurique e de Neuhof; iria ele próprio incitá-los com a eloquência que lhe davam o amor e o entusiasmo com que se batia pelo povo; uma nova força o animava: queria também salvar os grandes, cuja perda era certa se continuassem no mesmo proceder; queria despertá-los ao sentimento do perigo que via crescer à volta das suas posições, da tranquilidade que julgavam inabalável. Apresentou-se à porta dos castelos com o seu pobre fato desbotado e remendado, sem chapéu nem gravata, os sapatos sem fivelas, que as dera, havia muito, a um pobre que lhe pedira esmola em Basileia; em geral, depois de o espreitarem pelo ralo, abriam levemente a porta e passavam-lhe dinheiro; só depois de larga explicação o deixavam entrar, atendendo à sua qualidade de autor do *Leonardo e Gertrudes*; falava sempre melhor do que tinha suposto; e, no entanto, quando de novo se encontrava na estrada, reconhecia a inutilidade da diligência, a profundidade das suas ilusões.

Quando, por milagres da Näf e auxílios de amigos, pôde viajar à Alemanha, tentou um último recurso; foi visitar os escritores que maior influência exerciam e aliciá-los para a sua campanha. Herder acolheu-o com simpatia, ficou seu grande amigo, mas nada fez do que Pestalozzi pretendia. Goethe, já quase olímpico, recebeu com sobranceria e desdém o mestre-escola suíço; o entusiasmo de Pestalozzi, os gestos frenéticos, o olhar em fogo, o cabelo revolto, afastavam o interesse do grande senhor bem educado e calmo; a casaca de mau talhe, os calções ruços, os sapatos sem brilho, espantavam o incipiente conselheiro; nada havia que o pudesse prender no homem que o vinha incitar a lutar pelo povo e a reformar uma sociedade tão bem organizada e tão cômoda; eram duas naturezas tão diferentes que nada havia a ganhar no contato; todo o impulso de renovação social morrera no ânimo de Goethe; mas Pestalozzi continuou a admirar-lhe o gênio universal e bem gerido.

Havia em todos esses homens dois traços principais que impressionavam Pestalozzi. O desprezo que tinham pelo povo não conhecia barreiras; atribuíam-lhe todos os defeitos e todos os vícios, desde o de não se lavar até o de mentir; pouco mais eram do que animais, decerto úteis, excelentes para nos livrarem a nós, membros das classes superiores, de todas as tarefas grosseiras que a vida nos impõe; eram as máquinas de fazer casas, de transportar caixotes, de nos prepararem a comida e de nos lavarem a louça; para isso lhes dera a natureza aquela insensibilidade ante a porcaria que tanto impressiona as almas bem formadas e as prendadas educações; não se importavam com os vexames, podiam insultá-los à vontade, que não havia perigo de nenhuma reação; baixos e covardes, eram realmente de uma essência diversa; tudo o que havia a fazer era mantê-los na esfera que ocupavam; tocar na ordem consagrada seria pôr em perigo as próprias bases da civilização ocidental.

E, no entanto, quem descia até o solo e, encostando-lhe o ouvido, surpreendia os longínquos rumores, não ficava em tão grande sossego; repercutido de camada a camada e de nação a nação, um grande abalo se aproximava;

ninguém se queria precaver, ninguém atendia às justas queixas, ninguém lançava as pontes de passagem e se prestava aos entendimentos prudentes; uma enorme inconsciência empedernia a inteligência dos inteligentes e a bondade dos bons; o que fora sempre havia de ser, e não olhavam os horizontes diferentes, os aspectos mudáveis do céu; corriam à ruína sem a verem, só depois da irreparável catástrofe diriam o que se podia ter feito; as concessões a tempo teriam evitado o desastre que, sem esperança de salvação, os havia de subverter; mas os olhos estavam cegos e os ouvidos surdos; uma fatalidade inabalável não os deixava escutar os avisos; continuavam a sua vida de sempre, sobre o navio que as ondas já batiam; o naufrágio viria.

Possivelmente, estava longe, mas a distância não lhe diminuía a certeza. Ainda havia muita força nos Estados; de um lado, as massas sem organização, sem dinheiro e sem armas, do outro, os poderosos da Terra que dispunham de todos os recursos, suficientes até para fazerem desertar muitos adeptos da causa popular; um inegável prestígio, feito de riqueza, de espírito arrogante e da cumplicidade dos séculos, impunha-os aos olhos de muitos, e não era este o seu menor sustentáculo; a batalha a travar-se ia ser dura, e muito tempo decorreria antes que o povo estivesse em condições de dar o arranco inicial; nada havia que o fizesse garantir para breve; os próximos anos seriam ainda daquela paz artificial e imposta que reinava nos vários países; o trabalho de agora nada mais era do que preparação; quase todos morreriam antes de colher os frutos do que tinham plantado.

Far-se-iam, contudo, todos os esforços para que a semente se não perdesse; o fato de ter a consciência que lutava por uma época remota não diminuía o fervor de Pestalozzi; mais uma vez, nada pretendia para si, tudo oferecia para os outros, distantes no tempo, ou distantes no espaço; o que era essencial era que fosse aproveitada a sua vida, que a esgotasse utilmente para os homens, que não tivessem sido vãos todos os sacrifícios e todos os desgostos. Escreve sem cansar, espalha por todos os seus artigos e folhetos, manuscritos ou impressos; em todas as conversas, a todos que encontrava, dizia os seus projetos, expunha as ideias fundamentais que o tinham inspirado, as normas que o guiavam; confiava aos jovens que o iam visitar o encargo de lhe continuar a obra, incitava-os a porem, como ele, a sua existência ao serviço do bem, comunicava-lhes a febril atividade, o fogo interior que o abrasava.

De resto, as notícias que chegavam de França não eram de molde a gerar desânimos e vinham até contrariar a opinião dos que viam ainda demorado o instante de empreenderem a redenção do povo. Tudo indicava que a França ia ser o ponto de partida de uma renovação mundial; pela primeira vez, o povo impunha a sua vontade, levantava-se contra o poderio real e, sobretudo, o poderio dos grandes, mostrava-se possuidor da força impetuosa e tenaz que modifica os regimes. Todos os que tinham a temer se levantaram indignados, ao medonho atropelo; um movimento de sã reação percorreu a Europa, e os defensores da ordem contaram-se aos milhares; nações inteiras punham em marcha os seus exércitos para esmagar a plebe rota e faminta de Paris; os nobres que fugiam contavam histórias terríveis de atrocidades e violências. A grande batalha começava e as pessoas sensatas não duvidavam que, ante o crime dos franceses, a indisciplina e a desorganização, os destinos não se inclinassem a favor dos que defendiam a moralidade e o respeito social.

Logo na primeira hora, sem deixar prender-se pelas notícias temerosas, levado pelo infalível instinto da caridade e da justiça, esteve Pestalozzi ao lado das massas populares, da arraia-miúda que os outros combatiam com desprezo e com raiva. A situação era confusa, a luta travava-se um pouco em desordem e era difícil, da Suíça, onde as novas chegavam deformadas, perceber com clareza o que se estava passando. Mas Pestalozzi compreendeu que principiara a revolução e que o essencial era não perder agora, no meio da ressaca e dos cachões de superfície, o fito que a fizera desencadear. Só temia que, impelidos pela força do incidente, deslumbrados pelo próximo, deixassem os chefes do movimento de firmar as bases indispensáveis. A pequena violência, que toma sempre o aspecto do conflito pessoal e da vingança, parecia-lhe, além de moralmente reprovável, inútil e estúpida; queria os grandes atos de energia, os golpes largos e certeiros que fazem ruir as instituições, poupando os homens, e impedem por completo as tentativas de retorno.

Cria também que as revoluções, se devem gerar o forte executivo que inutiliza o adversário e limita os excessos dos amigos, mais têm de formar ambiente para que surjam os governos paternais, educadores, capazes de dar ao povo as bases de cultura indispensáveis a uma verdadeira humanidade. Do estado social presente, feito de embates de indivíduos e de choques de interesses, de submissão ao coletivo e de prisão de almas, se devia passar a um outro regido pelas leis do amor, em que cada um pudesse desenvolver-se em inteira autonomia, guiado apenas pela sua inteligência e pelo seu senso moral, num mundo tão harmônico que o espírito de um fosse o espelho do espírito comum, o ressoador da sinfonia universal. Urgia, pois, que o governo revolucionário fosse, muito mais que um governo de repressão, um governo pedagógico, consciente das suas responsabilidades e seguro dos meios que conviria empregar.

Tinham, sobretudo, que fundar escolas, reorganizar o sistema de ensino, introduzir nas aulas os processos mais modernos; a renovação pedagógica, juntamente com a abolição dos privilégios econômicos, devia ser a grande preocupação dos franceses. A escola realmente educadora não existia ainda em país algum do mundo; entravavam-na, ou dificuldades financeiras ou dificuldades políticas; muito cara para que a sustentassem os particulares, era ao mesmo tempo pouco simpática aos que tinham o mando; a França tinha a um tempo varrido os obstáculos políticos e obtido a possibilidade de ser o próprio governo quem sustentasse as escolas; não havia que hesitar. E outra vez repetia Pestalozzi que uma revolução que se não faz acompanhar de uma ação pedagógica é um tumulto e nada mais; está destinada a falhar, a ver quebrado o ímpeto de ataque, a recair no mar das tentativas que nada produziram.

Ele mesmo se oferece à França, que o fazia seu cidadão honorário, para entrar na grande faina; deixaria a Suíça, iria batalhar no campo que se abria ao seu furor de atividade; em nada pouparia as suas forças, todo se daria ao trabalho gigantesco de modificar as escolas francesas, de tratar da criação de mais escolas, de ensinar os alunos e os mestres, de dar o exemplo de dedicação e de sacrifício pela causa sagrada; sentia-se perto de alcançar o seu objetivo; um grande país, inteiro na alegria da sua manhã social, ia ouvir as palavras que dizia. Mas já, para os lados da fronteira, se moviam as tropas da coligação contra a república, já, no interior, estalavam as revoltas e se revelavam as classes batidas como inimigos ainda perigosos para o futuro da revolução; mais urgentes se mostravam as necessidades da defesa; ao ideal de um homem completo, substituía-se, por agora, o ideal do soldado que detivesse a invasão e do patriota que esmagasse a reação aristocrática.

O horror na Europa subia de ponto; as matanças nas prisões de Paris, a guilhotina que funcionava sem cessar, o ambiente de denúncia e de perseguições lançavam sobre a revolução uma nódoa de sangue; muitos dos que a tinham saudado como uma esperança do gênero humano, dela agora se afastavam, transidos de pavor, seguros que mais valia ter-se conservado a ordem antiga do que tombar-se bruscamente em toda a loucura dos maus instintos à solta. Pestalozzi, o homem dos impulsos súbitos e da desperta sensibilidade, foi mais calmo do que eles; decerto se lhe confrangia o coração ao relato do interminável morticínio; mas não ia contra o povo; era terrível a dança da praça da Revolução, não havia que negá-lo; quem se indignara, porém, contra a dança que, durante séculos, tinham bailado os que tombavam agora? E não era verdade que não tinham direito de se queixar das barbaridades de um povo a cuja educação nunca tinham dado a menor importância?

Para ele, o comportamento popular, censurável como era, constituía um argumento forte contra o antigo regime, não um argumento a seu favor; a sociedade que tinha deixado desenvolver-se um tão grande potencial de brutalidades e de crimes revelava-se insustentável; o superior interesse da humanidade exigia que acabasse. Receava, porém, Pestalozzi que o processo adotado não fosse o mais eficaz; como tinha previsto, todos eram arrastados pela embriaguez do triunfo enganador e mediam a segurança do novo estado de coisas pelo número de cabeças que rolavam. Se rapidamente se não pusesse um dique à fúria do povo, se um homem amplamente inteligente e enérgico não chamasse à realidade os chefes revolucionários, tudo corria o risco de perder-se; já talvez se fosse desenhando um movimento de reação; já as janelas se fechavam ao passar das carretas; dentro em pouco, a continuar-se na mesma, os aristocratas voltariam à França.

Contudo, havia o sentimento que alguma coisa estava definitivamente enterrada; de fato, com a afirmação de Valmy, um mundo novo nascia; mesmo que a França viesse a cair sob o domínio de um tirano, proveniente dos antigos senhores ou gerado pela própria revolução, era certo que, no xadrez social, tinham entrado pedras novas; estabelecera-se, no meio do tumulto e da imensa confusão, o direito a uma vida humana; ficava posto claramente à luz da história que não há uma classe de nobres e uma classe de animais de carga; o problema de satisfazer esse anseio de humanidade ficava formulado – e um problema de que se toma consciência contém já em si, fatalmente, pronta ou demorada, a solução que lhe convém; o grande passo fora dado e não havia que pensar em regressos duradouros; o sono que toma os corpos fatigados é bem diferente da rigidez e do aniquilamento da morte.

Depois, o movimento dos franceses repercutia-se à Europa inteira e, se a psicologia de certos povos permitia que o abafassem os dirigentes, em quase todos o clamor revolucionário ressoara fortemente; viam ali um exemplo perfeito de quanto podem as vagas de fundo que despedaçam os molhes e as frotas de guerra e as muralhas dos castelos; os corações exaltavam-se no orgulho da vitória e na esperança de, pelo menos, serem contados como os dignos continuadores dos que lhes apareciam como heróis. Sofrera a França para que se salvasse o mundo inteiro; a cruz enorme, tinta de sangue, dominava as nações; uma aurora rompia, por trás dela, ainda afogada em nevoeiro, na incerteza das primeiras horas; mas trazia já consigo a promessa do esplêndido meio-dia.

Na Suíça, os efeitos da revolução foram quase imediatos; os intelectuais secundaram a revolta, um novo governo tomou conta dos destinos do país. Para o ministério da instrução escolheram um admirador de Pestalozzi, Filipe Stapfer, que se banhara no mesmo idealismo e na mesma esperança desde os tempos já remotos da Sociedade Helvética. A carta em que Pestalozzi oferecia os seus serviços cruzou-se com a carta de Stapfer em que ele lhos pedia; não sabia ainda em que ponto da linha o havia de pôr; mas, para a tarefa, não se podia dispensar o seu concurso. Ia trabalhar, finalmente, mostrar que o desastre de Neuhof nada queria dizer, que era capaz de resgatar os seus erros e todo se oferecer à obra a que o chamavam; era como se nascesse de novo; do pedido de Stapfer podia datar a sua vida, o que tinha passado apagava-se de todo. Contava, então, Pestalozzi cinquenta e dois anos.

IV

Evidentemente, o lugar de Pestalozzi seria numa escola; pensou-se primeiro numa escola normal de que ficaria como diretor; a preparação dos mestres aparecia ao ministro como o trabalho mais urgente; sem mestres capazes de, pelo menos, compreenderem as intenções de reforma, seriam inúteis todas as providências que se dessem sobre instrução pública; um pessoal inábil, inconsciente da grandeza da missão que desempenha ou sem a cultura necessária para dominar a vida, é o muro onde se desfazem todas as leis excelentes. Comunicou-se a Pestalozzi a vontade do ministro e Pestalozzi recusou; percebia a necessidade da escola, mas preferia o contato com as crianças ao contato com os grandes; o seu reino era entre os pequenos, neles havia de lançar os fundamentos do futuro; queria que lhe dessem uma escola em que se fizesse apelo maior ao seu afeto, ao seu interesse carinhoso, do que à ciência pedagógica e à erudição literária.

Preparava-se uma escola profissional que lhe satisfaria as ambições, quando estalou a revolta de Nidwalden. O povo da região parecia não se dar bem com o regime de liberdade e de fraternidade que reinava na Suíça; tinham abolido privilégios seculares e os preconceitos religiosos entravam em grande parte entre as causas do levantamento; uma pequena Vendeia surgia, de súbito, a perturbar a boa ordem; queriam viver como entendiam, o que era intolerável num Estado em que todos tinham de ser livres. Compreendeu-se logo que, nesta rude gente, a dignidade humana tinha de ser promovida à força; as tropas francesas que velavam pelo cumprimento dos direitos do homem avançaram para Nidwalden e puseram o cantão a ferro e fogo; casas, colheitas, animais e pessoas, tudo desapareceu na voragem; a população de Stans foi dizimada pelos soldados liberais, a cidade meio destruída pelo bombardeamento e o incêndio; os órfãos que não tinham sido também mortos vagueavam pelas ruínas, desabrigados e famintos.

Para os recolher, resolveu o governo criar um asilo e instalá-lo num antigo convento de monjas que se reparou à pressa e se adaptou, quanto possível, ao seu novo destino; Pestalozzi aceitou com alegria o encargo de dirigi-lo: ofereciam-lhe precisamente o que desejaria obter; ir viver entre crianças pobres, consolar desgraçados, reeducar miseráveis; aí se veriam os milagres que havia de fazer o naufragado de Neuhof. Quis todas as responsabilidades, nenhum colaborador; atenderia a tudo, apenas com uma criada para o serviço doméstico; Lisbeth ficaria em Neuhof, na companhia de Ana e de Jacqueli. Trinta anos de miséria tinham abatido a coragem de Ana; não se sentia com forças para novas empresas e a carta em que incitara Pestalozzi aparecia-lhe como um exagero da mocidade; o serviço do comum era bem duro e a sua confiança no marido desaparecia pouco a pouco; era inútil animá-la, jurar-lhe que venceria na vida; o fogo sagrado apagava-se para sempre; os indizíveis sacrifícios transformavam Ana Schulthess numa pobre alma desiludida e triste.

As primeiras notícias que recebeu de Stans logo lhe mostraram as dificuldades do novo cometimento a que se lançara Pestalozzi. Os restos de população que os franceses tinham deixado na cidade, ressentidos da injusta brutalidade que o governo permitira que sofressem, hostilizavam tudo quanto emanava do poder central; quem julgara aniquilá-los perfeitamente se enganara; toda a resistência material fora decerto esmagada, toda a luta a céu aberto se tornara impossível; mas em cada alma crescera um ódio tal que por todos os meios se procuravam opor às determinações do governo; Pestalozzi foi recebido com desconfiança e logo a guerra se desencadeou com furor, num dilúvio de intrigas, de mentiras e calúnias. Acrescia a todas as razões políticas que tinham para o atacar, que Pestalozzi era protestante e se instalava num país de católicos vencidos; a separação religiosa vinha cumular a medida e Pestalozzi só tinha a contar com o rancor, o desprezo e a traição.

No entanto, um entusiasmo inabalável lhe ardia na alma. Se fosse preciso iria iniciar a sua obra nos píncaros dos Alpes, na solidão gelada, sob as tempestades de neve, quanto mais entre os enredos dos homens; o que era essencial para que o trabalho prosseguisse era que jamais o temor dos perigos ou a falta de confiança em si próprio o viessem assaltar; ora, nenhum receio o perturbava, nem a mais leve hesitação o suspendia na tarefa; desde o começo da vida, sempre fora o medo uma força incapaz de o quebrar; todo o mundo se poderia erguer contra ele, bater-se-ia com o mundo; e no momento presente, mais que em tempo nenhum, se sentia cheio da força que derruba todo o obstáculo e aplana a aspereza dos solos; sabia o que queria e sabia querer; das suas qualidades de educador podia estar seguro: Neuhof e os próprios anos de inação lhe tinham dado a consciência do que valia e do que podia realizar, nas circunstâncias mais adversas.

Logo que as obras estiveram quase terminadas, as crianças entraram no asilo de Stans; Pestalozzi olhava os pequenos miseráveis e a alma se lhe confrangia de pena e resplandecia de amor; sujos, de fato esfarrapado, encostavam-se pelos cantos, de cabeça baixa, deitando ao mestre olhadelas furtivas e duras; nos cabelos maltratados, ruços do tempo e da fome, fervilhava o piolho; muitos tinham feridas agravadas, onde amarelejava o pus e as moscas pousavam, pegajosas; outros tossiam, com um esforço rouco que lhes despedaçava os pulmões, e nos escarros que atiravam para o chão vinham laivos de sangue; todos eram macilentos e pálidos, as pernas e os braços escorridos sob os fatos andrajosos; um cheiro repugnante enchia toda a casa: os hálitos fétidos, os suores, os restos do estrume dos currais, os farrapos lamacentos empestavam o ar; as lágrimas corriam nas faces de Pestalozzi e as crianças começavam a contemplar com espanto o homem alto e magro que chorava.

Quando tudo se foi organizando e teve cada qual a sua água e a sua roupa limpa, outras misérias se revelaram – e mais terríveis. As crianças dividiam-se em dois bandos: de um lado, os que tinham sido ricos, de outro, os filhos de camponios e operários a quem a fome sempre fora companheira; os produtos da diversa educação não podiam juntar-se; e eram todos os dias, entre os grupos hostis, batalhas de palavras e de murros que Pestalozzi dificilmente fazia terminar. Os mais pequenos, desconfiados e medrosos, mal respondiam às perguntas, encerravam-se num mutismo feroz que nenhuma habilidade e nenhuma carícia conseguiam quebrar; os mais velhos, ao perceberem a bondade de João Henrique, tornavam-se insolentes, altaneiros, replicavam com obscenidades às indicações do diretor e revoltavam-se contra toda a tentativa de trabalho regular e ordenado; nenhum respeito os continha, eram inúteis todo o afeto, toda a simpatia que o mestre punha nas suas relações com as crianças.

Mas a grande fé, a que abala as montanhas, não abandonava Pestalozzi; o amor é poderoso, quando se exerce insistentemente, quando o que ama não quer possuir, mas dar-se inteiro ao objeto do amor; à força de paciência, de bondade, conseguiria atingir o alvo que se tinha proposto; todo o tempo se lhe estendia diante, nenhuma preocupação econômica o vinha distrair do seu labor; educou-se ele mesmo para ser, em cada novo dia, mais carinhoso e compreensivo; todas as faltas vieram encontrar no coração de Pestalozzi o imenso perdão que redime os criminosos; fechados os olhos para o mal passado, toda a atenção convergia para o bem a alcançar; à magnífica estrada ia guiando os seus alunos; não os queria cerrados à generosidade e à beleza; em toda a alma, por mais rude, em toda a inteligência, por mais bronca, faísca a centelha divina; se a não conseguisse desembaraçar das nuvens que a cobriam, a culpa era dele e só dele se teria de queixar.

Ao mesmo tempo, a sua ação ia-se alargando para além das paredes do asilo; estendeu-se às vítimas da crueldade soldadesca; o protestante penetrou nas casas mais pobres dos seus adversários e com eles partilhou do pouco que o governo lhe dava; exortou-os à confiança em dias melhores, ensinou-os a renascerem para a esperança, a considerarem o desastre como um sonho mau que as auroras desfazem; os moribundos ouviram-lhe palavras de ânimo e de bondosa consolação; soube ser o confidente dos desesperos e tentou aplacar os tenazes rancores que entenebrecem os espíritos, repetindo que o homem não encontra a felicidade no ódio, que a vingança só deixa após si a desolação e o remorso. Já o acolhiam com sorrisos, já o saudavam quando o viam caminhando pelas ruas, pobremente vestido, um pouco curvado, os cantos da boca descaídos numa expressão de amargura, mas sempre com o olhar brilhante de entusiasmo e de humana simpatia.

No Instituto, conseguiu que fossem os melhores aparecendo nas oficinas, num interesse crescente pelos trabalhos que nelas podiam executar; um aluno, preso pelo gosto da obra que estava a realizar, trazia outro consigo e, a pouco e pouco, os mais rebeldes foram dando pela porta olhares em que transparecia a tentação; finalmente se decidiram a entrar e agora quase todos, absorvidos na tarefa, se lembravam menos das rivalidades e dos tempos em que o instinto de defesa lhes fizera crescer na alma o pavor e o feroz comportamento. Durante as aulas, o trabalho por grupos favorecia a aproximação, nivelava as classes e punha no espírito de muitos o contagioso desejo de servir e colaborar na faina comum; os maiores aprendiam a proteger e a guiar os pequenos, os mais inteligentes auxiliavam os outros a vencer as dificuldades da aritmética ou da escrita.

Com a primavera de 1799, já ninguém podia reconhecer nos alunos do Instituto as pequenas vítimas da destruição de Stans; quase todos os defeitos de que tinham dado mostras durante os primeiros tempos lhes desapareciam do espírito; eram corretos e afáveis, abertamente deixavam transparecer a amizade que os prendia a Pestalozzi; os pedidos que formulava, satisfaziam-nos sem demora, no gosto de lhe pagar toda a atenção que lhes dera, todo o carinho que lhes cercara a desconfiança e a revolta; amigos do trabalho, passavam horas inteiras na oficina da escola, a preparar-se para a vida de labuta que se lhes abria diante; quanto à aprendizagem do desenho, da leitura, da escrita e do cálculo, os processos de Pestalozzi, desenvolvidos ao contato do real e do concreto, todos penetrados do entusiasmo e da vontade do mestre, iam-se mostrando mais rendosos e fáceis; as crianças aprendiam com interesse, com alegre decisão, tinham o gosto da escola e da tarefa bem cumprida; o milagre de que todos descriam operava-se bem claro e patente.

Havia, porém, a contar com os que se recusavam a observar e entender e não perdoavam a simpatia que Pestalozzi conquistara na cidade. As autoridades civis, enredadas no jogo de uma estreita política, criavam-lhe embaraços que só a sua tenacidade e o amor dos pobres de Stans conseguiam vencer; não havia nenhuma oposição definida, franca e violenta; eram as evasivas, as polidas recusas, os sorrisos dúbios, a recepção afetuosa que diluía a negativa ante um pedido, a insistência no que sabiam desagradável, as pequenas contrariedades que habilmente acumulavam. O pároco da terra, que não perdoava a heresia de Pestalozzi, adotara o caminho da insinuação e da calúnia, da informação desfavorável, do mesquinho manejo entre os fregueses, da lenta, miúda objeção a tudo que propunha o diretor do Instituto; minava-lhe o terreno sob os pés, com manso jeito, o bom olhar voltado ao céu, a alma posta nas obras excelentes que lhe cumpria fazer.

Entretanto, a guerra acendia-se de novo; austríacos e russos batalhavam com os franceses, todos os dias o canhão troava pelos barrancos e desfiladeiros; a Suíça, devastada pela luta, só atendia aos negócios da guerra, todas as preocupações desapareciam ante o problema militar. Os feridos e doentes começavam a chegar às cidades da retaguarda e era preciso encontrar-lhes alojamento apropriado; com grande amor da pátria e caridade cristã, o comissário e o pároco de Stans propuseram que se adaptasse o Instituto a hospital militar; a humanidade e, mais restritamente, o bem da Suíça exigiam que todos fizessem sacrifícios; Pestalozzi abandonaria o convento enquanto durasse a guerra; depois se veria o que se poderia fazer; talvez mesmo se encontrasse qualquer alojamento mais digno da escola admirável; por agora, porém, forçoso era que cedesse; que cedesse ante a maldade e a força, como outrora em Neuhof cedera ante a miséria.

Encerrado o asilo, as forças de Pestalozzi caíram bruscamente; o trabalho esgotara-o e as hemoptises sucediam-se; a alma de aço não conseguia domar por completo as resistências e as fraquezas do seu corpo; um ano de esforços, sozinho ante a mesma tarefa, com uma atividade que, não contente de se exercer adentro do asilo, ainda se espalhava na cidade e contribuía para a transformar, esmagava a heroica vontade. Mais o deprimia a consciência de que, uma vez ainda, a sua ação falhara, que não alcançara estabelecer a obra duradoura que ambicionava; quando tudo parecia resolvido, quando principiava a recolher os frutos dos esforços empregados, eis que os homens lhe roubavam os meios de continuar a sua empresa; as forças da má vontade, da inveja e da incompreensão eram bem maiores do que julgava; o mundo resistia à sua ação, negava-se, cheio de péssimos hábitos e de vistas fechadas, a aceitar quem apenas desejava humanizá-lo.

Mas, um mal mais vasto do que a princípio lhe parecera, somente exigia de Pestalozzi uma ação mais intensa; se escolhera aquela vida porque o mundo era mau, não fazia sentido que, ao reconhecê-lo pior, desistisse da tarefa; nela havia de perseverar até alcançar vitória ou até que o mal o abatesse de todo; não havia outra solução para o duelo que travara: um dos adversários tinha que tombar aniquilado. Depois, ainda vagamente, começava a perceber que talvez a transformação do mundo dependa menos das obras perfeitas do que dos esforços que se empregam para a sua criação; talvez mais valha a atitude, a afirmação da vontade, a coragem que renova os seus golpes do que o edifício construído; as arquiteturas envelhecem, mas é o mesmo espírito humano que as anima; mais contam, portanto, as lições de energia e de amor que robustecem esse espírito do que a obra em si mesma; de desastre em desastre, afirmaria, pelo menos, Pestalozzi a sua confiança no triunfo, a sua ampla humanidade, a sua bravura no combate.

Quando desce de Grüningen, onde o ar da montanha lhe influíra nova vida, pede ao governo que o deixe ir outra vez para Stans; o pároco era o mesmo, o mesmo ainda o comissário; a ausência, naturalmente, tinha feito esquecer os benefícios de Pestalozzi; outras crianças, famintas e rebeldes, o esperariam no asilo; ia encontrar, como no primeiro dia, as dificuldades temerosas, arrostar ainda com o desespero e a renovada hostilidade dos seus adversários; mas o seu dever era partir, tentar salvar os restos do antigo Instituto, trabalhar por que sobre eles se edificasse um recolhimento mais vasto e útil; dessa vez, arranjaria auxiliares, pouparia um pouco mais as suas forças, para não cair a meio da encosta; de novo, a experiência lhe servia de ensino, e voltaria a Stans com maior segurança, disposto a dar mais sólidas bases e mais perfeito funcionamento ao Instituto dos pobres; ante os resultados, os próprios inimigos se haviam de curvar.

Apesar dos esforços de Stapfer, que tenazmente defendeu o seu amigo, nada pôde conseguir. As informações que tinham chegado ao poder central eram muito adversas a Pestalozzi; o pároco, uma tão respeitável pessoa, abertamente declarava que achava prejudicial para os interesses espirituais e materiais da Suíça que se entregasse a um louco, ou, pelo menos, a um extravagante, uma missão de tal seriedade; o comissário apoiava o relatório do venerável sacerdote, com toda a autoridade que lhe davam os seus conhecimentos políticos, a sua habilidade no auscultar das terríveis reações que poderia produzir no povo a ida para Stans de um homem antipático e estranho. Todos tinham imensa pena, mas não lhe podiam satisfazer o pedido; interesses superiores deviam guiar as vistas de quem tinha responsabilidades de mando; pessoalmente, estavam encantados com Pestalozzi; mas tinham de atender, como decerto compreendia, às considerações nacionais.

Requereu, então, Pestalozzi que lhe dessem um lugar de mestre-escola; sentir-se-ia feliz entre os pequenos, sem questões de direção a resolver, todo entregue ao prazer de ensinar e de ir apurando os seus métodos. Daquela vez não pareceu às autoridades que não houvesse grande perigo em aceder ao pedido, sobretudo se o pusessem sob o mando de alguém capaz de lhe conter os ímpetos; e nomearam-no professor-adjunto de uma escola de pobres, em Burgdorf, de que era diretor o sapateiro Dysli. O sapateiro habitava na própria sala de aula e era, ao ritmo do bater da sola e do puxar do fio encerado, que os alunos soletravam as cartilhas ou se agrediam a soco; de quando em quando, o sapateiro levantava-se, apanhava um ao acaso – este infeliz era quase sempre o que tinha menos culpas no tumulto – e sovava-o com alma; em seguida, voltava para o canto e ia trabalhando até à hora de fechar a escola; toda a sala estava impregnada do cheiro da comida e da cola de farinha que azedava nas tachinhas de barro; encostada à parede, a cama do sapateiro dava à aula um ambiente de desalinho e de miséria.

Quando Pestalozzi chegou a Burgdorf, os alunos viram com espanto que o novo professor não batia, lhes sabia contar histórias, os sentava nos joelhos e andava por entre os bancos a ajudá-los nas dificuldades que encontravam; frequentemente, passeavam com ele pela borda do rio e voltavam para a escola ajoujados de pedras de que Pestalozzi, dado à mineralogia, lhes ensinava os nomes; a ele podiam dirigir-se com franqueza e confiança, porque os não castigava e os seus conselhos eram sempre dados num tom afetuoso, entre sorrisos e palmadas nas costas. O sapateiro observava também Pestalozzi e a transformação que se dava; o lado pedagógico deixava-o indiferente de todo; mas houve um aspecto da questão que, sobremodo, o interessou e lhe definiu ideias acerca do intruso: o que Pestalozzi queria era conquistar as simpatias dos alunos, para depois, por uma hábil manobra, o expulsar da escola; mas Dysli era esperto e saberia opor-se aos desígnios perversos do professor-adjunto.

Falou com os pais e expôs-lhes o que se passava; o governo nomeara para a escola um homem que desejava fazer experiências nos filhos dos pobres; se não dessem resultado, e tudo indicava que nada mais se tinha de esperar, nem o governo, nem Pestalozzi, se importariam com os prejuízos causados: o povo é desprezível e fez-se para sofrer os caprichos dos ricos. Todos acordaram em que se tinha de protestar e conseguir que Pestalozzi fosse posto fora da escola; cada um moveu as influências de que podia dispor e, dentro em pouco, o professor-adjunto recebeu, com surpresa, uma ordem do ministro que o mandava não interromper o trabalho, nem perturbar os métodos do funcionário Dysli; por favor, e porque Stapfer novamente interviera, transferiam-no para outra escola da cidade, uma escola de filhos de burgueses que dirigia a menina Stähli; a ordem devia ser logo cumprida; no dia seguinte, Pestalozzi passaria a ensinar na aula que a diretora lhe designasse e segundo as indicações que lhe desse.

Como a Stähli não tinha nem grande personalidade nem receio de que Pestalozzi lhe tirasse o lugar, a situação melhorou; foi ela quem se foi adaptando aos métodos que Pestalozzi empregava, quem docilmente modelou pelo dele o seu procedimento e o ajudou com interesse e boa vontade. Nos filhos dos burgueses encontrou Pestalozzi, posto de lado o que lhes vinha do meio e dos hábitos domésticos, o mesmo fogo interno, a mesma compreensão da bondade e a mesma inteligência que descobrira na escola de Dysli; o seu amor ia para todos os homens, sem distinção de classes; em todos encontrava qualidades idênticas, apenas favorecidas ou deformadas pelas condições econômicas e pela educação recebida. Tão bem se trabalhou na escola, foi tão estreito o entendimento entre todos, de tal modo marcou Pestalozzi com o seu cunho pessoal o ambiente das aulas, que os rapazes, nos exames oficiais a que foram submetidos, facilmente se colocaram à frente dos alunos das outras escolas da cidade; o professor-adjunto triunfava; muitos dos que o tinham combatido reconheciam o seu erro e procuravam ajudá-lo.

Cederam-lhe o castelo para instalar aí um Instituto que fosse, ao mesmo tempo, uma escola primária e uma escola normal; Stapfer, no fim, tinha razão; era inútil reformar ou criar escolas sem que se preparassem os mestres; a experiência do sapateiro Dysli mostrava-lhe o que era o pessoal das escolas suíças e a necessidade de o fazer substituir por professores habilitados.

Estava disposto a ensinar todos que se apresentassem e, como o governo oficializara o Instituto, a empresa era fácil; sem cuidados financeiros, com uma população escolar que não tinha os defeitos da de Neuhof ou de Stans, poderia dedicar muito mais a sua atenção ao duplo trabalho de preparar os alunos e formar os professores. A irradiante simpatia, o dom de penetrar as almas, dispunham a receberem-lhe as ideias os que vinham a Burgdorf com o espírito limpo e o intenso desejo de serem úteis ao mundo como o era Pestalozzi; nenhum se aproximava do mestre sem que o prendessem a franqueza, a bondade e o entusiasmo que brilhavam em cada olhar e lhe enchiam as palavras de convicção e de fervor.

Vários colaboradores ajudavam Pestalozzi. Viera Krüsi, que outrora trepava pelas veredas dos Alpes, empregado no transporte de fardos, e se decidira a seguir a carreira de mestre mal sabendo ler e nem sequer conhecendo as regras de emprego das maiúsculas; mas bem via Pestalozzi que não é a ciência a qualidade fundamental do professor e que as técnicas se podem adquirir com relativa facilidade. Chegou Niederer, que vinha encarregar-se da educação religiosa; ao contrário de Krüsi, este era culto, com preocupações de erudição filosófica e de formação de sistemas perfeitamente coerentes e sólidos, mas altaneiro e agressivo; a sua vida não era filosófica. Pouco depois, entrou José Schmid, que se dedicava à matemática, e se ofereceu a Pestalozzi para aperfeiçoar o ensino do cálculo; honesto e cumpridor, não tinha as ambições de Niederer e desconfiava das grandes construções metafísicas; estreitamente ligado ao seu trabalho, seco e metódico, não lhe importavam muito as discussões teóricas nem possuía a rápida intuição e o ardor de Krüsi.

Trabalhava-se com vontade e com alguma ordem; pela própria necessidade de o fazer empregar por pessoas diferentes, vira-se obrigado Pestalozzi a expor, com minúcia maior e sentido da prática, o seu método de ensino; é em Burgdorf que Pestalozzi escreve *Como Gertrudes ensina os seus filhos*; bem afirmava que o interesse do método e do livro estava exatamente em que, pela sua perfeita apreensão, os poderiam e deveriam dispensar; não queria prever que a sua atividade, toda feita de perpétua invenção, viesse a produzir apenas as linhas rígidas e secas de uma guia. Mas a essa fatalidade não podia fugir: tudo que foi no pensamento do criador um fluir de vida, se converte, quando passa às mãos de outros, nos esquemas que se decoram e nas receitas que se aplicam. O que a sua escola ia ganhando em eficiência social, perdia-o em beleza, em espontaneidade e em amor; o sacrifício custava a Pestalozzi como nenhum dos que fizera; a perfeição aproximava-o da morte e ele queria viver.

A fama do Instituto espalhava-se pelo mundo e o êxito de *Gertrudes* trazia a Burgdorf, a visitarem Pestalozzi e a escola, todos os que se interessavam na Europa pelos progressos pedagógicos. Chegavam alunos-mestres de todas as nações que desejavam reformar o seu ensino, e, quando regressavam às suas pátrias, logo fundavam escolas que seguiam fielmente os preceitos de Pestalozzi; os governos pediam ao diretor de Burgdorf que lhes enviasse instruções e planos; a gente da terra orgulhava-se da nomeada do Instituto e dava a Pestalozzi todas as facilidades que pedia. Os mestres, por seu turno, começavam a sentir-se pessoas notáveis e adquiriam quase todos um ar suficiente que feria Pestalozzi; não concebia o professor senão humilde e modesto, todo entregue à sua grande missão e desprezando as honrarias e atrações do mundo; ele ficara o mesmo extravagante, desalinhado e impulsivo, pobremente trajado, ascético, desprendido de galas; cada vez mais se ia abrindo um abismo entre ele e os restantes.

Quando Napoleão decidiu reformar a Constituição suíça, fizeram-no membro da *Consulta*. Viajou a Paris e tentou expor ao senhor de França os seus métodos de ensino; agora, que todos lhe acolhiam os preceitos, não duvidava de poder levar a cabo o projeto dos tempos revolucionários; não poderia vir ele mesmo para França, mas enviaria os seus discípulos e eles fariam a reforma; solicitou a audiência; mas apenas viu um secretário, correto e frio, amável e distante; Napoleão, que preparava com cuidado o extermínio de milhares de homens, não podia atender a questões de *abc*. Também não agradava ao primeiro-cônsul o liberalismo da *Consulta*; o projeto de constituição que lhes deu a estudar conservava às instituições uma fachada democrática, mas todo as penetrava de absolutismo e opressão; Pestalozzi percebeu que o tirano que um dia pusera como hipótese se realizava em Bonaparte; pediu a demissão e regressou à sua escola de Burgdorf.

A política, no entanto, não deixava de interessá-lo; entendia as profundas relações que existem entre a atividade pedagógica e a atividade de reforma social; não podia voltar costas a todos os grandes problemas que se debatiam na sua pátria e na Europa. A revolução terminara, com todos os seus excessos e todas as ondas furibundas que tinham ido ao assalto do antigo regime; entrava-se num período de certa calma, mas ninguém sabia com segurança o que tinha ficado da ordem velha ou o que trouxera o movimento para o plano do adquirido; era difícil marcar o que fora assimilado e o que o organismo repelia como prejudicial ou inútil. Pestalozzi, em artigos de jornal ou em folhetos, pregou a necessidade da paz interna e externa, de uma humanização do Estado e da vida social, do compromisso, do entendimento entre os indivíduos como entre as nações; ninguém o ouviu: os avançados chamaram-lhe traidor e covarde, os conservadores começaram a temê-lo como um agente de desordem e um decidido revolucionário.

Por 1803, o governo não pôde aguentar-se por mais tempo na posição insustentável que lhe criava a artificialidade da república una e indivisível num país de fundas tradições locais e de descentralização administrativa; voltou-se à organização cantonal e toda a vida pública da Suíça se caracterizou por um regresso a uma política conservadora. A escola de Burgdorf ficou a depender das autoridades de Berna, que não viam com bons olhos as ideias insensatas de Henrique Pestalozzi; governantes cuidadosos da tranquilidade do país não podiam confiar num homem de pensar tão especial e de maneiras tão desprendidas das conveniências sociais; a sua fama europeia pouco cuidado lhes dava; certamente o aplaudiam os que lhe eram semelhantes na loucura das concepções e na extravagância do porte; o mais que poderiam fazer era mandá-lo, em atenção aos serviços que diziam prestar, para um ponto diferente. E decidiram que Pestalozzi deixaria o castelo, necessário para instalar o prefeito e a cadeia da cidade.

Cederam-lhe em troca a casa que fora, em Münchenbuchsee, dos cavaleiros de S. João. Para sair de Burgdorf e liquidar as dívidas que a escola tinha feito, viu-se obrigado a despender quase todo o dinheiro que Lisbeth Näf e a mulher tinham conseguido juntar. A desordem financeira do Instituto atingia uma profundidade que ninguém calculava; não havia o menor rudimento de escrita e a administração era uma vã palavra; a caixa estava aberta para quem precisava de dinheiro e cada um pagava e se pagava perfeitamente à vontade. Com a mudança para Münchenbuchsee pareceu urgente que se pusesse cobro a tal desbarato. Os professores combinaram com Fellenberg, administrador de pulso férreo, que Pestalozzi apenas teria à sua conta a parte pedagógica da escola; no campo econômico davam-lhe plenos poderes para fazer o que melhor entendesse; o essencial era que se pudesse restabelecer o equilíbrio financeiro indispensável a que a empresa prosseguisse.

Fellenberg meteu-se à tarefa com vontade e instaurou na escola uma verdadeira tirania; sob a pressão do ecônomo, cada dia se ia perdendo o que ainda havia de viva criação, de ímpeto jovem, de impulso matinal no funcionamento da casa; tudo se anquilosava em regras e processos mecânicos, se prendia no bem organizado, se fossilizava de momento a momento; reinavam a ordem e o método, mas desapareciam a alegria, o íntimo contato das almas com as almas, a aventura e o prazer da dificuldade, o gosto da improvisação e do nascer cotidiano; os caminhos estavam seguros demais, para que a vida pudesse conservar o encanto de ser perigosa e incerta. Pestalozzi abafava na atmosfera sempre igual, na monótona sequência dos dias semelhantes; sentia-se com muita idade para se habituar a prisões; continuamente lhe ressoava na alma o apelo dos espaços livres, abertos à iniciativa e à imaginação; tinha de escolher rapidamente entre a vida e a morte.

V

A conselho de La Harpe, que lhe indicara para a direção o nome de Pestalozzi, tinha resolvido o imperador da Rússia fazer de Dorpat um centro de renovação pedagógica. Fundar-se-ia uma escola normal, com as disciplinas teóricas necessárias, e, sobretudo, se daria importância às escolas de ensaio em que praticariam os futuros mestres. Decidia-se Pestalozzi a aceitar o convite de Alexandre, apesar das instâncias dos amigos que lhe pediam que ficasse na Suíça, sua pátria, mesmo que lhe não dessem os meios de continuar a sua obra; [mas] a pátria era, cada vez mais, no pensamento de Pestalozzi, uma caminhada coletiva para um futuro melhor e, se lhe era impossível marchar com os suíços, marcharia com os russos. Quando já estava pronto a aceder ao pedido do czar, chegou uma oferta de Yverdon: a cidade entregava-lhe o castelo que pertencera a Carlos, o Temerário, se nele quisesse instalar e dirigir uma escola elementar para alunos internos; não havia que hesitar: mais uma vez ia tentar conseguir o que sentia ser a sua missão essencial; podia ser que, finalmente, as circunstâncias se mostrassem mais benignas e o Instituto se firmasse em bases sólidas.

Com ele partiu Krüsi; os outros mestres pouco tempo puderam suportar o ambiente de Münchenbuchsee, onde se abafava com os métodos administrativos e a rigidez de trato de Fellenberg; a chama viva de amor ia desaparecendo da casa e, com a retirada de Pestalozzi, a última centelha se apagou; havia agora apenas uma escola bem montada, um corpo seguro e perfeito: isto sabia fazer um Fellenberg; mas a alma, só Pestalozzi lha podia insuflar. Logo à chegada a Yverdon, os alunos apareceram; eram suíços, na maioria, mas também os estrangeiros começavam a afluir; quem tinha meios para se deslocar, atendia ao conselho que davam os mestres educados em Burgdorf e ia apresentar-se em Yverdon; no segundo ano de escola, a frequência subiu a cento e cinquenta alunos, quase todos ricos; o Instituto prosperava, as questões financeiras pareciam mortas definitivamente, os professores, livres de cuidados, poderiam dedicar-se ao aperfeiçoamento dos métodos e ao alargamento da sua própria cultura.

Pestalozzi trabalhava sem descanso; já a pé às duas ou três horas da manhã, escrevia até o romper da aurora, apurava os seus princípios pedagógicos, alargava-os, dando-lhes fundamento numa concepção geral da vida, traçava as instruções práticas que deviam seguir os professores, infatigavelmente intervinha nas questões públicas, desejoso de que os seus concidadãos conhecessem as soluções que propunha para a crise política e para os problemas sociais. Muitas vezes, de madrugada, reunia os professores em conferências pedagógicas, dizia-lhes toda a beleza da profissão que escolhiam, todo o espírito de sacrifício, todo o amor, toda a suprema dedicação que ela exige dos que a tomaram; nas suas palavras passava a experiência dos anos de batalha, o entusiasmo pela construção do futuro, ressoava o anseio de uma vida mais ampla para todos, a fé imensa, a esperança de que um dia, pela escola, a humanidade se poderá libertar de todos os defeitos e de todas as misérias.

Os alunos levantavam-se ao nascer do sol e Pestalozzi assistia, no pátio do colégio, às lavagens que se faziam, mesmo no inverno, com a água quase gelada que corria das bombas. Não os queria educados para uma vida de moleza; quando saíssem do colégio, deviam levar os corpos de aço que resistem a todos os embates e as almas que sabem dominar os ímpetos e as recusas da carne; enérgicos e vivos, não se abandonariam às fraquezas dos que dormem doze horas e têm medo da água, dos que hibernam sob a neve e se espapaçam no verão. Para lhes formar o corpo e o espírito, introduziu no colégio a ginástica e os jogos que, num ambiente de salutar, educativa camaradagem, os mestres praticavam juntamente com os alunos; as relações que se travam nos desportos entre o professor e o rapaz unem mais que todas as aulas e preparam melhor de que outro meio qualquer o terreno do ensino; à sua iniciativa, devia em grande parte Pestalozzi o êxito da escola de Yverdon.

Antes do almoço, frugal como todas as outras refeições, fazia-se a oração da manhã; geralmente, Pestalozzi falava aos rapazes, fazia o comentário da vida do Instituto, desenvolvia o sentido de uma frase que encontrara nas suas leituras ou contava-lhes um episódio da sua existência já longa; as palavras afetuosas, entusiastas, encontravam no coração e na inteligência dos alunos um eco duradouro; impressionava-os a franqueza, a sincera comoção, o valor daquele homem que se não poupara nenhum passo difícil, que atravessara corajoso toda a lama da vida do seu tempo, para guiar os outros pelo largo caminho do futuro; falava com fervor e a voz quente soava no fino silêncio da manhã, penetrava na alma dos alunos e dos mestres, fazia-os refletir sobre os defeitos que, em si próprios, sentiam, enchia-os de energias para a faina do dia; naquela hora, nenhum desânimo os abatia, nenhum obstáculo os faria recuar.

Depois, o trabalho começava. Pestalozzi, que não tinha a seu cargo o ensino, circulava pelas aulas, aconselhando os professores, exortando os alunos, examinando-os, dando a cada um, no momento preciso, a ajuda que faltava; moderava as pressas excessivas e espertava os que se deixavam ficar na retaguarda. Como as classes eram móveis e o aluno passava de uma para outra conforme o seu adiantamento nas diversas disciplinas, todo o esforço se aproveitava e estimulava, todo o atraso encontrava ocasião de se fazer eliminar. O ensino não se dirigia a uma classe mediana, abstrata e falsa, mas a cada um dos alunos, concretamente; o professor estudava os casos pessoais e graduava o trabalho ou propunha as matérias, segundo o progresso dos rapazes e os tratamentos diversos que naturalmente requeriam.

Interessado cada qual pela sua tarefa, a questão da disciplina raramente se punha em Yverdon. Por outro lado, tão bem sabia Pestalozzi penetrar nos espíritos mais rebeldes e entender-lhes as razões, que uma palavra ou um olhar bastavam para humanizar o mais bravio; o seu processo, como sempre, era o da paciência e da bondade, da compreensão e confiança; entre ele e os alunos estavam sempre estendidas todas as pontes de passagem: jamais se cortou a estrada real da mais sólida amizade, de franqueza mais aberta. Não havia em Yverdon os castigos corporais; ferem a dignidade humana que ele, precisamente, queria salvar e desenvolver e, se conseguem um efeito passageiro de ordem exterior e aparente, preparam as revoltas e as violências de que mais tarde a vida estará cheia; e, igualmente, abolira os prêmios que alimentam a vaidade e a dissimulação dos meninos virtuosos e geram os ambientes de inveja represada, de despeito e de fundo desespero dos que não podem chegar ao nível requerido.

Como as condições eram melhores, os resultados passaram além dos que se tinham obtido em Burgdorf; os pais dos alunos, entusiasmados com

Pestalozzi, faziam a mais eficaz das propagandas que o colégio podia desejar; os moços chegavam cada vez em maior número e a vida da escola ia-se tornando mais complexa de dia para dia, escapando pouco a pouco à influência profunda de Pestalozzi; os alunos eram muitos, o serviço difícil, corria-se o perigo da mecanização e, ao mesmo tempo, do tumulto. Além de tudo, os visitantes não deixavam um momento de sossego; Pestalozzi reconhecia que, apesar de todas as recomendações e de todos os esforços, os professores davam as aulas muitas vezes mais para os forasteiros do que para os alunos; adquiria-se o gosto dos espetáculos e do trabalho brilhante, em lugar dos hábitos de modéstia e segurança; mas certo era também que a visita de Mme de Staël ou de Fröbel contribuía para que as ideias de Pestalozzi fossem entrando na consciência da Europa.

Essa conquista do exterior não se fazia sem luta; como sempre, sobre a luz que brilhava, se precipitavam os morcegos do mundo. Os ataques eram numerosos e fazia-se a diligência por que a escola fechasse; uns batiam por ignorância, julgando que nas aulas se ensinavam as doutrinas que mais tarde poderiam arrasar o universo; a outros impelia a sua natureza de maldade e de perfídia; a todos afligia o mal terrível de não compreenderem o que se estava passando. Os assaltos mais furiosos vinham das pessoas mais sensatas; os amigos da ordem estorciam-se de furor ante o escândalo do Instituto de Yverdon; reclamava-se das autoridades que mandassem encerrar uma escola em que se educavam os alunos para serem cidadãos irrequietos e chagados de vícios; se a polícia federal tivesse algum respeito pelo caráter sagrado da família e pelas instituições divinas, há muito tempo teria posto Pestalozzi e os seus colaboradores em lugar seguro, livrando daquela peste a gente boa e pacífica.

Quando o Instituto requereu a oficialização, houve brados de horror; felizmente, o relatório que fez a comissão encarregada do inquérito prévio foi desfavorável à pretensão de Pestalozzi; a escola não tinha as condições necessárias para ser dada como escola-modelo. Certamente, o Padre Girard e os companheiros reconheceram o valor de Pestalozzi, o que havia de adquirido para a ciência pedagógica com as experiências que realizara; faziam-lhe justiça à tenacidade, ao verdadeiro heroísmo de que dera provas, aos seus dotes de educador;

mas viam-se obrigados a dizer que as circunstâncias não o tinham ajudado nos seus empreendimentos e que fora levado por elas a exercer a sua atividade num campo que não era o mais apropriado para o seu feitio; nesse desencontro trágico entre a vocação e a vida filiavam todos os defeitos que surpreendiam na escola e que os impediam de dar ao requerido um parecer favorável.

De todo o pessoal da casa, foi Pestalozzi o único a perceber que os comissários tinham razão; um colégio de gente rica não era o ambiente mais próprio para que se pudesse desenvolver toda a sua ânsia de dedicação, para que pudesse produzir todo o fruto o seu desejo de redimir os homens. Com numerosos colaboradores, com a influência econômica dos pais na vida da escola, fatalmente tendia a cair nas simples funções de um burocrata de colégio. Por outro lado, via que eram justas algumas das críticas que tinham feito ao seu método e a certos processos de que se serviam na escola; era este o ponto que mais feria os professores; não se punham no plano do que tenta uma experiência nem naquela atitude de humildade em que os queria Pestalozzi; consideravam-se como trazendo ao mundo a revelação da verdade e como sendo infalíveis em todos os pormenores do seu empreendimento; não admitiam que pudessem duvidar da sua inteligência e da sua habilidade; o tom crítico do relatório exasperava-lhes a vaidade e levava-os, em lugar de atentarem nos defeitos, a exagerarem as qualidades que podiam ter.

As reuniões que se efetuaram para discussão do parecer de Girard revelaram a Pestalozzi toda a real mesquinhez de espírito dos seus companheiros de trabalho; mais terrível, porém, e mais desastroso para a escola foi que se tivesse também posto a claro a latente hostilidade que separava Niederer de Schmid. Francamente, ou por insinuações, cada um acusou o adversário de ser o causador dos males que a insistência de Pestalozzi pretendia que se reconhecessem na escola; Schmid queixava-se das pretensões filosóficas de Niederer, do afastamento da realidade, da complicação progressiva que ele fora introduzindo no ensino; Niederer, por seu turno, censurava a estreiteza de Schmid, a inteligência que não sabia fugir ao particular e ascender às esferas elevadas em que ele mesmo planava. E bruscamente, como Pestalozzi tentava apaziguar a questão, foi sobre ele que caíram os dois, unidos num desvairo de ingratidão e de maldade: à funesta orientação de Pestalozzi se devia a atmosfera de desagrado que cercava o colégio, à sua extravagância, ao desprezo das boas normas, à sua ignorância e à sua leviandade se tinha de atribuir o espírito que animava o relatório da comissão.

Pestalozzi não atendeu aos insultos e às recriminações, não foi a dureza dos dois mestres que mais fundo o feriu; via mais longe do que Niederer e Schmid e já sentia o desastre irreparável em que havia de perecer o Instituto; tinha fundado aquela casa sobre o amor, o entendimento, a íntima fraternidade dos espíritos e eis que o ódio, o despeito, a inveja, a negação dos compromissos tudo vinham destruir; uma escola que não fosse um ambiente de sinceridade e de afeto, era uma traição a toda a sua vida, a toda a essência da sua alma. E cada vez menos o ar de casa era claro e puro; à batalha aberta seguia-se a guerra de intrigas; Mme Niederer era, nesse ponto, uma excelente auxiliar do marido; dissimulada e rancorosa, pouco propícia a inteligência aos grandes voos, tudo enredava e deturpava; as conversas ouvidas a um eram contadas a outro sob um aspecto diferente; lançava os mestres contra os mestres e todos juntos contra Pestalozzi; o que não sabia, inventava, e a mentira crescia, avultava de momento a momento, tornava impossível a vida no castelo.

Com mais um pouco de energia da parte do diretor, tudo se podia ter salvado; mas em face de tanta deslealdade, teve uma atitude de desgosto e de momentâneo desânimo; depois exortou, confiou no poder das suas palavras de conciliação, esperou que a alma de Mme Niederer se regenerasse e não deu o decidido golpe que aguentaria o Instituto; repugnavam-lhe os meios brutais e sentia que uma escola em que se têm de empregar tais processos dificilmente se reconstitui do abalo; depois, preferia sofrer ele a fazer sofrer os outros. E demais, quem sabe os milagres que pode produzir a confiança na bondade humana? Algum dia Niederer e Schmid entenderiam o seu procedimento, reconheceriam o erro que estavam cometendo e viriam para ele de coração aberto, dispostos a tudo para que a escola se salvasse. Não os havia de prender a amizade com que os tratava, o saberem que estava ali desinteressado de todas as mesquinhas questões, apenas para o bem da humanidade? E teve esperança de que tudo se havia de acalmar, ainda quando a luta foi mais feroz, ainda no dia em que Schmid, que se sentia vencido, saiu de Yverdon, resolvido a nunca mais voltar.

A desinteligência entre os mestres, o abatimento e a dor de Pestalozzi não tardaram a fazer sentir os seus efeitos no funcionamento da escola; como consequência, diminuiu logo o número dos alunos; os pais sabiam da funda discórdia, cada um dos professores caluniava e maldizia, sem respeito e sem interesse pela obra comum; todos recusavam mandar os filhos para uma escola em que a desordem lavrava; os esforços pessoais de Pestalozzi, as suas promessas de uma breve pacificação foram inúteis; os rapazes fugiam e a situação financeira do colégio tornou-se muito difícil. O gênio belicoso de Niederer agravava ainda a questão; quis montar uma tipografia e uma loja de livreiro para se imprimirem e venderem com mais facilidade os folhetos com que tentava responder aos ataques que, de todos os lados, caíam sobre a escola; a tipografia e a loja só deram despesas que o Instituto não podia pagar; tudo se ia cobrindo das trevas tempestuosas em que acabaria a empresa que um momento parecera tão segura; os breves anos de tranquilidade terminavam para Pestalozzi; outra vez se lhe abria diante a áspera vida de miséria e de batalha.

A morte de Ana lançou no ar já pesado um lúgubre dobrar e como que um presságio de catástrofe; por um instante se abrandou a luta e, no dia seguinte, todos os olhos se encheram de lágrimas, quando Pestalozzi, antes da oração do dia, travou, à luz dúbia da manhã, um diálogo com a morta; uma lanterna, colocada na parede do fundo, avermelhava-lhe a face, envolvia toda a figura do mestre num halo trágico de meia obscuridade; a assistência, confusa na luz acinzentada que vinha das janelas, ouviu-o contar, com a voz entrecortada, todos os sacrifícios que Ana tinha feito para que Neuhof se pudesse sustentar; agradeceu-lhe o desinteresse com que sempre o tinha auxiliado, a coragem com que suportara a pobreza de toda a sua vida, os conselhos que tanta vez lhe tinham apontado o caminho melhor, o amparo carinhoso que sempre encontrara, perante um mundo que o combatia e repelia, nas palavras de Ana, no seu sorriso, na sua fidelidade; se alguma vez houvera choques e desacordos, dele sempre viera a culpa, era ele sempre quem não tinha razão; e no último momento em que a via neste mundo, lhe pedia que lhe perdoasse todas as duras horas que a fizera passar.

Enterrado o cadáver sob a ramaria de uma árvore, no pátio do colégio, a luta recomeçou e o espectro da falência tornou-se ameaçador; só uma pessoa seria capaz de pôr ordem na economia do Instituto: essa pessoa era Schmid; e foi o próprio Niederer quem lhe solicitou que voltasse. Mal o viu no castelo, rogou-lhe Pestalozzi que atendesse ao temperamento de Niederer e não usasse com ele de represálias nem dureza; e, lembrado de Fellenberg, pediu-lhe que não pusesse a preocupação econômica acima do seu mister de professor; o que era essencial era que se restabelecesse o ambiente educativo de Yverdon; o resto iria por si próprio. Mas Schmid não podia dominar as suas próprias tendências; foi autoritário e rude; sentindo-se com o poder que lhe conferia a carta de Niederer, não poupou o adversário, fez todo o possível por se desembaraçar da presença do casal; a situação tornou-se intolerável para Niederer; deu os últimos combates e nenhum dos dois teve piedade de Pestalozzi, que velava as noites cheio de angústia ante o ruir da sua obra, numa idade em que o fim já não podia estar distante.

Os derradeiros apelos nada puderam conseguir. E um dia Niederer anunciou, em pleno ato de comunhão dos alunos do colégio, com a sala cheia das famílias e das pessoas mais importantes de Yverdon, que ia abandonar o Instituto em virtude da maneira por que se comportava Pestalozzi; tomado de uma demência senil, deixava que homens da mais baixa moral e de nenhuma competência dirigissem a escola segundo princípios atrasados e vis; como um imbecil, deixava destruir o que tanto custara a sustentar; sobre ele recaía toda a culpa da catástrofe; e saiu, ante o espanto emocionado de todos. O golpe foi tão duro para Pestalozzi, que caiu doente; a brutalidade de Niederer, o desrespeito pelo ato solene, o ver-se desprezado em público por um seu colaborador, venceram-lhe a última resistência; a taça de amargura extravasava e com a coragem moral ia-o abandonando a força física; para o salvar, teve Schmid de o mandar para o Jura, a restabelecer-se na ação tônica do ar e da paisagem da montanha.

A pouco e pouco, o corpo se lhe foi robustecendo e o horizonte lhe pareceu mais aberto; o desastre que julgara irremediável tomava agora as proporções de um incidente mais, numa vida em que já tantos se contavam. Era possível esperarem-se dias melhores, desde que se decidisse a seguir realmente o que era a sua vocação; tudo sucedera por se ter deixado desviar da missão que o espírito lhe tinha confiado. Devia fundar um asilo-escola para crianças pobres, ser de novo o homem de Neuhof e de Stans. Dispunha agora de algum dinheiro: o editor Cotta pagar-lhe-ia cinquenta mil francos pela edição das suas obras completas e havia mais que o suficiente para montar o asilo e para o sustentar durante uns anos; devia ainda contar-se com os auxílios que decerto lhe prestariam e com a boa vontade que todos teriam ante o seu projeto; quando voltou do Jura, tudo estava fixado: só restava escolher o local em que abriria o novo recolhimento.

Decidiu-se por Clendy, que ficava perto de Yverdon, e assim lhe permitiria não se desprender inteiramente da escola que, apesar de tudo, ainda o interessava. O asilo abriu e Pestalozzi sentiu-se remoçar com a entrada dos pobres que teria de educar; era aquele exatamente o seu meio e a tarefa que, entre todas, mais lhe agradava. Mal, porém, Clendy começava a funcionar, quando o entusiasmo de Pestalozzi se viu cortado pela realidade; por culpa de Schmid, e por negligência de todos, não se tinha recebido todo o dinheiro que o editor prometera e, logo de início, a vida econômica da fundação se encontrava comprometida. Tiveram que juntá-la a Yverdon e a diferente proveniência dos alunos, a nítida separação de educações, os fins diferentes para que fora criado cada um dos estabelecimentos, tudo contribuiu para que rapidamente se agravasse o estado interno de Yverdon. O raio de sol durara pouco e, depois dele, a escuridão parecia fechar-se mais espessa.

Outra vez doente e alquebrado, sabe que o rei da Prússia,[1] que persegue os franceses, se encontra na Suíça. Imediatamente se prepara para o ir visitar, a aconselhar-lhe que funde escolas, que aplique o que já Fichte ia chamando o verdadeiro remédio das misérias humanas. Os amigos tentam dissuadi-lo da caminhada que lhe pode ser fatal; mas Pestalozzi não receia a morte: que um só menino prussiano possa receber a educação que necessita

[1] Trata-se de Frederico Guilherme III, rei da Prússia. [N. dos O.]

e o sacrifício não terá sido em vão; quebrando todo o obstáculo, parte e fala com o rei, dele fica sabendo como toda a Alemanha considera a escola renovada como o pilar em que assentará a sua futura grandeza. Pouco depois, apresenta-se-lhe ocasião de ver o imperador dos russos; mal o introduzem na sala onde se encontra o soberano, avança para ele, a despeito de toda a etiqueta, e tão eloquentemente lhe fala dos servos, da sua vida miserável, com tal fervor lhe pede que lhes melhore a sorte, que o imperador, a quem Pestalozzi prendera pelos botões do dólman, o abraça comovido e lhe promete fazer tudo que for possível; a distância e o tempo abafaram a emoção de Sua Majestade: a única resposta que Pestalozzi recebeu ao seu pedido foi a cruz da ordem venerável de S. Vladimiro.

Não passou muito sem que o golpe final se abatesse sobre o Instituto; as autoridades, por motivos que acharam conveniente conservarem secretos, expulsaram Schmid de Yverdon; o último elemento de reais capacidades, apesar dos seus defeitos, desaparecia da escola; Pestalozzi, sozinho, com a sua inabilidade administrativa e rodeado de colaboradores que não tinham a menor iniciativa, não podia sustentar o Instituto; era forçoso abandoná-lo. Não o fazia com muita pena; sentia que estava a ponto de recuperar a sua liberdade, que podia dedicar-se à fundação do asilo de pobres que constituía o seu ideal de trabalho; não mais se prenderia com a educação de mestres, nem com as inevitáveis burocracias de um estabelecimento bem organizado; voltaria ao contato imediato com a pobreza e a desgraça, com as tarefas realmente difíceis, com a improvisação que lhe era grata, no descuido, ante o labor de um dia, do que lhe poderia trazer de desagradável a luz do dia seguinte.

Partiria para Neuhof, que o neto governava, auxiliado por Lisbeth, e aí tentaria fundar uma escola idêntica à que tinha criado meio século antes. Desenterrou o cadáver de Ana, para que jamais se separassem e ela fosse descansar nas terras que tanto os tinham prendido e a que ambos tinham dado o esforço dos seus braços e dos valentes corações; outra vez ouviria os gritos dos mendigos, o rumor das classes, a tropeada dos pés, nos trabalhos do campo. Antes de sair do castelo, reuniu os professores, os empregados e os alunos e disse-lhes que estava disposto a levar com ele quem quisesse acompanhá-lo a Neuhof; os homens e os rapazes entreolharam-se, mas ninguém se mexeu; Pestalozzi repetiu o convite e, então, um dos que tinha recolhido por piedade avançou e declarou, francamente, que não estava para ir tratar de moços andrajosos e doentes; outro disse que considerava abaixo da sua dignidade pôr-se ele, um mestre, como enfermeiro de mendigos; e houve ainda um terceiro que deu a entender que só iria se Pestalozzi lhe pagasse bem.

A desilusão não tirou a Pestalozzi a coragem de fundar o seu asilo; apenas teria que contar consigo mesmo, de recomeçar a vida, quando já os oitenta anos estavam bem próximos; não pensava em descansar: a humanidade exigia-lhe que trabalhasse; o mal que ele queria combater também não pensava em descansar. Neuhof prosperava; o trabalho, a teimosia de Pestalozzi e de Ana, o cuidado com que Lisbeth conservara a propriedade na posse da família, não tinham sido em vão; os campos, vencidos pela coragem, pela tenacidade, pela esperança que se não rende, produziam agora o bastante para sustentar a casa. O neto acedeu imediatamente ao pedido de João Henrique e breve as paredes do asilo, que ficaria independente do edifício de residência e teria todos os requisitos para a instalação da escola, se começaram a erguer; trabalhava-se com diligência, num desejo comum de satisfazer as ambições do velho que, cheio de uma íntima alegria, não desamparava as obras, incitando os operários, ajudando ele próprio no que lhe permitiam as forças.

Entretanto, renascera a Sociedade Helvética, há tanto abatida pelos ventos desencontrados que tinham desencadeado a revolução; já não era agora a sociedade de rapazes entusiastas e inexperientes, alimentados de literatura e de sonhos, mas a Suíça que tomava consciência de si própria, através dos melhores homens de que se podia orgulhar; ali se debatiam, para realização quase imediata, muitos dos projetos que lançara Pestalozzi e sempre o seu nome era lembrado e aclamado pelos sócios; quando se reuniu a assembleia geral, Pestalozzi assistiu e todos vitoriaram quem lhes mostrara o caminho a seguir; elegeram-no presidente e, no discurso que fez, de novo os incitou a considerarem que toda a renovação política e social depende de uma séria renovação pedagógica; o que se fizer fora disto é construir no vento e está destinado a, mais cedo ou mais tarde, ser destruído pelos inimigos que não desarmam.

O asilo ia crescendo, pouco lhe faltava para estar concluído; o grande sonho ia realizar-se, ia poder apresentar a sua obra como modelo a todos os asilos e escolas que se tinham criado na Suíça; ali mesmo, nos arredores de Neuhof, podia Pestalozzi visitar alguns; também esta semente rebentava da terra e prometia o fruto maravilhoso do enobrecimento do povo. Mas a miséria era ainda bem grave; passava-se muita fome e muito frio pelos casebres dos pobres; Pestalozzi pensava sempre nos meios de minorar os males do povo: e lembrou-lhe um dia que seria possível melhorar os pavimentos das casas, tornando-os menos úmidos, se se espalhasse no chão uma camada de cascalho que se cobriria depois com palha e esteiras; quis ele próprio experimentar: e, pela neve, procurando as pedras, fazia rolar Pestalozzi um carrinho de mão que, depois de cheio, ia despejar junto de uma casa que escolhera para ver o que dava o seu processo.

Já ia o monte grande, quando lhe trouxeram um folheto que saíra havia pouco; escrevera-o, incitado por Niederer, um antigo empregado do Instituto, Biber, que Pestalozzi sempre tratara com afeto e lealdade; começou a leitura e nem podia acreditar no que via: prometiam desmascará-lo aos olhos de todos, mostrar o que havia sob aquela capa enganadora de dedicação e de bondade; logo seguiam, em páginas repassadas de baixeza e vilania, as acusações caluniosas: Pestalozzi não era mais que um hipócrita, bem diferente na intimidade do que parecia em público; capaz de todas as mentiras e de todos os enredos, só queria ir arranjando a sua vida sem grande trabalho, naquela meia vadiagem a que se tinha acostumado, desde que, em Neuhof, arruinara a família com as suas prodigalidades; e chamava-se a atenção das pessoas honestas e das autoridades para esse homem sem caráter que só se interessava pela miséria dos outros, quando o interesse não era em seu próprio prejuízo.

Levaram-no para a cama a arder em febre; sentia que o folheto o matava e que nem forças tinha para responder aos insultos e às calúnias, para desfazer no espírito dos leitores de Biber a má disposição que contra ele certamente levantara; o futuro da sua obra, agora que a ia começar, estava inutilizado para sempre, porque não podia escrever, lutar, descobrir onde estava a verdade, triunfantemente a afirmar. Tão doente o viram que o mandaram para Brugg, mas o médico nada podia fazer; as forças do doente decaíam de dia para dia e cada vez eram mais fracas as palavras em que pedia mais umas semanas de vida para poder responder às páginas ultrajantes; depois morreria descansado, mas queria uma vez mais clamar ao mundo a sua razão, abater a adversidade que nem o largava já no fim da vida, que se não cansava de o ferir.

Morria sem ter feito coisa alguma; tudo o que tentara tinha desaparecido, por si ou pelos outros; não deixava uma realização, nada que afirmasse, palpavelmente, às gerações futuras a verdade das suas concepções; pelo que lhe dizia respeito, não o interessava que assim fosse; deliberadamente escolhera ser o louco, o extravagante, o que só é compreendido daí a muito tempo; mas afligia-o a sorte dos pobres que deixava desamparados; quem havia de cuidar dos miseráveis? Os ricos, tão pobres como eles, só lhes podiam dar dinheiro; e milhares de homens passariam no mundo sem ter apreendido toda a beleza, todo o amplo, divino espetáculo que a vida reserva aos que souberam e puderam vivê-la com humana dignidade. Pensando nos pobres e desejando que a sua morte de algum modo lhes pudesse ser útil, já que a vida o não fora, faleceu Pestalozzi; no leito mortuário, admiraram os que o vinham ver a infantil serenidade do seu rosto, o sorriso calmo e bom; o amigo das crianças dormia o seu último sono.

No dia seguinte, levaram-no a enterrar, junto da escola primária, como era seu desejo; as cinquenta pessoas que formavam o cortejo caminhavam pela neve que caíra toda a noite, sob um céu baço e baixo; nas árvores desnudas nem um pássaro, em toda a vastidão nem sinal de vida; quando passavam por cabanas, os camponeses vinham à porta e descobriam-se; e a marcha seguia, silenciosa, taciturna, enquanto a neve, que recomeçara, ia cobrindo o pobre caixão de Pestalozzi; quando chegaram à escola, desceram o corpo à cova já aberta, ao lado da porta de entrada, um pouco ao abrigo das paredes da casa; sobre a última terra a neve caía, rápida e leve, em flocos ligeiros. Mais tarde, plantaram na campa uma roseira; e, em cada primavera, as rosas desabrocharam e vieram trazer aos homens, sob uma forma nova, a perpétua juventude e o amor ardente de Henrique Pestalozzi.

SANDERSON E A ESCOLA DE OUNDLE*

Frederik William Sanderson | 1857-1922

* Agostinho da Silva. *Sanderson e a Escola de Oundle*. Lisboa: Editorial Inquérito, 1941. (Cadernos Inquérito, Série D – Pedagogia, VI.) [N. dos O.]

1

Sanderson nasceu em Brancepeth, em 1857; era filho de um empregado da administração das propriedades de Lord Boyne e, quando chegou à idade dos estudos, pensou o pai em encaminhá-lo para uma profissão que não exigisse muitos anos de escola, nem a frequência de *public-schools*, que o orçamento caseiro não poderia comportar; professor de instrução primária seria já uma posição excelente e que lhe dava até possibilidade de continuar a instruir-se, se quisesse e pudesse fazê-lo.

Começou, pois, por o matricular na escola paroquial, na companhia dos mais pobres da terra, enquanto os meninos ricos se dirigiam para os colégios de nome; Sanderson revelou-se logo diferente do comum; estudava com uma atenção entusiasta e forte, dominando o trabalho com uma energia e um impulso de ataque que não eram muito vulgares na escola; tudo o que fazia, fazia com vontade, sem se deixar cair na passividade e nas mecânicas tarefas a que se entregavam os camaradas; as suas faculdades de compreensão e iniciativa excediam em muito o nível vulgar.

Os seus triunfos nas aulas não se repetiam nos campos de jogos; era de saúde delicada, um pouco tímido ao ar livre, e as partidas em que os companheiros se disputavam a primazia desportiva deixavam-no quase indiferente; só mais tarde fará longos passeios de bicicleta, no encanto da carreira entre prados e bosques, e será bom adepto do *tennis* e do alpinismo; por enquanto, à margem de toda atividade física que ia para além da marcha, preocupa-se somente com o seu trabalho de estudante.

Feito o curso elementar, entrou como aluno-mestre na escola de Tudhoe e aí, como acontecera na escola paroquial, rapidamente se pôs à frente dos colegas; notaram algumas pessoas influentes a inteligência e a vontade do rapaz e resolveram fazer o possível por o elevar a outro plano de vida; pensaram em que se faria dele um bom pastor e Sanderson, consultado, entusiasmou-se com a ideia; havia já no seu espírito um sentimento religioso profundo e um desejo de servir os outros que lhe pareciam indicar-lhe como a mais apropriada a carreira eclesiástica.

Obtida uma bolsa de estudo, frequentou a Universidade de Durham; tinha que fazer estudos teológicos e de bom grado se meteu pelo emaranhado das exegeses e das disputas metafísicas; simplesmente, afigurava-se-lhe, de quando em quando, que os mestres não atingiam o sentido mais profundo dos textos e que os jogos de espírito iam talvez além da sinceridade de espírito; para si, pelo menos, o Velho e o Novo Testamento apresentavam uma atualidade e um imperativo social e moral que escapavam quase por completo aos sábios professores.

Por outro lado, a matemática interessava-o; nela encontrava uma precisão que a teologia nem de longe alcançava e uma clara, profunda beleza, que o levava mais perto de Deus do que os silogismos e as meditações recitadas; era paradoxal, decerto, mas a ordem divina do universo, a criação maravilhosa, resplandeciam mais nítidas na geometria analítica do que no *Prayer Book;* a pouco e pouco se desprende dos teólogos; e em Cambridge, para onde se transporta, entrega-se exclusivamente à matemática e às ciências naturais e físico-químicas.

Logo que a universidade lhe concedeu um grau de saída, procurou um lugar de professor; o seu pensamento ainda se não definira claramente, mas uma vaga voz lhe dizia que, na sua atividade de mestre, encontraria objeto e expansão para todos os anseios de serviço de Deus e de serviço dos homens que lhe andavam na alma; e que talvez fosse capaz de mostrar um dia, a todo o mundo, como a vida é templo mais largo e mais querido de Deus do que as igrejas, e como só nela poderemos encontrar a suprema revelação do espírito.

Colocou-se como professor de Física no colégio de Dulwich; a vida escolar agradou-lhe plenamente; dava as aulas com o fervor, o dom de si próprio, o amor vigilante com que celebraria um ofício religioso; sentia-se a colaborar na construção de um mundo novo que lhe não aparecia ainda em nítidas linhas, mas que se ia tornando cada vez mais diferente do mundo atual; a sua curiosidade não tinha limites; se lia os livros de física, alargava o seu interesse a todas as ciências, à história e à literatura, sobretudo à literatura moderna.

Era bem diferente dos seus colegas; quase todos consideravam a sua profissão como a pior das que havia no mundo e ansiavam pelo dia em que tivessem acumulado o capital suficiente para se libertarem da escola; o jornal ou a bibliografia das revistas satisfaziam o desejo de leitura da maior parte; os mais trabalhadores embrenhavam-se em questões puramente históricas sem nenhum interesse para a vida atual e, sobretudo, sem nenhum interesse para a vida futura; o saber e o entusiasmo de Sanderson davam-lhe na escola um lugar à parte; decerto o achavam um pouco estranho; mas estimavam-lhe a inteligência e o caráter.

Tinha 35 anos quando vagou a direção do colégio de Oundle que pertencia à corporação dos merceeiros; no conselho de administradores alguém lembrou o seu nome; as informações tomadas não foram más; mas não se ocultara em Dulwich a extravagância de Sanderson e os dignos homens hesitavam em quebrar a sonolenta e cômoda monotonia em que até aí decorrera a vida de Oundle; por fim, com um grande esforço de progresso, o conselho escolheu Sanderson, por um voto de maioria.

A nomeação não agradou nem ao colégio nem à cidade; a tradição exigia um diretor versado nas línguas e nas literaturas clássicas e capaz de se comportar na vida com a dignidade fria e a severa moralidade de um clérigo; a ideia de que ia dirigir o colégio um professor de Física, com as suas pilhas e balanças, as suas audácias científicas e, possivelmente, uma absoluta falta de boas maneiras, era-lhes absolutamente insuportável; os administradores tinham procedido muito mal; e logo toda a gente, tácita ou expressamente, se combinou para lhe tornar a vida dura.

Foi Sanderson, porém, quem lhes tornou a vida dura; havia naquele mestre um ardor de batalha que, se multiplicou os conflitos, bateu sempre todos os adversários que ousaram apresentar-se; Sanderson não usou de nenhuma habilidade política; atirou-se ao combate com uma fúria e uma reta carreira de animal generoso; não perdia tempo a tornear obstáculos; demolia-os de qualquer modo; nos primeiros tempos, a disciplina em Oundle foi mantida à pancada e num momento os alunos aprenderam a respeitar os ataques de cólera do novo diretor.

Foi uma luta em que tudo se podia ter perdido; Sanderson arriscou na empresa o seu lugar de diretor e todo o projeto de reforma que trouxera de

Dulwich; outro, mais prudente e mais calmo, nunca se teria apontado tão francamente ao inimigo; diplomaticamente, teria cedido, teria procurado simpatias e depois sobre elas ergueria a sua construção; mas Sanderson sabia que tal caminho comportava maiores riscos e que, ao fim de uns anos de habilidades, de pequenas renúncias e de grandes mentiras, todo o seu poder criador desapareceria para sempre; e é o poder criador que se tem de guardar em todo o homem, através de tudo, como o mais belo dos tesouros.

Poderia também não ter trazido ao campo de batalha questões políticas e econômicas, poderia ter-se limitado ao que dizia exclusivamente respeito à sua faina de diretor e de mestre; mas Sanderson não acreditava que um verdadeiro professor se possa alhear do que há de mais vivo e de mais urgente à sua volta e que haja maneira de separar uma atitude perante a escola de uma atitude perante o mundo; havia de triunfar como era, ou de cair; mas de cair como era.

Já, porém, se ia desenhando uma reação, e até dos setores donde tinham partido os ataques mais furiosos; a sinceridade de Sanderson, a sua vida estritamente coerente com as suas ideias, a audácia com que se afirmava, a firmeza com que se apegava às resoluções tomadas, quaisquer que fossem as barreiras que se lhe levantassem diante, a modéstia real que havia sob uma personalidade que aparecera despótica e dura, tudo lhe concitava simpatias ativas que o ajudavam na tarefa e modificavam a atitude da massa.

Os rapazes começaram a vê-lo pelos melhores aspectos e o ensino de Sanderson inteiramente os conquistara; as aulas de Física eram as melhores do colégio; o professor animava as lições com experiências que nunca se tinham feito e com uma constante ligação ao mundo real; decoravam-se poucas fórmulas, mas conheciam-se as aplicações industriais, as instalações fabris, as condições de trabalho; era como se tivessem aberto grandes janelas sobre o mundo e o mundo os viesse tomar num turbilhão de vida; sentiam-se ligados ao progresso e trabalhando, no que podiam, para que ele se firmasse e aumentasse.

Era uma ou outra disciplina que nascia – a do interesse e a do amor, não a do interesse artificial, suscitado pelos quadros de honra, nem a do amor resmungado e lamentoso do padre-capelão; era a do interesse e amor que se fundem numa chama de atividade, num esforço de colaboração para que o mundo se racionalize; os menos inteligentes e os menos trabalhadores se apresentavam para que lhes distribuíssem uma tarefa no trabalho comum; ninguém fugia, ninguém se negava; indo ao encontro dos interesses íntimos dos moços, Sanderson conquistava-os para a vida, revelava-lhes a vida; e, como por encanto, todo o motivo de castigo desaparecia da escola.

A influência exercida sobre os alunos estendeu-se aos mestres; a oposição cessou, não no que tinha de crítica inteligente e sincera, mas no que podia apresentar de posição de ataque; a pouco e pouco, foram-se fazendo em Oundle as reformas que Sanderson considerava mais urgentes; o seu espírito penetrava toda a organização e o conselho de administradores, definitivamente domado, concedia-lhe as dotações necessárias, mesmo para os projetos que lhe pareciam mais estranhos.

Durou 30 anos a direção de Sanderson, com tal êxito que a frequência do colégio, reduzida a uma centena de alunos quando dele tomou conta, ascendeu rapidamente a seiscentos alunos: e, por falta de instalações, muitos dos candidatos tinham de esperar, durante anos, que uma vaga se abrisse; modernizaram-se os laboratórios, alguns dos quais, como o de Biologia, era dos melhores de Inglaterra, e permitiam toda a espécie de trabalhos; montaram-se oficinas em que se construíam máquinas e que se puderam adaptar, durante a Grande Guerra, a fábrica de munições; alargaram-se os campos de jogos, instalaram-se no parque estufas e jardins botânicos; o colégio transformou-se inteiramente.

Ao mesmo tempo, Sanderson fazia a propaganda das suas ideias sobre organização pedagógica e social; assistia frequentemente a reuniões de operários e de patrões, realizava conferências nos organismos de cultura oficiais e particulares, estabeleceu relações com os guias do movimento de renovação, especialmente com H. G. Wells, cujo livro sobre Sanderson é a melhor fonte para o conhecimento da sua obra;[1] e foi precisamente numa conferência presidida por Wells, em Londres, em 1923, que Sanderson caiu, com um ataque cardíaco, fulminado, como um herói antigo, em plena batalha.

---

[1] Cf. Herbert George Wells. *The story of a great schoolmaster*. Being a plain account of the life and ideas of Sanderson of Oundle. Londres: Chatto & Windus, 1924. [N. dos O.]

2

Durante a estada em Dulwich, Sanderson dava longos passeios com um amigo e com ele discutia todos os problemas importantes da época; interessados ambos, como verdadeiros homens, por tudo quanto se passava no mundo do seu tempo, traziam a campo todas as questões em aberto e criticavam as soluções que até aí se tinham proposto; a marcha excitava-os e vivamente debatiam as suas ideias, no esforço comum de encontrarem uma explicação para tudo que no universo os levava a uma atitude de dúvida ou revolta.

Depois, no silêncio do gabinete, lendo os escritores ingleses que as pessoas remotas mencionavam a medo e os estrangeiros a quem os mesmos problemas se apresentavam, Sanderson meditava sobre as incoerências e os defeitos do mundo e sobre a maneira de lhes dar remédio; sentia que não podia ser um educador, que não encontraria a sua missão sem que se lhe fizesse clara a sua concepção do mundo e sem que o seu trabalho de mestre se encontrasse em ampla ligação com os seus deveres de homem; a vida na torre de marfim, que os outros preconizavam, parecia-lhe completamente absurda.

Decerto achava como eles, e servindo-se da expressão que tinham sempre nos lábios, que "o professorado era um sacerdócio"; não queria, porém, ser dos sacerdotes que só cuidam de salvar a sua alma, absolutamente indiferentes ao que possa acontecer à dos outros; tinha a certeza de que a sua vida só poderia ser bela e plenamente forte no dia em que tivesse por único motivo melhorar a vida dos outros; o período presente olhava-o como uma espécie de noviciado, em que experimentava a sua alma, lutando com o anjo, e em que assentava, por um verdadeiro exercício espiritual, os fundamentos da sua ação futura.

O seu ideal era, de fato, o de uma atividade missionária, o de uma pregação pela palavra e pelo exemplo, o de uma remodelação do mundo pela remodelação do espírito; se buscava na história um modelo de vida, só o ia encontrar na dos frades que se não afastavam do mundo, e que, robustecidos pelas horas de meditação, de contato com Deus, voltavam depois para os seus irmãos homens e construíam pedra a pedra o reino prometido; era como que uma nova ordem que se tratava de fundar, como que um novo Evangelho a anunciar a todos os pagãos.

Porque, sem dúvida, o mundo, tal como o encontrava, era insuportável; bastava um passeio pelo campo para se convencer de que não havia nele uma ordem divina e de que se precisava com urgência de uma reforma inteligente e profunda que acabasse com todo o mal; uma sensibilidade muito viva levava-o a notar todo o pormenor da existência dos animais e das plantas, toda a crueldade dos dias que se passam na incerteza, na fome ou no ataque feroz; uma aranha que espia a presa, uma planta que se reveste de espinhos enchiam-no de horror e de tristeza.

Se passava ao mundo dos homens, via ainda sobre eles as catástrofes naturais que os dizimam; a cada momento um incêndio, um naufrágio, um terremoto o levavam a uma interrogação ansiosa dos motivos de Deus; as doenças mais terríveis faziam milhares de vítimas, parecendo escolher como seu alvo preferido os melhores, os mais puros, os mais belos; e, para ele, enérgico na vida, para ele que, sobretudo, se sentia como uma força que vibra e procura expandir-se, a morte não podia deixar de aparecer senão como um dos piores males que o universo apresentava.

Na organização social, as coisas não corriam melhor; a miséria não chegava ao colégio de Dulwich senão em ecos enfraquecidos, mas a rápida visita aos bairros operários e às fábricas faziam-lhe entrever a dolorosa existência do pobre; havia na Terra milhões de homens que nasciam para uma vida de servidão e de desespero e que, trabalhando como escravos, não retiravam do seu sacrifício mais do que o necessário para morrerem um pouco dia a dia; as casas lôbregas, remendadas a lata velha, as ruelas estreitas e imundas e, donde a onde, na sombra dum portal, as figuras que surgiam, desalinhadas e famintas, mais vivo lhe tornavam o sentimento de que tudo estava errado, de que era preciso recomeçar a criação.

Indignava-o que, depois de vinte séculos de cristianismo, ainda as crianças, as crianças amigas de Jesus, as crianças a que se fazem poesias e se nega o pão, andassem vestidas de farrapos, minadas de tuberculose, sem possibilidade de ir à escola e já condenadas, aos cinco ou seis anos, a procurarem nos recados ou na mendicidade o meio de subsistirem; se havia um Deus indiferente a tais brutalidades, ele não merecia senão o desprezo e o insulto de todo o homem com inteligência e coração.

O contraste com as ruas ricas da cidade ainda lhe punha o problema de forma mais aguda; a abundância e o luxo eram reservados a uma minoria, enquanto outros se debatiam com a falta de tudo que é essencial para uma vida humana; o mundo estava nitidamente dividido em duas classes – a dos que têm tudo, incluindo o supérfluo, e a dos que nada têm, nem mesmo a esperança; entre os dois grupos, nenhuma comunicação possível: de um lado, a miséria gerava o abatimento e o desespero; do outro, uma vida fechada às realidades não deixava aperceber a tremenda crueldade de uma organização de tal espécie.

Ao contrário do que acontecia com alguns dos seus amigos, não havia em Sanderson nenhum rancor para os senhores do mundo; não os considerava, de modo geral, como culpados, embora de quando em quando o seu temperamento explodisse em impulsos que a razão reprovava; a ignorância e o costume eram forças bastante poderosas para levarem esses homens à insensibilidade de que davam provas; no fundo, a miséria moral de que sofriam, tornava-os lamentáveis; a sua posição de exploradores do trabalho alheio suscitava-lhe a compaixão e não o ódio; o bem moral do rico, a salvação da sua alma, exigiam, segundo Sanderson, a reforma social.

Não se podia continuar a viver, nem valeria a pena viver, no ambiente de luta em que todo o mundo se transformava; uma biologia mal compreendida viera dar razões científicas à rapacidade e à dureza; todos citavam a "luta pela vida" como um princípio que lhes dava direito a não terem piedade por ninguém, nem o menor escrúpulo perante uma ação reprovável; quase alegremente, os homens tinham aceitado a ideia de uma guerra perpétua e, com suprema inconsciência, preparavam os filhos para que entrassem na batalha armados de todas as armas da indiferença, do egoísmo, do apetite desenfreado, da covardia perante o forte, da crueldade perante o fraco.

Formava-se no mundo uma torrente de rancores que faziam pressagiar as piores catástrofes; os opressores, inconscientes do perigo, recusavam-se a todas as concessões e cada vez havia mais dureza e mais incompreensão nos seus espíritos; o recurso às mentiras, à corrupção, à violência degradava-os a seus próprios olhos; a máquina que tinham posto em movimento não se podia já deter e, de dia para dia, desciam mais fundo no recurso aos meios vilíssimos de que tinham lançado mão; propositadamente, demoravam o progresso do mundo, com riscos de que, no momento do choque, tudo ficasse destroçado.

Nos oprimidos, nas outras vítimas da organização defeituosa, o ódio subia, encaravam-se friamente as piores resoluções, perante uma escravatura que já ninguém podia suportar; à continuação da miséria, dos dias sem pão, das humilhações contínuas, da vida sem perspectivas, preferia-se a subversão de tudo, o suicídio depois do qual haveria finalmente a paz, o sono eterno, sem o uivo da fábrica nas frescas madrugadas, sem a recusa do corpo doente ao trabalho inevitável. Em toda a ampla Terra, onde poderia reinar a paz, em todo o farto mundo que os homens poderiam transformar num paraíso, só havia insensibilidade, desespero, miséria moral e miséria material; e não havia de clamar-lhes a verdade, não havia de tentar, nem que perdesse, indicar-lhes o caminho da razão?

Era uma ideia insuportável a de que, tendo visto claramente o problema e porventura as suas soluções, não fizesse o possível por libertar milhões de espíritos das prisões que os encerravam; certamente havia riscos a correr, certamente não tinha de esperar um acolhimento de profeta em triunfo; mas Sanderson não era um "homem de ter ideias", era um "homem de ser ideias"; para viver, precisava de as exprimir, de as pôr em ato, de fazer delas e do seu procedimento uma fusão completa; nenhuma dificuldade o poderia deter, nenhuma ameaça de futuras amarguras seria capaz de o fazer mudar de rumo.

Mais que tudo o que lhe pudesse suceder, o atormentava a visão dos homens que vão morrer sem exercer a missão vital a que tinham sido chamados, sem terem livrado a sua alma de todo o espesso manto de baixeza de que o mundo a cobriu, sem terem descoberto um só dos tesouros que a existência lhes reservava; só raros se desenvolvem plenamente, só raros atingem as cumeadas a que podia chegar o maior número; o resto passa, numa tropeada de rebanho, pela escuridão dos vales, sem um momento para refletirem sobre a marcha, sem perguntarem onde se dirigem, cegos e mudos, trêmulos de medo, por caminhos cada vez mais ásperos, por paisagens cada vez mais soturnas.

Nenhuma explicação aquietava o seu sentimento de reprovação, de revolta, o seu impulso de melhoramento; não cria que Deus precisasse, para apurar as almas, de lhes enviar torturas sobre torturas, com tais refinamentos, com tal dureza que o não podia ver senão como um carrasco impiedoso; se existisse um Deus desta natureza, então vinha de mais alto a fonte do mal, porque ele próprio seria no mundo um instrumento do mal; e não cria também na desgraça como um castigo: ele, inteligência limitada e falível, compreendia que os homens são levados aos maus procedimentos, em todos ou quase todos os casos, por motivos independentes da sua vontade; era-lhe inaceitável a ideia de um Deus que desprezava uma noção tão clara e segura e usava dos castigos mais terríveis com as cóleras súbitas e injustificadas dum irritável mestre-escola.

A solução de que o mal só nos surge com esse aspecto porque não apreendemos como Deus o conjunto do universo, porque somos como o homem que só ouvisse um instrumento da orquestra e achasse o concerto detestável, aparecia-lhe como igualmente absurda; era a condenação de todo o esforço do progresso, a renúncia a toda a tentativa de ajustamento racional: para os de baixo resumia-se em conselho de resignação e de perfeito acatamento, para os de cima na consciência de que a vida que levavam estava de acordo com os destinos do mundo.

Eis o que era intolerável; a humanidade falharia na sua missão se tudo se conservasse tão visivelmente defeituoso; e não era só uma estagnação o que ameaçava os homens; quem não progride, recua: ou se continuava no caminho que a história marcava, na libertação incessante de todas as supostas fatalidades, materiais e morais, ou se voltaria aos tempos em que a inteligência, abafada por mil limitações, mal ousava entremostrar-se, ao tempo em que o terror e a mais vil das misérias tirava aos indivíduos todo o sentimento da dignidade inerente à pessoa humana.

A sua consciência protestava contra toda a tentativa de conformismo ou de ação em que não empregasse inteiramente as forças que lhe estuavam no espírito; se o que existia não era bom, nem, segundo lhe parecia, inevitável, era necessário encontrar, primeiro, a explicação de todo o mal, a base que suporta toda a construção viciosa, e, segundo, o meio de a substituir pelos fundamentos de uma sociedade e de um mundo modelares; e a pouco e pouco, da sua experiência do trabalho escolar, do seu conhecimento da vida fora do colégio, das suas leituras, das suas meditações, das conversas com os amigos, ia surgindo uma luz nova que lhe iluminava um caminho de salvação e o guiava para as nobres tarefas de uma vida dedicada ao bem comum.

3

Toda a tentativa de reforma é inútil para quem põe como um dogma que os homens são naturalmente maus e que a luta pela vida é uma lei inelutável; para esses só há, porventura, que melhorar a aparelhagem coerciva e policial, de modo a que todos os movimentos humanos possam ser vigiados e cada um saiba que impende sobre ele, a qualquer ação mais agressiva dos direitos de outros, um castigo terrível; toda a construção fundada sobre uma base de amor, de tolerância, de cooperação lhes apareceria como um sonho de cérebro doente, sem qualquer possibilidade de realização prática.

Sanderson tem da humanidade uma visão totalmente diferente; não lhe nega os defeitos, que são numerosos e, em muitos casos, profundos; não vem para o mundo com uma cega confiança que o condenaria à derrota; conhece todas as deficiências atuais do homem; não o crê, porém, fundamentalmente mau; a sua experiência do colégio e da vida mostra-lhe que, de cada vez que as condições de desenvolvimento são favoráveis, num ambiente harmônico e educativo, os defeitos, se não desaparecem por completo, pelo menos diminuem de intensidade ou não têm mesmo ocasião de se manifestar; não considera excelentes os homens tais como são; mas crê na possibilidade de os melhorar quase só pela mudança das condições de vida.

E aqui novamente se afasta do comum; os que supõem a humanidade adulta, incapaz de progredir em organização social, incapaz de se libertar de tudo o que a oprime no domínio político e no domínio econômico, têm nele um adversário intransigente; a história ensina-lhe que a humanidade está ainda no início do seu desenvolvimento, que não teve ainda tempo de dominar inteiramente o mundo, de o organizar racionalmente; quase todo o trabalho está por fazer, e o que se tem conseguido, com uma arrumação defeituosa e fracos meios de combate, é apenas um leve indício de tudo o que se poderá realizar.

Por outro lado, a história diz-lhe que é possível vencer as dificuldades, que há nos homens a energia mental e física necessárias para galgar os obstáculos, para abater as barreiras em que o mal os encerra; a pouco e pouco vão avançando, conquistando mais campo de ação, alargando a concepção da vida, sentindo-se mais confiantes à medida que as fatalidades se apresentam como subjugáveis; o progresso material ninguém pensa em negá-lo; quanto ao progresso intelectual e moral, certamente continuam a aparecer com a mesma raridade os gênios e os santos; mas a massa melhorou, subiu de nível, apesar de se não ter feito tudo o que se podia para se aproveitarem todos os recursos de todos os homens.

O grande mal do mundo de hoje é que não existe, para o desenvolvimento extraordinário que tomou a produção, uma organização racional adequada; todas as atividades humanas estão em atraso em relação às que permitiram uma abundância maior do que em qualquer outra época da história de tudo o que é preciso para a vida material do homem; a prestação de trabalho é defeituosa porque a máquina impunha métodos novos que se não adotaram, o que traz fatalmente o esmagamento do operário, submetido a tarefas monótonas durante um grande número de horas, e o desemprego de milhões de homens; depois, o ritmo de distribuição não mudou; continua a ser o que era para um número de produtos infinitamente mais raros e mais caros; o resultado não pode ser outro senão uma enorme acumulação de produtos não distribuídos, na fábrica ou no campo, e a miséria entre aqueles que não podem apresentar, para os comprar, as horas de trabalho que ninguém lhes dá.

A solução parecia ser simples: tratar-se-ia, por um lado, de exigir de cada um menor número de horas de trabalho, o que permitiria empregar todos, e deixar mais tempo livre para o desenvolvimento intelectual e físico; por outro lado, de alargar os meios de distribuição, de modo a que todo o produto fabricado se pudesse consumir.

No entanto, a oposição a um ajustamento tem criado no mundo uma força extraordinária; é feita de todas as sobrevivências de eras em que a luta se podia justificar e em que a raridade de produtos e o atraso dos meios de produção exigiam uma distribuição cuidadosa e explicavam atitudes de domínio que hoje são totalmente insuportáveis; entram nela ainda a preguiça mental e o horror da novidade que continuamente demoram todos os progressos e sacrificam a destinos de batalha e de miséria os que se apresentam como apóstolos de um mundo melhor; finalmente, a ignorância e o egoísmo levantam-se contra toda a tentativa de uma organização que resolveria o problema.

Efetivamente, quase todos os homens são de um tipo sentimental, absolutamente inadaptado às condições de vida do mundo moderno; "pensam" com os seus instintos, os seus impulsos, as suas simpatias, a sua vida psicológica inferior, os seus hábitos, a sua concepção formada ao acaso, incoerentemente, ao sabor dos meios em que vivem e das condições econômicas em que a sorte os colocou; recusam-se a todo o esforço de pensamento coordenado, a toda a disciplina mental, a toda a linha de vida construída com elementos racionais e claros.

O conflito é muito grave; o progresso material exige que se abandonem todos esses hábitos mentais de vago impressionismo e de palpite, sob pena de inevitável catástrofe econômica e política; uma humanidade que não resolva, imediatamente, o problema da distribuição está votada, pela miséria que cria, a todos os desesperos e a toda a baixa de dignidade que trazem, como consequência, a tirania com as suas piores características; depois, a tirania, pela própria estrutura do seu funcionamento, limitará a abundância em que o homem podia viver, limitá-la-á para todos; ou a questão se soluciona prontamente, ou teremos, dentro de poucos anos, uma humanidade oprimida e, na sua grande massa, faminta e pobre.

É necessário, pois, antes de mais, que os homens adquiram uma visão científica do mundo e que se habituem a raciocinar sobre os problemas econômicos e sociais com a justeza e, se quiserem, a frieza do matemático; é necessário que saibam que a organização da humanidade não é hoje um assunto de oratória que se pode tratar com sentimentos e com citações clássicas, mas um problema que se discute em frente de estatísticas; é necessário que a mentalidade se modifique por completo e que as escolas, em lugar de fabricarem retóricos com nebulosas visões da realidade, nos deem homens dispostos a só considerarem as ideias bem definidas e nítidas.

Segundo Sanderson, o primeiro passo para a resolução do problema está na organização do trabalho; até agora procurou-se que o operário rendesse o mais possível em produtos manufaturados e inventaram-se todos os sistemas que se julgaram mais convenientes para se atingir tal fim; o resultado foi que se fez do operário um ser inferior e revoltado, justamente revoltado contra uma organização opressiva que sufoca as suas faculdades intelectuais e o relega para a categoria de simples peça de máquina; o homem que passa oito horas a apertar uma porca ou a imprimir marcas num lápis não pode sentir senão o desprezo de si próprio e dos outros, o desgosto de se sentir mais brutalizado a cada dia que passa, e o anseio por que desabe uma sociedade que de tal modo o oprime.

Tem de se reagir contra este estado de coisas; tem de se diminuir o número de horas de trabalho e de o tornar mais interessante, dando ao operário a noção de que está cooperando numa grande obra humana e provando-lhe, por fatos, que, por sua vez, a humanidade o protege e o ajuda; é indispensável que o operário entre na sua oficina, como um sacerdote entra no templo, com veneração, com amor, com a consciência de que está colaborando numa grande tarefa de progresso e de melhoramento moral; a uma espécie de gado que se explora, tem de se substituir um homem que trabalha pelo bem da humanidade.

Numa tal reforma, é primacial o papel desempenhado pelos grandes chefes de indústria; nada se poderá conseguir enquanto estes virem as suas fábricas como uma fonte de proveitos pessoais e não como instituições destinadas a servir o bem geral; o demônio do lucro e do domínio é, nesse ponto, o maior inimigo da humanidade: esmaga moralmente aqueles de que se apodera e torna-os depois instrumentos de opressão dos que as condições econômicas doutros tempos fizeram inferiores; e Sanderson não se cansará de fazer, junto dos maiores industriais ingleses, todos os esforços para que mudem a sua maneira de encarar a questão e se resolvam a entrar por um caminho verdadeiramente humano.

Grande parte do mal-estar atual desapareceria com a reforma das condições de trabalho; o operário sentir-se-ia digno, não cairia nos desesperos e nas revoltas que lhe envenenam o espírito e lhe inutilizam a existência; o seu trabalho na oficina seria uma forma de cultura e de elevação moral, perfeitamente ligada à que obtivesse pelas suas leituras, pela contemplação da natureza, pelo desporto; não haveria nele a separação, sempre prejudicial, entre o homem que trabalha e o homem que se desenvolve; era um ser único, trabalhando em todos os campos pelo seu próprio progresso e pelo progresso do mundo; a antinomia do egoísmo e do altruísmo teria, em certo grau, desaparecido da Terra.

Pelo que respeita à classe hoje opressora, ela libertar-se-ia de todo o mal que o gosto do ganho excessivo e o desprezo pelas condições de vida daqueles que a servem vai, pouco a pouco, depositando na sua alma, enchendo-a de rancores e de incompreensão, de ambição e de insensibilidade, de aspereza consigo própria, de inquietação, e da implacável, dolorosa convicção, negada, mas sentida, de que o seu procedimento não é justo, de que outros caminhos mais belos e mais amplos se abrem para o homem; se deixasse de considerar o operário como um escravo que se explora, a sua vida ganharia, numa atmosfera de bondade e de paz, esplendores que nem pode imaginar.

Para se conseguir um tal objetivo, insiste Sanderson, bastaria que os homens contemplassem o mundo atual através da sua razão e não dos seus sentimentos; que se decidissem a um esforço de serenidade crítica, de inteligência, de reflexão sobre os dados do problema e as suas possíveis soluções; que fizessem depois o possível por seguir as determinações racionais, pondo de lado os hábitos que lhes fossem contrários, as crenças absurdas que nada justifica, as visões deformadas com que a maioria se contenta; trata-se de ver claro, como numa construção geométrica; em seguida, de querer, com robusta vontade, o que a razão aprovou.

Se se desse o primeiro passo, o resto seguiria inevitavelmente; a humanidade seria conduzida a uma distribuição racional dos produtos, em condições que os sistemas atuais mal deixam entrever; a renovação seria tão profunda que, naturalmente, pouco subsistiria de toda a nossa organização; quem se aventura a prever corre o risco de apresentar sonhos tão extravagantes que a maioria dos homens os repelirá como impossíveis de realizar; mas o aumento incessante da produção e a sua crescente barateza, conjugados com uma distribuição perfeita, levam a supor que algum dia se poderia passar do sistema de rateio segundo a capacidade a um sistema de dádiva, puramente gratuita, segundo a necessidade.

Então, os homens teriam realizado uma das maiores conquistas da história; teriam batido a miséria, tê-la-iam expulsado da Terra; não mais se ouviria falar de fome e de frio, de deficiência de habitação e de assistência; por toda a parte reinaria a abundância, por toda a parte uma humanidade, materialmente satisfeita, poderia pensar em mais amplas empresas intelectuais e morais; a economia deixaria de pesar sobre os destinos do homem, deixaria de trazer consigo as limitações sociais, e permitiria, aos que eram até aí seus escravos, uma vida de deuses.

Se pensarmos em todas as baixezas morais a que uma economia mal organizada obriga os homens; se pensarmos em que a maior parte deixa de praticar aquilo que acha digno e justo porque se encontra numa dependência econômica; se pensarmos em que quase todos os conflitos têm a sua origem numa luta pela vida que se explica num mundo mal organizado e de produção deficiente; se pensarmos em tudo isto, então poderemos calcular o que virá a ser a existência de homens economicamente livres e com todas as possibilidades de darem expansão aos ideais de inteligência e de moral que há em toda a alma, mas que as condições de vida sufocam e quase sempre aniquilam.

Só então a humanidade poderá começar a cumprir a sua missão no universo; até agora, quase tudo o que se tem feito é de pura organização interna e só raros espíritos, o dos sábios, o dos artistas, o dos santos, têm entrevisto as alturas a que o homem se poderá elevar; só eles têm conseguido, desprendendo-se das preocupações econômicas que pesam sobre a vida da comunidade, soletrar algumas palavras da grande mensagem que os homens vieram trazer ao universo; o que de mais puro, de mais belo, de mais alto se tem imaginado não é mais do que um ligeiro lampejo do dia magnífico em que, depois das incertezas e das lutas, a humanidade há de viver.

4

Sanderson decididamente se afasta de todos os que pensam numa revolução como o único meio, ou, pelo menos, como o melhor meio de fazer as reformas necessárias; ao seu espírito de biólogo, a revolução aparece como uma violência à ordem natural, como uma brusca interrupção de um processo evolutivo que não pode deixar de trazer as mais graves perturbações ao corpo social e, em muitos casos, arruiná-lo por completo; uma revolução é um desastre para vencidos e vencedores e não é errado assimilá-la a uma catástrofe natural que aniquila as riquezas, embora deixe o campo livre para as novas construções.

Depois, uma revolução não é, em si, nem um ato moral, nem uma atitude científica, exceto nos casos em que um povo não tem outra possibilidade de fazer ouvir a sua voz, o que não era, no fim do século XIX, a posição corrente; na Inglaterra, sobretudo, a transformação podia fazer-se pela propaganda, pelo esforço obstinado de um escol que, a pouco e pouco, acordaria nas massas a noção do caminho e dos meios de avanço; dentro de poucos anos, se se trabalhasse bem, entrar-se-ia na sociedade nova, poupando-se todos os choques e os inevitáveis atrasos de uma passagem violenta.

A revolução obriga a um dispêndio de energias que não estão de modo algum em relação com os resultados obtidos; a ilusão de todos os revolucionários da história tem sido a de que, depois do movimento, se encontrariam num mundo perfeito, absolutamente de acordo com a construção teórica ou respondendo ao impulso de generosidade que os levou à ação; o estudo da história mostra, segundo Sanderson, o contrário: depois de todo o tumulto em que os melhores se perdem, depois de toda a confusão das derrocadas, verifica-se que foi mínimo o progresso e que os homens que atingem um nível de repouso não estão, na realidade, muito longe do ponto de partida.

O outro grande perigo é a queda na mão dos tiranos; fatalmente, depois de toda a agitação inicial, há na maioria dos homens o desejo da calma; poucos são os que podem suportar uma pressão nervosa violenta durante muitos anos;

no grande número, aparece quase logo o anseio da vida sem choques ou, pelo menos, o de verem para toda a atividade um fim compreensível; é o momento em que surgem os dominadores das nações, que vêm ou oferecer uma existência não perigosa ou canalizar os ímpetos de ataque para empresas facilmente acessíveis às inteligências médias; e os desastres que trazem são sempre tão grandes que a própria inteligência política manda que se evitem quanto possível os meios revolucionários.

É forçoso, porém, reconhecer que existe na evolução um perigo grave: o de que nada se faça; é preciso ser-se muito forte de alma, muito enérgico, muito dedicado ao bem comum para que se ponha no trabalho pacífico do dia a dia a mesma decidida vontade, a mesma heroica insistência, o mesmo desprezo do perigo que são, nas revoluções, relativamente vulgares; todos têm a possibilidade de um momento de vibração intensa, raros encontram dentro de si as forças que a prolongam por uma vida inteira; o revolucionário dos tempos de paz, destemido e teimoso, o revolucionário para quem a calma não é um dissolvente, o revolucionário que o tem de ser como que a horas certas e em tarefas certas – é bem mais difícil de encontrar do que aquele que procede por relâmpagos de heroísmo e numa atmosfera de exaltação.

Se fosse possível levar os homens a dispenderem na luta cotidiana, na paciência e na tenacidade, a energia que estão dispostos a gastar nas derrocadas tumultuosas, o mundo transformar-se-ia bem depressa, sem grandes choques e sem grandes incertezas; de cada vez que um grupo suficientemente numeroso se decidiu a agir segundo estes princípios e não desistiu da empresa iniciada, as oposições foram batidas e uma ordem nova triunfou; este seria o processo ideal e o único em que aparece um acordo absoluto com a justiça e a razão.

Teoricamente, toda a gente é evolucionista; a revolução aceita-se sempre como um mal necessário ou como uma catástrofe que se não soube evitar; as próprias classes dirigentes, excetuando os indivíduos que acham perfeitos os estados atuais, se inclinam para a evolução e reprovam que outras classes dirigentes noutras épocas da história não tivessem sabido a tempo buscar os compromissos salvadores; simplesmente, não dão nenhum passo para que a evolução se realize e confiam os atos necessários a um poder providencial que os irá fazendo surgir na humanidade, sem que elas próprias se movam; esperam indefinidamente que a evolução comece no dia seguinte; a pouco e pouco, cresce nos dirigidos a suspeita de que a evolução é para os que os oprimem uma fórmula que se resolve em conservantismo total; e o ambiente revolucionário forma-se imediatamente.

O trabalho do escol que Sanderson quer fazer surgir, deve exercer-se exatamente de preferência junto daqueles que se transformaram em estátuas de pedra e nada veem nem ouvem; é preciso acordá-los, mostrar-lhes os sofrimentos que causa a sua incompreensão e o perigo iminente em que colocam a própria vida civilizada; não sabemos em que medida ela pode resistir a um choque violento e convém que se façam todos os esforços para evitar a experiência; a faina é pesada, eriçada de dificuldades, mas Sanderson não a crê impossível e tentá-lo é, pelo menos, um ato de inteligência, de coragem, de confiança e de amor.

Põe-se, naturalmente, o problema de saber em que relação deve estar com o sistema político o apóstolo da ordem nova; o problema político não é essencial: todas as formas podem conter uma organização social suportável e quase todas garantem ao pregador de reformas uma liberdade de movimentos suficiente para que leve a cabo a missão que se impôs; a questão só é grave quando o Estado impede toda a ação; nessa altura, parece que não há solução senão a de que o político passe ao primeiro plano e procure instaurar uma vida pública em que seja possível organizar e persuadir; cumprida ela, só há uma tarefa de vigilância e uma escolha da corrente que mais pode favorecer aos intuitos da reforma.

A entrada na política é um passo extremamente perigoso para o reformador; os embaraços administrativos e as transigências a que a ação o obriga, se lhe podem dar mais nítida visão das realidades, levam, por outro lado, a um adormecimento do que fazia a linha estrutural do seu espírito e a originalidade da sua vida; ele tem de ser o inspirador, o homem das atitudes sempre renovadas, sempre firmes, sempre generosas e ardentes; é um inovador e um crítico, sempre pronto a aconselhar, mas que nunca se deixará tomar na rede dos miúdos incidentes em que o político se prende e se dispersa; o seu mundo é o mundo do futuro, não o de hoje.

O trabalho que especialmente lhe incumbe é o de preparar os espíritos para que sejam possíveis as reformas dos políticos; tem de se resignar a uma separação absolutamente fatal entre as suas concepções e as realizações que o estado do mundo permite; é preciso que saiba logo de início que só quando as suas ideias tiverem um caráter conservador, haverá possibilidade de as ver transformadas em instituição; os sonhos só lentamente tomam forma e, quase sempre, se o espírito é verdadeiramente forte, se é verdadeiramente revolucionário, aparecem como moldes em que já não podem caber os novos sonhos que surgiram.

É por isso que a tarefa essencial não consiste em preconizar soluções, embora a expressão material de uma ideia, embora a sua afirmação pela realidade criada, seja bem útil ao progresso do espírito; trata-se, sobretudo, de fazer surgir na alma dos homens uma atitude nova, de preocupação intelectual e moral; o grande renovador não é o que deixa atrás de si uma obra em linhas rígidas e definidas: é o que pôs os espíritos num ângulo novo frente à vida, o que lhes fez aparecer a uma luz diferente o mundo em torno; para esse fim devem convergir os seus esforços essenciais.

Não basta, porém, acordar nas almas notas mais belas, afiná-las para uma vida superior; é necessário que se ponham em contato com os problemas da vida e que se faça o possível por que eles lhes apareçam com toda a clareza e precisão; há uma atividade de informação que é de primeira importância e que habilitará cada um a ter do mundo uma ideia bem diferente da que lhe tinha fornecido uma ignorância de primitivo e uma indolência mental quase completa; para Sanderson, a vida sofre, em grande parte, de ser ignorada dos que vivem; o conhecimento esclarecido das condições em que gira o mundo atual, traria imediatamente a solução de grande número dos seus problemas.

Combater o mal dos viciosos hábitos de pensar, da confusão mental, da ignorância que se toma por ciência, do contato distraído com o que há de mais importante para o homem, da desistência de raciocínio perante as questões, da falta de espírito crítico; combater o desconhecimento que o homem moderno tem da vida moderna e da sua própria possibilidade de homem, dos males e dos meios de luta que a natureza pôs à sua disposição – eis, segundo

Sanderson, os dois polos de ação que tem de desenvolver quem vise à formação de um mundo mais perfeito.

Ora, habituar o espírito a uma atitude crítica e pô-lo em contato franco e inteligente com os problemas da vida é o objetivo de toda a educação que se não limita ao ensino das técnicas e à fabricação em série de indivíduos resignados e apáticos; a escola será naturalmente o lugar de eleição para que se prepare essa humanidade nova que transformará por completo o mundo existente e fará surgir as possibilidades do reino de Deus; é preciso, como primeiro passo para a renovação, que todos saiam das escolas com o espírito liberto de ilusões, com o amor da precisão e da verdade, com a confiança no valor do esforço, com um desejo de reforma e, por outro lado, com um conhecimento seguro do que é a realidade para que se não corra o risco das inadaptações e dos desastres.

Se o trabalho tem de ser pedagógico, no sentido largo de um amor pela humanidade que a eleve e redima, também terá de o ser num sentido mais restrito: para que dê todo o fruto que dela se espera, a escola há de ser também uma escola reformada, uma escola nova, assente em princípios bem diferentes daqueles em que se baseia a escola atual e com uma orgânica totalmente diversa; a renovação da escola é a condição indispensável da renovação social; sem ela, todo o esforço será estéril.

O educador tem nas mãos a chave do futuro; do que ele fizer dependerá tudo o resto, porque nenhum sistema político, nenhuma organização econômica, nenhuma pregação moral poderão dar resultados duradouros e profundos se um trabalho de educação prévio lhes não fornecer um ambiente favorável, se não existirem já os homens de boa vontade e de claro espírito dispostos a apoiá-los e fixá-los nas massas; o país que se queira renovar tem de dar aos seus mestres, na organização geral, um lugar de primeiro plano; e nenhum encontrará melhor meio de se suicidar do que tratar com desprezo aqueles que trabalham realmente por um futuro melhor.

À disposição do educador está o maior elemento do progresso, a parte da humanidade que ainda se não deixou corroer pela organização viciosa e que é possível fazer desenvolver-se segundo normas que mantenham a frescura do espírito e apurem os dons de inteligência crítica e de vigor construtivo; nas escolas dos pobres como nas escolas dos ricos é possível, mais que em nenhum outro ponto, o esforço pelo respeito dos direitos humanos, pelo entendimento, pela construção de um mundo em que os homens pensem claro e saibam agir, harmoniosamente, segundo os ditames da razão.

O interesse pela organização escolar não deve, porém, fazer perder de vista todo o trabalho que há a realizar entre os adultos; a ação tem de ser dupla e, na verdade, nenhuma tarefa dentro das escolas é amplamente fecunda se não está em constante ligação com o mundo dos adultos; em primeiro lugar, corre o risco de se inutilizar toda a escola que não criou, pelo menos entre os pais e parentes dos alunos, uma atitude de expectativa benévola e, com maior utilidade, a dum interesse ativo; em segundo lugar, a escola que não procure exercer a sua ação junto dos adultos, por uma atividade social em que colaborem os alunos, é quase só uma outra forma da "torre de marfim" em que toda a iniciativa se estiola porque a não bateram os grandes ventos da vida.

Além de tudo, o professor que se interessa apenas pelos problemas que se levantam dentro da sua escola e que não procura exercer uma ação educativa e reformadora junto dos outros homens é um especialista a que sempre hão de faltar o entusiasmo refletido, a coragem que se não abate, a imaginação criadora, únicas forças capazes de moverem o mundo; a escola, espiritualmente, não tem paredes: ela e o mundo interpenetram-se, nunca se sabe onde uma começa e o outro acaba; toda a tentativa de separação é artificial e destrutiva.

5

A direção de Oundle, embora com as restrições que lhe punha, pelo menos de início, o conselho de administração e a massa não educada dos pais, dava-lhe a possibilidade de tentar a reforma das escolas e de encontrar o que devia passar a ser todo o estabelecimento de ensino para que se conseguissem estabelecer os fundamentos de um mundo mais perfeito; tinha que se fazer da escola dos merceeiros uma escola-modelo, não no sentido da escola que atingiu os cânones que se impõem a todo o educador, o que seria absurdo, mas num sentido de guia, de desbravador de caminhos, de despertador de energias.

Sanderson queria que a sua escola fosse muito rapidamente uma miniatura do universo que sonhava, queria que os rapazes passassem a viver uma vida mais nobre e mais ampla do que a que tinham levado até então, e que, ao saírem de Oundle, tivessem bem firme no ânimo o desejo de transformar a vida social e de conduzir os homens a uma felicidade ignorada de quase todos; além da vantagem de lançar para o país grupos de dirigentes com preocupações e visões novas, a experiência que tentava teria a vantagem de demonstrar a possibilidade de realização prática, com os rapazes e a situação atual, de teorias pedagógicas que quase todos confinavam para os limites da utopia.

Se refletia sobre as escolas vulgares, via Sanderson que elas estão fundadas sobre os dois princípios que regem a vida da sociedade que os homens souberam e puderam formar: um o da posse, o outro o da rivalidade; há aqui, certamente, a obra de dois instintos poderosos e tudo parece estar organizado para os satisfazer inteiramente, mesmo numa época em que, pelas condições especiais da vida econômica, o seu domínio sobre as regras de existência é perfeitamente absurdo; as escolas não podiam escapar à sua influência e considera-se impossível que dela se possam libertar.

O instinto de posse manifesta-se nas escolas de duas maneiras: em primeiro lugar, cada aluno procura aprender por si e para si; tem-se todo o cuidado em impedir a colaboração e em desenvolver em todas as crianças a tendência para o isolamento e para o trabalho puramente egoísta; a comunicação do saber é feita ao mestre como uma prova puramente pessoal e o trabalho do aluno é defendido pela escola contra os outros, como se faz no mundo dos adultos a defesa dos direitos de propriedade privada; em segundo lugar, todo o trabalho da escola é feito com o pensamento de que é necessário aparecer na vida bem armado, pronto à conquista dum bom lugar e à sua defesa contra os possíveis assaltantes; a criança aprende para ganhar bem quando for grande; é o conselho que ouve continuamente de mestres e parentes.

Do plano da posse passa-se naturalmente para o da rivalidade; a escola é uma carreira em que o aluno procura ultrapassar os camaradas e em que se sente sobretudo satisfeito quando foi o primeiro da classe; consciente ou inconscientemente, as escolas favorecem o desenvolvimento deste instinto de emulação, com os lugares especiais na aula, com as medalhas, com os elogios comparativos, com os quadros de honra, com as notas dadas muito menos para saber do valor individual do que para ordenar toda a aula e tornar bem nítidas as diferenças entre os alunos.

A tradição dos colégios dos jesuítas foi das mais vivazes em matéria de educação, como de resto noutras; treinam-se as crianças como galos de combate, numa áspera luta pelas melhores classificações, com absoluto desprezo pelo fraco que não pode acompanhar a corrida e os elogios mais desmoralizadores para os fortes que alcançam os melhores lugares; destrói-se tudo quanto é generosidade, altruísmo, frescura de espírito, delicadeza de maneiras, respeito pelas possibilidades de cada um, sentido do seu aproveitamento, numa obra de cooperação; trata-se de vencer, sejam quais forem os meios empregados; e são exatamente os defensores de tais métodos que depois se queixam da rude maneira porque os homens se comportam na vida.

Sanderson crê que mais forte do que o instinto de posse, mais forte do que o instinto de rivalidade, se levanta em cada espírito infantil o instinto criador; antes de vir para lutar e possuir, o homem veio para criar; seria ridículo supor um ser cuja missão fosse a de travar batalha com os seus semelhantes ou a de erguer muros na paisagem dos campos; o fundo da atividade humana é o desejo de fazer alguma coisa de novo; se várias circunstâncias econômicas impostas pela organização interna e pela conquista do mundo o não têm deixado manifestar claramente, compete à escola dar o primeiro passo e abrir para os homens uma vida em que o lema não seja de luta egoísta, mas de cooperação, de tarefa em comum.

A escola de Oundle há de responder ao apelo que vem do íntimo das crianças para que as deixem trabalhar com amor, criar com liberdade e sentido social; a emulação desaparecerá do seu ambiente para ser substituída pela cooperação, pelo serviço dos outros e a ajuda dos outros; todos serão aproveitados segundo as suas possibilidades, porque todos têm possibilidades; a faina comum substituirá todo o impulso egoísta; é preciso que se dê ao aluno a clara noção de que o seu companheiro não é o seu inimigo mas o seu colaborador indispensável, mesmo quando parece divergir e opor-se.

Uma das grandes realizações de Oundle é a de ter mostrado a possibilidade do trabalho de cooperação no ambiente escolar; o grupo tem na escola de Oundle a importância que, individualmente, pelo seu trabalho pessoal, limitado e hostil ao dos outros, tem nas restantes o aluno; as lições marcam-se a grupos e, dentro de cada grupo, distribuem-se os assuntos, segundo as predileções de cada qual; toda a tentativa de fraude é impossível, porque não se enganam os companheiros com quem se trabalha com a facilidade com que se engana o professor; depois, todo o trabalho em comum é irrealizável se falha um dos elementos; por último, ninguém no grupo toleraria que um rapaz se mostrasse menos diligente ou menos honesto.

Pode objetar-se que o trabalho por grupos tem o inconveniente de dar a cada aluno apenas o conhecimento de um aspecto do assunto, mas a objeção só tem razão de ser se o sistema for mal aplicado; a necessidade da formação de um plano de trabalhos, a discussão que se estabelece a propósito de cada contribuição, a redação de um relatório em comum, dão a todos a possibilidade de estudarem todas as faces da questão; o trabalho pessoal de investigação e de coordenação, o entusiasmo pela tarefa do grupo apuram as faculdades intelectuais do aluno, tiram-no da modorra em que as mergulha a escola vulgar, multiplica-lhes a penetração e o poder de memória; o saber que resulta do trabalho do grupo é profundo e seguro.

Se as consequências intelectuais desse sistema de trabalho são importantíssimas, pelo contato íntimo com os assuntos, pela necessidade de noções claras, pelo gosto da ordem e da precisão que se torna indispensável para o ajuste das tarefas particulares, as consequências morais são ainda talvez mais dignas de nota; o trabalho de grupo é a arma mais segura de combate contra o egoísmo, contra o desprezo dos outros, contra a intolerância perante a opinião alheia; dá o sentimento e o hábito duma grande faina comum para o progresso da coletividade; quem trabalha juntamente com outros numa tarefa que o interessa, ama os seus colaboradores, está pronto a ajudá-los, a dar-lhes possibilidade de se elevarem cada dia mais alto.

Organizado desse modo o trabalho escolar, a barreira entre professores e alunos abatia-se por completo; a escola em que o mestre é o senhor e o aluno o escravo não é senão a imagem de um mundo dualista com as mesmas duas classes de homens com todo o saber e todos os direitos e de homens que se têm de humilhar na ignorância e na mais estrita das dependências; no trabalho por grupos, o mestre é um colaborador e um amigo; as relações não são pautadas pelo medo da pancada ou das más notas ou, de outro lado, por um orgulho dominador; regram-se pelo respeito das capacidades e da dedicação e desenrolam-se num ambiente de confiança, de amizade viril, de verdadeiro amor pedagógico.

Compreende-se que as concepções sobre a liberdade dos alunos tenham de ser totalmente diferentes das que são vulgares nas escolas de trabalho puramente individual; em Oundle, os grupos constituem-se à vontade dos alunos – só assim pode haver coesão e entusiasmo pelo trabalho –, não têm horas fixadas para a tarefa, podem utilizar-se à vontade de bibliotecas e laboratórios, não são obrigados na sala da aula à compostura da imobilidade e silêncio que são de regra nas escolas velhas; cada um fala e mexe-se como na vida, tendo sempre, no entanto, bem presente o princípio de que a nossa liberdade nunca deve ir tão longe que coarte a liberdade dos outros.

Desde a reforma de Sanderson, as questões de disciplina deixaram de se pôr, com exceção dos casos de pura arrumação que fatalmente têm de aparecer em escolas de centenas de alunos; na escola de Oundle não havia nem castigos nem prêmios e tudo girava na mais perfeita das harmonias, sem que o professor tivesse de assumir uma só vez o papel de polícia ou carcereiro; espalhou-se em todos os rostos o entusiasmo sereno, a seriedade de quem se sente preso por um forte interesse e não acudia ao espírito de ninguém, porque não havia razão para o fazerem, o tomar qualquer das atitudes com que nas escolas comuns o aluno se vinga ou se defende de um ambiente de incompreensão e tirania.

Em Oundle, cada um tem a consciência de que está servindo o bem geral, não só com o trabalho que realiza dentro da escola como pela projeção que esse trabalho há de ter um dia sobre o mundo; a tarefa diária não aparece como uma ocupação absurda que rouba as melhores horas do dia e que o professor marca, parece que apenas levado pelo gosto de que os outros sofram com a monotonia do latim ou da matemática; é uma preparação para o papel de renovadores que hão de desempenhar no futuro e um conhecimento, a cada passo obtido por um esforço de artista, das possibilidades humanas e de tudo quanto o homem tem conseguido realizar no mundo.

A ideia de que serve a humanidade penetrou em toda a gente; o entusiasmo de Sanderson, a sua ação junto dos alunos, a preparação dos meios de trabalho, deu a todos a noção de que estão em progresso moral e de que esse progresso moral vai servir em último grau ao melhoramento do mundo; cada rapaz de Oundle tem no seu espírito os dois polos fundamentais da vida de todos os grandes homens; não pode deixar de ser, como eles, ardente, confiado, destemido perante as oposições e alegre com toda a alegria criadora de quem se sente a construir um universo.

Se alguma coisa de negativo há a fazer em Oundle, é agora moderar o gosto do trabalho de que dão prova os rapazes e não deixar que se encurtem as horas de repouso; os alunos levantam-se de noite para estudarem as questões que os interessam e que não tiveram tempo de tratar durante o dia; Sanderson surpreende-os a horas mortas na biblioteca e nos laboratórios, absorvidos pelos livros e pelas manipulações; quando uma vez mandou fechar o laboratório de Química, os rapazes fabricaram nas oficinas chaves falsas e continuaram o seu trabalho; na véspera de conferências ou de exposições, reinava em Oundle a atividade mais frenética: cada um dava o máximo que lhe era possível para que o nível dos resultados fosse sempre superior ao que se tinha proposto.

O entusiasmo dos alunos arrastava naturalmente os mestres; todas as desconfianças que tinham surgido no início, todas as oposições que Sanderson tivera de vencer, todos os atrasos que sempre adquirem os professores numa escola que não vive, que se embala na rotina, tinham desaparecido para sempre; havia, em Oundle, nos últimos anos, um bloco de trabalhadores dispostos a dar tudo o que lhes fosse possível para que o mundo se salvasse e se salvasse pela escola.

Toda a aparelhagem de coação e de policiamento que ainda hoje faz parte integrante das escolas e é, em quase todas, a armadura principal, pusera-se em Oundle completamente de lado, não só no que respeita às questões de disciplina mas também quanto a programas e a matéria de estudo; não havia nenhuma rigidez, não se entendia ser um ideal supremo fazer passar a todos pelos mesmos moldes, dar a todos um interesse uniforme; pelo contrário, procurava-se satisfazer os gostos de cada um dos alunos, com disciplinas especiais, facilitando a diferenciação, de modo que na escola houvesse a variedade de tendências e de ocupações que constitui uma das belezas do mundo.

Certamente era mais difícil a organização e administração da escola; mas Sanderson era de opinião que há que fazer todos os sacrifícios, que passar por todas as experiências, que enfrentar todas as dificuldades para que se possa manter intacta, brilhando sempre viva, a chama criadora, o interesse pela modificação do mundo, forças sem as quais a existência não é mais do que uma monótona e amarga sucessão de tarefas sem gosto, do que um lento morrer sem alegria nem grandeza.

6

Para que uma escola possa funcionar pondo sobretudo em ação o espírito empreendedor e criador, é necessário que tenha liberdade para organizar os seus programas e para adotar os processos de ensino que lhe pareçam mais convenientes; não basta, para que uma escola se renove, que só um dos elementos de trabalho se modifique; é preciso que haja uma reforma conjunta de todo o ambiente, que todas as faces da tarefa se transformem ao mesmo tempo; mudar só de programas ou só de métodos ou insuflar espírito novo em organizações completamente velhas, é caminhar para um desastre.

Sobre alteração de programas e de processos de ensino, Sanderson tem em Oundle uma liberdade quase completa; a maioria dos seus rapazes não lhe exige um curso, mas uma cultura; trabalha num país em que o diploma não é uma carta de alforria e em que todas as iniciativas se podem desenvolver plenamente; nenhuma rígida barreira o impede de avançar.

Os antigos programas dificilmente se podem defender perante a crítica; o seu principal defeito é o dogmatismo que os caracteriza; todas as noções são dadas ao aluno, não como o resultado de uma experiência que realizou e compreendeu, mas como uma afirmação que tem de acreditar porque vem no compêndio ou lha transmitiu o mestre; não se procura despertar no rapaz nenhum espírito de investigação e de crítica; pelo contrário, parece haver até, quando se lhe ministram conhecimentos que não pode apreender, o propósito de o afastar de todo o raciocínio, de o esmagar sob o peso do incompreensível.

Por outro lado, o desprezo das linhas essenciais que por completo se perdem na multidão dos pormenores, a extensão dos conhecimentos exigidos em cada ano de trabalho, como se o essencial para a vida futura fosse "conhecer" e não "saber conhecer", a elaboração estereotipada sem que o progresso das ciências e das técnicas nela se reflita senão ao fim de muitos anos, tudo contribui para que os programas sejam um dos maiores obstáculos para o funcionamento de uma escola nova.

Como consequência da péssima organização das matérias de estudo, todo o interesse desaparece por completo do ensino; não há nenhuma disciplina que verdadeiramente prenda o aluno; todas são formas diferentes do Latim e aprendem-se com a mesma monotonia e o mesmo esforço obstinado de memorização; as matérias mais vivas, como a Filosofia ou a História, a Química ou as Ciências Naturais, em nada impressionam o espírito do aluno e não lhe deixam quase outra recordação que não seja a das aulas pesadas e a dos estudos intermináveis.

A reforma de Sanderson foi radical; aplicou-se logo de princípio uma das ideias em que mais insistia: a de que é necessário não confinar o aluno na ciência elementar e dar, mesmo aos mais novos, uma noção, que pode ser pouco segura, dos últimos progressos da ciência e fazer-lhes entrever os mistérios que ainda há a esclarecer; é essencial que o rapaz que inicia os seus estudos científicos tenha o sentimento de poesia e de aventura que é, para o sábio, um dos mais belos aspectos do trabalho científico.

Depois, não basta apresentar a ciência como um corpo de doutrina absolutamente constituído, como uma revelação que subitamente foi feita ao homem por um deus benevolente e que o professor recolheu e transmite; o aluno tem de saber, sob pena de se lhe falsear toda a perspectiva da vida, que a ciência é um trabalho de gerações; é muito mais educativo saber como se formou a Física, conhecer as experiências de um Torricelli, de um Pascal, de um Faraday, de um Branly, repeti-las nos laboratórios, do que fixar as teorias do barômetro ou da T.S.F.[1]

Em Oundle, os alunos frequentemente tinham séries de sessões de trabalhos sobre um grande vulto da história da ciência e reproduziam, com material idêntico ao do sábio e fabricado por eles nas oficinas das escolas, as experiências clássicas que tinham permitido avançar mais um passo; o contato com o trabalho dos maiores sábios dava-lhes uma noção da solidariedade humana, das capacidades de invenção, um gosto pela investigação pessoal e, ao mesmo tempo, uma solidez de conhecimentos que os programas vulgares de nenhum modo lhes poderiam incutir.

---

[1] Sigla de "telefonia sem fio" enquanto designativo de radiofonia, radiodifusão ou rádio. [N. dos O.]

Para que o ensino das ciências se possa fazer sob o aspecto da sua evolução histórica é naturalmente necessário que os museus sejam muito diferentes do tipo habitual do museu; ainda hoje se entende por museu um local onde estão guardados objetos raros que se visitam com um respeito exterior e uma íntima fadiga; na escola, o museu é uma sala em que nunca se entra ou onde se olham, por pura distração, as formas estranhas dos bichos ou as colorações variadas dos minerais.

O museu tem de passar a ser uma lição; tem de se organizar de modo que o visitante ou o aluno aprendam realmente alguma coisa; por meio de esquemas, de breves explicações, de uma disposição adequada, tem de se tirar o museu do reino da morte e dar-lhe uma vida ampla e fecunda; um museu de zoologia deve preocupar-se muito menos com as coleções de aranhas do que em expor claramente as leis de Mendel ou a evolução das ideias sobre os cromossomas; um museu de pintura deve indicar-nos as influências que sofreu ou exerceu um artista, com as suas características, o ambiente social em que trabalhou, o seu significado na história do espírito humano.

A par da reforma dos museus, que passaram a ter utilidade e interesse, fez-se em Oundle a transformação dos laboratórios; Sanderson conseguiu que o conselho de administração lhe concedesse grandes verbas para o apetrechamento dos laboratórios antigos e para a construção de novos locais de trabalho; o laboratório de Biologia era um dos melhores de Inglaterra e todos os outros permitiam que se fizessem experiências e investigações, mesmo dispendiosas, quer se tratasse de trabalho escolar ou de trabalho puramente pessoal.

Entendia, efetivamente, que o laboratório serve, sobretudo, para dar ao aluno interesse pela disciplina e para lhe fornecer a possibilidade de lhe satisfazer a sua curiosidade, encaminhando-o, a pouco e pouco, para a investigação original; os laboratórios eram de frequência livre, os alunos trabalhavam neles às horas que queriam; Sanderson achava que era preferível que o material corresse algum risco a que repousasse nos armários, inteiro e inútil; mesmo os alunos, porque tinham interesse, tomavam cuidado e as perdas não iam muito além do nível normal em laboratórios.

Era esse mesmo espírito de investigação laboratorial que Sanderson queria estender a todas as disciplinas do colégio, mesmo àquelas que tradicionalmente mais dele se afastavam; durante a sua direção, a História deixou de se estudar por manuais que não podem dar dos acontecimentos senão uma visão estreita e pálida e passou a saber-se pela consulta dos textos dos grandes historiadores ou, quando possível, pelos documentos contemporâneos.

O grupo que se encarregava de determinado assunto, suponhamos as Guerras de Religião ou a Revolução Francesa, começava por tomar num manual um conhecimento esquemático da questão; distribuía depois entre os seus membros os vários capítulos e cada um, munido de uma boa bibliografia, ia colher na esplêndida biblioteca do colégio os elementos necessários; a limitação do tema e a consulta de textos originais dava ao aluno todo o prazer da investigação histórica e afastava-o das tentações retóricas; em seguida, com os camaradas, discutia os resultados e ajudava a elaborar o relatório comum.

Em Literatura, puseram-se logo de parte as lições em que apenas se decoram os nomes dos autores e os títulos das obras, e as aulas de análise e explicações em que todo o interesse se esvai no miúdo comentário; os rapazes passaram a frequentar a biblioteca, a ler realmente os escritores, a comparar as suas impressões com as dos críticos e a terem, no fim do seu ano de trabalho, uma noção muito mais exata da história literária e, o que é mais, todos os benefícios que para a cultura podem advir do estudo dos grandes autores.

Os modernos passam a ter um lugar de que o ensino clássico totalmente os afastava; parecia natural a Sanderson – e desejável – que o rapaz se interessasse mais por Wells ou Shaw ou Russell do que por Chaucer ou John Dryden; os problemas de que tratam são problemas atuais, a solução que propõem, a que o aluno pode discutir com o conhecimento que tem da vida do seu tempo; os outros, ou são apenas interessantes sob o ponto de vista histórico, ou só sinceramente apreciáveis para quem já tenha uma cultura estética adiantada.

De todas as disciplinas, foi talvez a Matemática a que mais atraiu as atenções de Sanderson; encontrou-a, ao chegar a Oundle, ensinada como uma coisa morta que se disseca e se recompõe, com virtuosidade mas sem beleza; os professores não faziam o mínimo esforço para saírem da rotina e de ano para ano voltava-se, como a um trabalho de forçado, a decorar os teoremas de Euclides e as fórmulas de equação; conservava-se-lhe cuidadosamente um aspecto difícil e esotérico, afastando-a de tudo o que fosse vida; esta só penetrava debilmente nos problemas em que as pessoas vão aos mercados carregar-se de gêneros absurdos ou se metem, por puro gosto, em longuíssimos cálculos de juros.

Sanderson quis dar à Matemática aplicações concretas e ligá-la amplamente à realidade; os rapazes de Oundle aprendiam matemática a propósito de motores de automóvel e de avião, de notícias de jornais, de fenômenos astronômicos, de trabalhos no campo, de estudos de Física ou de Química; a Matemática deixou de ser para eles uma língua morta que se aprende com esforço e que sem esforço se esquece.

Nenhuma disciplina, de resto, se estudava sem que houvesse uma constante ligação com o mundo atual e sem que se mostrassem a cada passo as suas relações com as outras atividades da escola; a separação quase absoluta das matérias, como em compartimentos estanques, o cuidado com que o professor evita penetrar nos domínios alheios, dão ao aluno uma ideia falsa da ciência e fazem-lhe ver uma distinção fundamental onde apenas há uma comodidade de trabalho, além de apresentarem todos os inconvenientes da aprendizagem avulsa sem relações que a fixem no espírito com segurança.

A interpenetração dos estudos, o aparecimento de tudo o que se aprende como um bloco que se pode cindir, mas só provisoriamente, habitua o rapaz a uma largueza de concepção, a um gosto de relacionação, a uma faculdade de aperceber conjuntos que só podem ter os efeitos mais benéficos para a sua vida intelectual e moral, para a sua ação como um reformador da sociedade; só a atividade complexa é criadora; a compartimentação conduz à estreiteza de espírito, a um empobrecimento real, à inaptidão para ver o mundo como uma vida que se transforma.

7

Numa verdadeira educação, a escolha das disciplinas e dos métodos aparece como importante não só sob o ponto de vista dos conhecimentos, mas sobretudo pelo que se refere à formação geral do espírito; efetivamente, o ideal de uma escola não deve ser o de que os seus alunos saiam com uma grande quantidade de noções, mas o de que se aproximem quanto possível de um tipo de homem que se pôs como perfeito; para Sanderson, da atividade reformadora e missionária, que é a única força capaz de evitar uma catástrofe fatal para a civilização.

Claro está que Sanderson não considera a instrução como separável da educação; a personalidade é um todo que se não forma por contribuições isoladas; mas afirma que o ter-se arquivado na mente do aluno uma série de noções absolutamente estáticas, inertes, o torna inaproveitável para a grande tarefa que se ergue perante todo o homem consciente; a escola deve ter por supremo objetivo abrir os olhos dos rapazes para a realidade ambiente e dar-lhes o gosto e os meios de intervirem ativamente para que ela se modifique num sentido de melhoramento; trata-se de criar forças ativas e não de lançar para o mundo seres dispostos a todos os conformismos e a todas as renúncias.

Desde que é este o ideal, a escola não pode deixar de ser um lugar em que o contato com a vida é especialmente forte; Oundle não é, por consequência, um convento afastado do temporal e em que se educam espíritos para a contemplação, de qualquer espécie que ela seja; formam-nos para a ação e para a mais benéfica, para a mais viril, para a mais bela das ações: a de não aceitar a vida como um esquema fatal, a de tentar organizá-la conforme o projeto que se formou.

Não deixou de se levantar contra Sanderson a objeção costumada: os rapazes de Oundle, em lugar de reformarem o mundo, de alcançarem nele os postos de comando que lhes dariam possibilidade de agir, seriam vencidos na luta, porque encontrariam pela frente homens educados de uma forma realista; foi exatamente o contrário que aconteceu: as situações ocupadas pelos alunos de Sanderson provaram que a educação realista, no sentido de uma educação para a plena adesão às leis vulgares, é de estrutura muito fraca e produz espíritos que facilmente vence o verdadeiro idealismo; não há nada mais inferior em valor combativo, em força de penetração, em percepção de realidades do que o homem preparado para a luta de espertezas e de egoísmos; se encontra adversários decididos, a sua perda é certa.

O contato da escola com a vida tem de se fazer de duas maneiras; por uma, é o mundo que penetra na escola, por outra, a escola que se dirige ao mundo; para que haja bons resultados, é necessário que os dois momentos andem intimamente ligados, que a corrente entre o receber e o dar seja contínua e ativa, que não haja ou só o egoísmo que absorve ou só a dádiva excessiva que acaba por esterilizar e afastar realmente do mundo; só é viva a escola que estabelece com o ambiente uma série de trocas, que se deixa penetrar por ele amplamente e por sua vez o penetra e modifica.

Em Oundle, todos os espíritos estão abertos para a vida; os programas variam conforme as recentes descobertas ou conforme o interesse momentâneo que se revelou bastante forte para que, à volta dele, se possa constituir um trabalho; criam-se disciplinas que, como a economia política, a geografia humana ou a história da indústria, trazem até à escola o mundo tal como existe com todas as suas qualidades e todas as suas deficiências; os autores que põem problemas modernos nas suas peças, nos seus ensaios, nos seus romances, são preferidos aos clássicos que apenas podem servir como textos de análise.

Um dos defeitos apontados por Sanderson na organização atual do ensino é a falta de conhecimento da ciência social, em todos os seus aspectos, político, econômico, religioso e cultural; um rapaz que sai das escolas sabendo muito o princípio de Arquimedes ou os cabos da Europa desconhece totalmente a diferença entre os vários sistemas políticos ou os dados do problema educativo; parece que há, da parte dos dirigentes, a certeza de que é muito menos perigoso o homem que maneja aves empalhadas do que aquele que possui as chaves das jaulas; e não é menos certo que as propagandas grosseiras só podem ter efeito sobre aqueles que não têm a mínima noção das questões e das correntes sociais.

Por outro lado, a escola deve servir o mundo e tentar modificá-lo, enquanto escola; os rapazes de Oundle organizam exposições científicas em que se põem claramente certos dados basilares, reconstituições de experiências históricas, conferências de divulgação, representações e concertos; nos laboratórios da escola analisam-se amostras de terras que os agricultores enviam; preconizam-se métodos novos de cultura; propõem-se soluções para todos os problemas que a vida regional apresenta; procura-se a todo o momento esclarecer e civilizar.

É na oficina de trabalhos manuais que, talvez com mais facilidade, se possa surpreender esse contato com o mundo; as oficinas de Sanderson não são salões onde os meninos fazem brinquedos de papel ou manejam com habilidade a serra de recortar; são oficinas verdadeiras, organizadas para darem rendimento e em que mestres, sabedores do seu ofício e com tato pedagógico, procuram formar bons operários; é preciso que o rapaz trabalhe em objetos que tenham utilidade real: fazer um cubo perfeito à lima é absurdo se o cubo não serve para nada; todo o interesse desaparece de um trabalho que se vê inútil.

Convém também que haja o sentido da cooperação, o que se não pode conseguir com as tarefas vulgares dos trabalhos manuais; em Oundle, quando se constrói um motor – e era esta a especialidade da oficina –, sabe cada um que o trabalho de que o encarregaram é uma parte da obra comum e que toda a negligência, toda a falta de atenção, se vai refletir depois no funcionamento da máquina; deve-se naturalmente procurar que todos os rapazes passem por todas as tarefas, para que se não caia na especialização monótona; o grupo que forja num trimestre, rebitará no seguinte, passará depois ao torno; é necessário que lhe não fique oculto nenhum aspecto do trabalho.

A obra industrial não levava ao desprezo pelo trabalho artístico; fazia-se, no entanto, o possível por não estabelecer entre eles uma grande diferença de plano; inculcava-se no espírito do aluno que é tão apreciável o operário que faz uma chave ou um sapato perfeitos como o escultor que realizou uma bela estátua, e que se pode encontrar no jogo de válvulas dum motor a mesma beleza, o mesmo aceno de Deus, que passa num quadro de Velázquez: o horror da máquina como motivo estético é uma manifestação de literatura que tem de se afastar por completo do espírito do homem moderno.

A educação artística fazia-se em Oundle não como a cultura de uma prenda, mas como um meio de elevar a alma e de a exprimir; modela-se, pinta-se, formam-se coros e orquestras, para que todos possam tentar uma linguagem nova e para que todos se possam sentir ligados por novos laços; na escola de Sanderson abolira-se o costume de só aproveitar os melhores; se o canto do mau cantor é dispensável para a comunidade como canto, não o é para o espírito que sobe a outros planos por esse processo; e, no fim, sempre ganha a sociedade: porque o indivíduo lhe volta mais apurado, mais fino e, portanto, mais útil.

Desejoso de estabelecer o maior número possível de ligações com o mundo e de dar aos seus alunos toda a possibilidade de se elevarem, não podia a escola de Oundle tomar em face do problema religioso a atitude cômoda da abstenção; pelo contrário, fez da religião, no que ela tem de interesse profundo pela vida total, de íntima seriedade, de procura de contato com um espírito superior, de apuradora de energias, uma inspiradora de todo o trabalho escolar; todo o ato de um homem de Oundle é ou deve ser um ato religioso, isto é, um ato inspirado pelo desejo de servir convenientemente e plenamente um ideal de bondade, de justiça e de paz.

Compreende-se que uma religião organizada, com cerimônias e templos, não tivesse para Sanderson atrativos especiais; há em Oundle uma capela e serviços religiosos; mas, para o diretor, a religião é uma atitude, não é nem uma doutrina, nem um ritual, nem um formulário; a oficina, o campo de jogos, o jardim botânico são templos em que se adora Deus muito melhor que na igreja; toda a vida tem de ser religiosa, não apenas a breve hora de domingo; aí, sobretudo, se deve refletir sobre o que se fez e sobre o que se vai fazer, ganhando ao contato de espíritos irmãos a força moral, a coragem, a nobreza necessárias para a faina.

As práticas de Sanderson versavam quase todas sobre o Evangelho; o antigo estudante de Teologia voltava à sua ideia inicial e, desenterrando os textos da aluvião de comentários, ou pouco inteligentes ou pouco desinteressados, com que os cobriram as várias Igrejas, procurava pôr em relevo o sentido eterno que Jesus lhes dera e fazer deles a base da doutrina moral em que havia de assentar todo o proceder dos seus rapazes; no seu espírito, todo o ensino de Jesus tendia à instauração do reino de Deus, que não devemos ver ingenuamente, como um paraíso supraterreno, mas como uma realização que os homens são capazes de trazer ao mundo.

Esta ideia de uma felicidade humana construída pelos homens, pela sua ciência e pelo seu amor, levara-o a pensar no que queria que fosse o verdadeiro templo da sua escola: um grande edifício, com as naves espaçosas de uma catedral, mas onde, em lugar de imagens de santos, houvesse os gráficos, os desenhos, as fotografias de tudo o que os homens têm conseguido fazer; haveria os retratos dos gênios e a exposição das suas obras; e, para que o templo não tomasse o aspecto de um museu, os alunos encontrariam ainda a menção de tudo o que falta realizar para que a humanidade esteja em condições de cumprir a sua missão.

Não se celebraria nenhum culto; entrar-se-ia livremente e livremente se erraria meditando sobre o esforço das gerações passadas, encontrando no que foi a grande força impulsora para que se conquiste o futuro; quem se sentisse fraquejar na sua tarefa viria ao templo da humanidade e ele lhe daria, no silêncio e na calma, a coragem de prosseguir; as preces não seriam formulários de palavras que se recitam mecanicamente, mas uma construção do espírito, uma elevação da alma, uma purificação de todos os pequenos incidentes da vida, de todas as fraquezas, de todos os momentos de desânimo.

Sanderson morreu antes de conseguir erguer o templo que sonhava; levantaram-no depois, mas a falta de espírito original fez dele mais um museu da escola;[1] no entanto, durante a sua direção, Oundle inteira era um templo; o seu trabalho nunca foi para Sanderson nem uma profissão nem uma vaidade:

---

[1] Sanderson havia-o pensado, projetado e denominado de Casa da Visão (House of Vision). Cf. o capítulo VII ("The House of Vision and the School Chapel") do livro de Herbert George Wells, *The story of a great schoolmaster*. Being a plain account of the life and ideas of Sanderson of Oundle, ed. cit., p. 131. [N. dos O.]

foi uma maneira de servir os homens, com uma ampla inteligência, com um amor que se não dispersava em ternuras e sacrifícios passageiros, com uma obstinação consciente e minuciosa, com um sentido igual das linhas gerais e do pormenor necessário a toda a realização.

Os seus alunos saíram, como queria, com a visão clara dos grandes problemas humanos e dispostos a fazer o possível para que o amor cristão entre no domínio que até agora lhe tem resistido mais teimosamente: no domínio econômico; saíram com entusiasmo para se baterem na vida, não por vantagens meramente pessoais, mas por uma organização geral que dê a todos os homens a possibilidade de se desenvolverem; saíram com a energia que não desanima diante de nenhuns obstáculos e antes os toma como os seus melhores auxiliares para que se apure e se estabeleça mais firme.

Todos eles aprenderam no contato com Sanderson que a vida só é bela quando é uma empresa em benefício dos outros homens e do mundo, quando sai da rotina que esteriliza para os perigos da aventura intelectual ou da aventura de ação; e o ambiente de Oundle, toda a sua atividade, toda a sua admirável organização, todo o ímpeto espiritual que o animava lhes puseram, como a primeira das suas obrigações na vida, lutar para que os homens seus irmãos tenham na oficina, no campo, na escola, na vida pública, a mesma liberdade, os mesmos direitos e os mesmos deveres, os mesmos recursos e as mesmas perspectivas.

O MÉTODO MONTESSORI*

Maria Montessori | 1870-1952

* Agostinho da Silva. *O método Montessori*. Lisboa: Editorial Inquérito, 1939. (Cadernos Inquérito, Série D – Pedagogia, II.) [N. dos O.]

1

Maria Montessori nasceu em 31 de agosto de 1870, em Chiaravalle, de uma família conhecida pelo seu fervor religioso; feitos os estudos elementares, entrou na universidade, matriculando-se na Faculdade de Medicina; a resolução causou estranheza porque até aí nenhuma mulher ousara cursar a Faculdade: considerava-se em toda a Itália que não eram trabalhos a que se pudessem dedicar as mulheres, sobretudo as que tinham amor de Deus e das coisas sagradas; Maria Montessori arrostou com todas as oposições, venceu uma a uma as resistências, impôs-se pelo seu gosto do estudo; respeitavam-na os mestres e os condiscípulos, todos que a conheciam foram louvando a sua inteligência e a sua coragem; havia nela um desejo de ver claramente os problemas, uma ânsia de servir a humanidade, um poder de iniciativa que lhe preparavam uma carreira brilhante.

Em 1896, alcançou o diploma de doutoramento e começou a ver-se como uma curiosidade a primeira médica italiana; ela, no entanto, só pensava em preparar-se melhor, em entrar na sua vida profissional armada, como um bom cavaleiro, de boas armas; interessavam-lhe, sobretudo, as doenças do sistema nervoso e concorreu ao internato da clínica de psiquiatria; a pouco e pouco foi-se especializando: as crianças desequilibradas atraíram-lhe a atenção e a piedade; encontrava-as em grande número num hospital de doidos onde ia escolher os seus doentes; toda a sua alma se confrangia ante os pobres seres que um duro destino aniquilara e ante os quais a medicina pouco podia; uma imensa piedade a invadia e a cada passo lhe lembravam as palavras de Jesus sobre os pequeninos; também ela estava certa de que o reino de Deus se não poderia construir sem a ajuda da criança.

O seu interesse pelos anormais levara-a ao conhecimento dos trabalhos de Itard que, no tempo da Revolução Francesa, tivera de educar um idiota de oito anos conhecido pelo [nome de] *Selvagem de Aveyron* e que, pela primeira vez, praticara uma observação metódica do aluno, construindo depois sobre ela o seu método de educação; de Itard passou a Montessori a Édouard

Séguin, professor e médico, que fizera durante dez anos experiências pedagógicas com pequenos internados numa casa de saúde e montara a primeira escola para anormais; leu atentamente o seu livro *Hygiène et éducation des idiots et des autres enfants arriérés*,[1] 1846, seguiu-lhe o trabalho feito na América para onde emigrara e onde tinha fundado escolas de atrasados e anormais; em Nova York publicara outro livro, *Idiocy: and its treatment by the physiological method*,[2] 1866, em que dava o essencial do método.

Séguin insistia sobretudo na necessidade de uma observação cuidadosa do aluno; nada devia ser feito que pudesse representar uma violência às suas possibilidades psíquicas, o mestre não devia ser um modelador mas um espírito atento, pronto a aproveitar, fornecendo-lhe pontos de apoio para que se exercesse todo o mais leve sintoma de um despertar psicológico; como o homem que ajuda o atleta no salto, tratava-se de amparar, não de forçar; o mestre devia, portanto, ter uma preparação científica cuidada e um perfeito domínio de si próprio; ao mesmo tempo, Séguin fornecia-lhe um material que construíra depois de anos de experiência e que lhe parecia ser o mais adaptado aos interesses espontâneos do anormal; o esperar aparecia no método de Séguin como a primeira grande qualidade do professor de anormais; a segunda, era a de saber aproveitar as oportunidades, que são quase sempre únicas, de fixar e desenvolver as débeis iniciativas internas do aluno.

Em 1898, num congresso em Turim,[3] defendeu a Montessori a tese de que os deficientes e anormais precisavam muito menos da medicina do que dum bom método pedagógico; não se punha, evidentemente, de parte tudo o que fosse tratamento do sistema nervoso, reconstituintes e tônicos; mas assegurava-se que as esperanças de qualquer desenvolvimento estavam no mestre,

---

[1] O título completo da obra é *Traitement moral, hygiène et éducation des idiots et des autres enfants arriérés ou retardés dans leur développement, agités de mouvements involontaires, débiles, muets non--sourds, bègues, etc.* Paris: Jean-Baptiste Baillière, 1846. [N. dos O.]

[2] Cf. Edward Seguin. *Idiocy*: and its treatment by the physiological method. Nova York: William Wood & Co., 1866. [N. dos O.]

[3] Trata-se da intervenção de Maria Montessori, em 13 de setembro de 1898, no I Congresso Pedagógico Nacional de Turim (Itália), decorrido entre 8 e 15 de setembro de 1898. [N. dos O.]

não no clínico; era necessário que se criasse à volta do aluno um ambiente que o ajudasse e que desprezavam os médicos demasiado interessados por uma terapêutica tomada em sentido restrito; não havia que internar os anormais em casas de saúde e fazê-los desfilar pelas clínicas; tinham de se construir escolas onde se aperfeiçoassem, pela observação cotidiana, os métodos de Séguin e onde, ao mesmo tempo, se pudessem formar os professores; porque, sem bons professores, nada se poderia fazer.

Guido Baccelli, que fora professor de Maria Montessori e ocupava então o lugar de ministro da Instrução Pública, interessou-se pela comunicação e chamou-a a Roma para uma série de conferências sobre o ensino de anormais; as conferências despertaram o interesse de todos que se dedicavam ao assunto e criaram um movimento de opinião a favor das ideias que defendia a Montessori; o fato de terem dado excelentes resultados as experiências de Séguin, em Paris e na América, animava os mais céticos; havia que tentar na Itália um instituto semelhante aos de Séguin; com relativa facilidade, pôde Baccelli fundar uma Escola Ortofrênica,[4] com internato para crianças anormais e com organização que permitia fornecer os mestres que desejassem entregar-se a tal especialidade: fixara-se bem no espírito de todos a ideia de que um mestre sem preparação compromete os resultados de um método por melhor que este seja.

Toda a vida de Maria Montessori se orientava agora para a educação dos anormais; tomava conhecimento de tudo quanto se ia publicando em Itália e no estrangeiro sobre pedagogia, aproveitava todas as sugestões que se lhe afiguravam úteis, prosseguia infatigavelmente as suas experiências com os alunos do internato; mostrava aos candidatos a professores como a tarefa que empreendiam era das mais nobres que alguém pode tomar sobre si, como a caridade, o espírito de sacrifício, a atenção, o íntimo entusiasmo, o otimismo e o zelo pelo trabalho formam o indispensável fundamento em que vêm assentar os conhecimentos e preceitos; já, desde então, lhe surge no espírito o pensamento de que na escola não ganham só os alunos, mas também os mestres e de que a educação não é, como se julgara até aí, um jogo unilateral:

[4] Scuola Magistrale Ortofrenica. [N. dos O.]

se a escola é boa, a personalidade do mestre deve também enriquecer-se ao contato da do aluno, mesmo que se trate de anormais, e como veremos, sobretudo se se trata de anormais.

As viagens a Paris e a Londres puseram-na a par do que se fazia de mais moderno em outros países; já, porém, a sua escola se colocava em melhor plano do que aquelas que visitava; sentia que dentro de pouco tempo Séguin estaria superado; ao regressar, trabalhou ainda com mais vontade: dia após dia, das oito da manhã às oito da tarde, Maria Montessori instruía os mestres, observava os alunos, redigia as suas notas, atendia a consultas, entrava em ligação com todas as pessoas que podiam ajudá-la; mandara fabricar o material de Séguin e aperfeiçoara-o, pusera de lado o que reconhecia insuficiente, criara ela própria material novo; o esforço físico a que se obrigara, prostrou-a por fim; mas os anormais que educara, submetidos a exame nas escolas públicas, prestaram provas tão boas como as dos alunos normais.

Triunfava, mas, no descanso que se impusera, um novo problema a preocupava; como era possível que alunos anormais quase batessem os normais? Só havia uma explicação: a de que as escolas de normais estavam mal organizadas, a de que os métodos eram péssimos e sacrificavam todas as possibilidades que a natureza, generosamente, tinha distribuído à maior parte das crianças; se assim era – e que dúvida poderia existir? –, havia uma faina mais importante do que educar anormais: tinha que libertar os milhões de espíritos que, implacavelmente, as máquinas escolares diminuíam ou esmagavam; a empresa apareceu-lhe como tão grandiosa, a missão como tão bela, que teve medo de se entregar por completo ao sonho magnífico; dominou-se e disciplinou-se: tinha de preparar-se cuidadosamente, antes de se lançar pelo novo caminho que se abria.

Abandonou a Escola Ortofrênica e entregou-se a uma nova leitura de Itard e de Séguin; traduziu-lhes os livros para italiano, esforçando-se por os escrever como um calígrafo, para que cada palavra se lhe gravasse indelevelmente no espírito; durante meses, Maria Montessori medita no silêncio do seu gabinete, esforçando-se por dar às suas ideias a forma exata e a íntima convicção que lhe seriam depois os meios infalíveis para a conquista do mundo; como um guerreiro em vela de armas,[5] só quer no seu espírito pensamentos nítidos e puros; a linha essencial vai-se desenhando a pouco e pouco e o livro que Séguin publicara, em 1866, dá-lhe o traçado definitivo: o método que o francês criara era tão bom que dava resultado, *mesmo* quando se aplicava a alunos anormais.

A preparação, porém, não se podia considerar completa; Maria Montessori volta a ser estudante e frequenta as aulas de Psicologia Experimental e de Pedagogia; ouvidos os professores de Roma, corre aos de Nápoles e de Milão e fixa o mínimo ensinamento, cuidadosamente o insere no seu próprio sistema, eliminando o que a experiência lhe indica como errado, modificando o que uma segura penetração do problema lhe faz ver como precipitada conclusão; as bibliotecas e os cursos conhecem-lhe a assiduidade fervorosa e, não contente com os conhecimentos que lhe forneciam, procura alargá-los visitando as escolas elementares do reino, inquirindo junto dos professores dos métodos seguidos e dos resultados obtidos, assistindo às aulas, manejando as classes quando lhe era possível fazê-lo.

O seu trabalho com os anormais e o interesse que demonstrava pelas questões de educação, levaram o ministro a nomeá-la para a cadeira de Antropologia Pedagógica de Roma;[6] era um lugar em que podia exercer uma grande influência, expondo as suas ideias sobre o ensino elementar e levando os futuros mestres a não considerarem como resolvido o problema da escola; lançar-lhes no espírito a dúvida quanto ao que se tinha feito até aí era já um grande passo; mas o que havia a fazer de positivo, não era da sua cátedra que o faria: as palavras podem preparar os espíritos, mas, nas questões de educação, só as realizações, com os resultados que ninguém pode discutir, trazem a vitória aos que se apresentam como paladinos de uma ordem nova.

---

[5] A expressão é usada no sentido de permanecer-se em vigia, em sentinela, em atenção, em conservar-se aceso, como uma chama, assim como os cavaleiros o faziam, ritualmente, no começo do processo de iniciação. [N. dos O.]

[6] Entre 1900 e 1906, Maria Montessori ensinou Higiene e Antropologia Pedagógica no Instituto Superior do Magistério Feminino de Roma e, entre 1904 e 1910, Antropologia na Faculdade de Ciências Físicas, Matemáticas e Naturais da Universidade de Roma. [N. dos O.]

Pensou em seguir o caminho que tomara com os anormais e fez diligência por que se fundasse uma Escola Normal, com classes de experiência, por onde passariam todos os alunos e mestres; as duas tarefas – a da reforma de métodos e a preparação de professores – iriam a par, como da outra vez, dando todas as garantias contra a falência por falta de formação do pessoal; a burocracia, porém, que até então se mostrara anormalmente compreensiva e pronta, pôs obstáculos que se revelaram insuperáveis; nenhum esforço conseguia vencer a espessa barreira e Maria Montessori teve, por uns tempos, de se resignar ao único meio de que dispunha para ir espalhando as suas ideias.

Mas não desanimava; sabia que, quando uma ideia e uma vida formam um todo indissolúvel e existem uma pela outra, cedo ou tarde o mundo acede à vontade invencível e se deixa modelar, oferecendo, quanta vez, uma riqueza de possibilidades muito superior ao que se tinha julgado; e, segundo o que pensava, a ocasião surgiu: uma empresa italiana que construía prédios para gente pobre pediu-lhe, em 1906, que ajudasse a resolver um problema importante: os pais dos pequenos que moravam nos prédios iam para o seu emprego muito cedo e quase todo o dia estavam ausentes de casa; o resultado era que as crianças, entregues a si próprias, faziam um barulho insuportável e estragavam o prédio; se Maria Montessori quisesse tomar conta do trabalho de as aquietar e entreter, estavam dispostos a ceder-lhe uma sala em cada "bloco" e a pagar-lhe o pessoal necessário.

Maria Montessori mediu imediatamente as vantagens excepcionais da oferta; em primeiro lugar, não se tratava de escolas, não havendo, portanto, nenhuma espécie de exigências quanto a programas e exames; em segundo lugar, os pais não possuíam a mínima noção de pedagogia e não seriam tentados a intervir no funcionamento da sala; por fim, se o método desse resultado, teria para a sua difusão imediata e aplicação a todas as escolas elementares, duas qualidades importantes: era barato e dava resultado mesmo com camadas de população de baixo nível cultural e de deficiente vida material.

Escolhido o prédio em que se devia fazer a primeira experiência e contratada uma professora, elaborou-se o regulamento traçado em linhas muito simples: admitiam-se todas as crianças da casa, desde os 3 aos 7 anos de idade, sem nenhum dispêndio para os pais, que apenas se comprometiam a mandá-las às horas indicadas pela diretora, lavadas e com vestidos limpos; a ajudar o pessoal na sua tarefa de educação; a darem à diretora as informações que lhes pedisse quanto ao comportamento da criança em casa; a acatarem os conselhos que lhes dessem os professores; os pequenos que se apresentassem sujos ou mal cuidados ou que se mostrassem indisciplinados não poderiam frequentar a sala; por último, excluir-se-iam também aqueles cujos pais faltassem ao respeito ao pessoal da Casa ou, de qualquer modo, entravassem a ação educativa que se empreendia com a fundação; todos os casos omissos seriam resolvidos pela diretora.

A primeira Casa dei Bambini abriu em janeiro de 1907, com instalações que ficavam muito aquém das que hoje se exigiriam numa escola bem montada, mas que davam à Montessori toda a possibilidade de fazer as suas experiências; o mobiliário era rudimentar, faltavam flores, as crianças não tinham espaço suficiente para os recreios; mas, na parede, a *Madonna della Sedia* de Rafael era o símbolo de todo o carinho, de toda a inteligente dedicação, de toda a vontade criadora que se iam empregar na empresa; a professora escolhida compreendia Maria Montessori e seguia-lhe as diretrizes com entusiasmo pela tarefa e confiança nos princípios do método.

Tão bons resultados deu, quanto à disciplina, a primeira Casa, que a empresa resolveu abrir outra; a 7 de abril inaugurou-se a segunda, pouco depois uma terceira; as perspectivas eram brilhantes porque a empresa possuía já 400 prédios, e 400 escolas Montessori seriam mais que o bastante para impor o método a toda a Itália e depois ao resto do mundo; os educadores começavam a chegar a Roma e a visitar as Case dei Bambini, regressando entusiasmados com o que se conseguia fazer: falavam de crianças novas, dos seres extraordinários de delicadeza, de precisão, de inteligência, de correção que Maria Montessori soubera criar; nas escolas que iam montando outras cidades, os professores mais audaciosos guiavam-se todos pelas normas montessorianas que vinham aprender nas visitas às Case.

Teresa Bontempi introduziu-as na Suíça e as escolas infantis deixaram Froebel por Montessori; pouco depois fundou-se uma escola na Argentina e, em 1910, o método penetrou nos Estados Unidos; em 1911 abriu-se uma escola em Paris e, em 1913, constituiu-se na Inglaterra uma Sociedade Montessori. Ao mesmo tempo, duas sociedades, uma de Milão, outra de Roma, ofereceram-se para fabricar o material necessário e a baronesa Alicia Franchetti pagava a primeira edição da *Pedagogia Científica*[7] em que Maria Montessori expunha os princípios e a didática do seu método; e, em 1911, devido aos esforços de Maria Maraini Guerrieri, o método Montessori era adotado nas escolas primárias da Itália.

Hoje, os livros de Maria Montessori estão traduzidos em numerosas línguas, entre as quais o chinês e o árabe; há escolas Montessori em todo o mundo, até no Tibete e no Quênia; na Itália, na Hungria, na Holanda, no Panamá e na Austrália, os governos mandam adotar o método nas escolas oficiais e modificam as leis escolares, todas as vezes que há entre elas e o funcionamento das escolas qualquer incompatibilidade; a preparação dos mestres também não foi descuidada e, em vários países, existem escolas de formação montessoriana; a Sociedade Montessori tem seções em todas as terras civilizadas e funda escolas, organiza conferências, exposições, cursos de férias; o movimento amplia-se cada vez mais, embora com todas as modificações que os progressos recentes da pedagogia apresentam como aconselháveis.

---

[7] O título completo do livro é *Il metodo della pedagogia scientifica applicato all'educazione infantile nelle Case dei Bambini*. Città di Castelo: S. Lapi, 1909. [N. dos O.]

2

Toda a formação de espírito da Montessori a levava a procurar os fundamentos do seu método, não em razões de ordem filosófica ou social, mas em resultados científicos; encontrou-os nas disciplinas biológicas, sobretudo nos trabalhos de Lamarck e de De Vries. Do primeiro, adotou como plenamente averiguado que o ser vivo se desenvolve, transformando-se, dentro do indivíduo ou da espécie, não por uma influência primacial do meio, mas por uma tendência íntima, por uma força interna que o leva a adaptar-se ao ambiente e a aproveitá-lo para o seu progresso; não lhe interessa definir ou explicar de que natureza seja essa tendência; importa-lhe que ela exista.

Do botânico holandês De Vries, fixou o "sensibilismo"; o ser vivo tem, durante a sua existência, períodos especiais de sensibilidade – à luz, à terra, a fatores físico-químicos – que são necessários para que vingue e se transforme em indivíduo adulto; logo que se fez a passagem de um estado para outro, a sensibilidade cessa de se manifestar; se, por acaso, o animal ou planta foram impedidos de fazer os movimentos a que essa sensibilidade particularizada os incitava, nunca mais os poderão repetir; perdeu-se a ocasião única e o indivíduo, porque se não adaptou, decai e morre.

Nos princípios do método Montessori, a criança não aparece como um ser social, mas como um ser biológico; não importa, por enquanto, preocuparmo-nos com as suas relações com a espécie e, sobretudo, com os indivíduos adultos dessa espécie; o que é basilar é que reintegremos a criança no mundo biológico e a olhemos como um animal que se desenvolve segundo as leis que regem o desenvolvimento dos outros animais; nenhuma metafísica, nenhum sistema sociológico, nenhumas normas morais são aqui chamadas a intervir; a criança segue o mesmo caminho que os restantes seres biológicos e as observações que tivermos feito com eles, as conclusões que tivermos tirado, devem aplicar-se-lhe, no que têm de mais geral.

Fica, portanto, estabelecido, como primeira base de marcha que o desenvolvimento da criança se faz segundo as doutrinas lamarckistas; ao nascer traz consigo um impulso vital, uma tendência e, a adaptar-se, um desejo de se firmar no mundo, a seu modo, o dominar; não se trata de nenhum ser passivo que o ambiente ou o regime governem a seu bel-prazer e cuja vida se vá constituir por tudo o que se fizer de fora para dentro, digamos, do universo para a alma; é o fator interno que tem a verdadeira importância, é ele quem vai decidir da evolução da criança; como um feijoeiro só dá feijões e um castanheiro só dá castanhas, o que há de fundamental na criança e no seu desenvolvimento depende da qualidade, da força, do poder vital do seu impulso interior.

É lícito concluir-se, imediatamente, que a criança pode ser muito diferente do adulto e estar, no entanto, preparando com todas as garantias de êxito esse mesmo adulto, exatamente como a lagarta-da-couve prepara a borboleta; não é um pequeno adulto que se vai educando e que tem de apresentar todas as características específicas do adulto no seu comportamento biológico e social; a criança é um estado biológico especial, é, por assim dizer, um animal à parte, com características particulares e que não podemos tratar segundo as mesmas normas que empregamos para o indivíduo completamente formado; pretender levar a criança a proceder como nós, é exercer sobre ela a mesma inqualificável violência que exerceríamos sobre a lagarta, dando-lhe lições de voo ou obrigando-a a alimentar-se de sucos de flores.

Com a Montessori, a infância é uma noção substantiva, que existe por si própria, sem necessidade de relacionação com qualquer coisa que se considere fundamental dentro da espécie; da criança nada há a exigir senão que se desenvolva segundo o seu ritmo e toda a interferência tiranizante do indivíduo adulto, que vive conforme um ritmo completamente diverso, não lhe pode ser senão prejudicial; o respeito pela personalidade infantil, a recusa a toda ação modeladora decorrem naturalmente da ideia de que o impulso vital da criança é soberano e o único operário capaz de construir o ser que se espera que surja: deixemos a criança livre das nossas pressões e ela, por si, se transformará no adulto.

Quanto ao fisiológico, ninguém pensa hoje em apresentar objeções às teorias adotadas pela Montessori pelo que diz respeito à substantividade da infância e ao poder criador dos fatores internos; só as mães ignorantes apertam o nariz das crianças, para o "encanarem", ou as obrigam a andar de touca para que as orelhas se não afastem do crânio, ou as envolvem em faixas para que se fortifiquem as pernas; todos sabem que o nariz se modelará por si mesmo e que a posição normal das orelhas não exige o uso da touca; todos sabem também que a força das pernas surgirá a seu tempo, para a marcha, e pela marcha se desenvolverá; é quanto ao espiritual que surgem logo as grandes palavras de indisciplina e de desordem; adiante veremos o que são disciplina e ordem numa escola Montessori; basta, por agora, notarmos que as crianças mais calmas, mais corretas, com mais possibilidade de autodomínio são exatamente as que foram educadas segundo os princípios da liberdade montessoriana.

Se os fatores externos não têm importância primacial, o desenvolvimento, no entanto, não se pode conceber sem a sua existência; são os degraus de que se serve o ser para subir na sua escala, são os elementos que aproveita para se ir construindo; na edificação de uma casa, o agente é o pedreiro, mas toda a sua atividade será inútil se não tiver à sua disposição o material necessário; do mesmo modo, o ser vivo precisa de encontrar um ambiente favorável de que façam parte todos os elementos que a tendência a viver solicita e cuja existência é indispensável para que possa realizar a sua obra.

É evidente, porém, que, havendo no universo uma multiplicidade de seres, cada um deles tem de realizar uma escolha, aproveitando apenas aquilo que lhe convém, deixando de lado o que lhe poderá ser ou prejudicial ou inútil; como é óbvio, só o ser vivo em tarefa de transformações poderá realizar essa escolha, tomando em cada momento o que lhe é útil, rejeitando o restante; por outras palavras, é o interesse íntimo do ser que lhe indicará a seleção a efetuar e o elemento externo só será aproveitado quando corresponder a uma necessidade interna; todo o restante será implacavelmente abandonado.

Como consequência, a vida do ser irá sendo tanto mais fácil quanto maior for o número de elementos favoráveis que encontre no seu ambiente e quanto mais reduzido for o número de elementos desfavoráveis ou inúteis; é este o princípio que leva o agricultor a aumentar a proporção de sílica ou de cal nas suas terras e a pôr ao lado de cada feijoeiro uma estaca em que se pode apoiar; a nossa influência sobre o mundo vegetal, por exemplo, limita-se a criar-lhe um ambiente; só indiretamente atingimos o fator interno e só podemos ou matá-lo por falta de atividade ou fornecer-lhe o alimento de que necessita; mas aqui a nossa intervenção é importantíssima: o aspecto e o rendimento das culturas dependem hoje, com os progressos da ciência e da técnica, quase exclusivamente da inteligência e dos conhecimentos do camponês.

Com a criança acontece exatamente o mesmo e também, quanto ao fisiológico, não se apresentam objeções; o sistema das refeições a horas certas, do sono sem embalo, da composição especial dos alimentos entrou a pouco e pouco nos costumes e prova-se, pela experiência comum, que é de fato o melhor; forneceu-se à criança o que era indispensável ao seu desenvolvimento, eliminou-se tudo o que lhe poderia ser prejudicial e deixou-se depois que o pequeno ser fizesse a sua vida própria, sem tentarmos interferências que só poderiam comprometer o seu futuro; é no domínio do espírito, da educação social e moral, que a oposição se faz sentir.

No entanto, é uma atitude bem difícil de sustentar; contrariada por tudo quanto existe de mais seguro em psicologia geral e infantil, parece manter-se exclusivamente, por um lado, pela ignorância, por outro lado, por um sentimento de orgulho e de autoritarismo que leva o adulto a não admitir que possa perder, nas crianças, o escravo pronto e submisso que até agora tem encontrado; qualquer veleidade de vida infantil e própria o assusta como uma subversão da ordem social; mas terá de se ir habituando: toda a intervenção sobre a criança, que não seja uma criação do ambiente favorável, é uma mutilação do futuro adulto, é uma violência que se exerce contra aquele que exatamente se quer proteger e educar; a criança tem de escolher daquilo que lhe oferecem o que é útil, não de aceitar sem revolta tudo quanto lhe impõem; numa palavra, toda a educação verdadeira e sólida é uma autoeducação.

Este aproveitamento do mundo exterior não se faz tumultuosamente e ao acaso, mas segundo as necessidades do ser vivo; quando a lagarta-da-couve nasce, a sensibilidade à luz leva-a a subir na planta o mais alto possível e é exatamente no cimo que encontra as folhas tenras que lhe convêm para a alimentação; depois, a sensibilidade desaparece e a lagarta nunca mais é atraída especialmente para a luz: tornou-se-lhe indiferente, porque a aquisição necessária estava feita; cada período sensível tem como coroamento uma estabilização sobre o adquirido.

O progresso da criança faz-se também por períodos de sensibilidade; há um momento em que surge o período do andar, outro em que surge o da fala; durante esses períodos, a criança é infatigável, renovando os esforços tenazmente, teimando na superação das resistências à adaptação, como se não quisesse deixar passar o instante favorável; os objetos que lhe podem ser úteis são todos aproveitados como um instrumento de avanço e postos de lado, rapidamente, os que representam um obstáculo; toda entregue à sua tarefa, a criança não atende a nada mais e toda a intervenção do adulto que lhe corte a corrente de atividade lhe aparece como um absurdo que lhe arranca protestos; é o que acontece quando se impõe o silêncio a uma criança que *precisa* de falar ou se impede a marcha a uma criança que *precisa* de andar.

A correspondência entre o período da sensibilidade e o ambiente favorável traduz-se na criança pela alegria e pela calma, como numa planta se traduz pelo viço e pelo vigor do porte; a criança que pode exercer a sua vitalidade interna, que encontra no mundo os elementos de que precisa, vive em contínua euforia, com uma boa disposição que se não manifesta nas gargalhadas ruidosas e nos gestos do nervoso, mas no sorriso finamente espiritual, no jeito irônico que vem da superioridade orgânica, na atitude de inteligente independência que adota perante o adulto.

E, como se não sente torturada por uma inadaptação, como não há nenhuma falha do mundo a seu respeito, como todo o material de autoformação está ao seu dispor, como a deixam trabalhar na construção da sua personalidade, a criança é capaz de se dominar e de pôr nas suas relações com os outros seres, animados ou inanimados, uma placidez, um bom humor, um gosto de servir, uma obediência querida que inutilmente procuraríamos naquelas a quem se recusou tudo quanto as favoreceria, exatamente sob o pretexto de que as não queriam caprichosas e indisciplinadas.

Os perigos que advêm duma recusa em aproveitar os períodos sensíveis da infância são tão fundos que, ninguém que pense seriamente no problema, quererá tomar sobre si a responsabilidade de os deixar passar sem que a criança possa exercer os impulsos naturais; basta notar que se trata de oportunidades únicas que a natureza oferece e que nunca mais tornarão a aparecer, por mais longa que seja a vida que se desenrole daí em diante; a função que não ficou adquirida no período sensível, dificilmente a adquiriremos depois; e, se o conseguimos, será à custa de um trabalho intenso e monótono, quando se teve ao nosso dispor uma ocasião de a fazermos aparecer na alegria e no bem-estar das perfeitas adaptações.

Depois, o ter-se desaproveitado uma força cria sempre nos indivíduos um estado de íntimo desacordo e o sentimento de que falharam na vida; o seu funcionamento psicológico será sempre perturbado por não terem exercido a atividade que era necessária ao desenvolvimento equilibrado do ser; lançou-se-lhes na alma a semente dos pessimismos futuros, do desânimo perante a existência, da falta de toda a reação forte contra o que perturba e entristece; são eles os que depois se lamentam da maldade do mundo e substituem ao ímpeto viril de o modelar uma sombria resignação ou um desespero que os aniquila.

Mas há riscos talvez ainda mais graves do que estes, pelo menos pelo que interessa à vida social; são os que resultam, não dum desaproveitamento do fator interno, mas do seu desvio ou da reação defensiva perante uma brutal intervenção do adulto; a criança que não pode exercer normalmente, por falta de ambiente adequado, melhor, por hostilidade do ambiente, a sua atividade, ou lhe dá outro objetivo ou o dissimula; no primeiro caso, aparecem todas as manifestações do orgulho, da cólera, do autoritarismo, da agitação febril; no segundo, a mentira, a timidez, certas indolências; em suma, tudo o que se costuma apresentar como característico da criança e que não é senão o resultado da violência que à sua psicologia normal fizemos nós, os adultos, pela nossa ignorância e pela nossa obstinação em nos atermos a fórmulas que a ciência moderna demonstra absurdas, que abandonamos na agricultura ou na pecuária, mas que teimamos em manter no que diz respeito à nossa própria espécie.

A insistência no fator íntimo do desenvolvimento e no aproveitamento dos períodos sensíveis, com toda a sua importância para a autoeducação, é fundamental no sistema da Montessori; é à luz desses princípios que, antes de expor o seu método educativo, ela vai criticar os processos atuais.

3

O que primeiro se exige da criança é que obedeça; só uma passividade quase absoluta, uma presteza completa em se submeter às ordens do adulto, satisfazem as pessoas que lidam com crianças; os pais gabam a rápida obediência dos filhos como a melhor qualidade que poderiam ter; e os meninos desobedientes aparecem sempre como réprobos sociais, justamente castigados nas histórias moralistas pelos lobos e papões. É mesmo assente que a criança "não tem querer" e que, para seu proveito, lhe devem "quebrar a vontade", não a deixar ser "orgulhosa" ou "rebelde"; é o adulto, com a sua experiência da vida, quem sabe o que se deve fazer e o que é prejudicial; resta à criança seguir, sem revolta, o caminho traçado.

Esse perfeito desprezo pela vida íntima da criança, essa ignorância da maneira por que ela a pouco e pouco se vai formando, essa substituição do adulto que a não pode compreender à atividade criadora de um espírito, justifica-se, em geral, pelo interesse no futuro da criança: ela tem de se preparar para a vida e a vida exige humildade e acatamento; mas o que existe, na verdade, é uma defesa da tranquilidade do adulto, uma justificação da preguiça intelectual que o não leva a inquirir de que maneira se forma e funciona a personalidade infantil, e um disfarce das suas tendências tiranizantes; porque, na vida, humildade e acatamento só o têm os homens, em geral, perante os mais fortes.

Esse plano de superioridade incompreensiva em que o adulto se coloca em relação à criança, leva-o a tomar perante ela uma atitude perfeitamente ofensiva que outro adulto não poderia tolerar; além da violência física, que é um dos meios empregados para obter a obediência, o adulto ofende continuamente a criança, não tem com ela nenhuma das delicadezas de que usa para os outros homens; corta-lhe brutalmente a entrada nas conversas, alegando que não são para crianças; acha-se no direito de responder mal-humorado às suas perguntas ou de censurar asperamente a sua curiosidade; deita-lhe pimenta na língua quando o menino pronuncia algumas palavras que ouviu aos grandes; chama-lhe frequentemente "estúpido", "parvo" e "malcriado"; é áspero para o seu filho ou para o seu aluno e não tem com eles senão uma parte mínima das atenções sociais que dispensa às pessoas que ele próprio acha culpadas de atos de indignidade.

A maior parte dos homens consideraria estranho tratar uma criança com a urbanidade com que se trata um adulto; habituou-se a mandar e a insultar, todo o procedimento diferente lhe parece fraqueza e erro pedagógico; e muito lhe agrada que haja no mundo um ser a quem possa manifestar, sem perigo de reação condigna, o que há na sua alma por debaixo de uma camada superficial de delicadeza e finura; a criança é fraca e não se pode defender; a brutalidade e a covardia acham-se por aqui singularmente encorajadas.

O amor não deixa, porém, de se manifestar e aparece nos beijos ruidosos que atordoam a criança, nas horas de colo que a não deixam desenvolver-se física e intelectualmente, na compra de fatos caros que criam para o pequeno a tortura do "toma cuidado, não te sujes" e o condenam a imobilidades prolongadas; surge, sobretudo, na diligência com que nos substituímos à criança, apanhando-lhe o brinquedo que ela desejaria agarrar por si própria, ajudando-a a subir às cadeiras ou às camas, recortando os papéis que ela quereria recortar, amparando-a nos movimentos, para que não caia.

Cortamos-lhe quase toda a atividade criadora, como se a criança pudesse verdadeiramente aprender aquilo que os outros fazem por ela; não lhe damos quase nenhum ensejo de que se mexa, de que exerça os fatores internos que a solicitam para o mundo; inconsciente ou deliberadamente, provocamos-lhe anquiloses que prejudicam a sua espiritualidade futura; e, se o fazemos com pretexto de amizade e de carinho, é bom que reflitamos no verdadeiro motivo que nos leva a agir: é menos o interesse pela criança do que o desejo de que nos não incomode, partindo ou estragando os objetos, submetendo-nos ao ritmo enervante dos movimentos infantis ou dando-nos o espetáculo doloroso dum ferimento; é, no fundo, o nosso egoísmo que nos leva, em grande número de casos, a ser ternos com as crianças.

Outra forma de desrespeito pelo espírito da criança é a facilidade com que intervimos para interromper um trabalho em que a criança se encontra interessada; quase nenhum adulto tem a paciência necessária para esperar que ela observe miudamente um objeto que lhe feriu a atenção; passamo-la dum para outro com rapidez, como se ela já estivesse, como nós, habituada à vida e como se cada novidade que descobre no mundo exterior lhe fosse de facílima apreensão; poderemos não o querer confessar, mas aborrece-nos que a criança se demore no exame e ansiamos por que o seu interesse mude de objetivo.

Acontece também que a criança gosta de repetir um ato que satisfaz, exercendo-a, a sua força vital; é capaz de o fazer dezenas de vezes, sempre do mesmo modo, cheia de íntima satisfação que lhe esplende no olhar e toda a concentra, alheando-a do mundo exterior; é raro que um adulto, irritado pela monotonia da ocupação, não acuda a distraí-la, ou, impaciente pela repetição dos mesmos gestos no mesmo jogo, o não varie, desorientando a criança e lançando-a bruscamente num mundo novo para que se não encontrava preparada; é um malefício dos mais vulgares e dos mais graves.

Habituados a ordenar em tudo o que respeita à vida infantil, acham-se os adultos naturalmente com o mesmo direito quando a criança tem de começar a aprendizagem dos conhecimentos que mais tarde lhe serão úteis nas relações com os indivíduos da espécie e, sobretudo, na angariação de meios de subsistência; os adultos elaboram os programas, distribuem as horas de estudo, traçam os regulamentos nos mínimos pormenores e põem depois a criança a estudar, positivamente no mesmo estado de espírito de quem atrela um cavalo a uma carroça.

Toda a espécie de resistência do ser a que se não fez a mais pequena consulta, apenas se atendendo, às vezes, ao que senhores graves afirmam ser a psicologia infantil, é quebrada por duas maneiras principais: pelo castigo, que pode ir da forma simplista do castigo corporal às formas refinadas de tortura moral, e pela recompensa, medalha ou lugar na classe ou elogio retórico; ligando castigos e prêmios, desenvolve-se o mais possível na criança o espírito de emulação e o egoísmo;[1] deve tentar passar à frente dos companheiros, não poupando esforços para o conseguir, ainda que, como geralmente sucede, a

[1] No jornal lisboeta *O Trabalho*, de 11 de abril de 1940, p. 5, foi publicado um artigo de Agostinho da Silva intitulado "A educação da criança", cujo conteúdo reproduz o deste terceiro capítulo desde o seu início até o ponto em que se lê "o espírito de emulação e o egoísmo". [N. dos O.]

arruínem no corpo e na alma; por outro lado, o que sabe deve-o guardar para si, não ajudando ninguém, não ensinando ninguém, fechando cuidadosamente os seus tesouros espirituais.

A escola é naturalmente concebida de acordo com todos esses procedimentos; é um lugar que se não procura tornar agradável e acha-se absolutamente normal que a criança, já antes de nela penetrar, sinta o temor da escola; diz-se-lhe frequentemente que, em casa, ainda se lhe permite um certo número de coisas, mas que depois, na escola, tudo correrá de outro modo; e de fato assim é, tudo parece calculado para aborrecer e desanimar; o aspecto geral, a disposição das carteiras, o rosto do mestre, os modos dos condiscípulos, os trabalhos monótonos e lentos, o medo dos castigos lançam nas almas o abatimento e o temor.

E muito bem, porque na escola a primeira exigência a fazer é a da disciplina; diz-se que uma classe é disciplinada quando permanece uma hora imóvel e silenciosa, quando os alunos só respondem se são interrogados, quando saem, depois da aula, com a gravidade e compostura de quem acompanha um enterro; a disciplina tem de conseguir-se de qualquer modo, ou pela corrupção, com a promessa de prêmios, ou pelo pavor, com a promessa de castigos; a exuberância vital, o legítimo protesto contra a tortura que a imobilidade representa, as doenças que levam à agitação – tudo é punido duramente, para que reinem o silêncio e a quietação, enquanto o professor fala e se mexe.

É esta, segundo se crê, a única possibilidade de que a criança se instrua e aprenda ao mesmo tempo a ter o comportamento que se considera desejável para a vida, como se viver fosse estar em sossego e à escuta; os programas marcam cuidadosamente o que se deve absorver em cada dia, os horários o que tem de se passar em cada hora; o interesse íntimo da criança poucas probabilidades terá de se satisfazer com trabalhos que não escolhe – mas só os mais audazes têm procurado neste ponto a causa da incapacidade quase geral das classes; tudo está pautado, regrado e marcado: à criança nada resta senão submeter-se ou revoltar-se; em qualquer dos casos, inutilizar-se.

É depois de se obrigar a criança a uma tarefa que geralmente lhe não agrada que se exige a atenção mais escrupulosa, quando todos sabem que não podemos estar atentos senão àquilo que nos interessa; a falta de atenção passa a ser um vício, uma imoralidade da criança, que se castiga sem piedade, mesmo que venha de um erro de adaptação espiritual ou de um defeito orgânico, como, por exemplo, nos casos de adenoides ou em certas formas de colite; e, se por acaso, a criança se interessou e deseja prosseguir o seu trabalho, o horário intervém duramente, suspende-lhe a atividade e envia-a para uma ocupação que não corresponde a nada do que se passa no seu íntimo.

Numa escola organizada deste modo e sobre o princípio de que a criança é um ser passivo que se forma do exterior, segundo a medida do adulto, tem o professor um papel de grande importância; é dele que vem toda a luz espiritual, é ele o dispensador de toda a ciência, é ele quem faz dos esboços de almas que lhe entregaram os cidadãos conscientes que a sociedade exige; na escola, tem as funções de um deus-criador; e, como é natural que suceda com a sua humanidade mediana, implanta-se-lhe no espírito o orgulho de um deus-criador; ele tudo sabe e tudo pode, a ele se devem homenagens e respeito.

Os alunos têm, porém, em geral, uma impressão diferente; a frescura psicológica, a penetrante observação levam-nos a descobrir no mestre defeitos de inteligência, de cultura, de bondade que passam despercebidos à maior parte dos adultos; se juntarmos a isso a defesa sistemática – que para eles é vital – ante a violência que representam os programas e os horários, a hostilidade contra o mestre aparece como um fenômeno normal nas aulas; a reação do professor não se faz esperar: o seu tom habitual passa a ser, se o não era já, o da severidade e da cólera; todo o trabalho escolar é feito geralmente nesse ambiente de guerra.

A pouco e pouco, o professor, que ainda a princípio se sentia ferido nas suas relações com os rapazes, vai tomando como virtude o que é defeito e justifica a tirania que exerce pela maldade dos alunos, como um rei justifica a sua crueldade pelos supostos crimes dos súditos; a criança tem todas as perversidades, nasce má, é rebelde às tentativas de aperfeiçoamento, é, por natureza, mentirosa e indolente; não se pode ter com ela outra atitude que não seja a de dureza; toda a compreensão da alma da criança lhes parece um ato de fraqueza ou uma cega ingenuidade; para eles, o inteligente e o forte é o que bate e maltrata.

Claro está que toda a explicação do comportamento da criança como uma reação a um tratamento errado ou como repousando em causas orgânicas lhes aparece como destituído de bom senso e apenas como produto de um cérebro em delírio; o mestre, apesar das aparências, é, em geral, pouco apreensivo e pouco sabedor; e é muito difícil lutar contra a ininteligência ou a ignorância do adulto; tudo se fixou nele como um dogma, toda a maleabilidade de espírito se perdeu; por outro lado, se reconhece o erro, não o quer confessar; e, por fim, o temperamento leva-o muitas vezes a tomar atitudes que a inteligência lhe reprova.

Pouco há evidentemente a esperar, para o progresso social, dos espíritos – e dos corpos – preparados por essas escolas; perdem-se em geral as boas qualidades com que a criança entrou na escola e ficam-lhe radicados todos os desvios que a sua sensibilidade sofreu, todas as defesas que teve de inventar para, de algum modo, se proteger contra as ameaças do castigo; as pobres vítimas da incompreensão e do desconhecimento dos elementos da psicologia infantil ficam para sempre mutiladas e formam uma humanidade cheia de vícios e de loucuras.

A covardia que leva a esconder as convicções mais arreigadas para que se não arrisquem a tranquilidade e a vida em defesa do que é justo e puro; a dissimulação que se manifesta nos atos mais insignificantes da existência e que obriga o adulto a mentir a cada momento, enquanto o proíbe à criança; o egoísmo que nos torna indiferentes às maiores injustiças cometidas contra os outros e sensíveis à mínima ameaça aos nossos interesses; a ignorância do que o mundo contém de beleza, de amor e de grandiosidade; a mesquinhez das nossas preocupações, das nossas conversas, dos nossos atos; a fraqueza de toda a nossa vida psicológica e física: numa palavra, todos os defeitos que se consideram inerentes à natureza humana – tudo se desenvolve na escola, se cultiva na escola e se afina na escola.

4

Impõe-se, portanto, uma transformação radical da nossa maneira de tratar as crianças e, sobretudo, da escola; se é a criança que sabe e pode construir o seu mundo, se é o seu fator interno de desenvolvimento o único que a pode levar a pôr as bases de uma vida psicológica sã, temos que lhe dar todas as possibilidades de se exercer, deixando-lhe a máxima liberdade; antes de tudo, como princípio essencial donde todo o resto pode provir, a criança tem que ser livre, para, sem as nossas interferências, aproveitar do exterior aquilo que lhe convém.

Liberdade, porém, não significa abandono; todos os nossos cuidados, insiste a Montessori, devem voltar-se para o ambiente em que a criança vai desenvolver-se, cercando-a de tudo o que a pode auxiliar, arredando os elementos que lhe seriam prejudiciais; assentemos, de uma vez para sempre, em que não somos nós quem constrói a sua vida psicológica e cessem todas as preocupações de a robustecer para a vida, de lhe formar a vontade pela repressão, de lhe impor, desde muito cedo, características psicológicas que não são da criança, mas dos adultos; é o pequeno quem as há de criar lentamente; empreguemos toda a nossa energia e todo o nosso interesse pelo progresso em lhe fornecer um meio favorável.

Não mais as trataremos como se fossem nossas escravas, obrigadas a obedecer às nossas concepções sociais, a submeterem-se desde o início a hipocrisias e durezas; não temos nada que lhes "quebrar a vontade", mas pelo contrário que deixar que elas se formem normalmente; não temos que lhes "fazer compreender" os fenômenos, mas que deixar que elas os compreendam dia a dia; não temos que lhes exigir um "respeito" em que entrem quase só o afastamento das almas e o medo que degrada, mas o verdadeiro respeito que é formado de entendimento e amizade.

Deveremos, naturalmente, mudar por completo as normas habituais do tratamento das crianças; passaremos a ter com elas a cortesia que exigimos dos outros nas suas relações conosco ou, pelo menos, que gostaríamos que os outros tivessem na sua vida social; sem as apoquentarmos com uma ternura indiscreta, sem pormos o problema ao contrário e nos constituirmos seus escravos, demos-lhes a ideia de que as consideramos como pessoas, de que há entre nós e elas relações de inteligência a inteligência, de alma a alma; não devemos insultar nem maltratar; sejamos delicados, calmos e firmes; dar-lhes-emos o maior exemplo que é possível dar-se de elegância moral e de autodomínio.

Sobretudo teremos que reprimir em nós a tendência quase irresistível de as auxiliar, de as não deixar fazer aquilo que precisam de fazer; para a Montessori, há no auxílio que prestamos a uma pessoa válida uma degradação sua e nossa; efetivamente, não permitindo que o indivíduo, por si próprio, se sirva, habituamo-lo à dependência, situação pouco delicada para um lado e outro; em todos os atos que significam ajuda à criança, não se pode ver, segundo Montessori, senão o desejo último de a ter o mais possível dependente de nós, para que, em seguida, sem possibilidade de reação moral, lhe imponhamos a nossa vontade.

A criança que se serve constrói-se para a liberdade; só o homem independente é livre e os estados sociais de opressão explicam-se, em geral, pela dependência econômica, ou moral, ou intelectual em que se encontram os indivíduos; a confiança da criança em si mesma, o saber que é capaz de praticar um certo número de atos, o conhecer também pelo exercício as suas limitações, os meios de as vencer, dão-lhe uma consciência de personalidade, uma noção do valor próprio que a não deixarão submeter-se mais tarde a ordens arbitrárias e injustas.

A vontade, porém, manifesta-se em plano superior, não quando se exerce sobre os outros, mas quando se exerce sobre nós mesmos; a criação, nos pequenos, de uma vontade normal e forte traduz-se pelo domínio que eles sabem e podem exercer sobre os seus impulsos, sobre os seus instintos, habituando-se a modelá-los segundo cânones racionais; naqueles em que tivermos "quebrado a vontade", são o capricho e a irreflexão que hão de sempre ter a primeira voz; nem podia ser de outro modo, porque os habituamos a obedecer aos nossos próprios caprichos e às nossas próprias irreflexões.

Essa disciplina interna do ser sobre si mesmo, esse hábito, e depois esse gosto, de se dominar, de só fazer o que é racional, de se não abandonar a impulsos inferiores, dá naturalmente resultados muito melhores que os que consegue uma disciplina toda feita de coação externa, de ameaças, de medo, de castigos ou de prêmios; a segunda leva à abjeção do terror e da hipocrisia: o indivíduo só se move ou finge mover-se quando tem diante quem o puna; a primeira faz os cidadãos úteis e conscientes, dá logo à criança, mesmo na primeira idade, uma refletida e nobre independência.

O ambiente em que a criança se desenvolve tem para todos nós, naturalmente, uma importância enorme; a primeira modificação essencial a fazer-se é a do aspecto da escola; até agora, nos edifícios escolares, tudo se tem feito não para a criança, mas para o adulto; nas portas, nas janelas, nos degraus, nos jardins, nos lavatórios, nas sentinas, não se atende nem à estatura, nem à força física, nem ao gosto do aluno; só num ponto a ciência penetrou na escola e impôs as suas normas, criando esse objeto monstruoso, feio e incômodo, que se chama a carteira.

Na escola montessoriana, tudo é construído pensando na criança; as paredes são de cores alegres, as janelas e as portas têm fechos baixos para que os pequenos os possam manejar, os lavatórios têm a altura conveniente para que as crianças se possam lavar sem auxílio estranho; o mobiliário, feito de madeira leve, é composto de mesinhas e de cadeiras bem proporcionadas que dão à escola um ambiente de casa e que as crianças podem deslocar e arrumar; os armários são calculados para que elas os abram e fechem e os utilizem com facilidade; à mesa, a criança não tem copos e pratos de metal: são de vidro e louça, como os dos adultos; são assim mais educativos porque obrigam a criança a ter mais cuidado; as flores e os quadros acabam de dar às aulas um ar de frescura, de alegria e de graça.

Numa escola que as atrai pelo delicado ambiente, já as crianças não têm receio de entrar: e, ao fim de um dia de trabalho, todas regressam ansiosas por que volte a hora de tornarem para a escola; entre os alunos de uma escola Montessori não há quem se finja doente ou arme uma batalha em casa antes de se deixar conduzir; todos são solícitos, diligentes, amigos da sua escola, frequentemente se queixando de que domingos e feriados os obriguem a uma interrupção que não é para eles um descanso, mas uma violência porque lhes quebra a carreira da sua vida interior.

Efetivamente, é na escola que a criança pode dar livre expansão à necessidade íntima de se desenvolver; os elementos com que tem de se construir, aí os encontra a seu dispor, sem que intervenções inábeis ou brutais a venham contrariar; a criança escolhe o seu trabalho, solicita o material necessário, pede, raramente, a ajuda da professora, acamarada à vontade com os seus companheiros, desloca-se, toma as iniciativas que lhe parecem razoáveis; sente-se crescer e ser forte, dominar melhor o mundo a cada momento que passa; tudo o que faz corresponde a um interesse interno e tem como resultado uma conquista de superioridade; tudo o que vê à sua volta lhe aparece adorável e amigo.

Organizada desse modo a escola, e tendo em vista a necessidade de que se desenvolvam livremente as capacidades internas do aluno, o professor tem de ser de um tipo completamente diferente do que reina nas velhas escolas; a atitude inicial é logo oposta: aqui não é ele o dispensador onipotente de toda a vida e de todo o progresso, as crianças não esperam dele a revelação da ciência do bem e do mal; são as crianças que lhe mostram a ele o que se tem de fazer, são elas quem lhe revela toda a riqueza dos seus espíritos, quem lhe vai descobrindo momento a momento as forças admiráveis que as fazem avançar.

Na escola montessoriana, o professor é, antes de tudo, "aquele que observa"; a sua atitude fundamental, o seu gosto íntimo têm de ser a atitude e o gosto do sábio que passa horas observando, pacientemente, silenciosamente, com exatidão e calma, o fenômeno que se trata de estudar; ao professor que tinha por missão falar, substituímos o professor que sabe calar-se; ao professor que elevava, substituímos o professor que se eleva; ao professor que tinha como virtudes o orgulho e a cólera, substituímos o professor que tem como virtudes a humildade e a placidez.

Se soube formar um ambiente favorável e se tem bem abertos os olhos espirituais com que há de contemplar a criação que incessantemente se fará na sua aula, então assistirá a um dos mais formosos espetáculos que o homem pode contemplar; não é uma flor que desabrocha, perfumada e bela, ao ar sereno da manhã; não é um animal que salta e cabriola, gastando a energia acumulada; é a alma humana que surge cheia de força e de delicadeza, é a personalidade que se afirma na virilidade e na graça, é uma conquista de aquisições admiráveis e de maravilhosas qualidades que, de instante a instante, sob os seus olhos atentos e perspicazes se vão construindo, aperfeiçoando, apurando-se em coesão e finura.

E, como no sábio, despertará na sua alma um imenso amor pelo objeto dos seus trabalhos; amor que os alunos sentirão, que fortemente os prenderá ao mestre e que hão de pagar com o amor delicado, meigo e irônico que é o amor das crianças; à luz do que nelas descobriu, todo o mundo lhe parecerá belo e amável, em tudo verá incitamento a prosseguir, apoio ardente ao seu otimismo e ao seu gosto da vida; o professor irritado, descontente, morreu para sempre; a escola Montessori dá-lhe uma alma capaz de sentir as puras alegrias e o amor universal dos poetas, dos sábios e dos santos.

O ambiente escolar e o trabalho não imposto, a liberdade que só tem por limites, como numa sociedade ideal, a liberdade dos outros, o interesse sincero por tudo quando se diz e se realiza, fazem desaparecer a questão do comportamento; a indisciplina é desconhecida nas classes que adotaram o método Montessori; o aluno domina-se o suficiente para que não pratique atos que não são convenientes; como não há coação não há reação, nem atitude de defesa; cada um sabe o que é racional e habitua-se a obedecer-lhe; escusado será dizer que nem se põe a possibilidade de surgirem conflitos entre as crianças e o mestre.

Será bom insistir nisto: tudo o que respeita à disciplina nas escolas Montessori não é uma conclusão teórica de processos teóricos, não é uma fantasia, não é uma concepção utópica e irrealizável de qualquer sonhador; é um fato, verificado em centenas, milhares de experiências, solidamente estabelecido e que é facílimo verificar visitando uma escola Montessori; em trinta anos, fora de casos nítidos de anormalidade e sempre que se empregou corretamente o método, nem uma só vez foi possível assinalar atos de indisciplina.

Os alunos que saem de uma escola montessoriana levam dentro de si a semente, os elementos de formação duma sociedade nova; todas as relações sociais que aprenderam na escola tiveram por base a sinceridade, a pureza, a racionalidade, o desejo de ser útil, a bondade inteligente e ativa; a injustiça não há de deixá-los indiferentes e, pondo todo o amor nas suas tarefas, saberão ligar-lhe a firmeza, porque a sua vontade se formou liberta de entraves e de desvios.

Por outro lado, à sensibilidade às formas de vida inferiores hoje injustificáveis na humanidade, depois de todos os progressos da ciência, juntarão a visão clara dos problemas e das soluções que haveria a aplicar; um dos grandes males do mundo dos adultos está em que as pessoas julgam saber aquilo que realmente não sabem e se batem, na maior parte das vezes, contra moinhos de vento; mas com quem tenha assimilado o que aprendeu, com quem o tenha feito parte integrante de si próprio, com quem realmente saiba e queira aplicar o que sabe, com esses, há a contar como uma grande força de transformação do mundo, como um agente poderoso para que a humanidade entre finalmente numa vida humana.

5

Vimos já que a natureza oferece ao ser biológico uma quantidade extraordinária de estímulos, porque tem de preparar o ambiente, não para determinado ser em especial, mas para todos eles; é o próprio ser que deve fazer, para que se desenvolva, uma escolha, uma limitação, uma inibição até de certos impulsos que o poderiam levar à utilização de estímulos prejudiciais; neste sentido, poderemos dizer que viver é limitar-se; e, neste último fundamento, a necessidade de inibição no ser forte, vêm basear-se todos os exercícios de autodomínio da escola Montessori, como, por exemplo, a lição de silêncio.

Acontece, porém, que, se um espírito elementar como o de um animal, não se sente perturbado com a multiplicidade de estímulos, já o mesmo não sucede com a alma delicada e sutil do homem; nada lhe escapa à atenção, tudo o impressiona ao mesmo tempo e quase com igual intensidade; a vida de uma criança lançada num meio rico de estímulos é extremamente difícil; ou os quer aproveitar a todos simultaneamente, o que lhe cria um estado mórbido de nervosismo, de exagerada agitação, ou sucumbe ante a fadiga e desiste de fazer a seleção; é o que se pode observar com as crianças a quem os pais dão brinquedos em número demasiado.

Não pode, pois, um educador alhear-se da questão da escolha; tem de resolver o problema de dar à criança apenas os estímulos que lhe possam ser úteis, arredando aqueles que somente serviriam para a perturbar; trata-se, por outras palavras, de preparar um ambiente de calma em que a criança se possa dedicar sem excitações prejudiciais à sua tarefa de construção; só deve ser dada uma coleção escolhida de estímulos e de elementos, arredando-se o mais possível todos os outros; claro está que não podemos sequestrar a criança da vida e que sempre sobre ela se exercerão influências prejudiciais; mas podemos neutralizá-las em grande parte.

A escolha do material a fornecer à criança deve naturalmente ser feita segundo a experiência psicológica e aqui tem grande importância a atitude observadora e experimental dos mestres Montessori; fornecido à criança um objeto, ele não serve se a criança o abandona e é útil se a criança se interessa e o maneja; o critério é exclusivamente o do interesse; se o material corresponde aos impulsos íntimos da criança, não se cansará de o utilizar, repetindo os exercícios, por si própria, dezenas de vezes seguidas, sempre com a mesma alegria da criação.

O material montessoriano é quase todo para educação sensorial; Maria Montessori considera de importância para o homem moderno, qualquer que seja o seu futuro gênero de vida, o apuramento dos sentidos; a primeira missão da escola é ensiná-lo, portanto, a utilizá-los com sutileza; por outro lado, quem distingue cuidadosamente as cores de dois objetos ou o perfume de duas flores teve de os observar com especial atenção; a criança ganhará, no manejo do material, o gosto da observação precisa; finalmente, para a Montessori, se o impulso vital é um fato interno, todos os elementos intelectuais com que o homem joga lhe vêm do mundo por intermédio dos sentidos; o material de desenvolvimento sensorial torna-se, deste modo, a base e o instrumento de um progresso intelectual; na psicologia adotada pela Montessori, o primeiro ato de inteligência é a distinção de diferenças; ora, nas suas escolas, desde muito cedo a criança se habitua, por meio do material, a discriminar pesos, cores, formas, extensões.

Ao contrário do que acontece nas antigas escolas, em que o material ajuda a professora a explicar, a tornar as lições mais interessantes, o material montessoriano é para uso exclusivo da criança; é uma ferramenta de que só ela se utiliza; a criança não vê fazer, faz; e só o fazer é realmente educativo.

Para a educação da sensibilidade geral – sentidos táctil, térmico, bárico, ou dos pesos –, utiliza a Montessori o seguinte material:

Sentido táctil:

– Tabuinhas de forma retangular bastante alongada e divididas em dois retângulos iguais; num deles está colado papel brístol ou cartolina fina, muito lisa, e no outro lixa esmeril;

– Tabuinhas de feitio idêntico ao das precedentes com tiras alternadas de cartolina e de esmeril;

– Tabuinhas ainda de forma igual que têm coladas tiras de lixa esmeril de vários números dispostas gradualmente;
– Tabuinhas com amostras de papéis dispostos gradualmente, desde o pergaminho ao brístol ou cartolina fina;
– Duas coleções, uma de papéis lisos, outra de tecidos (linho, algodão, veludos, sedas, lãs).

Sentido térmico:
– Tigelas de metal, munidas de termômetros com água a diferentes temperaturas.

Sentido bárico:
– Tabuinhas retangulares de 6/8 cm e de 0,5 cm de espessura feitas de glicínia, nogueira e abeto, polidas e envernizadas; os pesos das tabuinhas diferem entre si de 6 g (24, 18, 12); nalgumas escolas Montessori usa-se material metálico que pode ser constituído por pequenas chapas ou por pregos de variados tamanhos, mas tendo sempre diferenças de peso bastante sensíveis.

Para a educação do *sentido estereognósico* – reconhecimento dos objetos pela palpação –, utilizam-se:
– Os cubos e tijolos de Froebel, feitos todos da mesma madeira, bem lisos e, em certas escolas, pintados;
– Pequenos pedaços de tubo metálico, também de diferentes diâmetros;
– Moedas, bonecos de chumbo, bolas e saquinhas de sementes de vários cereais.

O *sentido do cheiro* não tem material-tipo: pode desenvolver-se, por exemplo, com flores ou com diferentes produtos alimentícios: café, chá, pimenta, etc.

O mesmo acontece com o *sentido do gosto*, em que se podem dar a provar às crianças soluções amargas, doces, azedas, salgadas ou diversos gêneros alimentícios.

Para o apuramento do *sentido auditivo*, utiliza-se o material imaginado pela Maccheroni, diretora da Casa dei Bambini de Milão; é constituído por uma série de sinetas presas a uma régua de madeira; as sinetas são aparentemente idênticas, mas quando feridas por um martelo dão treze notas diferentes dispostas em escala; as séries de assobios, de diapasões ou de caixas que contêm substâncias várias – areia, pedras, fragmentos de metal – são também empregadas nas escolas Montessori.

Sentido visual – O sentido visual educa-se por meio:

– Dos "encaixes sólidos"; são três suportes de madeira, como os blocos dos pesos das balanças, com 55 cm de comprimento, 6 cm de altura e 8 cm de largura; cada um dos suportes tem dez escavações onde se podem encaixar cilindros de madeira que se manejam por um botão de cobre fixo no centro da face superior; no primeiro suporte, os cilindros são todos da mesma altura (55 cm) mas de diâmetro gradualmente crescente: o mais pequeno tem 1 cm de diâmetro, o maior 5,5 cm; a diferença de um para outro é de 0,5 cm; no segundo suporte, os cilindros têm todos o mesmo diâmetro (2,7 cm) mas a altura é diferente: varia de 1 cm, para o primeiro, até, com diferenças de 0,5 cm, 5,5 cm para o último; no terceiro suporte, os cilindros diferem em altura e diâmetro: o primeiro tem 1 cm de diâmetro e 1 cm de altura; o último 5,5 cm de diâmetro e 5,5 de altura;

– De dez prismas quadrangulares; o maior tem uma aresta de base de 10 cm, o mais pequeno uma aresta de base de 1 cm; o comprimento é sempre de 20 cm;

– De dez barras de seção quadrada, de 3 cm de lado; a mais comprida tem 1 m, a mais curta 1 dm; cada decímetro é pintado de cor diferente, alternadamente vermelho e azul;

– De dez prismas com uma base de 20 cm x 5 cm e cuja altura diminui de centímetro em centímetro a partir de 10 cm; os prismas são pintados de amarelo, mas uma das faces retangulares (20 x 5) é branca;

– De dez cubos cor de rosa-pálida; o cubo maior tem uma aresta de 10 cm, o mais pequeno uma aresta de 1 cm; a diminuição faz-se de centímetro a centímetro;
– De "encaixes planos"; são caixas cujo fundo é formado por 6 quadrados iguais deslocáveis à vontade; em cada um desses quadrados está aberto um encaixe a que se adapta perfeitamente uma figura geométrica talhada em madeira de 6 mm de espessura: há losangos, quadrados, retângulos, círculos, triângulos, polígonos, do pentágono ao decágono, ovais, etc., todos pintados de azul-escuro: as caixas têm 20 cm x 30 cm;
– De uma série de cartões brancos, de 10 cm de lado, que têm colada a reprodução em papel azul-escuro das figuras geométricas dos "encaixes planos"; outra série tem apenas colado o contorno, com 1 cm de largura; numa terceira série o contorno é apenas representado por um traço negro;
– De uma coleção de tecidos de cores e desenhos variados;
– De uma coleção de bonecas de trapos feitas de modo a reunirem o maior número possível de cores;
– De novelos de lã de cores muito vivas;
– De tabuinhas à volta das quais se enrolam fios de lã ou seda de cores vivas; nas duas extremidades, as tabuinhas têm um rebordo, o que permite manejá-las com facilidade e evita que os fios toquem nas mesas, o que os sujaria e estragaria depressa; há 8 cores e, dentro de cada cor, 8 gradações, o que dá um total de 64 coloridos.

Para o *ensino da escrita*, o material é constituído por:
– Um alfabeto de letras cursivas, de 8 cm de altura no corpo da escrita; são de madeira, com uma espessura de 0,5 cm, envernizadas e pintadas, as consoantes de azul, as vogais de vermelho;
– Cartões com a reprodução das letras, nas mesmas cores e dimensões;
– Um quadro para cada letra do alfabeto, com a reprodução exata da letra em cursivo e com o desenho pintado da mesma letra em minúscula de imprensa;

– Cartões que têm colada uma reprodução de letra feita de esmeril; o cartão é verde e o esmeril cinzento; podem utilizar-se letras de esmeril negro coladas em tabuinhas brancas envernizadas;
– Tabuinhas com grupos de várias letras, escolhidas, nuns pelo critério de contraste, noutros pelo critério de analogia.

Material para o *ensino da leitura*:
– Bilhetes de papel vulgar, com uma palavra em cursivo, escrita em letras de 1 cm de altura; a palavra é ou uma que o aluno conhece bem ou uma que indica objetos de uso frequente (louças, brinquedos, plantas, etc.);
– Bilhetes com frases em que se contém uma pergunta, a que se pode responder por "sim" ou "não", ou uma ordem que o aluno cumpre ("Fecha a janela", "Anda nos bicos dos pés").

Para o *ensino da numeração e elementos de aritmética*, utiliza-se o seguinte:
– Coleções de moedas, verdadeiras ou imitadas;
– A série de barras de decímetro a metro que se emprega para educação do sentido visual;
– Uma tábua horizontal a que se prende outra vertical: na primeira, há umas divisões em que se podem colocar vários objetos (pequenos fusos ou pedras do jogo das damas); na segunda, também dividida por traços em 5 partes iguais, estão pintados os algarismos de 0 a 4 ou de 5 a 9;
– Papéis, que podem ser folhas de calendário, e em que estão escritos os algarismos de 0 a 9;
– Contas enfiadas num arame; as contas têm cores diferentes: negro para a fila 1, violeta para a fila 2, verde-claro para a fila 3, lilás para a fila 4, castanho para a fila 5, verde-escuro para a fila 6, amarelo para a fila 7, branca para a fila 8, azul-claro para a fila 9, vermelho para a fila 10;
– Filas de contas reunidas pelas extremidades até formarem uma cadeia de 100 ou de 1.000;
– Contadores feitos de contas enfiadas em arame, com uma carreira correspondente às unidades, outra às centenas, outra aos milhares;

– Papel pautado de modo especial com traços da cor das contas para se ir inscrevendo o número de unidades, dezenas, etc., que se encontram no contador;
– Para o ensino da multiplicação e da divisão nas classes mais adiantadas, usa-se a Tábua de Pitágoras, constituída por um cartão com 100 cavidades (10 x 10), em cada uma das quais se pode colocar uma conta;
– Papel pautado de modo especial para inscrição das operações e resultados.

Existe ainda nas escolas Montessori material vário para exercer as diferentes atividades que têm, sobretudo, aplicação na vida prática: em quadros de madeira fixam-se retângulos de tecido solidamente preso de um dos lados e que vêm unir-se a meio, por colchetes, molas, botões altos ou chatos, atacadores como os das botas, ou por laços de fita; com eles aprendem as crianças os processos mais usuais de ligação; nalgumas escolas substituíram-se os quadros por bonecos que as crianças despem e vestem e em cujos fatos se aplicam os processos que apareciam nos quadros.

Depois, todo o material da escola é, ao mesmo tempo, de exercício sensorial; os pratos e os copos que os alunos têm de manejar com cuidado para que se não partam, as terrinas de sopa que transportam nas escolas em que existe cantina, os armários onde vão buscar o material de que precisam para os seus trabalhos; nos lavatórios, cada um aprende a graduar temperaturas, a fazer as suas abluções sem entornar a água, a colocar o sabonete precisamente no sítio que convém; a criação de animais – cobaias, coelhos, aves – e os cuidados com as plantas – em vasos, ou melhor, em terreno – oferecem também inúmeras ocasiões de exercício dos sentidos, por exemplo, no que respeita à escolha do alimento ou à disposição ordenada das sementes e dos pés das plantas; numa escola bem dirigida, todo o ambiente deve secundar o trabalho feito com o material especializado.

6

Se numa escola regida pelas normas de liberdade montessoriana, as crianças podem manifestar a sua predileção por tal ou tal trabalho, solicitando os estímulos que mais lhes convêm, fazendo uma escolha do material que lhes oferecem, é evidente que a professora não tem apenas um papel de observação; à sua atividade de observadora, tem de juntar a de experimentadora, exatamente ainda como um homem de ciência; é a esta experiência que nas escolas Montessori chamaremos lição.

Como cada criança se encontra numa certa fase de desenvolvimento e tem tendências próprias que é necessário respeitar, a primeira característica das lições será o não serem coletivas, exceto em casos muito raros; pelo seu caráter individual, a lição montessoriana afasta-se nitidamente das lições coletivas tradicionais. Para dar a sua lição, a professora, porque faz uma experiência, deve estar familiarizada com a técnica especial que só pode aprender na Casa dei Bambini; em segundo lugar, tem de se habituar a falar pouco: a lição-modelo dá-se em poucas palavras; requer-se ainda que seja muito simples, despojada de todo o ornamento retórico, e que a professora se esforce por eliminar a sua personalidade, deixando que toda a atenção do aluno se concentre no objeto da lição.

Deve ter, sobretudo, a professora grande cuidado em não provocar da parte da criança qualquer esforço, o que tiraria todo o caráter espontâneo ao seu comportamento; se a criança não compreende ou se engana, a mestra deve estar sempre vigilante sobre si própria para, segundo o costume das escolas vulgares, não insistir, repetindo a lição, nem levar a criança a compreender que cometeu um erro; deve esperar outra ocasião em que o material apresentado corresponda a um intento íntimo, a uma possibilidade real do aluno.

Suponhamos, por exemplo, que a professora queria ensinar a uma criança duas cores: o vermelho e o azul. Faz o possível por chamar a atenção do aluno sobre o objeto e diz-lhe: "Ora vê! Ora repara!" Depois, para lhe ensinar as cores, diz-lhe, mostrando o vermelho: "Isto é *vermelho*" (sublinha com a entoação e pronuncia lentamente a palavra *vermelho*). Em seguida, mostrando a outra cor, diz: "Isto é *azul*". Para verificar se a criança compreendeu diz-lhe: "Dá-me o *vermelho*, dá-me o *azul*". No caso da criança se enganar, a professora não repete e evita insistir; contenta-se com sorrir-lhe, acaricia a criança e retira-se. É bom notarmos também que grande parte do material é autocorretivo, mostra à criança que cometeu um erro (encaixes sólidos, cubos, encaixes planos); dispensa, portanto, a intervenção da professora.

O primeiro cuidado que deve ter a professora à entrada dos alunos na escola é verificar se vêm limpos – exame dos cabelos, das mãos, das unhas, das orelhas, do pescoço, dos dentes –, se trazem o vestuário em ordem, escovado, cosido, com todos os botões, se os sapatos estão engraxados, etc. Na medida do possível, os alunos examinam-se mutuamente e toda a operação deve ser feita na presença das mães, abstendo-se, no entanto, a professora de lhes fazer qualquer observação direta.

Se alguém não aparece em boa ordem, a professora ensina-o a lavar-se, chamando-lhe, ao mesmo tempo, a atenção para a conformação das partes do corpo e para as várias maneiras de as limpar; é também a oportunidade de ensinar os grandes a ajudarem os mais pequenos. Logo depois, visitam toda a sala de aula para verem se tudo está em ordem, bem espanado e bem arrumado; a professora chama a atenção sobre os objetos em que a poeira se acumula de preferência, ensina o uso dos objetos de limpeza – escovas, vassouras, panos de pó, esfregões. Quando tudo está pronto, indica-lhes a posição correta da pessoa sentada, a maneira de se levantar e se sentar sem fazer barulho, de apresentar um objeto, de agradecer, de cumprimentar. Por fim, conversa com eles, procurando que lhe contem o que fizeram, impedindo-os, todavia, de revelarem o que se passou em sua casa.

Começam depois os exercícios que são feitos em diversos graus conforme o adiantamento dos alunos; no primeiro grau, como exercício de vida prática, deslocam cadeiras em silêncio, dão laços ou abotoam; como exercício sensorial, fazem "encaixes sólidos": destes, devem ser apresentados primeiro os da mesma altura e diâmetro crescente, em seguida, os decrescentes em todas as dimensões, finalmente, os que decrescem só em altura; no segundo grau, levantam-se e sentam-se em silêncio, andam sobre um fio estendido no chão, trabalham com o material de dimensões: barras, prismas, cubos.

No terceiro grau, os exercícios de vida prática são representados pelo vestir-se, despir-se, lavar-se, espanar as mesas, pegar nos garfos e colheres; como exercício sensorial, reconhecem as gradações tácteis e cromáticas e iniciam-se nos estimulantes auditivos. No quarto grau, aprendem a pôr e levantar a mesa, a fazerem todos os movimentos necessários para se lavarem, a estarem calados (lição de silêncio), a deslocar objetos sem os partirem; trabalham com os encaixes planos, iniciam-se no desenho, na aritmética, na leitura e na escrita. No quinto grau, continua-se com os exercícios precedentes e começam-se os exercícios rítmicos; no desenho, tenta-se a aquarela e o contorno livre de flores, folhas, etc.; nesta altura, já o aluno deve saber compor palavras e frases com ajuda do alfabeto móvel; na aritmética fazem-se operações. Daí por diante, entra-se no domínio da escola elementar.

Cada exercício tem normas especiais a que a professora deve obedecer. Para educação do tato, têm de lavar-se primeiro as mãos dos alunos e depois mergulhá-las alguns momentos em água morna, o que ativa a sensibilidade; a superfície da lixa ou do cartão deve ser tocada com toda a leveza e tendo o aluno os olhos fechados. Na educação do sentido bárico, seguem-se estes preceitos: o aluno começa por observar as cores diferentes das tabuinhas e por aprender que são de madeiras diferentes; em seguida, agarra uma tabuinha em cada mão e coloca-as sobre a face palmar dos dedos estendidos, fazendo um movimento de baixo para cima para lhes avaliar e comparar o peso; depois, o exercício faz-se com os olhos fechados.

Para a percepção das formas, faz-se o aluno apalpar cuidadosamente os cubos e tijolos; em seguida, a criança deve pôr os cubos para um lado e os tijolos para o outro, sem os olhar; finalmente, deve repetir o exercício com os olhos vendados; a ordem do exercício é a mesma com sementes ou bolas. Na educação do gosto ou do cheiro, dão-se a provar ou a cheirar à criança as várias substâncias e o exercício deve, naturalmente, fazer-se com os olhos fechados ou vendados. Para a discriminação de sons, dispõem-se duas séries de sinetas; depois de ter tocado uma sineta da primeira série, a criança deve procurar um som igual numa sineta da segunda série.

Na educação visual, a técnica dos "encaixes sólidos" consiste simplesmente em misturar todos os cilindros em cima de uma mesa e em pedir à criança que os reponha nos suportes; os prismas quadrangulares são também misturados e o aluno deve depois dispô-los por ordem de espessura; as bases são justapostas por graduação de comprimento, de modo que as cores, azul e vermelho, formem faixas transversais; nos prismas de alturas, são as faces pintadas de branco que devem ficar voltadas para cima, apresentando o conjunto do material, depois de seriado por ordem de altura, o aspecto de uma escada; com os dez cubos constrói a criança a célebre "torre cor-de-rosa": põe-se um tapete no chão, deitam-se em cima os cubos e deixa-se a criança elevar a torre.

Com os "encaixes planos", o processo é o mesmo; tiram-se as figuras do lugar, misturam-se todas e convida-se o aluno a colocá-las no encaixe respectivo; os cartões que têm as reproduções da figura em papel servem para a criança colocar sobre elas a figura de madeira; nos cartões que só têm o contorno devem ajustar a figura de madeira à tira de papel ou ao traço; é muito útil, em todos esses exercícios, levar a criança a percorrer com o dedo os contornos; o reconhecimento da figura torna-se muito mais fácil. Para os exercícios de cores, começa-se sempre por três cores vivas – azul, vermelho, amarelo, por exemplo – em duas coleções; designa-se uma cor na primeira série e pede-se a correspondente na segunda; a pouco e pouco, vai-se aumentando o número de cores, passando-se em seguida aos tons mais atenuados; pode-se também misturar as cores e pedir à criança que as disponha por grupos de gradações.

Para a escrita, o primeiro exercício consiste em desenhar o contorno da figura geométrica, apoiando o modelo sobre o papel e fazendo correr o lápis à volta; em seguida, o aluno preenche o espaço branco com lápis de cor, aprendendo que não deve passar além da linha marcada; ao fim de certo tempo, as linhas deixam de ser confusas e de traçado irregular: vão de bordo a bordo da figura, sem ultrapassar o contorno; é a prova de que a criança domina o lápis ou a pena; chegou o momento de lhe ensinar as letras.

A professora apresenta à criança duas vogais, I e O, diz-lhe: "Isto é um *I*; isto é um *O*"; repete várias vezes o exercício, depois faz que a criança toque nas letras, percorrendo-as no sentido da escrita, no que é guiada pela aspereza do esmeril; a sensação táctil arquivada vai ajudá-la a traçar a letra no papel ou no quadro; em seguida às vogais, ensinam-se as consoantes; logo que haja conhecimentos suficientes, o que se pode conseguir muito cedo, ensina-se a formação de palavras.

Para a formação de palavras, utilizam-se os alfabetos móveis: a professora começa por pronunciar uma palavra simples e bem conhecida da criança, por exemplo, *papá*: a criança escolhe as letras no alfabeto e compõe a palavra; depois de composto um certo número de palavras, a criança, que nunca escreveu, sabe escrever, potencialmente, e um dia, sem que se espere, começa a escrever, num entusiasmo, numa alegria que jamais conheceram as que aprendem a escrever nos cadernos de traços retos e de traços curvos.

Quanto à leitura, entende Maria Montessori que se deve designar por leitura não a tradução de sinais gráficos em sons, mas a interpretação da ideia neles contida: só lê a criança que é capaz de dar significação à palavra que vê escrita e que não ouviu dizer; por consequência, o ensino e verificação da leitura fazem-se nas Case dei Bambini com os bilhetes que contêm o nome de um objeto; a criança levanta-se e vai colocá-lo ao lado desse objeto ou indica à professora o que lhe corresponde.

Da leitura de palavras passa-se para a leitura de frases, que a professora só deve iniciar quando os alunos já conhecem um número suficiente de palavras, ou, melhor, quando manifestam desejo de o fazer; a professora escreve nos bilhetes pequenas frases que contenham uma pergunta ou uma ordem e dá-as aos alunos que respondem ou cumprem o mandado; a distribuição e leitura dos bilhetes devem ser feitas no meio do mais profundo silêncio; o cumprimento das ordens faz-se também sem barulho: há movimento na sala, mas a disciplina interna de cada um leva-o a deslocar-se e a manipular os objetos com o mínimo de ruído.

A leitura de livros é demasiado difícil para os primeiros tempos e os alunos apenas os podem ler mecanicamente, o que lhes não traz nenhum proveito;

de resto, a leitura mecânica não interessa à criança, que quase sempre põe o livro de parte.

O ensino da aritmética começará, de preferência, pela troca e pela junção de moedas; é um jogo em que as crianças se interessam e por meio do qual é possível ensinar-lhes a numeração até dez; além de tudo, o exercício apresenta a vantagem de imediatas aplicações práticas; o material de exercício sensorial pelas barras de cores é também utilizado para o ensino da numeração; se a criança já sabe escrever, nada é mais fácil, nessa altura, do que, com o auxílio do algarismo de esmeril, lhe ensinar os sinais gráficos da numeração.

Com os algarismos desenhados ou colados em papel podem fazer-se exercícios de memória de números: cada aluno terá, por exemplo, de tirar de uma mesa ou de um armário a quantidade de objetos marcados no bilhete; é, em suma, o processo da leitura.

Para o ensino das primeiras operações, o material usado é o das barras; o primeiro exercício consiste em formar um grupo de 10 dm, com barras inferiores a 1 m; aprendida a adição, ensina-se a multiplicar 5 por 2: a barra de 5 dm aplicada duas vezes dá 10 dm; em seguida, é a vez da subtração, pelo mesmo processo de comparação entre as barras: por fim, faz-se a divisão, por exemplo, uma barra de 6 dm em duas de 3 dm.

A pouco e pouco, vai-se aumentando o conhecimento da numeração e as operações mais complicadas são feitas nas tábuas e nos contadores e depois transcritas no papel pautado especial.

No desenho, começa-se pelo desenho livre: dá-se aos alunos uma folha de papel branco e um lápis para que desenhem o que quiserem; essa espécie de desenho é muito reveladora pelo que se refere à capacidade de observação e às tendências íntimas da criança; como os primeiros desenhos são informes, a professora deve perguntar ao aluno o que quis representar e escrevê-lo por baixo do desenho; também são muito importantes, pelo que preparam para a escrita e pelo apuramento do sentido das cores, os trabalhos de enchimento a lápis de cor dos contornos de figuras geométricas.

Quanto aos trabalhos manuais, fazem-se nas escolas Montessori exercícios de plástica livre com argila; dá-se a cada criança uma tábua com um pouco de argila e deixa-se que modele à vontade; acontece aqui o mesmo que no desenho: os primeiros trabalhos são irreconhecíveis; a professora terá de lhes juntar um rótulo com a designação indicada pelo autor; a fabricação de vasos de argila desperta também grande interesse nos alunos.

Outro trabalho manual muito do agrado das crianças consiste em, fornecendo-lhes figuras geométricas recortadas em cartolina fina, os levar a construções que reproduzem, sobre um plano, objetos conhecidos do aluno; é fácil, por exemplo, com um quadrado e um triângulo fazer uma casa, com um retângulo e um semicírculo fazer uma porta, com retângulos reproduzir um armário; as diferentes figuras colam-se sobre papel ou umas às outras, de modo que o conjunto se não separe; a professora ensina a fazer duas ou três construções, depois deixa os alunos trabalharem livremente.

7

Nenhum país se pode hoje dizer verdadeiramente civilizado se não pôs a educação física do seu povo no primeiro plano das suas preocupações; e por educação física deve entender-se, na realidade, educação física: a prática dos exercícios que tendem a um desenvolvimento harmônico do corpo e a uma garantia de saudável estabilidade das funções vitais; fica, portanto, excluído da educação física tudo o que se refere ao desporto tomado como um simples espetáculo. Ninguém negará que a base para a educação física de um país se encontra na escola; e, no entanto, só a muito custo a ginástica e os jogos nela têm penetrado, ou por defeito de organização, ou por falta de pessoal, ou por o não permitirem as acanhadas instalações.

Sobretudo se considera dispensável a educação física nas escolas infantis; a Montessori é de opinião totalmente contrária; para ela, é essa exatamente a melhor oportunidade de dar à criança o gosto de um corpo são e ágil, obediente a todos os mandados do espírito e fonte, por si só, de alegria e bem-estar; não se pensa em fazer ginástica, se por ginástica entendemos uma série de movimentos que podem ser violentos e que se executam em conjunto, ou uma ginástica de pórtico, que seria demasiado complicada: trata-se, esclarece a Montessori, da educação muscular.

Para a obter usam-se certos jogos que não obrigam à reunião de uma classe e que não violam, pois, o princípio de trabalho e desenvolvimento individuais; ao mesmo tempo, correspondem, com a restante organização montessoriana, às tendências profundas da criança. Assim, aparecem as "balaustradas" construídas por traves paralelas sustentadas por estacas e que se podem prolongar à vontade, por exemplo, por um lado inteiro do recreio ou dispor em figura fechada; as crianças prendem-se pelas mãos às barras e vão deslocando-se sobre o chão; permitem, portanto, as paralelas o movimento de deambulação, sem que o peso do corpo assente todo sobre as pernas. Para o desenvolvimento da coluna vertebral e dos membros superiores, há o jogo do "pêndulo"; as crianças sentam-se em tamboretes e lançam umas às outras uma bola que está suspensa dum suporte. A linha traçada no chão a giz ou por um cordel, e sobre a qual se têm de deslocar, educa-os na coordenação dos movimentos de marcha. A escada redonda é uma escada de degraus de madeira, baixos e largos, talhada em curva e onde as crianças aprendem a subir e descer; tem de um lado um corrimão para os primeiros exercícios. Fazem-se também saltos em altura e comprimento e as crianças têm mostrado muito interesse pela escada de corda introduzida por Séguin, que educa os movimentos de preensão e desenvolve a capacidade pulmonar.

Na ginástica livre pratica-se a marcha, em que se não procura obter um determinado ritmo, mas a correção de movimentos; as marchas são, ao princípio, acompanhadas de cantos, exercício de respiração útil para o aperfeiçoamento da linguagem; como jogos, além de certos jogos de Froebel, põem-se à disposição das crianças, bolas, carrinhos, baldes, pás, água, areia; fazem-se também, naturalmente, os jogos infantis como o dos "quatro cantinhos" e o do "pilha".

Na ginástica educativa há duas séries de exercícios: os que se praticam fora da aula, na jardinagem e na criação de animais, e que educam os movimentos do manejo da enxada ou da pá, do inclinar-se e do levantar-se; e os que se praticam dentro da aula e que desenvolvem, sobretudo, a agilidade necessária para a vida prática: vestir-se, despir-se, lavar-se, pôr a mesa, espanar, etc.

A ginástica respiratória provém da ginástica do Professor Sala: são exercícios ritmados de inspiração e expiração, acompanhados de movimentos do corpo, deslocação das espáduas, dos braços, etc.

Por fim, pratica-se a ginástica labiolinguodental com os que apresentam defeitos de pronúncia; a professora indica os músculos que devem entrar em atividade ou executa os movimentos com os lábios e a língua da criança.

Se as escolas antigas se desinteressam da educação física, considerando ainda muitas a ginástica como uma atividade dispensável ou apenas como um ornamento para as festas, ainda mais abandonam tudo o que diz respeito à educação moral; não devemos, neste ponto, iludirmo-nos com palavras; toda a gente fala em educação moral e todas as escolas apresentam como uma das suas mais apreciáveis características o tomarem especial cuidado com a educação moral do aluno; se os fatos correspondessem às palavras ou, se quisermos, às intenções, já há muito os homens teriam tomado outros rumos mais nobres do que os seguidos usualmente.

Mas, na própria confissão dos que se dedicam a essa educação moral, é exatamente o contrário o que sucede; na maior parte dos homens há retórica moral, não procedimento moral; cada um sabe, talvez, o que devia fazer e apresenta-o como uma ideal carreira de vida; mas, quando se chega à grande prova da prática, os princípios desaparecem e cada um age na sua vida como se nunca os tivesse aprendido; é que, na realidade, não houve educação moral, houve instrução moral; decoraram-se regras, mas não se assimilou um modo de viver; e só um modo de viver é verdadeiramente moral.

Nas escolas em que há aulas de moral, o professor ou lê um texto que comenta ou faz discursos; em qualquer dos casos, se existe algum interesse da parte dos alunos, não é o interesse moral, pois que não pode haver, de crianças, interesse por normas abstratas, afogadas, ainda assim, em abundante literatura; ou há o gosto da história que se narra, ou o do professor que fala bem, ou aquele especial estado de adormecimento interno que provocam os ruídos monótonos; em qualquer caso, as fábulas, os exemplos dos meninos patrióticos e desinteressados, as reprovações eloquentes dos meninos desleixados e mentirosos, os contos moralizadores, são perfeitamente inúteis; ao sair da aula de moral, o rapaz está tão bom ou tão mau como quando entrou nela; a palavra nada consegue.

E foi por se sentir isso que tão deliberadamente se entrou pelo caminho das recompensas e dos castigos; aproveitou-se o que de mais baixo existe na alma humana – vaidade ou medo – para obter resultados morais; o menino não mentirá porque apanha pancada, o menino será exemplar porque lhe darão prêmios; claro está que se não faz senão a solicitação para novas mentiras e para a rivalidade; poucos, porém, se convencem de que têm de pôr de lado tais processos e buscar outros que realizem na verdade a educação moral.

A primeira condição para que haja moral é o ambiente; as escolas mal instaladas, com higiene deficiente, com aspecto lôbrego, sem campo de jogos, sem ar livre em que a criança respire à vontade são uma contínua provocação a todos os atos de rebeldia, a todos os movimentos de defesa que se classificam como imorais. Em segundo lugar, é necessário que tudo corra ordenadamente, sem agitação nem precipitações, sem a contínua improvisação que desorienta e cria hábitos de irreflexão e de desordem: o procedimento moral é, por sua natureza, calmo e voluntário; não pode florescer onde reinam a febre e a indisciplina.

Por fim, é preciso que todos os que entram em contato com as crianças sejam profundamente morais, nos mínimos atos da sua vida; não basta apregoar as grandes normas de justiça, de bondade, de lealdade; é preciso também que a criança nunca nos surpreenda a mandarmos dizer que não estamos em casa, e que não sintamos um prazer maligno em defraudar a companhia dos telefones e em enganar os condutores dos elétricos;[1] julgaremos que são atos que ficam conosco e que se não traduzem para o exterior; é um erro completo: não só eles se manifestarão de qualquer modo, como também a sensibilidade aguda da criança descobrirá em nós a fenda supostamente imperceptível da nossa muralha moral.

Estabelecido um ambiente são, tendo feito cada um a operação elementar, mas difícil, que consiste em se libertar dos seus próprios defeitos, antes de criticar os defeitos dos outros, a educação moral só começa quando o aluno, por sua vez, pratica atos morais; recitar a história do lobo e do cordeiro, fazer um exercício sobre o pequeno tambor que morreu na batalha, copiar em bonita letra as normas dos manuais, não é praticar um ato moral; é preciso que esteja intimamente incorporado à vida e que o aluno o realize não por obediência ao que leu, mas porque não pode, por um não poder íntimo, proceder de outro modo.

É por tudo isto que nas escolas Montessori não há instrução moral, e, se algumas vezes é necessária, se limita a umas breves palavras; o aluno faz moral quando maneja corretamente o material, quando o arruma nos armários segundo o preceito estabelecido, quando varre conscienciosamente a parte do

[1] Denominação, em Portugal, de veículo movido a eletricidade, que se desloca sobre trilhos, para o transporte de passageiros em zonas urbanas. O mesmo que bonde no Brasil. [N. dos O.]

chão que lhe cabe, quando serve os outros à mesa antes de se sentar para comer, quando reparte pão com um camarada, quando cede o seu lugar nos jogos, quando se não esquece de levar comida aos animais, quando rega as plantas; esta moral não a esquece ele: aprende-a juntamente com a vida.

Quanto à educação social sucede pouco mais ou menos o mesmo que à educação moral: as escolas vulgares descuram-na totalmente; mas, o que torna o problema mais grave, o gosto da disciplina feita de imobilidade e de silêncio, o trabalho realizado sob uma disciplina severa, levam ao egoísmo e ao desinteresse completo pela sorte dos companheiros; todo o aluno que pretende auxiliar um amigo na aula é punido pelo professor, sem se atender a nenhuma espécie de razão; não são raras as escolas em que a denúncia se erige em virtude ou em que os rapazes são encarregados de castigar os seus camaradas que não souberam a lição.

Acresce ainda que fora da aula não existe vida escolar; os alunos não têm associações onde possam aprender as vantagens da cooperação, não têm jogos que criem e desenvolvam o espírito de equipe e façam aparecer os que têm qualidades de chefia; não há nenhuma atividade onde se sintam verdadeiramente dependentes uns dos outros, onde percebam que o seu trabalho contribui para a felicidade dos outros, como a sua própria felicidade é construída, em grande parte, pelo trabalho dos outros; a escola desinteressa-se de tudo o que não seja aprendizagem intelectual: e neste domínio faz o possível por isolar, e por quebrar as solidariedades naturais.

Nas escolas montessorianas dá-se grande importância à educação social; embora o trabalho seja fortemente individualizado, há, nas aulas, mil ocasiões de se exercer a cooperação; nada impede, por exemplo, que dois alunos no mesmo grau de adiantamento se reúnam para edificar a "torre cor-de-rosa" ou dispor as gradações das cores; nada impede também que um, mais desenvolvido, venha mostrar a um principiante como se utiliza o material; sabem, depois, ser, perante os seus camaradas e os mestres, graciosos, modestos, amáveis, prontos a ceder um brinquedo ou a esperarem a sua vez para um exercício ou um jogo.

Fora da aula, os cuidados com os animais não só neutralizam neles todo o impulso para a crueldade, como os levam a um interesse positivo por tudo que lhes diz respeito, pondo-os sempre prontos a ajudarem os camaradas nas suas tarefas de limpeza ou de alimentação; o mesmo acontece com os trabalhos de jardinagem; durante as refeições há o serviço de mesa que é, talvez, uma das ocasiões em que o sentimento social penetra mais fundo no aluno; depois, todo o trabalho da arrumação e limpeza da aula, pelo constante auxílio mútuo, pelo sentimento de que se é útil, inculca na criança, duradouramente, as virtudes sociais que se consideram basilares.

Uma característica importante das escolas Montessori, no que respeita à educação social, é que não apresentam todo o serviço de ajuda mútua como um dever que se tem de cumprir; mas como um prazer que se encontra na vida; auxiliar os outros é uma prova de aptidão e de vitalidade, como todo o egoísmo é uma prova de fraqueza e de morbidez; o indivíduo são coopera naturalmente, como respira ou anda; servir as refeições ou varrer a aula é um sinal exterior de capacidade e de força interna.

E, exatamente, porque se não trata de um dever, mas, digamos, de um desporto, no que a palavra contém da ideia de emprego de energias que se não queimam só nas tarefas orgânicas habituais, todo o serviço social é feito pelos alunos da Escola Montessori com diligência e gosto; os que trazem as terrinas da sopa ou as vassouras ou a comida dos coelhos fazem-no com o ar de quem se sente elevado em dignidade, de quem obteve a confiança de todos os companheiros e dos professores, e ainda com a satisfação íntima, com o claro sorriso de quem é capaz de agir e de apreciar a independência que a ação lhe traz; não há neles nenhum sentimento de vaidade ou de humilhação; estão vivendo e sentindo que empregam toda a sua chama vital; descobriram a origem de toda a confiança, de toda a alegria.

8

Perante uma concepção filosófica, uma hipótese científica, uma doutrina social, um sistema de educação, há sempre uma atitude que se não deve tomar: a de os julgar definitivos, portadores de todas as resoluções de todos os problemas; proceder-se de modo contrário tem dois inconvenientes: contradiz a própria essência da atividade intelectual que consiste na investigação e na dúvida e impede que as teorias ou os processos se aperfeiçoem.

É exatamente essa posição crítica que devemos adotar perante o método Montessori; o próprio método é autocrítico: a professora que observa e experimenta tem, naturalmente, o dever de o modificar, melhorando-o, segundo o resultado das suas observações e das suas experiências; deve, porém, dizer-se que a admiração por Maria Montessori, a relativa falta de imaginação do professorado, o estabelecimento de Escolas Normais do método não têm deixado que ele se desenvolva senão em pormenores de significação bastante reduzida.

É de fora, das escolas velhas e de outras correntes de escolas novas, que têm partido as críticas; os argumentos da escola clássica valem tanto como ela; referem-se, sobretudo, a questões de disciplina e de formação da vontade: consideram que a primeira corre o perigo de desaparecer e que a segunda transformará as crianças em pequenos déspotas que, por sua vez, tiranizem os adultos; não é difícil, conhecidos os princípios e os processos do método, responder-lhes sem possibilidade de réplica.

As observações feitas pelos educadores da corrente moderna são dignas de consideração e há hoje, nos pontos a que se referem, outros sistemas que, de certo modo, estão livres dos defeitos apontados, embora por sua vez enfermem de outros; o que é fora de dúvida é que qualquer método da escola nova, com todas as deficiências, vale muito mais que a escola antiga que é, toda ela, uma enorme deficiência.

A primeira crítica séria é a que aponta à concepção do desenvolvimento da inteligência no método Montessori; parece que nos primeiros graus do ensino se inclinou demasiado para uma formação atomística do espírito, fazendo apreender os estímulos e os elementos um a um, não marcando tudo que é aquisição global, quando é essa, exatamente, a característica em que mais insiste a psicologia moderna. No ensino mais avançado, não aparecem mencionados senão os instrumentos da inteligência (escrita, cálculo, etc.); é o seu manejo que especialmente lhe interessa, ao passo que o desenvolvimento da própria inteligência fica na sombra; a tendência dos sistemas mais recentes é perfeitamente oposta e bastante mais defensável: a aquisição da técnica só aparece depois de um exercício intelectual bastante intenso.

O material em si também não está livre de crítica; ressente-se demasiado da sua origem nas escolas de anormais e não se crê que seja absolutamente natural o interesse de uma criança normal por certos exercícios; a própria Montessori declara que lhe foi impossível, nalguns pontos, chegar a um material que a satisfizesse por completo.

Mas, como o que apresenta como melhor, quase como definitivo, foi calculado e estabelecido cientificamente e tem de ser utilizado segundo normas bastante rígidas, é de temer que haja aqui uma restrição da liberdade da criança; em caso nenhum deveria ser obrigada a seguir a graduação estabelecida: fazê-lo, seria cair na escola antiga; a crítica não tem talvez razão de ser pelo que se refere a Maria Montessori; mas é inegável que tem sólidos fundamentos no que respeita aos seus discípulos.

É também certo, por outro lado, que o estabelecer-se que os fios de cor servem para a educação do sentido cromático, e só para a educação do sentido cromático, que os "encaixes planos" só servem para fazer "encaixes planos", não deixa a criança manifestar-se livremente e dar largas à sua imaginação; numa escola Montessori não se veria com bons olhos que o aluno utilizasse os cubos, não para edificar a "torre cor-de-rosa", mas para formar um comboio; ora, depois de se observarem os atos habituais das crianças nos seus brinquedos, não deixa de ocorrer ao espírito que a especialização do material, o seu "ar científico", o seu emprego restrito, podem dar às práticas montessorianas características de limitação e violência das tendências íntimas da criança.

Depois, todo o material, e só vimos uma exceção com as moedas, parece ter sido imaginado para um laboratório de psicologia experimental; nenhum exercício põe um problema de vida, nenhum se refere à vida: tudo decorre entre tabuinhas e barras e pode perguntar-se em que medida se está dando, no seu manejo, um real empobrecimento da personalidade infantil; de resto, o defeito é notado por muitos dos professores que adotaram o método Montessori: foi por isso que apareceram as bonecas em lugar dos quadros de abotoar e de dar laços, que se colaram estampas de animais nas faces dos cubos, que se substituíram os "encaixes sólidos" por blocos de pesos; não parece, no entanto, que as modificações tenham sido suficientes.

Notaremos, por fim, que há nas aulas Montessori pouco contato com o mundo; tudo o que se refere à natureza é pobre, não se põe, como princípio essencial, que a amizade pela árvore, pelo riacho, pelo animal livre é indispensável para a formação de um ser humano que pretendemos amplo e nobre; é certo que a instalação das primeiras escolas Montessori, em moradias pobres de uma cidade, não favorecia qualquer realização desta ordem; o mais grave, porém, é que Maria Montessori não insiste na questão e que os seus discípulos se julgaram absolutamente dispensados de levar a criança ao encontro de um universo em que a tabuinha se encontre sob o aspecto de bosques e a cor sob o aspecto de céu, água e flores.

Se a invenção do material e a sua aplicação são de todo o ponto criticáveis, é impossível deixar de reconhecer que Maria Montessori fez dar à pedagogia um dos seus grandes passos, chamando a atenção para a necessidade do livre desenvolvimento da criança, do estabelecimento de uma disciplina voluntária, do respeito absoluto pela personalidade infantil, e dando, pelo menos, sugestões para a educação sensorial que é, de fato, indispensável; o conhecimento dos processos mais modernos e mais aceitáveis, a inteligência e a iniciativa das professoras podem, utilizando o que a Montessori criou e juntando-lhe todos os elementos novos que é necessário empregar, organizar as suas aulas em mais íntimo acordo com os princípios montessorianos.

O que é impossível, depois do conhecimento dos seus trabalhos, é negar a utilidade das escolas infantis ou empregarem-se no seu funcionamento os processos da escola velha; abandonar as crianças dos 3 aos 7 anos à sua sorte, deixando-as viver como animais ou pondo-as a cargo de pessoas sem a mínima preparação pedagógica e sem o mínimo sentido da vida infantil, é perfeitamente absurdo e criminoso e corresponde a inutilizar aquilo com que uma nação pode contar de mais seguro para o seu progresso; por outro lado, encerrá-las numa sala, com o ambiente das carteiras, dos exames e dos castigos, matando-lhes, logo no início, tudo quanto é delicadeza e gosto da vida, não é nem menos absurdo nem menos criminoso.

De resto, hoje, como se disse, todos os países civilizados têm escolas infantis ou vão criá-las dentro em breve; os ensinamentos de Maria Montessori, juntando-se aos de Froebel, não caíram em vão; começou para a criança a conquista da sua liberdade, do seu direito de viver uma vida bela e forte, de colaborar em tudo o que pode, e muito é, na regeneração da humanidade; quando um movimento desses se põe em marcha, quando milhares de almas pelo mundo o apoiam e por ele sacrificam o que a todos aparece de mais querido, quando corresponde à própria essência dos destinos humanos, todas as tentativas de o deter ou neutralizar são absolutamente inúteis; ele triunfará mais cedo ou mais tarde, marcando pela libertação da criança, um dos grandes momentos do progresso moral do homem.

NÚCLEO PEDAGÓGICO DE ANTERO DE QUENTAL[1] (EM ORGANIZAÇÃO)

É hoje reconhecido por todos que o problema da educação está entre os primeiros que têm de resolver-se e que, sem uma sólida preparação cultural, nenhum povo pode assegurar-se um progresso duradouro e profundo.

Nesta convicção de que o trabalho educativo é basilar e de que grande parte dos esforços do escol de cada país se deve canalizar nesse sentido, se decidiu a fundação do Núcleo Pedagógico de Antero de Quental.

O Núcleo tem, entre os seus objetivos, os seguintes:

1.º – Realizar missões de cultura pelas vilas e aldeias, com palestras, leituras comentadas, projeções cinematográficas, concertos, representações, exposições de arte e de ciência;

2.º – Organizar conferências pedagógicas em que se tratem todos os problemas relativos à educação de crianças e adultos;

3.º – Promover a publicação de um Boletim de divulgação pedagógica;

4.º – Promover a publicação de coleções de iniciação cultural para crianças e adultos;

5.º – Fundar escolas experimentais em que se estude a adaptação ao nosso país dos métodos modernos;

---

[1] A primeira edição de *O método Montessori* anuncia, em sua última página, a fundação do Núcleo Pedagógico de Antero de Quental. Tal como mostram a palestra radiofônica que Agostinho da Silva ministrou em 28 de junho de 1939, na Rádio Hertz (Lisboa), e este mesmo anúncio que *O Diabo*, semanário de literatura e crítica, outrossim publicou no dia 1.º de julho (Lisboa, ano VI, n. 249, p. 8), o Núcleo fora formado em junho de 1939 e visava minorar os problemas educativos e culturais de Portugal. Dele participavam Agostinho da Silva, seu diretor, e Antônio Sérgio, José Castelo-Branco Chaves, Álvaro Salema, Pedro Nascimento e Fernando Rau, além de outros colaboradores circunstanciais. Adiante, às p. 319-33 e 338-40, trazemos igualmente a lume as duas “Páginas Pedagógicas” redigidas pelo Núcleo, no semanário *O Diabo*, e a primeira carta-circular “Núcleo Pedagógico de Antero de Quental”, de 1.º de agosto de 1939, que reproduz este anúncio, acrescentado e modificado em alguns pontos. [N. dos O.]

6.º – Organizar uma biblioteca pedagógica com serviços de empréstimo domiciliário;

7.º – Criar nos pequenos centros de população bibliotecas escolhidas que despertem e cultivem o gosto pela leitura;

8.º – Organizar sessões de cultura por T.S.F.[2]

Para constituição dos fundos necessários ao seu empreendimento, o Núcleo conta com a formação de um grupo de contribuintes, cuja cota mínima será de 1$00 mensal. A inscrição de contribuintes pode fazer-se desde já.

Todo o auxílio é indispensável e o Núcleo faz um apelo a todos que se interessam pelo problema pedagógico português para que não deixem de o ajudar no seu trabalho.

A correspondência sobre assuntos do Núcleo deve ser dirigida para *Agostinho da Silva – R. das Laranjeiras, 20 – 2.º E. – Lisboa-N.*

[2] Sigla de "telefonia sem fio" enquanto designativo de radiofonia, radiodifusão ou rádio. [N. dos O.]

Opúsculos, Artigos e Outros Escritos

Michel de Montaigne
Escola Francesa, século XVII,
autoria desconhecida
Coleção privada

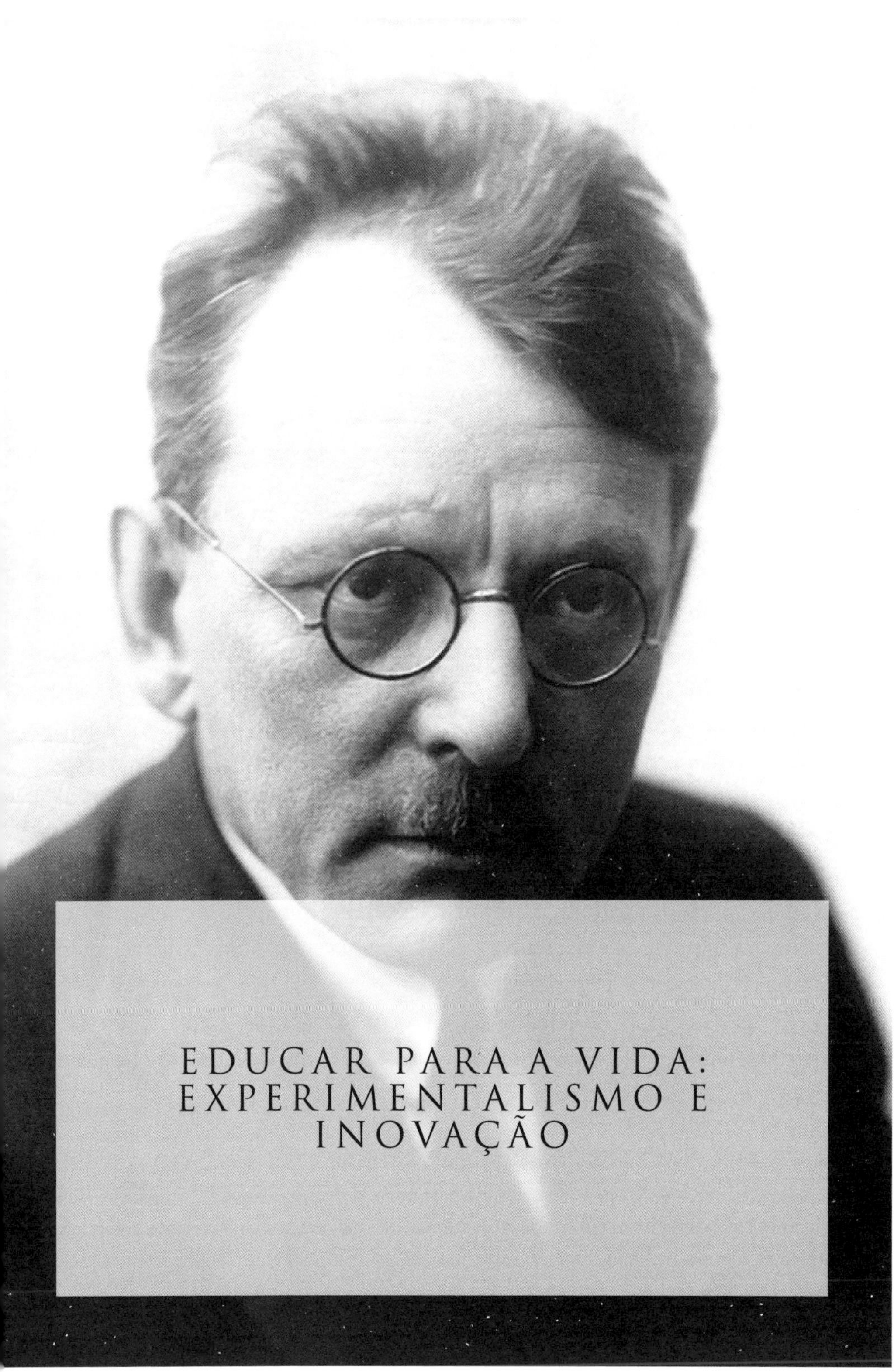

EDUCAR PARA A VIDA: EXPERIMENTALISMO E INOVAÇÃO

Frantisek Bakulé | 1877-1957

*Ensaio sobre a pedagogia oratoriana**

Em pleno século XVII, com uma ignorância completa de toda a grande revolução que se fizera no pensamento europeu e consequentemente na pedagogia, a universidade, fiel ao seu espírito e às suas tradições, continuava ensinando a disciplina e empregando o método da Idade Média. Aristóteles fazia a delícia da douta corporação, os alunos, em filosofia, desconheciam tudo o que não fosse Aristóteles e os seus comentadores; durante dois anos, passava-se da *Lógica* para a *Ética*, da *Física* para a *Metafísica*, entre barreiras espessas de silogismos agressivos, desfiavam-se os rosários de premissas e conclusões, distinguiam-se com uma minúcia imbecil as maiores e as menores, as afirmativas e as negativas.

De ciência, explicava-se um pouco de geometria; mas, como todas as atenções se voltavam para Aristóteles e para os cadernos que os professores ditavam, com os inúmeros absurdos e puerilidades de que era ao tempo capaz um doutor da Sorbonne, o Euclides que se lia e comentava poucas impressões podia deixar no espírito dos alunos. Depois, outra disciplina lhes vinha absorver o tempo – o Latim; na universidade, em todos os colégios, interdizia-se formalmente o emprego do francês; os alunos, mesmo os das classes mais atrasadas, eram obrigados a exprimir-se em latim; aprendia-se a ler em latim, mestre e discípulos desprezavam o francês, língua vulgar, língua das regateiras e dos carregadores de Les Halles.

Se nas matérias de ensino o atraso era tão grande, podia-se-lhe bem comparar o dos métodos; o aluno avançava à força de pancada, sem nunca ter

* Agostinho da Silva. Ensaio sobre a pedagogia oratoriana. *Seara Nova*, revista de doutrina e crítica. Lisboa, ano XI, n. 298, 12 de maio de 1932, p. 149-56. Agostinho da Silva assina enquanto bolsista da Junta de Educação Nacional, de Portugal, a qual fomentava então o seu estágio de estudos e pesquisas em França, no Collège de France e na Sorbonne. Iniciado em fins de 1931, esse estágio se estendeu até o primeiro semestre de 1933. [N. dos O.]

a consciência do caminho que percorria, "como se levasse a cabeça metida num saco"; exigia-se a obediência estrita às opiniões do mestre, cuja inteligência não era em geral deslumbrante. De desporto nem se falava; tudo o que pudesse contribuir para roubar um momento sequer ao estudo sacratíssimo de Aristóteles era posto de parte como indigno de atenção; o que se queria era encher os cérebros de boas sentenças gregas e latinas, de muita lógica, de muita retórica, travar, nos atos solenes de defesa de tese, grandes batalhas de *barbara* e *baralipton*.[1]

Inutilmente, pois, tinham Rabelais e Montaigne, Vives e Erasmo, mostrado aos universitários que era errado o caminho por que seguiam e que necessário se tornava lançar mão de outros métodos, dirigir as atenções para outras disciplinas; a homérica página de insultos de Pantagruel impressiona-va-os tanto como a mordacidade de Erasmo ou a ironia discreta e sábia dos *Ensaios*; só nos fins do século XVIII a universidade despertará do sonho medieval e se decidirá à tentativa de integrar-se no espírito do tempo; tentativa apenas, porque nunca mais conseguiu ganhar o perdido e ficou condenada a atrasar-se sempre cinquenta ou cem anos sobre a cultura; e condenada também a nunca se despojar do formalismo, da gravidade, da erudita suficiência que ainda hoje poderão fazer, conforme os temperamentos, o nosso desespero ou o nosso gáudio.

Mas, se na universidade, contra as sugestões, os conselhos, os ataques dos melhores espíritos da Renascença, vencera a corrente aristotélica de que, para glória nossa, fora um dos capitães o velho Antônio de Gouveia, o mesmo não acontecia no mundo em que se procurava viver e não apenas vegetar. Aí tinham exercido decisiva influência os pedagogistas apontados e dentre eles sobressaía Montaigne. Mais aliciante do que os outros, mais simpático talvez, respondendo melhor aos desejos e necessidades do seu tempo, adivinhando

[1] *Barbara e Baralipton*, dois mnemônicos da lógica clássica que indicam silogismos válidos. Enquanto o primeiro assinala duas proposições universais afirmativas (A) e uma conclusão universal afirmativa (A) – *Barbara* –, o segundo refere duas proposições universais afirmativas (A) e uma conclusão particular afirmativa (I) – *Baralipton*. [N. dos O.]

com mais aguda perspicácia o século que se aproximava, Montaigne conseguia que as suas ideias pedagógicas fossem geralmente aceitas.

Escreveu ele, na carta a Diana de Foix, que mais pretendia formar um fidalgo do que um lógico ou um retórico. Por um lado, este pensamento, pelo que encerra de contrário à pedagogia universitária e pelo que, para constituir um fidalgo tal como o idealizava Montaigne, supõe de culto da inteligência e amor da razão, não discursiva, como a medieval, mas construtiva, como a do século XVII, prepara homens como Descartes; por outro lado, porém, pela superficialidade dos conhecimentos, pela atenção dada à *société*, à *bonne compaignie*, o aluno de Montaigne poderá vir a ser um senhor de Méré espirituoso, elegante, muito bem visto nos salões e nas *ruelles* das preciosas, sutil nas respostas, amigo do brilhantismo exterior das letras e das ciências, mas arriscado, como ele, a escrever de Pascal "que fazia rir toda a gente com os seus raciocínios de geômetra." E são estes, de fato, os dois tipos de homem que vão coexistir no século XVII.

Compreenderam os Jesuítas que os Pascal e os Descartes são, apesar de todas as cartas amáveis que possam escrever aos teólogos da Sorbonne, pessoas muito perigosas para o catolicismo e, sobretudo, para a Companhia; e, por consequência, resolveram empregar todos os seus esforços em aumentar o mais possível o número de elegantes inofensivos. Por uma grande infelicidade, os Jesuítas vão tomar a peito o desenvolvimento da parte infecunda da pedagogia de Montaigne; como acontecera à universidade depois da Renascença, a educação jesuítica depois do movimento intelectual do século XVII, será apenas uma lamentável sobrevivência. Todo o ensino dos colégios da Companhia tende a formar o *honnête homme*, de cultura muito limitada apesar das aparências, toda de gesto e palavra e nada de espírito.

Muito latim, lido e escrito; os alunos deviam compor versos latinos, discursos, panegíricos, defesas de réus imaginários, tudo como nos bons tempos de Sêneca e Quintiliano; mas os autores eram cuidadosamente *repurgati*,[2] para que se afastasse todo o perigo da infecção pagã; só ficavam as formas, as declinações,

---

[2] Trata-se do nominativo masculino plural do particípio *repurgatus*, a saber, "repurgados", "alimpados", "retocados", "revistos", "corrigidos". [N. dos O.]

a sintaxe, a *maneira correta*. De literatura e de história, o bastante para que o aluno não ficasse supondo que Cícero era amigo de Luís XIV; mas ocultava-se cuidadosamente tudo o que pudesse revelar aos alunos que os poetas e os prosadores estudados tinham vivido, sem grande prejuízo para a humanidade, em absoluto desconhecimento das doutrinas cristãs. De ciências, havia, nuns pobres quartos de hora roubados à filosofia, um pouco de geometria; os filósofos jesuítas, como os da universidade, continuavam no Aristóteles que fizera toda a glória do catolicismo medieval e cujo abandono coincidira com o aparecimento do espírito da Reforma, o que indicava a necessidade de voltar a ele.

De acordo ainda com a Sorbonne em proscrever o uso do francês, os Jesuítas afastavam-se dela no que respeitava à disciplina e aos exercícios corporais. Aqui, sem dúvida, marcam os Jesuítas um grande progresso; os seus alunos viviam em edifícios confortáveis, tomavam banho, faziam ginástica, jogavam às armas, montavam a cavalo; usava-se o menos possível do chicote e da palmatória e o aluno não era sujeito a castigos que o degradassem. Deve, no entanto, notar-se que os Jesuítas faziam isso mais pelo respeito que tinham aos pais dos seus discípulos, gente quase sempre com influência na corte, do que por consideração pelos rapazes: quando estes não tinham, por lamentável descuido, pais importantes, além de se sentarem nas aulas em bancos diferentes, apanhavam, pelo direito consuetudinário dos colégios, mais pancada e menos banhos.

Poder-se-ia também supor que os Jesuítas inauguraram o *self-government* nas escolas; os alunos tinham chefes que dirigiam a classe e que eram os mais sabedores e os mais queridos dos mestres; mas, não só estes chefes eram escolhidos pelos superiores e não eleitos pelos condiscípulos (e no *self-government* só a democracia é aceitável), como também se empregavam mais em espionar os companheiros e batê-los nas sabatinas do que em protegê-los, guiá-los, criar-lhes hábitos de solidariedade, resolver as discórdias sem intervenção dos professores.

Os Jesuítas completavam a educação do "homem brilhante" pelo culto da emulação que foi neles uma verdadeira ideia fixa; nas classes, os cartagineses e os romanos batiam-se com ardor: um cartaginês recitava o verbo *laudo* sem um erro, logo um romano se levantava para lho devolver, começando pelo supino;

as exceções eram golpes que tombavam os mais valentes na luta; no fim, o grupo vencedor aparecia cheio de medalhas e fitinhas, o grupo vencido vinha humildemente depor aos pés do adversário a coroa de louros. Na aula, os alunos dispunham-se segundo a ordem de méritos; à frente os centuriões, depois os mais bravos da hoste, no fim a plebe dos considerados estúpidos e indolentes. Eram só os primeiros quem aparecia nas sessões solenes em que o professor apresentava ao público os seus alunos, como se se tratasse de cães sábios; havia os inevitáveis discursos latinos, os epigramas, as églogas, as elegias, com hexâmetros e pentâmetros compilados laboriosamente no *Thesaurus Poeticus* ou no *Gradus ad Parnassum*;[3] não faltavam os combates de alunos que surgiam, aos ouvintes extasiados, como gramáticas vivas; fechava-se com a representação de uma tragédia, que o era duplamente, pela classificação e pelo conteúdo, e no fim da qual se distribuíam pelos vencedores as coroas e as insígnias merecidas.

Compreendem-se todos os estragos que, com uma tal pedagogia, conseguiram fazer os Jesuítas em países que não souberam ou não puderam opor-lhes um sistema de educação mais inteligente e moderno; compreende-se que, por séculos, esses países ficassem ainda meio asfixiados pelo ensino formalista da Companhia, quase separados do pensamento europeu, não contribuindo em nada para o seu progresso, incapazes do mais pequeno gesto de coragem cívica, da mais insignificante originalidade intelectual. Não foi isto o que sucedeu em França, onde o Oratório, representante da extrema esquerda do catolicismo, soube, pela abertura dos seus colégios, contrabalançar a influência dos Jesuítas, desenvolver o que de espírito moderno se encerrava na pedagogia de Montaigne.

O Oratório e o Port-Royal,[4] certamente; mas foi o Oratório que iniciou a ação; Port-Royal virá depois desenvolver os métodos, aprofundar o espírito

---

[3] Apenas como exemplos, *vide*, entre outros, *Thesaurus Poeticus Linguae Latinae, ou Dictionnaire Prosodique et Poétique de la Langue Latine*. Paris: L. Hachette, 1836, de Louis Quicherat, e *Gradus ad Parnassum, sive novus synonymorum, epithetorum, phrasium poeticarum, ac versuum thesaurus*. 15.ª ed. Lyon: Horace Molin, 1699. [N. dos O.]

[4] Agostinho da Silva refere-se à Congregação do Oratório e às Petites Écoles de Port-Royal. A primeira, igualmente conhecida como Oratorianos ou Ordem de São Filipe Néri, foi fundada no século XVI, em Roma, com o objetivo de congregar clérigos seculares. As segundas

da pedagogia dos Oratorianos, mas, declaradamente adepto das doutrinas de Jansenius, a condenação da heresia trará consigo a ruína das Petites Écoles. O Oratório, embora cartesiano e jansenista também, não adotará a rígida intolerância de Port-Royal, saberá adaptar-se um pouco mais às circunstâncias, acomodar-se, nos momentos críticos, com a Ordem rival dos Jesuítas e levará a sua obra de educação até o dia em que, em pleno movimento revolucionário, a Assembleia Nacional dissolve a Congregação.

*

Ao fundar o Oratório Francês, para elevar os costumes do clero e lhe dar uma formação verdadeiramente cristã, o cardeal de Bérulle não pensava em ocupar-se também de educação; os padres do Oratório deviam, no seu projeto, dedicar-se a todas as funções sacerdotais, sobretudo àquelas que mais pudessem desenvolver o sentido e o amor da caridade; mas, no esboço de estatutos que apresentou ao Papa,[5] excluía a missão também sacerdotal do ensino. Essa resolução de Bérulle explica-se perfeitamente pelo desejo de não hostilizar os Jesuítas que já então se tinham estabelecido em França como educadores e que, no momento de se fundar o Oratório, se encontravam exilados; tomar conta de colégios na sua ausência parece ao cardeal menos caritativo do que afastar das suas preocupações o ensino das crianças; não o seria, mas era, sem dúvida, mais leal.

No entanto, o Oratório entraria em contradição consigo próprio, se não viesse a dedicar-se à instrução. Era do seu dever formar cristãos que fossem o mais possível perfeitos, que seguissem as máximas do Evangelho, sem se deixarem perturbar pelas alterações que lhes trouxeram instituições humanas,

---

remontam ao século XVII e à abadia de Port-Royal des Champs (França), onde Jean Duvergier de Hauranne, abade de Saint-Cyran, construiu pequenas escolas para as crianças, que haveriam depois de ser implementadas também em Paris. Jean-Baptiste Racine, por exemplo, foi aluno de Port-Royal, e os filósofos Blaise Pascal e Pierre Nicole foram professores nas Petites Écoles. [N. dos O.]

[5] Fundada em 1565, a Congregação do Oratório foi aprovada em 1612 pelo Papa Paulo V. [N. dos O.]

que tivessem, acima de todas as seitas e de todas as políticas, o amor do próximo e o espírito de caridade. A luta contra a intolerância e o fanatismo aparecia também aos Oratorianos como uma obrigação das mais importantes; homens que tinham escolhido para si uma constituição democrática, que viviam em república, eram naturalmente levados, embora não tivessem a política no âmbito das suas preocupações, a considerar como ideal o estado de sociedade que mais se assemelhasse ao da sua Congregação. E tudo isso só se consegue pela educação, pela formação dos espíritos ainda moços, para uma ação persistente e metódica começada de muito cedo.

Por outro lado, o Oratório fundara-se sobre um culto que, se era de toda a Igreja, era mais particularmente seu, o da Encarnação do Verbo, o que o levava a adorar a vida humana de Jesus, em todas as suas horas, mas sobretudo naquelas em que o sacrifício lhes parecia mais comovedor, quando Jesus, ainda criança, vivia na ignorância da fatalidade terrível do seu destino; pela infância de Jesus, os Oratorianos acarinhavam todos os meninos, interessavam-se por eles, pelo amor dos filhos dos homens pagavam a dívida que tinham perante o filho de Deus. Fora já o pensamento de S. Filipe Néri, foi-o também dos discípulos de Bérulle. E a melhor forma de realizar esse amor era naturalmente ensinar as crianças. A essas determinantes interiores juntou-se a exterior de Paulo V que, na sua bula de fundação, ordenava que os Oratorianos se ocupassem da educação dos laicos. Em 1614, em Dieppe, o Oratório tomava conta do seu primeiro colégio.

Os progressos do ensino do Oratório não foram sem violenta oposição dos Jesuítas e da Faculdade das Artes; este digno corpo acusava os Oratorianos de não ensinarem a Retórica, o que era, a seu ver, um pecado terrível, e pode dizer-se que as questões com os colégios da universidade foram contínuas; mas, ao passo que havia aqui principalmente ignorância e atraso, o mesmo já não acontecia com os Jesuítas. Realizava-se o que previra Bérulle: a Companhia ofendia-se com as pretensões do Oratório e desesperava-se ao ver que, sucessivamente, os bispos e as cidades ofereciam os melhores colégios aos padres da Rua S. Jacques. Depois, nas cláusulas dos contratos que se firmavam entre os proprietários dos colégios e os novos mestres, havia certos compromissos que não deviam provocar nos

Jesuítas excessiva alegria; assim, por exemplo, se estabelece que os Oratorianos se obrigam a não tentar, como eles, a captação de bens.

Ao verem a prosperidade dos seus primeiros colégios, com alguns milhares de alunos arranjados em poucos anos de atividade, os Jesuítas tinham-se convencido de que seria fácil dominar, pelo ensino, toda a França; o país, porém, nunca teve grandes simpatias pela Companhia e, logo que lhe surgiu concorrente mais do seu agrado, os Jesuítas viram-se expulsos dos melhores postos. E, como os Oratorianos ganhavam a estima das cidades em que se estabeleciam, não havia grande probabilidade de que de novo se chamassem os mestres preteridos. A guerra foi dura e um dos meios que empregaram os Jesuítas foi o de receberem nos seus colégios, em classes mais adiantadas, os alunos que saíam do Oratório. Os Oratorianos foram sempre lealíssimos na luta; as respostas aos panfletos, aos memoriais, às cartas caluniosas dos Jesuítas são cheias da moderação, da delicadeza, da caridade cristã que Bérulle se esforçara por incutir aos seus; quase paradoxalmente os Jesuítas eram os batidos, o Oratório lamentado; nunca foi o primeiro a atacar, o que contribuía para lhe conciliar as simpatias; o número dos seus alunos aumentava incessantemente, tinha por si a parte da nação que pensava, trabalhava pelo futuro: portanto, venceu.

Essa vitória significa muito para o progresso do espírito humano, que os Jesuítas, se tivessem conseguido um domínio absoluto em matéria de instrução, necessariamente retardariam; representa o triunfo da educação que deseja criar homens livres e não autômatos, homens que não temam bater-se contra toda a tentativa de opressão, material ou intelectual, e que tenham diante das opiniões uma serena atitude crítica. Os Oratorianos ensinaram aos seus alunos o respeito pela liberdade humana, o amor da ciência, o culto da razão; com uma boa bagagem de conhecimentos sólidos, o gosto de pensar, não o de dissertar em frases sonoras sobre assuntos insignificantes. Disseram-lhes que "o espírito não se fez para a erudição, mas a erudição para o espírito" e que o melhor dos nossos esforços deve ir "non circa scientiam, sed circa usum scientiae",[6] "en l'usage de la

[6] Em traduzindo do latim para o português: "não sobre a ciência mas sobre o uso da ciência". [N. dos O.]

science que l'école et les livres n'apprennent pas". E não é de admirar que, na Assembleia Nacional, alguns deputados tenham recordado com admiração os colégios do Oratório, que lhes tivesse feito entusiástico elogio um jovem advogado da província que se chamava Robespierre.

*

Quando o noviço acabava o seu curso teológico e, depois dos três anos de prova, era definitivamente admitido na Congregação, o primeiro encargo sacerdotal que os superiores lhe confiavam era o do ensino. Em face da mocidade do aluno e da mocidade da pedagogia, colocavam-se mestres moços, ainda em todo o ardor do seu entusiasmo pela missão e os mais capazes dentre todos de compreender a alma dos discípulos. Ser o camarada dos alunos foi sempre o desejo dos professores oratorianos; a maior parte esforçava-se por os estudar um a um, marcando as diferenças individuais, para que, no ensino e na disciplina, as respeitassem o mais possível; perceberam que o bom mestre não é aquele que se impõe pela rudeza das maneiras, que a verdadeira ordem dentro das aulas só se estabelece quando há acordo de professores e discípulos e não o terror de uns e a ferocidade dos outros.

Aceitando, como aceitavam os Oratorianos, que o mestre que melhores resultados colhe na cultura dos seus alunos é aquele que, ao mesmo tempo, se procura cultivar a si próprio, não se estranhará que os professores do Oratório fossem geralmente muito sabedores, bons latinistas, bons helenistas, hebraisantes alguns, muitos excelentes geômetras e físicos. Mas compreendeu-se também que professor e sábio são categorias diferentes e que para desenvolver um, se tem, na maior parte das vezes, de sacrificar o outro. Quando o mestre demonstrava aptidão particular para as ciências ou para as letras, os superiores dispensavam-no de todas as tarefas, para que se pudesse livremente dedicar aos assuntos de sua predileção.

Como um perigo, souberam evitar a especialização dos mestres, de todo o ponto prejudicial num curso médio; arranjaram para o fazer um processo que, ao mesmo tempo, beneficiava os alunos: o professor devia acompanhar a sua classe durante todo o tempo do curso. Ensinavam sucessivamente Francês,

Latim, Matemática, Filosofia, Retórica, todas as matérias do quadro de estudos; só na última classe, mais especializada, conservavam geralmente determinado professor. É que se tratava de formar homens, o mais completos possível, e para tal ainda se não encontrou melhor do que outro homem, com universalidade de interesses e capaz de compreender a Vida.

Ao tomar conta da sua aula, o oratoriano sabia que ia exercer uma função da caridade; que tinha diante de si criaturas humanas e não coisas; que se tratava de lhes mostrar a excelência dos bons princípios, de lhes fazer compreender a beleza dos textos, de lhes despertar e fortificar, sobretudo, o amor da verdade. Devia, portanto, tratar bem os alunos, deixar-lhes toda a iniciativa, não os deprimir com os castigos brutais que eram de uso nos colégios universitários, acompanhá-los nos seus raciocínios, não deixar que se estabelecesse nas aulas pernicioso espírito de rivalidade e de espionagem, que se desenvolvia nas casas dos Jesuítas. Havia exceções, certamente; a primeira vitória de Danton, ganhou-a ele pronunciando um discurso em defesa de um companheiro que o mestre de Retórica pretendia castigar; mas, em geral, desconhecia-se a violência.

Se os rapazes tinham toda a liberdade compatível com a ordem que naturalmente tinha de existir dentro dos colégios, os mestres não eram também automatizados por um regulamento rígido, minucioso, sufocante, como o da *Ratio Studiorum* da Companhia. É certo que algumas assembleias gerais do Oratório fizeram recomendações e mesmo proibições quanto às doutrinas ensinadas, mas também é verdade que a maior parte dos padres, sabendo bem que se tratava de contentar os Jesuítas, continuava dizendo nas aulas aquilo que a sua razão lhe inspirava. Já no século XVII, quando o grande número de colégios punha em dificuldades os superiores para arranjarem mestres que chegassem, admitiam-se, sem receios, leigos que ensinassem as diferentes disciplinas; chegavam a ser numerosos e quase todos tomaram depois parte ativa na Revolução; Fouché foi um deles.

Todo o ambiente era, pois, de reação contra o que se fazia na universidade e na Companhia de Jesus; trabalhava-se pelo interesse do aluno e não para ganhar a confiança e amizade dos pais; não se temia difundir a instrução pelas classes pobres: os colégios do Oratório eram em geral gratuitos; nem se procurava também que a cultura atingisse apenas as camadas superiores da sociedade: ao passo que os Jesuítas recuaram sempre diante da instrução primária, os Oratorianos abriram cursos de primeiras letras. E, principalmente, realizaram no ensino a maior revolução que ao tempo se poderia fazer: dar a maior importância ao francês e introduzir o estudo das ciências.

Tratava-se, efetivamente, dum ato de coragem; bater-se contra o latim era tornar-se suspeito de simpatias pelos protestantes que tinham traduzido irreverentemente os livros sagrados e empregavam, no culto, a língua vulgar; o ataque ao latim era, encapotadamente, um ataque à Igreja. Adivinham-se os prodígios de diplomacia que tiveram de empregar os padres do Oratório para, colocando o francês antes do latim, como os de Port-Royal, não caírem também sob acusação de heresia, pelo menos de Roma. Conseguiram que a sua maneira de ver triunfasse e foi com eles que se estabeleceram no ensino o uso e o estudo da língua materna.

Os rapazinhos passaram a soletrar em francês, a encontrar nas cartilhas as palavras que conheciam da vida e não os *vir* e os *rex* que lhes apareciam como indecifráveis enigmas. Nas primeiras classes do curso secundário, todo o ensino era feito em francês, até quando se tratava do latim; havia sempre uma disciplina especial em que se estudava a gramática da língua, em que se explicavam autores franceses, em que o aluno aprendia e redigia em francês. Os padres insistiam muito nos exercícios de redação e foram certamente quem canalizou a educação francesa no sentido de fazer que todo o homem medianamente culto escreva com elegância e correção *atuais* a sua língua. Mas, na explicação dos autores, o professor não se limitava a apontar regras e a dar conselhos para as redações; criticava também os textos, numa crítica elementar, é evidente, "modesta", como diz um dos padres, mas que, no entanto, vá educando a razão e o gosto do aluno.

Como o francês ocupava o primeiro lugar na pedagogia oratoriana, o latim tinha de se contentar com uma posição inferior. Não se podia pensar em bani-lo completamente do ensino secundário, nem sequer se propunha tal coisa; o latim tomara tão fortes raízes durante toda a Idade Média e durante a Renascença, que, embora não tenha já grande vitalidade, ainda hoje a ideia de o pôr de parte suscita logo os mais tradicionalistas, veementes e eruditos protestos. Os padres do Oratório conservaram-no pois, no seu plano de estudos, mas dos seus colégios não saíam os sólidos latinistas de que se orgulhavam a Companhia e a universidade; mas saía também um menor número de jovens embrutecidos.

Os Oratorianos não tinham, em face do latim, atitudes de extática adoração; um deles escreveu que as tragédias latinas de Sêneca, em comparação com as dos gregos, eram simples e descorados exercícios de colegial; e, se Virgílio é ainda o maior poeta épico, as atenções vão também para Homero. Vão mais ainda, talvez, para os escritores franceses: diferentes tratados de estudo feitos no Oratório não hesitam em equiparar aos antigos os grandes poetas e prosadores que já então se tinham revelado. Numa declamação feita em sessão solene, o autor descreve a luta das Musas latinas com as Musas francesas: as últimas batem-se *pro aris et focis*, as primeiras declaradamente *pro hospitiis*;[7] ninguém se aventuraria a negar, posta a questão assim, que as Musas francesas tinham mais direito do que as latinas.

Ao passo que os Jesuítas continuavam usando gramáticas bárbaras, os Oratorianos adotaram o livro que um dos seus Gerais, o P.^e^ Condren, redigira;[8] para fixar melhor as formas e aproveitando a memória visual dos seus alunos, o Padre imaginara um sistema de cores, vermelho para o masculino, verde para o feminino, amarelo para o neutro, representara as desinências separadas dos radicais, reunira em quadros gerais tudo o que vulgarmente andava disperso por muitas páginas. Essa gramática era tão boa que só um século depois do seu aparecimento conseguiu entrar na universidade. A sintaxe aprendia-se nos textos; o professor isolava os exemplos e deles o aluno concluía as regras.

---

[7] Essas locuções latinas indicam que as Musas francesas se batem "pelos altares e pelos lares" (*pro aris et focis*), portanto, por Deus e pela Pátria – seriam, assim, quase invencíveis –, e as Musas latinas, pelos "visitantes" (*pro hospitiis*), pelos outros. [N. dos O.]

[8] Cf. Padre Charles de Condren. *Nouvelle méthode pour apprendre avec facilité les principes de la langue latine*. Paris: Claude Thiboust, 1665. [N. dos O.]

Todos os que estudaram latim sabem o tormento que representa a busca das palavras no dicionário; não se compreende nada do trecho que se tem de traduzir e, para simplificar a tarefa, tem o aluno à sua disposição um *Lexicon* mais ou menos *Magnum*; procura-se a palavra desconhecida e encontram-se por vezes dezenas de significados que se não sabem e se não podem escolher; o dicionário passa a ser tão enigmático como o autor. Os Oratorianos compreenderam o inconveniente do processo e usaram nas suas aulas vocabulários que continham apenas as palavras dos textos a estudar e davam para elas as significações apropriadas; o aluno fazia assim uma dupla economia de tempo e de paciência; e tinha certamente menos sono.

Aos temas, aos versos latinos, às arengas insípidas feitas a golpes de lugar-comum, preferiram os exercícios de tradução, que, ao mesmo tempo, davam conhecimentos do latim e da língua materna do aluno. Embora não ousando reagir por completo contra o costume, os padres do Oratório mostraram o caminho que, a não se poder extingui-lo por completo, se tem de seguir no ensino do latim: deve-se entender na leitura, mas não é necessário falá-lo, nem escrevê-lo; deixemos isso para entretenimento dos eruditos que nada sabem dizer na própria língua.

Escreveu um oratoriano que o estudo das línguas faz criar, naqueles que não têm outras preocupações, o gosto exclusivo das palavras; e adverte os seus confrades, sobretudo os mestres mais jovens, de caírem na caça à etimologia. Para o evitarem, os professores faziam, a par do estudo gramatical dos textos, o estudo da literatura. Os autores apareciam colocados em épocas fixas, num dado ambiente social e religioso, exprimindo ideias, deles ou do meio, e não apenas enfiando palavras, em períodos bem medidos; insistiam no comentário histórico, mostravam aos alunos estampas que melhor os faziam compreender as alusões do escritor.

O que de excessivamente antigo, digamos melhor, velho, podia existir no latim, temperavam-no eles com as preocupações modernas; nas festas, a declamação, feita geralmente pelo professor e em que os Jesuítas apenas pretendiam mostrar sólidos conhecimentos teológicos ou elegâncias de linguagem e refinamentos de engenho, dedicam-na os Oratorianos a defender a "necessidade de se fundar uma cadeira de Matemática", a enumerar "os deveres do historiador", a fazer o "elogio da Geografia", a resolver a questão: "No nosso tempo, quem trabalha mais pela glória: o que escreve em latim ou o que escreve em francês?".

Em alguns colégios, sobretudo nas escolas militares de que os Oratorianos também foram encarregados, ensinavam-se igualmente línguas vivas – o espanhol, o italiano, o alemão; Richelieu, num plano de estudos decerto inspirado pelo Oratório, recomenda que se dê toda a atenção às línguas e que, sempre que seja possível, se faça a comparação entre elas; comparação evidentemente rudimentar, dado o caráter do ensino e a pequena extensão que tinham em geral os conhecimentos linguísticos do professor. E também porque, instruídos nas letras, os padres não se deixavam dominar por elas e entendiam ser necessário desenvolver o gosto das ciências.

*

Começava-se pela Geografia. Em geografia matemática eram por Copérnico; aceitavam com relutância as teorias newtonianas que lhes pareciam contrariar as leis da mecânica. A geografia estudava-se sobre as cartas que adornavam as paredes das aulas, sobre o globo de que sempre existia nos colégios um exemplar; os alunos acostumavam-se a desenhar os contornos dos continentes e dos países, como a melhor forma de os fixarem. Não se limitavam a decorar listas de cidades, de cabos e de penínsulas; descreviam os costumes dos povos, falavam das culturas e das indústrias; foram os Oratorianos os primeiros que introduziram no ensino a etnografia e a geografia econômica. Munidos de uma base sólida, firmados na Terra, os rapazes só depois abordavam a cronologia e a história.

Já introduzir a História entre as disciplinas era uma audácia para o tempo; declarar mais importante do que todas as outras a história de França, uma revolução. Os alunos deviam estudar a história da cidade que habitavam, depois a da região a que ela pertencia, finalmente a do país. Não se desprezavam por isso a antiguidade clássica e os hebreus, mas os Oratorianos justamente censuravam que se conhecessem todos os nomes e proezas dos cônsules e dos arcontes e se ignorasse por completo o que tinham feito os reis de França. E, em certos cursos, recorre-se, para fazer o estudo, às fontes, às velhas crônicas, aos "autores do tempo".

O espírito que dominava no ensino da história era novo também; o professor interessava-se menos pela enumeração dos fatos, pela narrativa de batalhas, e de intrigas diplomáticas, do que pela história das instituições, dos costumes, da civilização, numa palavra. Procurava-se que o estudo da história, "bem-feito, fosse uma filosofia". A secura dos compêndios era compensada pelas estampas que se mostravam aos alunos e que representavam trajos, máquinas de guerra, habitações, instrumentos agrícolas, tudo o que lhes podia dar a ideia mais completa da vida dos antigos e dos franceses.

Para que o ensino se não limitasse à aula, os Oratorianos tinham constituído bibliotecas escolares, de importância variável, conforme os colégios, com livros que pudessem interessar aos alunos e lhes dessem o gosto da leitura; o grosso dos volumes versava história geral e de França. Bastaria essa predileção pela história para distinguir os Oratorianos das instituições suas rivais no ensino; mas onde eles se separavam nitidamente das ideias correntes era no estudo das ciências.

Se quiséssemos ter uma prova do cartesianismo do Oratório, bastar-nos-ia a leitura dos *Entretiens sur les sciences* do P.e Lamy ou dos prefácios dos seus *Éléments de géométrie*.[9] Num e noutro se faz o elogio da Geometria, como a única ciência que não pode enganar, dada a clareza e evidência das suas demonstrações; "ensina o método de conduzir os espíritos de verdade em verdade", substituir uma lógica de conceitos por uma lógica que relaciona intuições; com ela é sempre possível voltar aos primeiros conhecimentos e partir deles para a exploração do ignorado; finalmente, a Geometria é, para o P.e Lamy, o melhor meio de desenvolver as verdades "que Dieu a mises dans notre coeur".

---

9 Cf. Padre Bernard Lamy. *Entretiens sur les sciences, dans lesquels, outre la méthode d'étudier, on apprend comme l'on se doit servir des sciences pour se faire l'esprit juste et le coeur droit et pour se rendre utile à l'Église. On y donne des avis importants à ceux qui vivent dans des maisons ecclésiastiques.* Paris: A. Fremon, 1683; e idem, *Les éléments de géométrie, ou de la mesure de l'éntendue.* Paris: Chez André Pralard, 1710. [N. dos O.]

Grande parte do tempo era, nos colégios Oratorianos, dedicado às matemáticas e algumas provas de exame ainda hoje nos mostram a dificuldade e a complicação de certos problemas que os alunos tinham de resolver. Os livros eram todos modernos porque, na opinião do Oratório, os antigos não só expunham de modo mais confuso, como também ignoravam muito problema e muita solução que só os matemáticos do século tinham encontrado; mas a obscuridade era para eles, talvez, o argumento mais forte, dado o cuidado que sempre tiveram em munir os alunos de ideias claras; "car la plus grande partie de ceux qui ont étudié n'ont point d'idées qui soient claires": pela pena de Lamy, o Oratório encontra-se com Montaigne.

As características cartesianas não eram menos fortes na Física; não só aceitavam as concepções fundamentais de Descartes, mas ainda proclamavam a superioridade da experiência sobre a autoridade; numa tese, um aluno chama-lhe "Voz e Oráculo da Física". Tinham-se organizado pequenos laboratórios que os próprios alunos aumentavam por meio de subscrição e que, se não possuíam grande aparelhagem, permitiam pelo menos que os rapazes fizessem pequenas experiências e as repetissem depois na sessão pública do fim do ano; parece que os assistentes não ficavam menos divertidos com os areômetros e os espelhos côncavos do que com as declamações retóricas dos Jesuítas. Nas aulas, os professores mostravam como as ciências se tinham ido constituindo pouco a pouco, faziam a história da sua disciplina. O que ainda hoje não conseguiu entrar nas Faculdades.

"Hinc forsan sanae logicae parens vocari possit Cartesius";[10] esta frase dum rapaz do colégio de Troyes indica que também no domínio da Filosofia a influência de Descartes fora decisiva. Num tempo em que os colégios continuavam a discutir Aristóteles, o Oratório atribuía ao seu mais terrível inimigo a primazia da boa lógica. Afastava-se do ensino tudo o que fosse dialética, jogo de palavras, retórica sem substância, proscreviam-se os cadernos ditados pelo

[10] A oração latina afirma: "Doravante, que Descartes possa ser chamado pai da lógica sã". [N. dos O.]

mestre e punha-se o aluno diretamente em contato com o autor a estudar, para que a sua razão se pudesse exercer livremente.

Havia um compêndio para as noções gerais indispensáveis e para a história da filosofia; nesta última tinha-se em restrito apreço os pensadores da Idade Média. Dava-se atenção especial à filosofia de Platão, aos Padres da Igreja que o tinham estudado, Santo Agostinho principalmente, depois a Descartes e ao filósofo que melhor representava o espírito do Oratório – Malebranche. Em todo o estudo da filosofia não se impunha aos alunos uma autoridade; falava-se de todos os autores, até dos considerados maus, dos que tinham passado na ignorância da verdade mas que, em todo o caso, tinham feito certo esforço para a atingir; o aluno depois julgaria por si, porque dentro do Oratório, acima de tudo, estava a liberdade de consciência individual.

A vida dos colégios, pelo que respeitava aos cuidados físicos com os alunos, não era inferior à dos estabelecimentos dos Jesuítas; praticava-se também a ginástica, tinha-se o sentido da água, acabava-se com o dormitório comum, possuindo cada interno o seu pequeno quarto particular. Os rapazes tinham numerosos recreios, as aulas eram divididas em meias horas, passando-se de uma para outra matéria, de modo a não fatigar o aluno. Havia também festas de que se procurava banir todo o intuito de exibição e em que os padres combatiam as representações de tragédias tanto do agrado dos Jesuítas; segundo as palavras de um dos superiores, são exercícios que só servem para fazer perder tempo, criar rivalidades e despertar o gosto da ostentação.

Se a pedagogia moderna não pode, evidentemente, aceitar como excelentes todos os processos de ensino do Oratório e de bom grado faria uma revisão nas matérias, não devemos esquecer que todo o progresso apenas se tornou possível pela existência do "espírito oratoriano", tanto nos padres como nos pedagogistas atuais; desejo de libertar o homem, de desenvolver o indivíduo, de o fazer pensar e agir por si, segundo os ditames da sua própria razão, luta obstinada contra todo o ensino que tenda a formar rebanhos dóceis, multidões de bonecos sem vontade, facilmente domináveis, mas de uma esterilidade absoluta em tudo o que signifique inteligência e vida.

Bibliografia[11]

Gustave Carré. *L'Enseignement secondaire à Troyes, du Moyen-Âge à la Révolution*. Paris: Hachette & Cie, 1888.

Paul Chételat. *Quid de studiis meruerit Gallicanum Oratorium*. Paris: Ernest Thorin, 1879.

Gabriel Compayré. *Histoire critique des doctrines de l'éducation en France depuis le XVIe siècle*. 5.ª ed. Paris: Hachette & Cie, 1885.

Charles Hamel. *Histoire de l'Abbaye et du Collège de Juilly*. Depuis leurs origines jusqu'a nos jours. Paris: Charles Douniol, Libraire – Éditeur, 1868.

Paul Lallemand. *Histoire de l'éducation dans l'ancien Oratoire de France*. Paris: Ernest Thorin, 1888.

Paul Lallemand. *De Parnasso oratoriano. Thesim proponebat Facultati Litterarum Parisiensi*. Paris: Ernest Thorin, 1888.

Padre Bernard Lamy. *Entretiens sur les sciences, dans lesquels, outre la méthode d'étudier, on apprend comme l'on se doit servir des sciences pour se faire l'esprit juste et le coeur droit et pour se rendre utile à l'Église. On y donne des avis importants à ceux qui vivent dans des maisons ecclésiastiques*. Paris: A. Fremon, 1683.

Henri Lantoine. *Histoire de l'enseignement secondaire en France au XVIIIe siècle*. Paris: Ernest Thorin, 1874.

Além das obras de caráter geral sobre o Oratório.

[11] Os elementos de referenciação constitutivos da bibliografia originalmente indicada foram revistos, completados e, quando necessário, também corrigidos. [N. dos O.]

Robert Baden-Powell | 1857-1941

Baden-Powell

PERSONALIDADE E PEDAGOGIA*

Vamos falar hoje da personalidade de Baden-Powell. Só há pouco tempo me deram o título oficial desta nossa conversa e quero dizer-vos antes de mais que ele me alegra muito, pois que nos dá a possibilidade de abordar um problema em que eu e vários amigos estávamos pensando: sobre o que são as relações entre personalidade e pedagogia. Depois o aplicaremos a Baden-Powell. Antes de mais, vou dizer-vos qual foi esse problema que ficou pairando na minha cabeça e na de vários amigos: é o da coincidência extraordinária que há entre o que foi Baden-Powell e alguns dos problemas do nosso mundo. Como é possível que numa altura em que se põem determinadas questões e em que essas questões precisam de ser resolvidas surja exatamente um homem que traz como que resposta para esses problemas. E o mais grave é que isso não sucedeu apenas com Baden-Powell e com os nossos problemas: tem sucedido em outros casos da história; sucedeu, por exemplo, com uma pessoa que andou recentemente muito em palestras, em festas e foguetes: o infante D. Henrique. O infante D. Henrique é o homem certo que aparece numa época em que era preciso resolver determinado número de problemas.

Baden-Powell é o homem que aparece também, não quero dizer com as soluções para problemas, o que seria uma linguagem que a ele desagradaria, mas pelo menos propondo alguma coisa que, segundo o que ele pensava – e eu já estou empregando mal este verbo –, segundo o que ele agia, segundo o que ele era, segundo o que ele se mostrava em ação, podia efetivamente resolver

---

* Agostinho da Silva. Baden-Powell, personalidade e pedagogia. *Revista Bandeirantes*. Rio de Janeiro, n. 5 e 6, 1961, p. 113-19 e 142-47, respectivamente. Como se depreende de referências feitas pelo autor logo nas páginas iniciais, o presente texto procede de palestra sobre Robert Baden-Powell ministrada por Agostinho da Silva. [N. dos O.]

um certo número de problemas; de modo que aquilo que teríamos de averiguar seria, de um modo geral, o que sucede nessa misteriosa relação entre um homem e a sua época; se de fato isso não é uma coincidência, se não é por um jogo de acasos que uma personalidade aparece em certa época da história, preparando-a para resolver os problemas que a construção do futuro lhe impõe. Ou se não é apenas uma coincidência e se há realmente uma predeterminação para que o homem surja nessa ocasião em que é preciso resolver o problema. Ou ainda uma terceira hipótese: se por acaso não serão o homem e o acontecimento como que as duas faces com que nos aparece alguma linha misteriosa da história que não é entendida pela nossa fraca percepção sensorial e pela nossa fraquíssima, talvez mais fraca do que a outra, capacidade intelectual.

Não vamos agora resolver o problema. Creio que, quando pessoas se encontram para conversar, há um certo número de problemas que devem ficar tratados, e cuja solução se deve pôr pelo menos em linhas gerais, mas que há outros problemas que convém deixar agitando-se na cabeça de cada um. Convém cada um mesmo resolvê-los. Se o não puderem tanto melhor, porque aquilo que faz a nossa juventude, aquilo que faz a nossa capacidade de viver, aquilo que nos é capaz de levar até o fim da vida com a mesma linha de entusiasmo e o mesmo espírito de agressividade, agressividade naturalmente no bom sentido, é isso mesmo, o ter problemas, o não ter resolvido todas as questões; creio que ter problemas para resolver dá ao homem, se não desiste perante eles, uma invejável capacidade e um bom hábito de combate. De modo que essa questão de saber se o homem aparece por acaso na altura do acontecimento ou se o homem é trazido para resolver o acontecimento ou se homem e acontecimento são mais, como eu creio, as duas faces de uma história ou de um fato que se nos revelam fragmentariamente naquela história a que nós assistimos ou que vem nos compêndios escolares – eis aí um problema que deixo para vós.

Para mim, a questão de personalidade se põe de uma forma muito simples: tive uma educação de filólogo e a mim, durante muito tempo, o que me interessou foi palavra, construção da palavra, sentido íntimo de palavra, aquilo que uma palavra queria dizer por si própria, pela maneira mesma por que se tinha formado. De maneira que jamais a ideia de personalidade se desprendeu em mim da palavra que lhe deu origem, do nome latino *persona*, e alguns aqui ainda rememoram dos tempos em que estudavam fábulas de Fedro e havia uma raposa que se dirigia à máscara da tragédia, à *persona* trágica. Pois bem: o nosso termo de personalidade vem justamente daí, vem de *persona* como máscara, mas uma máscara que é completamente distinta daquilo que nós hoje entenderíamos por máscara. Acasos de civilização, e sobretudo desastres de civilização, infelicidades de desenvolvimento humano, levaram a que hoje nós pensemos em máscara como alguma coisa ocultadora. Máscara é uma coisa que esconde; e que esconde o quê? Que esconde sobretudo a verdadeira pessoa que cada um é. E se alguém afivela uma máscara, afivela essa máscara para não ser conhecido, para que o tomem por outro. Mas talvez mais do que esse, existe o sentido de não querer que deem pelo verdadeiro que ele é.

A pessoa que hoje afivela uma máscara importa-se muito menos com que achem que ela é outra pessoa do que com o passar desconhecido perante aqueles junto aos quais vive. As máscaras, hoje, servem para esconder, para ocultar, e com tão perigosos resultados que, muitas vezes, quando os homens tentam desafivelar a máscara, o que acontece é que o rosto por baixo tomou já efetivamente a forma da máscara. O que há de terrível na nossa cultura de hoje para muitas e muitas pessoas, quase diria para todo mundo, é que pelo fato de trazerem máscara usada para se mascarar perante os outros, já se não consegue ver, quando a tiram, mesmo que seja ao espelho, senão a face que a máscara modelou.

A outra máscara, aquela *persona* que deu origem ao termo personalidade, essa é uma máscara completamente diferente, porque é a máscara do ator, é a máscara daquele que a punha, não para esconder mas para ser nos traços mais essenciais a personagem que ia representar. Logo de entrada, esse conceito de máscara, esse conceito de *persona* nos dá uma lição essencial, a de que nós o que temos é de apurar o que em nós há de traço fundamental; a grande tarefa da nossa vida é, afinal, a de nos olharmos realmente ao espelho para sabermos o que há de essencial em nós, quais são as nossas linhas mestras, pondo em seguida de parte tudo que é acidental e que não importa, para que só estas linhas mestras fiquem diante dos outros e da vida e, sobre elas, a vida se possa modelar. Não devemos modelar-nos sobre ninguém a não ser sobre nós próprios; e é à vida que cabe a obrigação de se modelar sobre a tal máscara de traços essenciais, a máscara do ator de comédia e a máscara do ator de tragédia. Esta é a máscara que nós deveríamos usar. Daí vem, exatamente, personalidade.

Então, se eu ligo a origem de personalidade a uma ideia de ator, chego, pelo menos quanto a mim, a uma ideia imediata, a de que a personalidade se marca sobretudo na sua impressão sobre o exterior. Ator, voltamos agora à história das palavras, ator é sobretudo aquele que age; não é o que pensa, não é o que está meditando, é aquele que age; e eu não quero dizer por essas palavras que aquele que pensa, aquele que está meditando, não seja porventura aquele que está agindo mais definitiva, mais rigorosamente, enquanto os outros, na maior parte das vezes, ao julgarem que estão agindo, apenas estão agitando-se, o que é alguma coisa de muito diferente. Mas eu agora quero pôr esse agir no sentido de encontro de coisa com coisa e de pessoa de corpo e espírito com pessoa de corpo e espírito, capaz de agir, capaz de proceder e capaz também de pensar para que haja esse procedimento.

Então, se a personalidade é alguma coisa que tem que ver com a máscara, com os traços essenciais do ator, isto é, do homem que, etimologicamente, segundo a origem da palavra, age, nós, se tivermos de encontrar a personalidade de Baden-Powell, devemos procurá-la sobretudo na ação. E se esse homem não demonstrar nenhuma espécie de individualidade, nenhuma espécie de particularismo no agir, então o devemos pôr de parte, pôr de parte como personalidade, o que não quer dizer que não possa ser extraordinário como pensador ou como poeta ou como músico ou como pintor; mas quanto à personalidade nesse sentido, ou ele passa pela prova da ação ou na realidade não havia em Baden-Powell nenhuma personalidade que possa justificar se dê a esta palestra de hoje metade de seu título. Passemos agora à outra metade, a da pedagogia, para vermos exatamente o que significa pedagogia e o que significa pedagogo.

Pedagogo é simplesmente o homem que leva o menino à escola e pedagogia é a ação de levar o menino à escola. Se Baden-Powell, quaisquer que tenham sido as ideias filosóficas que expôs sobre a maneira de criar personalidades, de esculpir gente, digamos assim, se Baden-Powell não fez essa coisa simples de ser um homem que leva menino à escola, então também a segunda parte do título desta palestra não terá razão de ser. Perante nós, hoje, o que vamos afinal pôr à prova é se o título que se deu para a palestra estava certo ou estava errado, à luz dessa ideia de personalidade que vem de *persona*, máscara de teatro, e que se marca pela ação, e à luz dessa ideia de pedagogia como de uma ação particular, a ação de conduzir o menino à escola.

Vamos então ver como é que Baden-Powell se marcou em ação e em que momentos essenciais da vida foi ele ação. Foi ação, por exemplo, quando ainda muito jovem era ele quem cozinhava para os irmãos; eles lhe deram essa obrigação, e lhe deram esse encargo porque consideravam que o cozinhar era alguma coisa que não estava ao nível da dignidade deles. Cozinhar era para o irmão que ainda não se podia defender porque era mais jovem, porque ainda não tinha habilidades, ou não as queria, para escapar ao trabalho que lhe impunham. Os irmãos achavam, como em geral acham os homens, que o cozinhar ou é uma questão de mulher ou então é uma questão daquele que se pode submeter, pela sua fraqueza, fraqueza do corpo ou de idade, como era o caso de Baden-Powell nessa altura; e ainda por fraqueza monetária se pode submeter alguém a essa tarefa de fazer comida.

Consoante for o procedimento de Baden-Powell perante esse encargo de cozinhar, teremos nós o primeiro testemunho da personalidade dele na ação. Baden-Powell aceitou imediatamente o encargo de cozinhar e fez-se um excelente cozinheiro. O fato de cozinhar, a ação de cozinhar, foram para ele uma circunstância positiva. Reparai nisso: aquilo que tinha sido infligido a ele como uma condição negativa, ele transformou numa condição positiva. Reparai também naquilo que fazemos habitualmente na vida: quando nos entregam um trabalho e nós supomos que tenha passado pela cabeça daquele que o entregou a ideia de que nos dá esse trabalho porque nos considera inferiores, nós imediatamente o repelimos, muitas vezes com violência, e, quando o não repelimos com violência, o toleramos com hipocrisia, o que é muito pior que a violência. Nunca ou quase nunca nos lembramos de que tudo que vem de fora pode ser um elemento para nossa construção.

Qualquer que tenha sido o pensamento que tenha passado na cabeça da pessoa que nos dá um encargo, nós temos sempre a possibilidade de transformar o que nos deram num degrau para nos erguermos.

É bom nunca esquecer que os obstáculos são aquilo que realmente contribui para que os ultrapassemos. E um exemplo de hoje, da nossa civilização de hoje, o exemplo do avião, é nítido a esse respeito. Avião avança porque o ar resiste. Se o ar cedesse sob o avião, se o ar fosse amável para o avião, se o ar tivesse muitas considerações com o avião que avança, nunca ele avançaria. É porque o ar resiste, é porque o ar se opõe, que ele pode efetivamente fazer a ação de voar. Na vida, a todos nós nos acontece a mesma coisa que acontece com esse exemplo do avião. Todos nós voamos na medida em que o ambiente se nos opõe. Ai daqueles aos quais o ambiente favorece, ai daqueles a quem os irmãos não encarregam de cozinhar, ai daqueles que nunca souberam transformar uma condição negativa numa condição positiva; fazer daquilo em que o queriam levar a tropeçar o primeiro degrau da escada que vai subir. E foi exatamente isso o que fez Baden-Powell.

Depois dessa experiência da cozinha, teve ele a experiência do exército. Baden-Powell não entrou para o exército porque amasse a vida militar; Baden-Powell entrou para o exército porque era pobre; mas essa condição de pobreza, ele transformou, depois de estar no exército, numa circunstância de progresso. Foi certamente por ser pobre que ele entrou para o exército; mas, dentro dele, imediatamente entendeu aquilo que o exército tem de essencial. E essa essência não é, como geralmente se julga, a agressividade; não é de jeito nenhum a disposição para destruir ou a disposição para matar os outros: o que há de essencial no exército é que cada homem, ao entrar nele, se despoja do domínio sobre si mesmo. A mais difícil de todas as propriedades que nós temos é a que se refere a nós próprios. Muita gente é capaz de dar o que tem e é capaz de renunciar ao domínio de outras pessoas, mas quase sempre afirma a sua resolução de não deixar que alguém mande sobre ele. Isto é, ele se considera dono de si próprio. Não é capaz de se tomar a si mesmo e se depor como uma oferenda perante alguma coisa ou alguém que ele acha que o supera. Ora, militar começa exatamente por isso, por depor tudo aquilo que ele é, por se abster da propriedade de si mesmo para se dar a alguma coisa que ele acha que realmente o supera.

Em segundo lugar, a qualidade essencial do soldado não é a de estar disposto a matar nem a de estar disposto a destruir. É a de estar disposto a ser morto se as circunstâncias a isso o obrigarem. É, fundamentalmente, a de fazer um voto de que nunca terá medo de chegar à última consequência a que o perigo o pode levar. E, como ele não tem medo de chegar a essa última consequência, pode estar inteiramente seguro, visto que quem não tem medo de morrer pode desafiar todo o resto. Os homens recuam das coisas, fundamentalmente, porque têm medo de morrer. Recusam-se a aceitar essa imposição da morte que lhes aparece no extremo do caminho que começam a percorrer.

Ora, Baden Powell descobriu essas duas coisas dentro do exército: descobriu que existia ali uma forma de apurar a sua personalidade, que havia ali uma forma de se ver livre de uma propriedade extremamente incômoda, que é a propriedade de nós mesmos. Só aqueles que alguma vez, ou porque entraram voluntariamente no exército ou porque entraram nalguma outra corporação com princípios de disciplina, ou melhor, de obediência, só eles sabem a infinita liberdade que se sente quando nos vemos livres daquilo que é um direito e ao mesmo tempo uma obrigação, o dispor de nós próprios: do termos de escolher aquilo que queremos sem ter a infinita comodidade de que os outros escolham por nós e determinem quais os lugares em que nos devemos bater e as tarefas que devemos desempenhar.

Aprendeu, em segundo lugar, a não ter medo de coisa alguma. A não ter medo sobretudo da morte, a levar as suas ideias às últimas consequências sem que nenhum obstáculo lhe importasse para nada senão na medida em que este obstáculo fosse uma lição para ele. E aprendeu alguma coisa também importante: aprendeu que a vida que nós vivemos nos nossos escritórios, nas nossas escolas, nas nossas fábricas, em todas as organizações que o homem criou, é realmente uma vida em que nós diariamente nos matamos. O homem não foi feito para estar atrás das máquinas. Oxalá as técnicas avancem bastante depressa para que máquinas estejam atrás de máquinas, para que máquinas funcionem por si mesmas e nós não tenhamos de cuidar delas senão na medida em que isso por acaso nos divirta, em que isso, por acaso, seja nossa tarefa de amador; oxalá as organizações humanas avancem também o suficiente para cada vez menos gente, e algum dia realmente ninguém, venha a passar a vida atrás de escrivaninha resolvendo o que realmente não importa. Infelizmente, a tudo a vida nos acostuma: sou hoje capaz de passar horas, não muitas, atrás de uma carteira, mas, no princípio da vida, minha mãe, para que eu aprendesse a ler, teve de me atar uma perna à perna de uma mesa; infelizmente, isso se perde: nós hoje devíamos ser todos exatamente como eu fui: devíamos ser de maneira que, ao entrarmos de manhã na nossa repartição, houvesse um bedel ou servente especial para nos atar uma perna à perna de uma mesa, como única garantia de que não fugiríamos.

Baden-Powell verificou que tudo isso é realmente uma vida desumanizada: a grande vida é aquela que ele foi levar no exército, a vida ao ar livre, vida de esporte, vida de fadiga, vida em que cada um, à noite, é arremessado para a cama como alguma coisa que nem se pode reconhecer, que dorme de qualquer jeito, até em cama efetivamente, e que só acorda na manhã do dia seguinte, quando o despertam para outro dia de intensa vida física; essa foi a vida de sua Escola Militar,[1] mas não foi a vida da unidade de guarnição, quando ele chegou à Índia para se apresentar no seu regimento. Ali, a vida era completamente diferente. Os homens estavam numa guarnição de pequena cidade, raras vezes tinha uma possibilidade de entrar em combate, raras vezes tinha uma possibilidade de fazer a vida física que ele amava.

Baden-Powell sentiu exatamente esse ambiente; sentiu, ao vir da Escola Militar da Inglaterra, o que na realidade eram tropas inglesas na Índia. Na Inglaterra, havia a vida extraordinária sem nenhum perdão das exigências da vida militar; na Índia, foi ele cair na vida de guarnição e de polícia de um exército que está ocupando um país estrangeiro. O resultado era o que ele via à sua volta, com todos os seus camaradas nada mais fazendo durante todo o dia senão jogar, beber e dormir. Vida de caserna, com algum raro oficial que era

[1] Robert Baden-Powell estudou na tradicional Charterhouse School, na Inglaterra, e abraçou a carreira militar desde cedo no British Army. [N. dos O.]

ou se julgava mais inteligente e persistia em jogar xadrez com a desculpa de nenhuma morte, se não desculpa [de] nenhuma batalha,[2] quando a verdade é que nunca jogar partidas de xadrez ajudou nenhum verdadeiro soldado a coisa nenhuma num campo de batalha. Mas, no conjunto, a vida no regimento era tudo que havia de mais monótono. Achou então Baden-Powell que tinha aí outra possibilidade de transformar circunstâncias negativas em positivas.

Como os homens deviam ser, pelo conhecimento do viver no campo, os olhos do exército, foram treinados para conhecerem sinais, pistas, alimentos, processos de seguir o inimigo sem que ele o notasse, ensinou-os a estar preparados para toda a emergência. Todos eles tinham de realizar na sua vida normal as tarefas que hoje realizam em seus acampamentos bandeirantes e escoteiros. Baden-Powell fez ainda uma coisa importante: ensinou os seus homens a representar, não só por gosto de poder ser diferente do que se é, mas ainda pela utilidade prática da habilidade em vida de campanha. Além de tudo, e como que num símbolo, esses homens estavam indo pelo nosso primeiro conceito de personalidade e pela obrigação que nós todos temos de dar pela ação tudo quanto em nós existe como possibilidade.

Esses homens que Baden-Powell treinou, tal entusiasmo demonstraram por aquilo que eram agora na sua nova profissão de *scout*, que completamente abandonaram todos os costumes que tinham de beber, de jogar, de dormir. O regimento de Baden-Powell transformou-se, portanto, na tal circunstância positiva; ele tinha conseguido, porque havia tédio, ele tinha conseguido, porque havia desinteresse, ele tinha conseguido, porque o haviam lançado num meio que era muito inferior a si próprio, ele tinha conseguido essa coisa extraordinária que era não descer até à baixeza em que estavam os outros; conseguiu fazê-los subir até à altura em que ele próprio estava. Não se contentou sequer com aquilo que muitas vezes se faz de se isolar o indivíduo, se meter na

[2] Em função de uma desordenação acidental na composição tipográfica, onde se lê "morte, se não desculpa [de] nenhuma", o que figura na edição de 1961 é "num taodserp .ael;ocahum nen es". Procedemos, assim, a uma recomposição dos caracteres de modo a reconstituir, ao que tudo indica, a formulação original. [N. dos O.]

tal celebrada torre de marfim, para que o contato com os outros não o venha estragar. Baden-Powell não fugiu desse meio e não desceu até ele: elevou-o a si mesmo e, quando foi transferido para a África, já levava no seu arquivo essas vitórias que podemos agora marcar como vitórias da personalidade.

Fez mais ainda quando chegou à África. Teve ele aí diante de si outro problema, que é um problema que nós todos temos diante da vida: o problema de aproveitar aquilo que no mundo parece não prestar; o problema de aproveitarmos no mundo aqueles seres humanos que parecem não servir para coisa alguma. Geralmente, quando se propõe alguém para um emprego, a proposta que se faz ao que lhe vai ser chefe é do teor seguinte: trago-lhe fulano e o senhor verá se ele presta. Nenhum chefe responde: traga-o, que ele vai prestar mesmo. Esse seria o verdadeiro chefe; o verdadeiro chefe seria aquele capaz de aproveitar toda a gente que lhe aparecesse, inventando, se necessário fosse, a tarefa própria e cumprindo por aí o dever basilar que temos diante de qualquer ser humano, e que é o de demonstrar, e de lho demonstrar pelo seu próprio agir, que ele é único no mundo, que ninguém mais é como ele, que ele não poderia ser substituído por nenhuma outra pessoa.

Quando se diz que todos são substituíveis, que se pode morrer ou se pode ficar ausente porque não há ninguém que seja insubstituível, o que se está a fazer é entrar na mentalidade comum, naquilo que toda a gente diz sem pensar no que diz. O que acontece é que não há ninguém que seja substituível. Ao entrar outra pessoa, tudo se transforma à volta. Já é outro meio, já é outro conjunto aquele que aparece; o primeiro conjunto desapareceu e desapareceu só porque faltavam elementos; quando entra o outro é o conjunto que se tem de reformar. Nós, a cada passo, estamos desprezando gente na vida, nós que tão pouca gente temos no mundo para tarefas, neste mundo enorme em que tanta coisa há a fazer. Aquilo que mais falta é mão de obra, aquilo que mais falta é gente que faça, parecendo que sobra muita gente. Só parece que sobra muita gente porque todas as coisas estão mal organizadas e está toda a tripulação para um lado do navio, em lugar de se distribuir por todo o navio, como devia. O que é verdade é que passamos a vida achando que os outros não prestam, exatamente como a maior parte das pessoas passa a vida achando que a comida que vem à mesa é inferior, quando é muito superior ao que ela [comida] vale, quando a comida que se lhe apresenta, seja ela qual for, vale muito mais do que todo o trabalho que provavelmente ela [a maior parte das pessoas] fez. Se ela [a maior parte das pessoas] se lembrasse de que a maior parte das pessoas no mundo de hoje não come, que a maior parte das pessoas no mundo de hoje se alimenta apenas da ilusão de que vai comer amanhã, e por isso dura bastante tempo, se ela se lembrasse de que, cientificamente, a maior parte da população do mundo morreria de um dia para o outro porque não come de jeito nenhum o suficiente, certamente a veríamos fazer cara menos feia diante da comida que lhe apresentam, não achar que tem pouco sal ou que tem pouco óleo e comer, vorazmente e agradecidamente, tudo quanto lhe pusessem diante.

A mesma coisa acontece quanto a pessoal; nós, que não temos quase ninguém para levar a cabo todas as grandes empresas que há a realizar no mundo, a cada passo estamos pondo fora de serviço as pessoas, revelando por aí o nosso defeito, o defeito de falta de capacidade de liderança; se houvesse verdadeira liderança no mundo, ninguém seria desaproveitado, porque o verdadeiro líder é aquele que é capaz de aproveitar todos os que tem pela frente, sobretudo aqueles que não prestariam para coisa nenhuma. Ele lhes lança dentro um tal entusiasmo, que eles tornam a nascer de novo. É como se o outro morresse, e é este um dos sentidos da frase antiga sobre a morte do homem velho: é como se o outro morresse e outro homem nascesse. Ao contato do líder, aquilo que não prestava some, se esvai em nada, porque, na realidade, era ilusão. Aquilo que vale, mesmo que o não parecesse, aquilo que vai agir no mundo, isso aparece, forma atrás desse líder, amanhã será ele próprio um líder.

Quando em África, Baden-Powell, no cerco de Mafeking, não tem bastantes tropas e não tem bastante gente adestrada, lança ele os olhos à sua volta, disposto a servir-se de tudo que parece não prestar para nada. E encontra os meninos de Mafeking, os rapazinhos que não serviam para nada e que vão servir exatamente como mensageiros durante o cerco. Eles vão fazer proezas extraordinárias de que ninguém os julgaria capazes: vão dar prova de resistência física e de acuidade intelectual, prova de tal ordem que os professores que naturalmente durante muito tempo lhes tinham dado a tal nota habitual de abaixo de cinco, ficaram admirados do que Baden-Powell era capaz de fazer com eles. Esses meninos, muitos dos quais não prestavam nas escolas, apenas porque as escolas não prestavam para eles, esses meninos, quando encontraram um líder, quando encontraram um Baden-Powell, se transformaram em alguma coisa de igual à gente mais inteligente e mais capaz que tem existido no mundo.

Eis aí outra circunstância em que ele mostrou sua personalidade, e [que] personalidade capaz de agir foi essa. Aqueles meninos, que se consideravam como mortos, que os pais até, às vezes, consideravam como peso, que toda a gente da cidade via como pouco menos do que inúteis fosse para o que fosse, a não ser para fazer cópia e ditado na escola, esses meninos foram capazes de dar lição a muita gente grande, pela sua coragem, pela sua capacidade de raciocínio e, sobretudo, ponto importante, pela sua capacidade de obediência, mas de obediência voluntária, de obediência de amor, porque Baden-Powell se revelara para eles um verdadeiro líder.

*

Quando depois do cerco de Mafeking voltou à Inglaterra, aclamado por toda a gente, verificou Baden-Powell que o Estado-Maior tinha achado extremamente interessante o relatório que ele fizera sobre as tropas da Índia, mas lhe não tinha dado seguimento. Todos os estados-maiores do mundo civil e militar são mais ou menos da mesma espécie; todos eles, em geral, acham os relatórios extremamente interessantes e interessantes os projetos: só que deixam que o interesse vá para uma pasta de arquivo e por ali fique. O relatório de Baden-Powell tivera esse destino.

Felizmente uma cópia escapara e tinha ido parar às mãos de uma educadora; a educadora achou que todo aquele sistema iria dar bom resultado com os meninos que ela tinha para educar. Pediu a Baden-Powell que tomasse um grupo de meninos, experimentasse com eles os princípios que tinham dado certo, primeiro na Índia, depois em Mafeking; e, então, aquele homem que voltava para a Inglaterra com a vitória da ação mais notável que tinha havido naquela guerra, a guerra dos Bôers, e um dos cercos mais extraordinários que tem havido na história, esse homem que era condecorado e festejado por toda a parte pelos seus feitos, esse homem não achou de jeito nenhum que estava abaixo de si ocupar-se de um grupo de meninos. Ele, que tinha comandado homens em batalhas, ele que tinha levantado a moral de regimentos, ele que era capaz de, efetivamente, entusiasmar uma nação como entusiasmara a Inglaterra, ele achou que era perfeitamente natural, e porventura muito mais ao nível de suas capacidades, ensinar aos meninos o que ele próprio experimentara. Provavelmente, porque essa foi uma das grandes qualidades de Baden-Powell, a humildade, provavelmente Baden-Powell até achou que pela primeira vez no mundo estavam descobrindo o que ele era, menino gostando de entreter-se com meninos, menino que, apesar de tudo, era capaz de estar ao mesmo nível dos meninos, ao mesmo nível no sentido de capacidade de interesse pelo mundo e capacidade de interesse pelo jogo.

Aquilo que distingue realmente uma criança de todo o resto que é vivo no universo é a capacidade enorme de sua absorção no jogo. A capacidade enorme de imaginar que as coisas efetivamente estão surgindo como ao toque mágico de uma vara de fada e fazer que perante isso o tempo não exista. O milagre que uma criança faz cotidianamente no mundo é aquele milagre de conseguir que o tempo desapareça de sua vida na realidade. Aquela historieta que se conta do monge da Idade Média que esteve trezentos anos ouvindo um rouxinol cantar e teve por aí a ideia do que deve ser a eternidade, esse milagre do monge medieval é repetido realmente pela criança todos os dias quando brinca. Tempo para ela desaparece, e é o adulto que vem impor-lhe normas de tempo; o adulto existe no mundo da criança para interromper a cada momento a história do monge e do rouxinol.

O que Baden-Powell soube fazer foi que esses meninos verificassem que para eles tempo não existia também. Aquele homem que fizera todas as coisas de que falamos, nunca olhava o relógio; relógio para ele não existia. Ele se entregou completamente à experiência que iam fazer os meninos e, quando emergiu, trazia os princípios essenciais do escotismo prático, que não tinham sido elaborados por ele, ponto importante, que tinham sido realmente feitos por esse grupo de meninos.

O que ele contou fundamentalmente, o que ele fundamentalmente reduziu a código, foi a experiência que os meninos tinham realizado, aquilo que eles tinham conseguido fazer. Então, o escotismo é essencialmente não uma criação de Baden-Powell naquilo em que Baden-Powell nos aparece como um grande homem no sentido da projeção da sua vida sobre nós, mas uma criação de Baden-Powell naquilo em que Baden-Powell recua diante de nós como recuou perante muita gente no mundo. Ele que não tinha recuado diante do inimigo no cerco, ele recuou diante desses meninos. Ele se pôs inteiramente em segundo plano, de maneira que o escotismo, de que Baden-Powell aparece como pai, aparece como causador, é, na realidade, vindo dele, mas vindo dele por esse processo em que ele se calou para escutar os meninos; aquilo que ele nos traz é efetivamente alguma coisa que foi feita pelos meninos, aprovada pelos meninos e que os próprios meninos dariam à publicidade se tivessem a capacidade de o fazer. Então, vemos aqui que Baden-Powell, ao contrário de achar humilhante para si as circunstâncias de se entregar àquele grupo de rapazinhos para fazer escotismo, fez dessa circunstância a grande e fundamental base do escotismo, aquilo que um dia, quando nós pudermos olhar o escotismo em grande perspectiva, veremos como uma das suas coisas essenciais, que é o ter sido uma criação de crianças; não devemos esquecer nunca que escotismo é fundamentalmente isso, um presente das crianças aos grandes. É humildemente também, porque as crianças são igualmente humildes, é, humildemente, o presente que elas vêm oferecer, o chamado à vida que elas vêm trazer aos adultos, tão frequentemente distraídos da vida. Esse presente elas o trazem, esse chamamento elas o fazem, renovando, como sabeis, palavras do Evangelho, o sermos nós todos como crianças, para que assim nos possamos salvar.

Eles vêm chamar a atenção dos adultos para toda a vida extraordinária que se pode viver quando cada um de nós resolve libertar a criança que há dentro de si próprio, resolve botar para o lado todas as complicações da nossa cultura e da nossa civilização e voltar a ser a criança que foi e que sempre e naturalmente deveria continuar a ser.

Daí por diante, Baden-Powell, não tendo já trabalho criador a fazer, continua na realidade dando a lição máxima de escotismo, essa lição de humildade e essa lição de alegria contagiante que havia para toda a gente que com ele entrava em contato. Se o sinal do verdadeiro cristão é estar alegre, o sinal do verdadeiro escoteiro é também estar alegre. Gente triste nem é cristão nem é escoteiro nem é coisa nenhuma. Gente triste anda no mundo pensando em entristecer os outros. Quaisquer que sejam as nossas dificuldades, os nossos problemas e as nossas agruras, a nossa obrigação é tratar disso de noite, enquanto dormimos e enquanto os outros dormem, e todas as manhãs aparecer tendo lançado fora todos os problemas que nos podem afligir, para chegarmos aos outros e lhes dar a maior esmola e o maior amparo que efetivamente podemos dar, que é o amparo da nossa própria alegria e do nosso próprio entusiasmo ao ver aquele dia que rompe. Sacudir a tristeza dos outros, não deixar que efetivamente os outros caiam nessas melancolias, mas que se apoiem em nós, que sofremos, mas que sofremos de noite, calados e quietos, que se apoiem em nós para que possam afrontar todos os problemas que vierem, com o mesmo gosto de vencê-los e a mesma alegria.

E por aqui principia, ligando-se diretamente ao agir de sua personalidade, a pedagogia de Baden-Powell. Baden-Powell, quando pensou em pedagogia, nunca pensou em escolas. Só uma vez expôs Baden-Powell pensamentos que poderíamos chamar propriamente de educação; e sabeis o que ele dizia? O que ele dizia e o que ele pensava era que a grande educação que existe no mundo, essa se devia fazer fora de escolas. Quando ele, num congresso de educação,[3] levantou o problema que era fundamental, e aqui voltava ele ao princípio da sua vida, o problema de saber qual o valor da vida militar, e quando pôs claramente que um dia a guerra seria completamente banida do mundo, porque Baden Powell sabia perfeitamente que a guerra não faz parte da natureza humana, mas vem sobre nós por uma série de fatalidades e circunstâncias do desenvolvimento histórico, quando ele achou que a guerra um dia ia desaparecer do mundo,

[3] Trata-se do Troisième Congrès International d'Éducation Morale, presidido por Adolphe Ferrière na Universidade de Genebra e ocorrido entre 28 de julho e 1.º de agosto de 1922. Nessa ocasião, e no último dia do congresso, Baden-Powell apresentou a conferência "Education in love in place of fear". [N. dos O.]

que a luta entre os homens seria apenas uma triste recordação do passado, mas que dele tinha que guardar as virtudes da vida militar, e que essa seria a verdadeira educação dos jovens, não falou ele em escola nenhuma, o que disse é que era preciso pegar os rapazes e naturalmente as moças e, quando eles chegassem aos dezoito, dezenove ou vinte anos, lançá-los em tarefas duras, em tarefas difíceis, em tarefas em que se corresse risco de vida. Reparem bem: esse homem, que tinha passado a vida inteira com amor da humanidade, esse homem, na altura em que apresenta uma teoria educativa, não se importa de fazer que os outros afrontem risco de vida. E essa é a atitude de um verdadeiro educador.

Temos que levar gente, não a uma vida cômoda, a uma vida fácil, mas temos que ter a coragem de levá-la a uma vida difícil, a uma vida rigorosa, uma vida perigosa, pois só com uma vida difícil, rigorosa e perigosa dá o homem o melhor de si próprio. É necessário obrigá-lo a saltar obstáculos. A primeira tarefa do educador é procurar varas bem altas e obrigá-lo a saltar. Baden-Powell, o que fez nessa conferência célebre foi exatamente isso, o exigir que se ponha diante das pessoas um objeto que vá muito além daquele que lhe possibilitam as suas forças.

Ele queria, para todos os rapazes e para todas as moças, quando chegassem a essa idade, uma educação que lhes temperasse a vontade, não mais gente na rua vendo gente passar, não mais gente encostada pelas portas dos cafés, não mais gente de vinte anos vergonhosamente desocupada, passando todo o dia sem fazer coisa nenhuma, fraquíssima de caráter, fraquíssima de corpo, esperando que chegue o tempo de jantar para que chegue o tempo de dormir para que chegue o tempo de se levantar.

O que ele queria era pegar nessa gente que há por toda a parte e jogá-la, por exemplo, num navio de pesca. Por que motivo hão de ser só pescadores os pobres, por que motivo só eles obrigados à dura vida dos barcos pesqueiros? Por que hão de ser só eles a pegar aquele frio que uma das bandeirantes aqui presente, a do Rio Grande do Sul, conhece perfeitamente, o frio das madrugadas terríveis em que chuvas geladas caem sobre os navios e os homens mal podem trabalhar com o material que têm ao seu dispor para levantarem o peixe do mar? E realmente, por que só eles? Hão de ter essa vida por que são pobres?

Por que não hão de tê-la os moços que vivem parados pelas ruas vendo passar gente, por que não hão de ter esse treinamento de barcos de pesca, por que razão não irão ter eles o treinamento dos campos, como as moças o tiveram na Inglaterra durante a guerra ou o treinamento das minas em substituição daqueles mineiros que, com os pulmões atacados pela silicose, continuam trabalhando no fundo da galeria? Por que não há de trabalhar tanta gente válida que fica inútil na terra com as longas férias escolares e às vezes com férias que não são apenas as que estão no calendário escolar, mas ainda as que se inventam? Por que não hão de trabalhar quando é tanto o tempo livre?

Baden-Powell foi inteiramente de opinião de que um dia todo o serviço militar se deveria substituir por esse serviço de barcos, pelo serviço das minas, pela patrulha dos icebergues no Atlântico Norte, que é um dos trabalhos mais difíceis, mais arriscados e que exige maior coragem da gente que o faz, ou os voos para descobrir e seguir os tufões. Deve-se levar toda essa gente a de fato ter tido na sua vida alguma coisa que fizesse de perigoso, em que tivesse temperado a vontade, em que se tivesse instruído para a vida e lhes desse a eles a capacidade de confiança em si suficiente para afrontar tudo o que a vida lhes trouxesse.

Portanto, a primeira ideia fundamental da pedagogia de Baden-Powell é essa, a de que é a vida aquilo que educa, de que é a vida aquilo que importa. O que vale é o participar ativo das tarefas da vida e não o passivamente estar sentado numa cadeira aprendendo a ler, a escrever, e a contar, sobre problemas que não são reais, trabalhando com fatos que são inventados só para o caderninho de problemas, em lugar de se ter diante o grande caderno de problemas da vida, cujas soluções demoram para se encontrar, anos e anos para aqueles que na vida estão como Baden-Powell queria.

O que ele quis quanto ao escotismo foi exatamente que ele fosse uma escola de educação pela vida. Uma escola de educação da iniciativa de cada um. Nunca nenhum escoteiro deve ir para parte nenhuma ouvir nenhum curso que lhe queiram dar: o que ele deve é procurar ele mesmo, e Baden-Powell pôs isso como princípio basilar, procurar ele mesmo quem o possa ensinar sobre tal ou tal assunto, ir ele à procura, por iniciativa própria, daquilo que tem a aprender, se é que quer aprender. Porque, se não quer aprender, ninguém o obriga; ninguém o obriga; só que ele se sentirá mal dentro da sua equipe, da sua patrulha.

Para forçar uma pessoa a sair de alguma coisa para a qual não está talhada, não é precisa nenhuma dessas máquinas de exame que nós montamos com tanta firmeza e tanta acuidade na vida. Sempre que tive que ensinar numa Faculdade de Filosofia, consegui que se fossem embora espontaneamente aqueles que nada tinham que fazer lá dentro. Sempre aprovei toda a gente no vestibular, porque todos têm a capacidade de aprender o que se vier a ensinar; e não reprovei nunca ninguém na classe porque quem não valia ou não queria valer nem aos exames chegava. As cargas de trabalho prévio que eles tinham de fazer eram de tal ordem que ficavam a imaginar o que seria o exame. Só aqueles que tinham a coragem de enfrentar essas cargas de trabalho verificavam depois que, no exame, a coisa era extremamente fácil. De fato, tudo tem de ser difícil na escola, menos o exame; o exame, para quem aguentou o trabalho, não tem importância nenhuma: é uma formalidade que vai para os arquivos para se poder dar ao menino uma nota documentada. Aquilo que vale, na realidade, é o trabalho que ele fez antes e, se ele não teve coragem de enfrentar esse trabalho, prova não serve para coisa nenhuma. Sabemos perfeitamente que nossos alunos de quase todas as escolas superiores, eu falo de nossos alunos de quase todo o mundo, sobretudo das nossas civilizações chamadas latinas, nós sabemos que esses meninos não estudam e fazem prova; fazem prova e passam. Como é que isso se consegue não o sei eu. Se é copiando ou se é levando dentro da cabeça um certo número de noções que servem para todas as coisas, ou se é uma benignidade muito grande de toda a gente que julga, isso nada importa; o que importa é que eles depois, lançados na realidade da vida, não sabem como se defender. É o caso dos bacharéis que não sabem fazer requerimento, é o caso dos médicos que não sabem se as pessoas têm pneumonia ou receberam facadas, ou o caso dos professores que chegam diante de uma classe e não são capazes de ensinar coisa alguma porque se sentem inibidos. São todos profissionais que fabricamos às centenas e que não servem para coisa alguma. Que vão talvez servir para muita coisa, porque em geral são bons no que é interior, mas que só vão servir depois de a vida os ter educado. É, afinal, o que eles dizem: na escola aprendemos pouco, na vida aprendemos muito.

Pois Baden-Powell tinha exatamente essa ideia. E tinha também a ideia de que a escola devia ser na medida do possível substituída pela prática e a prática individual acompanhada pela prática de grupo. Baden-Powell, sem que ninguém desse por isso, pôs o elemento fundamental de destruição de alguma coisa que ainda consideramos como importante nesse nosso mundo de concorrência, e que é a emulação individual. Nós que dizemos viver numa civilização cristã e que fazemos grandes frases a esse respeito, nós vivemos na realidade, não numa civilização cristã, de fraternidade, mas numa civilização de concorrência, numa civilização de combate, numa civilização daquilo a que se chamou luta pela vida ou batalha pela sobrevivência. Cristianismo, em nós, continua sendo apenas um ideal. Cristo continua crucificado na sua cruz; com esse nosso procedimento, continua com grandes possibilidades de estar até o fim dos séculos: apesar de nos chamarmos cristãos, continuamos numa civilização que é puramente de concorrência, de luta em concurso pela conquista de nosso lugar pessoal ou de luta no mundo, por exemplo pela conquista de mercados, quando uma nação deseja colocar os seus produtos.

Baden-Powell deu o primeiro golpe nessa concorrência, quando fez que aquilo que existisse fosse uma concorrência de grupo perante outro grupo, não a do indivíduo perante outro indivíduo. Em teoria, pelo menos, matou ele completamente a ideia de concorrência entre indivíduos e lhe substituiu essa ideia de colaboração do indivíduo com o seu grupo. A luta é entre equipes, a batalha é entre equipes. Eis aí o primeiro passo para que um dia, efetivamente, acabemos com essa batalha da concorrência, que vicia completamente o nosso caráter, que nos lança a coisas que nós, fora da concorrência, de cabeça fria, jamais pensaríamos fazer. Aqueles que atropelam gente para entrar nos ônibus, cada vez que não está presente a polícia, se eles estivessem de cabeça fria, veriam perfeitamente que teriam de deixar entrar as pessoas segundo uma ordem de precedência, infância, fraqueza, etc.; se não estivessem nessa luta de concorrência, nessa loucura de sobrevivência do mais forte, e aqui citando-se Darwin erradamente: de fato, Darwin não falou no mais forte, mas no mais apto, o que é inteiramente distinto. Foi isto o que Baden-Powell bateu de frente com a sua ideia de aprendizagem e de atividade em equipe.

Uma segunda ideia é a de que a educação deve ser dura; Baden-Powell achava que ensinar meninos de maneira fácil, fazer rir meninos quando aprendem aritmética ou geografia é das coisas mais absurdas que podem existir no mundo. As coisas são difíceis; aquilo que se tem que fazer dá muito trabalho, e, então, é preciso que o menino, logo desde o princípio, saiba que aquilo que ele tem que aprender é efetivamente trabalhoso e exige aplicação total. Tem de saber que não há outro jeito. Ensinamos línguas, por exemplo, como ensinamos cinco anos de latim, cinco anos de francês, não sei quantos de inglês com o resultado de não sabermos nem latim, nem francês, nem inglês, porque é exatamente isso o que sucede, é coisa que inteiramente se tem de pôr de parte. No fim do ano, o aluno possui quando muito vocabulário que corresponderá à aprendizagem de uma ou duas palavras por dia, quando se sabe hoje que se pode aprender cerca de cinquenta, o que dá, ao fim de dois ou três meses, o vocabulário suficiente para se entender publicações correntes. Além de tudo, o que acontece muitas vezes é que a palavra que se aprendeu num dia se esqueceu no dia seguinte, tais os intervalos da aprendizagem e as matérias diferentes que nela se intercalam. Vamos pelo fácil, quando só pelo difícil se pode realmente aprender. Na realidade, ninguém aprende coisa nenhuma quando não está em dificuldade. Fixamos as coisas na altura em que o perigo está conosco.

Por outro lado, achou Baden-Powell que a pedagogia se tinha que dirigir a alguma coisa de diferente, de bem diferente da escola atual, que às vezes fabrica sábios, mas quase nunca fabrica homens no sentido de pessoas capazes de ser a *persona*, a máscara que age, aquele que representa na vida um papel vital. Quanto a isso, foi Baden-Powell um dos mais intensos moralistas de todas as épocas, embora não falasse nunca de moral.

Basta citar, para exemplo, o que se refere ao fumo. Quando Baden-Powell combatia para que o escoteiro não fumasse, nunca disse que não devia fumar por moral ou por economia: disse sempre que não devia fumar porque o fumar estraga o olfato. Escoteiro tem obrigação de distinguir bem os cheiros como prova de atenção e de amor pelo mundo externo. Tem obrigação de ser o que vê bem, o que ouve bem e o que tem bom olfato. Então, se ele fuma e se o seu olfato se encontra em perigo, só lhe resta ou desistir de fumar ou desistir de ser escoteiro. O mesmo acontece quando ele intercalou em livros seus a notinha de que o leitor se devia pôr direito, devia endireitar as costas. A ideia fundamental não é a de que a pessoa lendo um livro toda recurvada está faltando à sua dignidade, ao respeito que deve a si próprio, o que, no entanto, já seria uma ideia. A ideia de Baden-Powell é certamente a de que aquilo que um livro pode ensinar entra muito melhor e muito melhor se fixa se a pessoa está perante a leitura como em posição de sentido. E Baden-Powell não fica fazendo longos discursos sobre o assunto: põe o tal parênteses ou as tais iniciais e a pessoa que está lendo o livro, ao receber aquela ordem simples e direta, automaticamente estabelece a boa posição.

Sabia fazer essas coisas sem apelar para as questões de moral, sem levar o assunto para o lado trágico. Embora a *persona* de que vos falei a princípio fosse também alguma coisa de tragédia, ele nunca tomou na vida essa atitude trágica e, embora também seja alguma coisa de comédia, nunca procurou fazer rir ninguém; o que ele procurou foi que as pessoas fizessem realmente as coisas com alegria; mas alegria e risos são diferentes: é por isso que os retratos que é moda tirarem a rir os homens públicos, só mascaram tristeza e desalento.

Baden-Powell achou que o essencial na vida não é rir: o essencial é estar alegre, o que só vem de um caráter forte, de não ter medo a coisa alguma e de estar disposto cada um a realizar na vida o que se lhe meteu na cabeça, a despeito de todos e a despeito de tudo. Quando ele, por exemplo, põe como uma das provas dos meninos cozinhar um almoço no cimo de uma árvore, não se trata de nenhuma habilidade de acrobacia, não se trata de nenhum feito especial, trata-se simplesmente de meter na cabeça do menino que, se apetecer cozinhar um almoço no cimo de uma árvore, o pode fazer; mais ainda, o deve fazer.

Lição essa extensível a toda a vida: quando a nós nos apetecer cozinhar um almoço, seja de que natureza for, no cimo de qualquer árvore, seja ela de que natureza for, a nossa obrigação é fazê-lo. Fazê-lo sabendo perfeitamente que corremos o risco de cair de lá e de quebrar o pescoço. E, então, quando as árvores não são árvores e o almoço não é almoço, quero eu dizer, quando as coisas se passam em lugar onde não há bosque e só gente, e onde os almoços não são em geral para nós comermos, mas os que preparamos para os outros, aí, quando resolvemos fazer as coisas à nossa moda, o risco de quebrar o pescoço é muitíssimo maior. Mas precisamos de o correr, precisamos de ter espírito de iniciativa, juntamente com o espírito de equipe, e o espírito de realizar o nosso pensamento a despeito de tudo. Isso, junto com a ideia de que só a vida nos pode educar para a vida na medida em que corajosamente a ela nos lançarmos, parece-me ter sido a lição fundamental que nos deu Baden-Powell na sua personalidade e na sua pedagogia.

*Celebrando Maria Montessori**

Servem quase sempre os centenários mais para que apareçam os vivos do que para se comemorarem os mortos. Mas, mesmo que tal se desse com o aniversário do nascimento de Montessori, não ficaria ela descontente. Para além do que apareceria, e é, também, vaidade e pouca consciência própria do valor nulo da glória da parte de quem geralmente promove os atos de lembrança, distinguiria ela dois elementos fundamentais: o de que a vida continua e deve continuar com interesse, com entusiasmo e com vontade, ainda que frequentemente desviados de seus pontos certos de aplicação, até que de novo se ganhe o Paraíso, se foi real, ou se construa o Paraíso, se apenas foi sonhado; e o de que menos se está celebrando a sua pessoa mesmo do que a obra que deixou e, como nos melhores, nela se confundiu com a própria vida.

Talvez até fosse um pouco mais longe e esperasse ansiosa que alguém pusesse bem claro que o gênio de quem quer que seja é sempre inferior ao do conjunto da humanidade, que nenhuma obra esgota as capacidades de imaginar e realizar, do que logo, com a sua pedra mal talhada, foi testemunha o primeiro homem, e de que trabalho algum deixa de ser superado pelos que vêm depois ou apresentado de tão diferentes formas que é apenas exemplo e não método. Dir-lhe-iam, do método pedagógico que criou, baseando-se ela própria em experiências anteriores, que representou um progresso extraordinário sobre o que se fizera no passado e que abriu horizontes que até aí ninguém descortinara, mas que o avanço realizado nos domínios da

* Agostinho da Silva. *Celebrando a Montessori*. S.l.: Edição do Autor, 1971. (Bahia: Coleção de folhetos.) Também publicado sob o título "Celebrando Maria Montessori", em *Vida mundial*, o mundo numa semana. Série "Testemunho". Lisboa, ano XXXIII, n. 1663, 23 de abril de 1971, p. 38-40. Cotejando-se os textos editados nas publicações referidas, observam-se diferenças pontuais. Segue-se aqui a versão vinda a lume pela *Vida mundial*. [N. dos O.]

Biologia, da Psicologia, da Sociologia, nos dá hoje ideias e processos diferentes. Mas exigiria igualmente que se dissesse que estamos nós próprios na mesma situação e que tudo quanto temos a desejar é que venha o mais cedo possível quem, aperfeiçoando-nos, supere.

Cremos, porém, que mais longe ainda se deveria ir. Juntar-se-ia, ao acentuar que pode ela ter partido de base estreita, alargando ao comum dos meninos o que observara e inventara no seu contato com anormais, que é o amor simultâneo daquilo que é real e da sonhada perfeição que dele pode eclodir, que é esse amor o fundamento certo de pedagogia como o é de política ou de arte. Jamais deixou ele de a animar em tudo que fazia, a levou a superar todos os obstáculos que se lhe levantavam, não permitiu que nem por um momento a tomassem a piedade de si mesma, ou o desânimo, ou a afirmação fácil e simples, e sempre falsa, de que não vale a pena.

Não se deixaria igualmente de pôr com nitidez que, se lhe ficaram ocultos todos os motivos econômicos que influem na educação, se não tomou talvez segura consciência de que, sem reforma da economia e as novas estruturas sociais que ela permitirá, os melhores sistemas de educação serão sempre muito mais teóricos do que práticos e serão sempre restritos a uma pequena porção da humanidade, não deixou ela de se interessar sobretudo pelos mais pobres, pelos mais desprotegidos, pelos mais vítimas do sistema que no seu tempo regia o mundo e parecia certo a quase todos. Procurou, por outro lado, segura de que a educação é direito de todos e não pode ficar somente na posse de quem tem meios porque os não dá aos outros, que o seu método fosse o mais barato possível na aplicação, pudesse chegar a toda a escola e abrir toda a criança para a vida.

Talvez igualmente pudesse ter menosprezado a importância de apoio político para a obra a realizar. Mas, se bem que considerar a conquista do poder fator de importância secundária possa levar, e quase sempre leva, a chocar-se com as barreiras de um poder hostil, é também fora de dúvida que não cria ilusões sobre a distância a que os homens, no poder, ficam do que pregaram antes e não deixa que se desista da pequena obra que se poderia levar por diante por amor da grande de que apenas se fala e que, por só falada, fatiga muito menos do que a outra e se arrisca muito menos à imperfeição que tantos temem. Eis aí um dos grandes méritos de Maria Montessori: nunca, em nome do perfeito, deixou de se lançar ao imperfeito que lhe era possível. Foi esta apenas uma das faces da sua coragem, ou do seu amor, ou até do seu entendimento da ciência, pois tudo nela andou sempre tão conjunto que se torna ocioso ou impossível separar, na sua origem e no seu manifestar-se, um aspecto doutro aspecto; tudo nela era uno e aí esteve grandeza. Ousou seguir a carreira que estava na sua época reservada aos homens e não o fez para competir, mas para que plenamente se exprimisse a pessoa que era: as suas comparações nunca eram exteriores, com um ou outro, mas internas, entre cada momento do seu desenvolver-se, com a passagem do mais imperfeito que já fora ao menos imperfeito que se sentia agora ser. Formada em Medicina, não se viu obrigada ou tentada a viver dos juros do capital que investira estudando; se a educação de anormais a atraía era por esse caminho que devia seguir, abandonando as esperanças de uma clínica rendosa – e até vendo, porventura, na clínica rendosa e na boa posição social, muito mais perigos que vantagem.

Religiosa, era fiel ao que julgava basilar na religião que seguia, a salvação da sua alma, entendendo que para isso o caminho não era o dos ritos que maquinalmente se praticam, nem o dos preceitos que cegamente se cumprem, nem o das crenças que mais se herdam do que se pensam. De seu mestre, Cristo, aprendera que os homens são irmãos e como irmãos se devem comportar, sem o absurdo das distinções econômicas, sociais, filosóficas ou políticas. Lembrava que andara ele mais junto dos pobres do que dos ricos e lhes estimava a simplicidade de espírito, mais sábia para ele que a erudição dos sacerdotes que, ainda criança, confundira. E mais perto de Cristo estaria sempre se a crucificassem, como a ele, por amor da verdade e da justiça. Considerava também que tanto mais se pode adorar Deus quanto mais se sabe do mundo e que não é nunca a ignorância sinal de fé, embora mande a fé, exatamente como a ciência recomenda, que se tenha sempre bem claro o limitado que é saber, como tudo o que se sabe é provisório, como se está sempre à mercê de que a nova experiência nos leve a teoria mais ampla. Sempre mais profunda, sempre mais compreensiva, sempre mais próxima da totalidade das coisas – como se em cada caso a imobilidade do Deus eterno estivesse esperando que com ela se confundisse, progredindo no tempo, o simultâneo e incessante mover-se da natureza e do espírito humano.

Quem tem coragem é; quem sabe atua; quem acredita inova. Nesta sua trindade, toda ela se resumindo em amor, porque só ama realmente quem inova, atua e é, se alicerçou Montessori para a sua teoria da criança, do professor e da escola; ou teorias de criança, professor e escola, o que será mais certo, foram os aspectos exteriores do heroísmo, do saber e da fé que nela havia e em que ela ardia, com a sua chama fina, direita e viva, como em vela de altar – chama que ilumina quem a contempla e queima os imprudentes que lhe tocam, sem, no entanto, mesmo assim, lhes negar sua luz. Mística, decerto, foi Maria Montessori, mas, como em todos os grandes místicos, e qualquer que seja a religião, ou até nenhuma, porque parece ser Deus tão grande que ateísmo e misticismo não são contraditórios entre si, foi sempre agudo, seguro e infalível o seu sentido da prática. Fez tudo quanto quis e quando o quis, deu volta ao mundo ainda viva, o que não é frequente; os poderosos respeitaram-na, o que é menos frequente ainda; e de nenhum partido, como partido, lhe veio crítica alguma. Mas resolutamente se afastaria dos pragmáticos, negando que seja critério de verdade o êxito na ação; resolutamente se afastaria dos realistas, negando que o real seja diferente do justo; resolutamente se afastaria dos tecnocratas, negando que as técnicas sirvam para mais alguma coisa do que para dar na Terra as condições indispensáveis que permitam às almas transmitir, plena, a mensagem que trazem; para ela, Montessori, a mensagem do céu.

Boa irmã de Platão seria esta mulher. Aceitaria, em primeiro lugar, que ninguém pode fazer nada que valha se não tem espírito científico, o que significa aceitar a inteligência como capaz de construir degraus para a verdade, duvidar sempre de que já se tenha conseguido alcançar essa verdade, ou até de que seja provável alcançá-la mais do que em parte, desejar finalmente que seja possível comunicá-la numa linguagem tão isenta quanto possível de fatores de emoção. Iria o seu segundo compromisso para um empenho de organizar o mundo de um modo mais perfeito, modelando-o segundo ditames racionais, compreendendo que ainda temos pouco tempo de história no mundo e que ainda conservamos conosco muito da ganga que, por termos surgido no tempo, envolve, obscurecendo e ocultando, o tal ouro-celeste que de origem somos e que, no fim, teremos de entregar limpo e brilhando. E noutro ponto estaria mais firme do que em todos: que o que somos o trazemos conosco, lá da ignota região onde são puras as ideias, onde são límpidos os modelos, onde os fios de que depois entretecemos as nossas tramas são simples e são poucos – o que quer dizer, por outras palavras, que veem os adultos nas crianças e que a experiência do mundo os faz soltar como de sua crisálida, voando, se desprende a borboleta perfeita.

Simplesmente, era Montessori mediterrânica e morena; o abstrato que tão bem se fundia com um Platão louro e do Norte, e o fazia ter a ingenuidade de tentar converter tiranos da Sicília e de recomendar utopias, como se a tirania fosse inteligente, como se as sociedades não tivessem de crescer organicamente como plantas ou bichos e como se os moldes perfeitos não destruíssem, na sua marcha para um perfeito sem moldes, o imperfeito que ainda somos, esse abstrato tão perigoso para os filósofos idealistas, ela o casava com ideias que mais lhe poderiam ter vindo de um pensador como Aristóteles, meio bárbaro para um grego puro, mas muito mais entendedor das realidades da vida, mais dentro daqueles quadros de fusão do mundo, daquele abandonar-se às correntezas do ser que fez a verdadeira grandeza de Creta, anda pelos mistérios, os de Elêusis e outros, dá, no chocar-se com as contenções da razão, a melancolia das estrelas fúnebres e, na consciência do destino, o amargo noturno das tragédias. Estava com ambos os filósofos na obrigação e no gosto de entender; com ambos eles na ideia da divindade do espírito. Mas talvez com Aristóteles só na insistência sobre o valor do indivíduo, sobre a afirmação de que é ele único no mundo e de que só através dele as tais ideias puras podem esplender na vida e, a pouco e pouco, a irem aproximando da cristalina transparência cuja perfeição será ser luz.

Para ela, pois, a criança vem ao mundo como larva de adulto; e, tal como a pele da lagarta se encarquilha e cai e o estojo da pupa se fende e se abandona, também a criança cessa para que o adulto surja, entendendo-se bem que esse adulto só pode ter as qualidades que lhe exigem, para o considerar perfeito, a eternidade e a História, se a criança tiver encontrado sempre no seu desenvolvimento físico e no seu crescimento mental ambiente adequado, exatamente como acontece com os primeiros estádios do futuro inseto ou com a semente que se lança à terra; exige-se, naturalmente, que tenham as sementes mérito próprio, o que já depende do adulto de que provêm, mas serão diferentes as produções conforme o solo, o adubo e os cuidados da lavra. E aqui talvez já Montessori tivesse, em nosso tempo, de modificar as suas opiniões; a reflexão sobre o comportamento dos adultos, o estudo do que foi a vida de quase todos os grandes sábios e os grandes artistas e, sobretudo, o que mais a tocaria, os grandes santos, a objetiva contemplação dos atuais movimentos da juventude a levariam, porventura, a pensar se não se teria de tomar a atitude contrária, não deixando que a criança morra para que o adulto nasça, mas tudo dispondo para que, diferentemente do que sucede hoje, as qualidades de imaginação, de sonho, de poder criador, de entusiasmo, de amor do jogo, de sentido do amor, de simultaneidade de um completo abandono à vida e de um inteiro desprender--se dela para que uma absoluta concentração no que ainda existe a venha depois tornar mais rica; se tudo o que na criança é predicado que a distingue não deveria sobreviver no adulto eliminando por completo a prudência, o bom senso, a reserva, a agressividade ou a paciência, que hoje nos são tão necessários na sociedade em que vivemos, mas substituindo-os pela força explosiva de ser autêntico, que não só modificaria o que existe, mas o levaria, porventura, muito mais longe e mais perfeito do que ousam propor os reformadores sociais.

Seja como for, a ambas as hipóteses serviria a escola tal como a pensou Maria Montessori: escolas sem carteiras e sem ditados, sem horários de matérias e sem cópias, sem aritmética de problemas imaginados e sem pancada; escolas com mesas como para gente, com o concreto da vida aparecendo e se deixando observar e manusear, com a disciplina que sempre vem do interesse pelo trabalho que se está realizando com gosto e não com as distrações, as fugas e as manhas que provoca a tarefa que se não desejou e se vê até contrária ao que mais conviria; escola que seja, afinal e apenas, o grande depósito de material de que a criança precisa para que os seus sentidos se exercitem – e aqui temos de novo Mediterrâneo impondo-se –, mas também para que a sua inteligência ouse, e havia nas classes Montessori meninos de 10 anos que extraíam, entendendo-as, raízes cúbicas. Escolas em que o professor falava pouco e nunca por detrás de uma mesa, entendendo que lhe valia mais aproveitar o tempo estudando como os outros e que todas as barreiras se transpõem depois para a vida; atento aos seus alunos quando lho pediam, mas nunca intervindo ou perturbando o trabalho que ia cada um executando, mesmo com erros, que educa o erro, se lembrado e pensado, tanto ou mais que o acerto; e sabendo que, ali, quem mais precisava de ser educado era ele próprio, a ver se se livrava de seus enganos de adulto e de todas as deformações que a vida, até sob cor de mérito, e, sobretudo, sob cor de mérito, nos vai impondo a todos.

Talvez hoje igualmente concordasse Maria Montessori com todos os educadores que dão menos importância do que ela às técnicas do ler e do escrever, ou da linguagem, como se diz, e da grafia matemática, linguagem de outra espécie, mas também linguagem, além de coisas outras, que mais são matemática. Aceitaria decerto que a expressão só interessa quando há que exprimir o que mais importa, saber a vida do que dizer, aprendendo-o dos outros, que também por sua vez a ignoram, o que julgam que é. O mundo aí está para que o conheçamos e não só como natureza, com os seus animais e as suas plantas, as suas montanhas e os seus rios, mas também como trabalho do homem, o mais recente e mais maravilhoso de seus bichos. É preciso que crie o menino os seus coelhos e regue as suas flores e caminhe pelos seus matos. Mas é igualmente indispensável que visite oficinas e escritórios e saiba das magias que deles saem e do sofrimento que as magias custam, como nos circos, e como é tarefa urgente de todos que as máquinas sejam mais perfeitas e mais humanos os sistemas.

Como educadora, receberia humilde a nova lição, se lhe fosse lição e nova; como cientista, logo poria de lado as ideias que tivessem sido ultrapassadas e se alegraria que o seu pensamento, em tão pouco tempo, já se pudesse considerar obsoleto; como crente, encontraria no progresso novos motivos de louvor, com a intuição de que Deus detesta mais do que tudo quem se agarra a um passado morto e por aí tenta impedir que seja Deus, a cada dia que passa, ainda mais divino a nossos olhos; e, como o que a tudo reuniu, completo e vivo, como Maria Montessori, muito grata nos ficaria por nos lembrarmos dela muito menos como a inventora de um método que fez época, do que como a criadora possível de mais perfeitos métodos se em época mais perfeita lhe tivesse sido dado viver. Incita-nos, do passado, a que melhor façamos – e só se o fizermos seremos nós próprios dignos dela e do futuro.

*Frantisek Bakulé**

Foi em 1897 que este professor tcheco-eslovaco tomou pela primeira vez conta de uma classe de instrução primária; ensinava numa aldeia,[1] onde o ambiente não era inteiramente favorável aos professores; as pessoas que tinham ocupado antes dele o lugar tinham aparecido aos olhos de todos, alunos e pais, como funcionários rígidos que tinham por único ideal levar a exame o maior número possível de meninos. Bakulé rapidamente conseguiu uma posição diversa; consagrou aos seus alunos toda a atividade, só neles pensava, dentro da aula e fora da aula; e tratava-os, não como simples material que lhe serviria para obter boas informações do inspetor, mas com o carinho, o respeito, a solicitude que lhe pareciam indispensáveis no bom professor.

Tinha alguma preparação pedagógica, mas descobrira que as receitas nada valem e para cada caso sabia construir uma solução nova; sentia, sobretudo, que a grande força da educação é o amor e duplamente amava os seus alunos, como os seres admiráveis de poder criador e de sensibilidade que eram agora, como os homens calmos e enérgicos, inteligentes e bondosos que seriam mais tarde. Todos os rapazes viam nele um companheiro mais velho que os amparava com a sua experiência, lhes formava o ambiente necessário para que se desenvolvessem e mantinha perante eles sempre a mesma atitude de serenidade, de delicadeza, de afetuosa familiaridade.

---

* Agostinho da Silva. Frantisek Bakulé. *Pensamento*, revista quinzenal de divulgação social e científica, arte e literatura. Porto, ano XI, vol. IX, n. 142, 15 de maio de 1940, p. 3-5. Reeditado em *Peregrinação*, revista das artes e letras de expressão emigrante. Lisboa, Cooperativa Editorial dos Emigrantes, n. 5, julho de 1984, p. 11-15. Trata-se de uma das primeiras recepções à obra de Frantisek Bakulé em língua portuguesa. [N. dos O.]

[1] Nomeadamente, a aldeia de Vrapice, situada no município de Kladno, Boêmia central, mesma região na qual se encontra a cidade de Praga. [N. dos O.]

O ser radicalmente diferente dos outros professores, o perceber que o amor era a maior qualidade do mestre, o não ter em grande conta a pedagogia oficial não era de molde a facilitar as suas relações com as entidades escolares; os conflitos eram constantes e em cada um Bakulé ficava vencido, porque se tinha de submeter às imposições dos superiores: mas sabia que estava na linha da verdade, que o seu dever era insistir e que acabaria por ganhar a grande batalha em que se tinha empenhado. De resto, que outra coisa poderia fazer? O seu temperamento, as suas ideias como que lhe impunham uma determinada direção; não tinha nenhum mérito em ser diferente; mas também o mundo jamais conseguiria modificar-lhe a maneira de ser e, portanto, o seu trabalho como mestre.

Bom foi, contudo, para evitar desperdício de energia, que uma instituição particular o tivesse chamado a Praga; tratava-se de uma espécie de recolhimento, de uma escola-asilo para crianças estropiadas;[2] simplesmente o tinham encarregado de lhes ensinar o que pudesse e talvez, sobretudo, de manter uma certa ordem na classe um pouco indisciplinada. Bakulé sentia que o problema era totalmente diverso; diante dos pobres seres que pareciam inutilizados para a vida, no corpo e no espírito, todo o seu amor se fez mais profundo, mais tenaz e criador. Tinha de fazer homens das crianças que não tinham mãos, que não tinham pernas, que se arrastavam como bichos, que olhavam o mundo com tristeza e com ódio.

As primeiras reações foram o que não podiam deixar de ser da parte dos rapazes habituados a serem tratados como inúteis; mas pouco a pouco foram sentindo que estavam diante de um homem bem diferente de todos os que tinham encontrado até aí; não havia nele atos excepcionais de bondade, mas uma constante dedicação, um afeto que jamais se desmentia e que vencia as resistências, sabia encontrar os caminhos secretos que dominam os espíritos mais rebeldes. O amor recebia amor em troca; o interesse de Bakulé era o interesse

---

[2] Referência ao Instituto Jedlicka, para o tratamento e educação das crianças enfermas, em Praga, do qual Frantisek Bakulé, a convite do médico Rudolf Jedlicka, se tornou o diretor em 1913. [N. dos O.]

dos pequenos, as suas vidas tinham-se tornado solidárias, as forças de criação, o sentido da beleza que despertava na alma das crianças encontravam logo o ambiente favorável, a solicitude que as acolhiam e as faziam crescer.

Bakulé era fundamentalmente um artista e a sua técnica de expressão era a própria vida; toda a beleza do mundo se lhe tornava sensível, o mínimo pormenor encontrava uma alma vibrátil, mas não tinha os meios técnicos do pintor ou do músico; nada sabia fazer senão criar artistas, despertar nos outros o que a ele faltava, empregando para isso toda a tenacidade paciente, toda a capacidade de invenção de processos, todo o poder de criar dos grandes mestres da arte; um professor que fosse um simples pedagogo teria falhado por completo; as crianças teriam encontrado nele um homem senhor de uma ciência, não um espírito que se renovava a cada momento, uma fonte perpétua de inteligência e de amor, que lhes sentia a desgraça e a queria vencer.

A aula mudou por completo; a mesa do professor e as cadeiras foram arrumadas como inúteis e surgiram em vez delas mesas de trabalho e ferramentas de oficina; cada um foi incitado a trabalhar, a fazer o que soubesse, desenhando, recortando, trabalhando em cartão ou madeira; os menos hábeis eram arrastados pelo exemplo dos outros e sentiam a influência contínua de uma atmosfera que se transformara por completo; todo o ambiente estava pronto a acolher o mínimo sinal de acordar dos pobres espíritos adormecidos. Não receou Bakulé confiar aos seus pequenos amigos que desconhecia as técnicas; e foi opinião geral que o professor passasse a frequentar as oficinas para que pudesse ensiná-los; quando voltava, cercavam-no com interesse, faziam-lhe perguntas, apontavam-lhe as deficiências.

Os rapazes faziam o seu mestre e era uma empresa nova e grandiosa a que se abria agora perante eles.

Iam conhecendo a vida e Bakulé não desprezava nenhuma ocasião de lhes fazer compreender o mundo e a missão que nele teriam que desempenhar; sabiam trabalhar e estavam construindo um mestre a partir de um esboço de mestre; eles, os estropiados, eles, os inúteis, metiam ombros à tarefa admirável de que outros fogem e levavam-na a cabo; a sociedade tinha de contar com o seu esforço, não os tornaria a ver como seres que se protegem e vagamente se desprezam, mas como homens criadores de quem tudo há a esperar; Bakulé realizara o milagre de lhes incutir confiança, de os trazer para a vida com a alma dos heróis que procuram as lutas e as ganham.

Não se punha, naturalmente, nem na aula, nem em toda a vida da escola, um único problema de indisciplina; eles surgem apenas quando as forças criadoras não têm em que se empregar, quando um desentendimento fundamental entre mestre e alunos faz entrar em conflito os impulsos que deviam ser de colaboração e de concórdia. Estava-se demasiadamente interessado e ocupado para que se pudesse pensar na desordem; cada um tinha a sua faina, o mestre a nada os obrigava, tudo tinha sido resolvido, planeado por eles; Bakulé não procurava impor-lhes a sua personalidade; não era ele que tinha de sair dali como um grande mestre ou um grande sábio, eram os alunos que tinham de se fazer uns homens, se possível fosse, uns grandes homens.

Os visitantes que passavam pela escola não os encontravam desocupados um momento, nem dispostos a prestar-lhes atenção como a distração interessante na monotonia escolar; livremente, os rapazes iam de um a outro banco, abriam e fechavam as caixas de ferramenta, dirigiam-se ao professor que trabalhava ao seu canto, tão interessado na tarefa como os seus alunos; um que não tinha mãos educara os seus pés e admirava pelo prodígio de habilidade; todos os corpos eram deformados, mas os olhos brilhavam com a luz da inteligência e do trabalho. O pior dia era o domingo; as horas lentas pareciam intermináveis; só os projetos para a faina de segunda logravam animar um pouco os rapazes.

Ao fim de um ano, já eram bem patentes os resultados da obra de Bakulé; só um ponto escuro permanecia nas relações entre a sua aula e as imposições oficiais; os pequenos não sabiam ler, nem escrever, nem contar, embora alguns já tivessem 12 anos e mais; comparado com as outras escolas, o asilo era uma vergonha; o pior de tudo era que o mestre persistia na vergonha e não fazia, apesar de todos os avisos, a mínima diligência; sustentava que era necessário que a vida os forçasse ao uso das técnicas, como lhes tinha imposto o serrar e o pintar. Juntar letras serve para entender alguma coisa que se quer entender; mas, como os rapazes não sentiam a precisão de entender coisa nenhuma, achava que não os devia obrigar a um trabalho de tão pouco interesse.

Mais uma vez, Bakulé tinha razão contra a pedagogia oficial; bastou que um tivesse querido escrever uma carta à família para que se visse como a técnica do escrever era necessária; houve um movimento de entusiasmo em toda a aula e, em poucas semanas, os rapazes sabiam ler, escrever e contar. Agora, em comparação com os dos outros estabelecimentos de ensino, os alunos de Bakulé tinham vantagens esmagadoras: sabiam da vida muito mais do que eles, conheciam os bichos, as plantas, as estrelas, a geografia e a história, o trabalho dos homens e a beleza do mundo; dominavam tão bem como eles os meios de expressão falada e escrita; e tinham, a mais, um predicado que os outros totalmente ignoravam: o de quererem e saberem ser úteis à humanidade.

Tudo isto não foi, porém, de molde a convencer toda a gente, nem Bakulé julgava que tinham abatido todos os obstáculos ou amansado todas as más vontades. Os resultados não o protegiam contra muitos supostos educadores e até, pelo contrário, despertaram mais vivamente o desejo de o aniquilar, porque tinham juntado o despeito a todas as outras razões de combate. Ao fim de seis anos de trabalho, a escola despediu-o; Bakulé comunicou aos alunos o que se passava e imediatamente propuseram-lhe seguir com ele para onde os quisesse levar; o mestre explicou-lhes que não tinha dinheiro e que seria impossível meterem-se em tal aventura; havia que ter paciência; mais tarde se encontrariam e poderiam realizar com outros rapazes o que se não deixava que eles próprios fizessem.

Tudo parecia terminado, mas os alunos não o entendiam assim; um levantou-se e declarou que lamentava que, pela primeira vez, Bakulé não tivesse posto a sua vida de acordo com o seu pensamento; sempre lhes dissera que há que tentar o impossível, que nenhuma empresa deve assustar o homem de valente coração, que as grandes obras do mundo têm surgido dos passos desesperados; e agora que havia oportunidade de pôr em prática tais máximas, o mestre, covardemente, abandonava-os a um destino que bem sabia o que tinha de terrível, só porque duvidava do futuro, só, talvez, porque não queria ter preocupações e preferia a vida fácil à dura vida de combates que tanto lhes tinha recomendado. Os outros apoiaram e foi resolvido que se experimentasse, que tentassem a aventura impossível.

Bakulé saiu da escola, sem dinheiro, mas com os seus rapazes e uma firme vontade de vencer; conheceram a dureza do mundo, viajaram de inverno em carruagens desabrigadas, dormiram por esmola em palheiros e adegas. Sustentaram-se com o produto das entradas das conferências que o mestre fazia pelas terras da província e pelas vendas dos trabalhos que os pequenos conseguiam realizar. O pão faltou muitas vezes, mas quem desanimava era logo amparado pela confiança dos outros, pela certeza de que o futuro lhes pertencia; era seguro que a vontade com que se lançavam à tarefa, o otimismo com que sustentavam todos os embates haviam de abrir o seu caminho e permitir que alcançassem o que tanto desejavam.

Numa casa que alugaram com o pouco dinheiro obtido, instalaram uma oficina e conseguiram que os deixassem trabalhar em fábricas com as máquinas que não podiam comprar; dormiam no chão sobre sacos de palha e o pouco que comiam, comiam-no de pé ou sentados no soalho porque não havia uma cadeira. Mas em nenhuma casa da cidade se ria e cantava tanto como naquela; Bakulé, que não sabia cantar, ensinara-os a cantar e todo o seu desejo era arranjarem os recursos suficientes para que um professor viesse completar e aperfeiçoar a obra do seu mestre; entretanto, trabalhavam sem descanso, sentindo cada vez mais que se aproximava o tempo da vitória. Mas que queria dizer para eles esta palavra? O sossego, um melhor passadio? Certamente que sim, mas não o sossego ou o passadio que amolecem e abatem, como nunca o trabalho os teria abatido. Queriam, sobretudo, dar a outros a possibilidade de se educarem como eles.

Precisavam para isso de fundar uma escola e não havia recurso. Resolveram dar recitais de canto, com canções populares da Tchecoslováquia; as possibilidades técnicas não eram muito grandes, mas havia a supri-las o entusiasmo, o sentirem que estavam realizando uma das grandes empresas de todos os tempos. Os donativos particulares começavam a afluir, mas, contra o que se esperava, os rapazes recusaram-nos; agradeciam a boa vontade, mas queriam demonstrar primeiro que eram capazes de se sustentarem por si próprios, que não pretendiam viver da caridade pública; só depois receberiam o dinheiro, não já como uma esmola, mas como a colaboração dos que o tinham numa obra que a todos interessava.

O que parecia impossível realizou-se; os estropiados, pelo seu trabalho, pela sua heroica persistência, fundavam um estabelecimento, onde eles mesmos, sob a direção de Bakulé, poderiam educar os rapazes e raparigas, sãos ou doentes, que os procurassem. A Cruz Vermelha Infantil da América do Norte[3] interessou-se pela escola e o dinheiro que se juntou permitiu construir um esplêndido edifício, com jardim em volta. O Instituto Bakulé passava a ser uma das melhores casas de educação de toda a Terra.[4]

Pôde, então, realizar-se um velho projeto da comunidade: o das viagens ao estrangeiro; o grupo percorreu vários países da Europa e da América, com um duplo fim; o de agradecer todo o auxílio que tinham prestado para a fundação do Instituto e o de mostrar como a colaboração entre os homens pode realizar as obras magníficas de que o mundo carece. A sua missão era uma missão de paz e de entendimento; cantavam as canções do seu país,[5] não por orgulho nacional, mas para oferecer à humanidade a beleza que nelas se encontrava; e expunham os objetos fabricados, como prova de que a boa vontade tudo vence, desde que cada um de nós comece por dominar as suas próprias deficiências.

Punha também Bakulé em relevo nas suas conferências o valor da educação, contanto que ela seja feita segundo os princípios que levam a um desenvolvimento e não a uma limitação da personalidade humana. Certamente se levanta um grande problema: o de encontrar educadores; mas Bakulé sustentava

---

[3] Literalmente, Junior American Red Cross. [N. dos O.]

[4] No início dos anos de 1920, o Instituto Bakulé estabeleceu-se em Praga, no bairro Smichov, no lado esquerdo do rio Vltava, à rua Mozartova, constituindo-se como a primeira experiência moderna de coeducação a incluir, simultaneamente, crianças com problemas sociais e crianças desabilitadas por alguma deficiência física e mental, baseando-se, acima de tudo, na ética da dignidade e da inclusão. [N. dos O.]

[5] Uma das ideias pedagógicas mais frutuosas de Bakulé foi a criação de um coro com as crianças do Instituto – o coro dos pequenos cantores Bakulé. O êxito foi de tal ordem que realizaram concertos pela Europa, chegando a 200 só em França, e pelos Estados Unidos, cerca de 150. Nos concertos apresentados em território norte-americano, tiveram a colaboração do compositor tcheco Leos Janácek, tendo sido, aliás, o do Carnegie Hall, em Nova York, a 11 de abril de 1923, um dos mais aplaudidos. [N. dos O.]

que os há em número suficiente, desde que se não confunda educadores com professores e os governantes se resolvam a ir buscá-los a todas as profissões por que atualmente se acham dispersos. O saber tem importância, mas não muita; o poder criador vale mais, no trabalho educativo, do que a minuciosa erudição; o mestre tem de ser um artista e não um sábio. E a humanidade só será plenamente salva no dia em que se introduzir na escola a energia criadora que dela tem estado tão ausente.

O MOVIMENTO DA ESCOLA NOVA: NATUREZA, CRIAÇÃO E LIBERDADE

Helen Parkhurst | 1887-1973

As altas escolas populares da Dinamarca[*]

Grundtvig, nascido em 1783 e filho de clérigo, tivera como primeira ambição a de se formar em Teologia e passar toda a sua vida tentando levar os homens para o caminho magnífico de Deus; fizera aplicadamente os estudos exigidos e conseguira colocar-se numa igreja onde a sua palavra entusiasta e ardente reunia, para lhe escutar os sermões, uma assistência cada vez mais numerosa. Mas, na realidade, o seu espírito não se sentia plenamente satisfeito com o serviço de Deus, ou antes, vagamente lhe parecia que as festividades religiosas não abrangiam toda a essência divina e não eram, porventura, o melhor meio de firmar o seu reino no mundo.

Experimentou a poesia e o mesmo vazio permaneceu, a mesma angústia o tomava, cada vez mais seguro de que perdia a sua vida, de que deixava de cumprir a missão para que fora destinado. A contemplação de Deus e a música dos versos não o podiam distrair da pobreza, da indolência, da amargura, da oprimida e resignada tristeza em que via a sua Dinamarca; o contraste entre o mundo perfeito do céu e as misérias da sua terra não lhe deixava um momento de sossego.

Mais do que tudo o afligia o abandono interior a que o país se votara; não havia a mínima esperança, não havia a mínima fé nas possibilidades de construção de um futuro melhor; a má política que levara ao bombardeamento de Copenhague pela esquadra inglesa e as condições de vida em que trabalhavam os camponeses da Jutlândia eram consideradas por toda a Dinamarca como males fatais a que se não poderia fugir.

---

[*] Agostinho da Silva. As altas escolas populares da Dinamarca. *O Diabo*, semanário de literatura e crítica. Lisboa, ano VI, n. 268, 11 de novembro de 1939, p. 1 e 4. A propósito do tema deste artigo, recorde-se também a publicação de Holger Begtrup, *Escolas populares da Dinamarca*. Lisboa: Editorial Inquérito, 1941 (Cadernos Inquérito, Série D – Pedagogia, VII), cuja tradução é da autoria de Agostinho da Silva. [N. dos O.]

Acordar as energias que decerto jaziam adormecidas em cada um, trazer os espíritos, pelo menos, ao desejo e à compreensão das possibilidades de uma vida mais bela, começou a ser a sua preocupação de todos os instantes; serviria Deus servindo os homens e principiaria pela sua pátria, cujo espírito compreendia melhor; seria o verdadeiro poeta, o que desperta num povo inteiro a vontade da ação inteligente e progressiva, não o que se conserva no círculo estreito dos afetos e dos pensamentos egoístas.

O seu contato com o povo dava-lhe a certeza de que seria possível erguer para além das *élites*, utilizando as energias profundas da nação, um país novo, em que a vida tivesse um sentido e que pudesse contar como um elemento de valor na criação de uma verdadeira humanidade. E, para despertar o povo, para lhe dar consciência do que tinha a fazer, para o lançar numa existência de beleza e de força íntima, o grande meio a empregar seria a escola.

Decerto havia escolas na Dinamarca, mas pretendia fazer alguma coisa de totalmente diverso; as escolas que existiam, para crianças ou adolescentes, destinavam-se a ensinar um certo número de técnicas e, para os que conseguiam levar o seu curso até o fim, a entregar-lhes o diploma que significava depois o emprego público e a vida inútil. As escolas em que pensava seriam bem diferentes; queria que nelas o povo tomasse consciência de si próprio, que visse como a vontade do homem é capaz de esmagar o mais duro dos destinos e aprendesse a colaborar com o resto do mundo na empresa de o organizar e elevar.

As suas escolas seriam escolas de adultos e destinadas sobretudo aos camponeses; não se buscaria nelas a utilidade prática, mas a educação do espírito; ninguém sairia com os diplomas que libertam do trabalho, mas com a compreensão do que significa trabalhar, com a capacidade de situar a sua tarefa no grande quadro do esforço humano; não seriam escolas rigidamente regulamentadas, com um método fixo, mas contínua criação da própria vida, que se tentaria, a cada momento, trazer para um plano mais elevado e mais nobre; escolas de cidadãos e de homens, elas dariam aos dinamarqueses as qualidades que lhes faltavam; melhor ainda, revelá-los-iam a si próprios.

O seu projeto de uma escola fundada sobre o passado e educando para o futuro, a ideia de que o apuramento do espírito de cada homem era o necessário preliminar de toda a profunda mudança social e política, encontraram a incompreensão e a indiferença mais completas; por um lado, os pobres camponeses, ainda há pouco servos dos grandes senhores, consideravam a sua vida como normal, não tinham desejos de a melhorar e só queriam que o rei, em Copenhague, lhes não aumentasse os impostos; por outro lado, todos os que estavam em posição contrária lançaram mão do melhor meio para travar a iniciativa de Grundtvig: o povo não precisava de educação porque se sentia feliz na vida que levava; e o povo não devia ter mais educação porque o resultado não seria outro senão criar um descontentamento e uma agitação com que sofreria a ordem social; sobretudo temiam, sem o dizerem, que um povo consciente e culto os obrigasse a meter por caminhos que não eram de seu agrado, e que o desnível futuro trouxesse consequências funestas para a estabilidade na sonolência e no mando quase despótico. Tudo se ergueu contra Grundtvig e Grundtvig bateu-se com serenidade e com persistência, com energia e com bondade; os seus poemas, os seus sermões, as suas palestras, os seus artigos martelavam a ideia fundamental, alheios a toda a espécie de oposição e de indiferença.

Lutou trinta anos e nenhuma dificuldade pôde abater o velho que conservava intactos o entusiasmo e a tenacidade da juventude. Tudo quanto lançou parecia afundar-se molemente no terreno; mas estava seguro de que as suas palavras tinham penetrado nas almas, que a sua fé abalara as montanhas da incompreensão e da indolência. O choque emotivo que sofreu a nação em 1844, quando os alemães, ante a indiferença da Europa, a bateram na guerra dos Ducados, fez cair bruscamente tudo o que ainda se opunha a Grundtvig; o desespero da derrota, o desejo de uma mudança radical de vida fizeram acolher com entusiasmo o seu projeto de escolas.

Fundou-se a de Rodding; era uma empresa particular, porque só assim se poderia nela conservar o espírito livre e a capacidade de iniciativa necessária para que a tentativa vingasse; metade dos gastos pagavam-na os alunos, a outra metade vinha de donativos e de cotas; funcionava em regime de internato, para um contato mais fundo entre mestres e alunos, e admitia rapazes entre os 18 e os 25 anos; não havia programas fixos, nem se procurava dar uma instrução completa; os professores faziam palestras, sobretudo de história, tratada como uma epopeia da humanidade, conversavam com os alunos, discutiam com eles as lições, procuravam a todo instante abri-los aos problemas, dar-lhes largueza de espírito que em si compreendesse a largueza do mundo.

Depois surgiu Kold com a sua escola de Ryslinge; era talvez o homem que melhor compreendia Grundtvig, e juntava a toda a sua doutrina o prestígio de uma eloquência direta e sugestiva, um raro poder de entrar em comunicação com o espírito do aluno e de o trazer ao seu próprio plano. Votado de alma e coração à tarefa que empreendera, conseguia dos rapazes que chegavam milagres de dedicação e persistência; a escola era pobríssima e a vida não oferecia nela a menor comodidade: dormia-se mal e comia-se mal; mas firmara-se entre todos uma amizade e uma confiança que resistiriam a todos os embates; os que saíam da escola de Ryslinge iam temperados para a vida e nunca mais esqueciam a personalidade de Kold; como queria o pioneiro, os conhecimentos ainda eram o mínimo que tinham ido buscar à escola; o que valia era o espírito novo que sentiam dentro de si, aquele entusiasmo que os fazia semear o trigo a lanço com a alegria e a força criadora dos heróis, aquela certeza de que o seu trabalho tornaria melhor o Universo e faria da velha Dinamarca, decadente e pobre, um modelo de nação; Kold dera-lhes a riqueza mais preciosa e mais nobre que um homem pode possuir: eram capazes de sonhar e de, momento a momento, nas tarefas mais humildes, realizarem o seu sonho.

Ao contrário do que muitos tinham profetizado, as altas escolas populares não afastavam os homens dos seus ofícios; davam-lhes, pelo contrário, o amor do trabalho racionalizado e produtivo, fazendo-lhes pôr de parte tudo quanto a rotina mantivera até aí; sem nenhuma preocupação de aplicações práticas, sem nenhum gosto especial pelas técnicas, as escolas influíram nos processos de cultura, na criação dos gados, na arrumação e limpeza dos edifícios; Grundtvig penetrara fundo quando afirmara que tudo depende do nosso espírito, e que as reformas só são verdadeiramente fecundas quando principiam pelo espírito, ou quando, pelo menos, incessantemente as acompanha o espírito; a preocupação primacial da técnica apenas pode criar uma ordem técnica que é, na realidade, exterior e falível; só a outra é criadora e perdura.

Não se entenda, porém, que as escolas se afastavam desdenhosamente dos problemas da vida prática ou desprezavam a ação como uma inferioridade; um dos grandes mestres do movimento lançou a ideia de que a ação é uma forma de poesia, e porventura a mais bela; e Schröder, da escola de Askov, se se orgulhava do seu estabelecimento de ensino, que todos reconheciam como o que mais se aproximava do ideal de Grundtvig, igualmente se orgulhava de possuir, numa quinta modelo, a melhor vaca da Jutlândia.

Com o correr dos tempos, reconheceu-se a necessidade de alargar a matéria das palestras; as primeiras escolas quase só tratavam de história e das tradições escandinavas expressas na literatura e na mitologia; notou-se, porém, que já não satisfaziam plenamente a curiosidade dos alunos, nem lhes forneciam os elementos suficientes para abrangerem a rede de problemas que a vida contemporânea lhes levantava; um jovem físico, Paul La Cour, introduziu o estudo das ciências naturais e físico-químicas que despertaram imediatamente um grande interesse: era o tempo da polêmica darwinista e os camponeses encontravam nas palestras as bases necessárias para a discussão.

O alargamento continuou e principiaram em quase todas as escolas, já numerosas, as conferências de sociologia; era, decerto, um dos assuntos mais difíceis de tratar; não se queria levar o aluno para nenhuma doutrina; encerrá-lo num autor, fazê-lo seguir dogmas era absolutamente contrário ao espírito da escola, já que se queria alargar a visão do camponês e não estreitá-la. Conseguiram vencer todos os obstáculos e verificar que quase todos os rapazes que vinham presos a uma doutrina se tornavam, a pouco e pouco, capazes de compreenderem as restantes e de as aceitar como os componentes indispensáveis da variedade e da beleza do mundo; aí se lançaram os primeiros fundamentos da liberdade de espírito da Dinamarca moderna.

Não se descurou também a educação artística dos camponeses; fazem-se lições de história de arte e de estética, e alargou-se o tempo da música e do canto, que foi sempre um dos maiores interesses das escolas populares; as palestras principiam e acabam por coros que facilitam o entendimento comum, a camaradagem, e integram o aluno, sobretudo o recém-chegado, no espírito do trabalho social e de livre cooperação que é o espírito da escola; a perfeição técnica do canto não tem grande importância: o essencial é que o rapaz exprima a sua emoção e que a saiba partilhada por todos aqueles que o acompanham.

Em quase todas as escolas existem também oficinas de trabalhos manuais, embora neste ponto ainda se não tenha conseguido adaptação completa das ocupações à psicologia do camponês. A ginástica é considerada atividade de primeira importância, não só porque é preciso dar exercícios a homens habituados a movimento, como também porque todos reconhecem a importância espiritual da ginástica, no que se refere a autodomínio, gosto da colaboração, energia calma e serena alegria de viver.

As escolas são independentes, mas a personalidade de Schröder fez de Askov uma escola-modelo; a iniciativa dos próprios camponeses aí fundou uma pequena cidade universitária popular que é o centro de vida espiritual de todas as outras escolas; todos os mestres a visitam antes de iniciarem o seu trabalho em outros pontos, dela saem os antigos alunos ou os moços universitários que pretendem encarregar-se de qualquer ramo da educação popular.

Efetivamente, o movimento não ficou nas altas escolas; fundaram-se escolas técnicas de agricultura e estações experimentais, em que continuou a ser o mesmo o espírito de subordinar o trabalho a uma elevada preocupação moral e cívica; organizaram-se cursos de conferências que funcionam fora das escolas, em todos os locais que se podem aproveitar; e, em quase todas as aldeias, salas de reunião extremamente simples juntam os habitantes da terra para sessões de cultura, que se realizam umas dez vezes por ano, ou para festas, como, por exemplo, a das colheitas, que se despiu quase por completo do seu caráter religioso para se tornar em festa de confraternização dos trabalhadores de toda a Dinamarca.

Atualmente, só na Dinamarca, as escolas são mais de cinquenta e outros países, como a Noruega e a Suécia, fundaram estabelecimentos semelhantes; todos os anos passam por eles alguns milhares de alunos, homens e mulheres, e os encargos são de tal ordem que o Estado teve de comparticipar nas despesas, o que faz pelo subsídio direto ou pela concessão de bolsas de estudo aos camponeses mais pobres; ficou logo, porém, claramente estatuído que a concessão de auxílio não dava nenhum direito a intervenção do Governo no regime interno das escolas: programas, horários, disciplina, manutenção dos alunos, tudo ficava ao arbítrio dos professores; a nomeação dos mestres é também perfeitamente livre, podendo ser escolhidos ou aqueles que saem das faculdades com o diploma oficial ou o simples camponês que mostrou, durante a sua frequência da escola, qualidades pedagógicas.

Qualquer empreendimento triunfante corre o sério risco de cair na ortodoxia e de se transformar em instituição; as altas escolas populares sentem o perigo e defendem-se de toda a anquilose, de toda a fixação que poderia prejudicar a liberdade, o contínuo renovar, a fonte perpétua de inspiração e de energia que constitui a sua essência; multiplicam-se as conferências livres e as palestras de alunos, e dá-se uma grande importância às conversações que se travam à mesa entre professores e alunos e às discussões em torno de notícias e artigos de jornais; sobretudo procuram manter-se em contato ininterrupto com a vida diária, não para a seguirem na dispersão e na inconstância, mas para dela tirarem um antídoto contra a tendência isolante e acadêmica.

E tão vivas como no tempo de Grundtvig, de Kold e de Schröder, as altas escolas populares continuam a criar um povo em que a cultura não é o simples saber e a cega obediência intelectual, mas o espírito crítico, a tolerância, a coragem ante as pequenas ou as grandes dificuldades, a calma inabalável, o amor da humanidade, a cooperação de todos para o bem de todos, a largueza das soluções inteligentes e nobres.

As escolas de Lietz[*]

Em 1868 nascia na Pomerânia Hermann Lietz; era filho de um quinteiro que possuía bastantes terras e logo desde início o embalou a atmosfera saudável e livre dos grandes campos e se habituou ao convívio com a gente rude das aldeias; os garotos sabedores de ninhos e plantas foram os seus primeiros amigos e com eles teve a alegria forte de sentir os torrões que se esboroam sobre os pés, o cheiro acre dos matos, a calma superior do céu que o casario não limita.

Apreendidos os rudimentos, entrou na escola de Greifswald e tudo mudou por completo: nenhuma liberdade, nenhuma iniciativa, nenhum interesse; os dias decorriam monotonamente entre quatro paredes, decorando livros que desconheciam a vida, suportando mestres que porventura a odiavam; o que tinha a exprimir não estava no programa e o que estava no programa não o prendia de modo algum; os professores consideravam-no medíocre, mas no seu íntimo alguma coisa protestava e o levava em aberta hostilidade contra tudo aquilo a que os outros se resignavam.

Terminou os estudos secundários e ingressou na universidade, com o propósito de frequentar Teologia; a pouco e pouco, outros assuntos o foram prendendo e o futuro teólogo interessou-se pela história, pela filosofia, pelo problema da educação; incapaz de se especializar, de se encerrar num outro colégio de Greifswald, tudo o que era humano o fazia vibrar com a mesma intensidade e lhe dava o desejo de chamar outros homens a essa vida magnífica, de largos planos, de horizontes que nada vinha restringir.

Depois, pôde viajar, percorreu demoradamente a Alemanha, impregnando-se do espírito da terra, tomando contato com as populações que a cidade não corrompera; visitou, em seguida, a Inglaterra e conheceu a escola de Cecil

---

[*] Agostinho da Silva. As escolas de Lietz. *O Diabo*, semanário de literatura e crítica. Lisboa, ano VI, n. 272, 9 de dezembro de 1939, p. 1. [N. dos O.]

Reddie, o homem que escandalizara toda a gente boa por se ter apresentado de polainas e camisola de lã,[1] em lugar do uniforme tradicional de diretor de colégio; firmou-se no seu espírito a crença nas possibilidades de uma escola, fundada sobre a liberdade, sobre a iniciativa pessoal, sobre o apelo ao que há de superior e não de inferior no homem.

Quando regressou à Alemanha, vinha decidido a estabelecer uma escola que não seguisse as regras habituais; a sua amplidão de interesses, o seu gosto por todos os aspectos da vida, o seu entusiasmo de pioneiro, a sua compreensão da alma profunda do povo, o seu amor da juventude, encontravam finalmente uma obra em que podiam exercer-se sem restrições; a escola de Reddie não era para ele o modelo, mas um impulso; havia de fazer melhor, se pudesse; compreendera que o verdadeiro educador, como um artista, não se exprime pelas regras dos outros: cria ele próprio o seu meio de ação.

Tinha como ideal dar ao seu país e ao mundo os homens que faltavam; acima de tudo, devia construir personalidades equilibradas, aptas a compreender a vida e a dominá-la, a perceber a beleza e a criá-la, mesmo nas tarefas mais humildes: o excessivo intelectualismo, o gosto da erudição, deviam ser banidos do ensino; mais vale quem julga bem do que quem sabe muito; a sua escola saberia fazer surgir os críticos, sem os deixar, porém, cair em destrutivismo e inação.

A subordinação completa do aluno ao mestre e aos compêndios dava depois a humanidade, que pouco estimava, dos espíritos prestes a obedecer a toda a ordem, por mais absurda, por mais repugnante que seja; na sua escola, o rapaz seria independente, dar-se-lhe-ia toda a possibilidade de afirmar o seu recorte pessoal, de construir uma alma que se não dobrasse, por moleza e costume, a todas as influências exteriores; a iniciativa seria de regra e tudo se faria para a suscitar e a desenvolver.

A escola que projetava só se poderia fundar no campo; só o ambiente rural seria capaz de infundir no ânimo de todos a tranquila energia, a tenacidade de propósitos, a ampla visão, o amor da liberdade que pretendia ver no seu homem completo; a vida, quanto possível natural, o contato com a força íntima

[1] No português do Brasil, "blusa de lã". [N. dos O.]

dos bichos e das árvores criaria uma humanidade nova, de corações que tudo abarcam e de vontades que tudo realizam; a estreiteza das cidades só pode gerar o espírito mesquinho, a impotência e o desânimo.

Sabia perfeitamente que inúmeras dificuldades se acumulariam na sua frente: teria de lutar contra muitos obstáculos, teria de vencer muitas resistências; não cria, porém, que não viesse a ganhar a batalha; fluía dentro de si uma corrente de energia que tudo acabaria por derrubar e bater-se-ia com a persistência indomável que vem de uma completa fusão entre o que se faz e o que se pensa; a sua primeira escola ardeu duas vezes e duas vezes se reconstruiu, numa heroica recusa de se dobrar a qualquer fatalidade; e no seu último ano de vida, em 1919, já doente, percorria as escolas de maca, cuidando até ao fim de alunos e de mestres.

Facilitava-lhe a tarefa o seu dom de simpatia; tinha amigos por toda a parte, em todas as classes da sociedade alemã, e todos o ajudavam a realizar a sua obra; muitos tinham sido seus alunos e não podiam esquecer o que para eles representara a sua cordialidade inteligente e forte, o seu calmo passo de bom guia; e o próprio adversário respeitava em Lietz a pureza de intenções, a vontade que não cansa, a nobre franqueza de todas as suas atitudes.

*

A primeira "casa de educação no campo" – *Landerziehungsheim* – fundou-se em 1898, em Ilsenburg; três anos depois foi possível estabelecer outra em Haubinda; finalmente, terceira escola se criou no antigo castelo dos bispos de Fulda.[2] Todos os locais foram escolhidos com especial cuidado; a influência do meio, a educação pela paisagem, foram tidos como fatores essenciais; a escola

[2] Recomendado pelo seu professor Wilhelm Rein, Hermann Lietz passou um ano (1896-1897) em residência na Abbotsholme School, fundada por Cecil Reddie em Derbyshire, Inglaterra. Quando voltou à Alemanha, inspirado por tal experiência, fundou a primeira *Landerziehungsheim* em Ilsenburg (1898), a segunda em Haubinda (1901), a terceira no Palácio Bieberstein em Hesse, perto da cidade de Fulda (1904), e a quarta e última em Veckenstedt (1914). [N. dos O.]

de Lietz estaria inutilizada desde princípio se a estabelecesse em lugares sem beleza e sem espiritualidade.

Não admitiu indistintamente alunos de todas as idades; as vantagens que podia haver no contato entre rapazes de vários graus de adiantamento eram, segundo lhe parecia, amplamente contrabatidas pelos inconvenientes; os mais pequenos perturbavam o trabalho dos maiores, ou imitavam-nos sem discernimento, estes, por seu turno, inclinavam-se a tiranizá-los; os conflitos entre pré-adolescentes e adolescentes atingiam a agudeza de conflitos entre duas humanidades diferentes; cada grupo de idades se desenvolveria em separado, com um mínimo de atritos e demoras.

Ao romper da manhã, toda a gente se levantava, se vestia rapidamente e saía com os mestres, para uma corrida pelos campos, entre as ervas molhadas de orvalho, na alegria esplêndida do sol que se ergue, saudando a natureza que desperta para o trabalho do dia; depois havia o duche, e os alunos envergavam o fato que conservariam até à noite – camisolas ou camisas sem colarinho, calções curtos, sandálias sem meias.

Seguia-se, cortado de descansos e de duas refeições ligeiras, o período de estudos. O programa observado era o das escolas oficiais alemães, que naturalmente se punha como mínimo; eram numerosas as aulas extraordinárias que se criavam a pedido dos alunos e à medida que iam surgindo os vários interesses; trabalhavam-se as matérias exigidas nos exames do Estado sem nenhuma dureza; somente os alunos do último ano tinham um período especial de preparação que consistia em grande parte em trabalhos pessoais de investigação; não havia notas nem exames de passagem; cada um estudava pelo gosto de saber, sem pressões exteriores que desvirtuassem o sentido da tarefa.

Antes do almoço, abundante mas simples, os alunos tratavam das suas coisas e dos quartos; cada um se habituava a servir-se a si próprio: a dispensa de auxílio alheio aparecia-lhes como uma questão de dignidade pessoal, deles e dos outros; não escravizariam o seu semelhante, nem cairiam na servidão que consiste em não saber desembaraçar-se de dificuldades. Em seguida ao almoço, a escola descansava; o silêncio absoluto casava-se com o torpor em que caía a natureza a meio do dia.

À tarde, trabalhava-se nos campos; cada aluno tinha à sua disposição um talhão de terreno que cultivava à sua vontade, mas não se desprezava o trabalho coletivo; grupos de alunos guiados por mestres desbravavam campos, nivelavam terrenos, semeavam ou colhiam. Outros dedicavam a sua atividade ao melhoramento da escola, pintando, reparando estragos, construindo dependências – estábulos, depósitos de ferramentas –, estabelecendo campos de jogos, escavando piscinas. Quem queria trabalhava nas oficinas, executando objetos de uso pessoal ou de interesse para a escola; não existiam as tarefas formais que transformam o trabalho manual num "latim de mãos".

Havia sempre ginástica, que se não destinava a criar atletas, mas homens saudáveis; os exercícios eram simples, sem rigidez disciplinar e apareciam como uma natural e ritmada expressão de uma íntima necessidade do jogo. Para os mais pequenos, havia sempre tempo livre para darem expansão à tendência natural da aventura, que Baden-Powell aproveitou; iam para os bosques próximos e eram piratas ou índios à sua vontade; voltavam cobertos de suor e de glória; e sobretudo adquiriam para sempre o amor da liberdade e o gosto das empresas perigosas.

Às cinco principiava o estudo que terminava duas horas depois e era seguido dum jantar ligeiro. Depois, rapazes e professores reuniam-se, ao ar livre, se o tempo estava bom, ou numa das salas de estar da escola; cantava-se, tocava-se música – um dos interesses basilares dos alunos de Lietz – e discutia-se a organização da comunidade; cada aluno tinha o direito de fazer as críticas que entendesse e de apresentar as sugestões que lhe parecessem mais convenientes; não havia ali duas classes, a dos senhores e a dos escravos; todos eram igualmente livres, igualmente dotados de reflexão e de iniciativa; todos afirmavam o seu espírito de esclarecido exame e de cooperação inteligente.

Compreende-se bem que, com este gênero de vida rude, o professor tenha sido para Lietz um elemento essencial; o homem ríspido que dá lições e mantém a disciplina por métodos sumários, o cretino que entrou na escola porque em parte alguma o deixavam entrar, o especialista que não tem em si nenhum interesse largamente humano, só por um erro que tem sido funestíssimo pode ter o encargo de educar crianças. O verdadeiro professor deve ser um amigo do seu aluno, mas com uma amizade intelectual e viril em que o carinho se toca de ironia, e se chama bondade ao forte desejo de que o bem surja; entre ele e os rapazes que educa não há abismos de saber nem de sensibilidade; são camaradas que se compreendem, se respeitam e se estimam; o aluno sabe o que deve ao mestre, este por seu turno não esquece que todo o rapaz o ensina a ser mais paciente, mais tenaz, mais hábil e mais amplo.

Largueza de espírito nos alunos e mestres, foi o grande ideal e a grande realização de Hermann Lietz; compreensão do universo e ação enérgica, mas calma, para que melhore e cada vez se aproxime mais do modelo que sonhamos, ao mesmo tempo que o modelo se enriquece e se apura com a experiência; finura de juízos, tolerância, cavaleiros sorridentes; almas firmes em toda a realidade, tranquilas e sólidas como a natureza, mas perfeitamente abertas a todo o empreendimento redentor.

*As escolas de Winnetka**

Os tempos modernos exigem do indivíduo um desenvolvimento máximo das suas qualidades e, simultaneamente, uma integração mais profunda no grupo social a que pertence; põe-se naturalmente para o educador o problema de preparar desde a escola o cidadão que as circunstâncias reclamam, dando-lhe ao mesmo tempo todas as faculdades de iniciativa necessárias para que o mundo não pare e para que o indivíduo seja, não uma simples roda de máquina, não o passivo aceitador de tudo o que existe, mas, em todas as suas atividades, um homem desejoso de novos horizontes. As escolas antigas, em todas as suas modalidades e apesar de todos os pseudoprogressos, não apresentam nenhuma solução: no campo individual, o aluno é sobretudo educado a guardar para si o seu trabalho, a "brilhar", e à custa dos outros se tanto for preciso; a máquina das notas e dos quadros de honra, da vigilância nos exercícios e das lições recitadas conduz, embora possivelmente não tenha sido montada para esse fim, a um desenvolvimento quase monstruoso do egoísmo; a criança habitua-se a não ajudar ninguém, a guardar para si tudo o que sabe, a bater-se com todas as armas que possui, para conservar o seu lugar; o professor castiga severamente toda a tentativa de solidariedade que conduz ao que se chama "uma viciação de aprendizagem", e força é confessar que, com o sistema atual de classificações, nada mais pode fazer; há todas as probabilidades de que a média dos alunos saia da escola com toda a manha, todo o gosto da violência, com toda a íntima insensibilidade, que tantas pessoas acham necessária para a "luta pela vida" tal como elas a entendem; isso pelo que respeita aos vencedores: porque o quadro é talvez mais horrível ainda quanto aos vencidos, quanto aos que sentiram perder-se, na dura batalha das aulas, tudo o que havia na sua alma de delicadeza,

---

* Agostinho da Silva. *As escolas de Winnetka*. Lisboa: Edição do Autor, 1940. (Iniciação: cadernos de informação cultural, 3.ª série.) [N. dos O.]

de idealismo, de puro movimento altruísta; quanto ainda aos que, por se sentirem inferiores pelo que respeita à inteligência ou vontade, ou por desgosto perante todo o ambiente, desanimaram, se deixaram esmagar e foram considerados como "os que nada fazem", como "os piores da aula"; e como a marca da escola é, geralmente, uma marca para a vida, a humanidade elimina, com o atual sistema escolar, muitos dos elementos que mais poderiam trabalhar pelo seu progresso. No que se refere à atividade coletiva, a escola de modelo antigo conhece apenas a monótona aula de carteiras em fila, com vizinhos impostos, a audição das lições do mestre que geralmente adora ser um conferente, as sessões de ginástica que não prendem os alunos, as sessões de canto em que lhes matam, à força de teoria, todo o gosto de cantar.

Os protestos e os projetos de reforma não têm deixado de surgir; mas, por um lado, a violência e o radicalismo com que muitas vezes são apresentados, por outro lado, a inércia, o comodismo e a boa-fé dos que defendem os sistemas antigos julgando defender alguma coisa de excelente, têm-se unido para impedir uma revisão profunda e séria das práticas escolares; acresce ainda que os defensores da pedagogia renovada são quase sempre teóricos, que nunca tiveram sobre si uma classe ou uma escola e não podem, portanto, apresentar resultados; ora, uma prática só se abate com uma prática; mostrar que os alunos duma escola nova fazem mais, nos exames e na vida, do que os alunos duma escola antiga, mostrar, o que é ponto importante, que a disciplina é maior na primeira do que na segunda, eis um argumento que não parece fácil de contrabater; os paladinos dos velhos sistemas têm todo o direito de combater, e oxalá combatam, enquanto lhes não mostrarem que a escola nova é em tudo superior à antiga; só então será possível, parece, fazê-los regressar à teoria, e mostrar-lhes, pelo perfeito acordo com a experiência, como ela estava certa. E foi exatamente o que sucedeu em Winnetka;[1] em 1919, tomou conta da instrução municipal desta pequena cidade americana, perto de Chicago: nas

[1] Isto é, Winnetka School District 36, distrito fundado em 1859, em Cook County (Illinois), e que entre a segunda metade do século XIX e a primeira do século XX construiu cinco escolas – três escolas primárias e duas escolas de Ensino Médio –, existentes até hoje. [N. dos O.]

margens do lago Michigan, uma comissão disposta a enveredar pelo caminho da prática; chamou Carleton Washburne, já conhecido pelo seu tato pedagógico e administrativo, e pela sua audácia de reformador, e encarregou-o de aplicar o sistema de ensino apresentado pelo State Teacher College de S. Francisco.[2] Washburne lançou-se ao trabalho, aproveitando ao máximo compatível com as suas diretrizes o pessoal que já existia; este ponto é importante: grande parte dos professores que combatem os métodos novos fazem-no porque os desconhecem, ou porque todos à volta se conservam na rotina; se o ambiente muda, mudam também; há, e houve em Winnetka, uma minoria inassimilável; quanto a esta só há o remédio de transferência a outros serviços ou da aposentação.

A primeira prevenção que fez Washburne e que continuou a fazer em todos os seus escritos é a de que não existe um sistema de Winnetka, a de que não há um conjunto de normas inflexíveis apresentado como remédio seguro para todos os males do ensino; Winnetka não é um dogma: é um agrupamento de ideias e de práticas que se discutem, se apuram, se conservam ou se reprovam; a atitude do reformador foi logo de início inteligente e confiante na inteligência dos outros; ao contrário de tantos que afirmam que, para que os homens sigam uma ideia, é preciso apresentá-la dogmaticamente, Washburne nunca apresenta a sua senão como uma experiência, uma tentativa e até, apesar dos seus fundamentos científicos, como uma aventura; e é de crer que daqui veio em grande parte a facilidade com que os mestres aceitaram a sua inovação e se interessaram por ela. Disse-lhes Washburne, em primeiro lugar, que falta à sua missão a escola que não desenvolve no aluno toda a sua personalidade; a escola deve ser o lugar em que a criança mostra e firma a sua originalidade, a sua capacidade de criação e de emoção; a aula não deve ser nunca a máquina que, segundo a expressão vulgar, "quebra a vontade" dos alunos e faz deles os seres passivos, que são realmente cômodos, mas de que a sociedade não tira

---

[2] Note-se que à época em que Carleton Washburne ensinou no San Francisco State Teachers College (1914-1919), tendo sido coordenador do Departamento de Ciências, a escola denominava-se San Francisco State Normal School. Washburne foi superintendente do Winnetka School District 36 de 1919 a 1943. [N. dos O.]

nenhum proveito: não tem nada que se criar o "obediente", tem que se criar o "responsável", o responsável perante si próprio, perante a sua escola, perante a sua cidade, o seu país, perante a humanidade inteira; e a verdadeira disciplina só pode nascer duma forte e bem desenvolvida personalidade que tenha ao mesmo tempo a ideia de que está sendo útil no mundo e que dela o mundo espera algum trabalho. Depois, esforçou-se Washburne por lhes inculcar a convicção de que o trabalho do aluno deve seguir o seu ritmo particular, de que é absurdo impor ao menos inteligente ou menos voluntarioso que aprenda uma determinada matéria no mesmo tempo que outro companheiro superior a ele; o aluno que é reprovado repete toda a matéria, o que é injustificado, visto que parte já ele conhece, e às vezes bem; poupar-se-ia tempo ensinando-lhe apenas o que precisa de aprender, insistindo sobre o que não assimilou.

É difícil não aceitar qualquer desses princípios, mas é muito difícil pô-los em prática, visto que a divisão de alunos por classes parece impossibilitar um ensino individualizado e um desenvolvimento livre da personalidade. Para resolver o primeiro ponto, propôs Washburne que cada aluno tivesse ao seu dispor um material de autoinstrução e de autocorreção, isto é, que todos os textos ou livros que lhe fossem entregues oferecessem possibilidades de aprendizagem com ligeiro auxílio do mestre e possibilidades de correção com exercícios de ensaio; dividir-se-ia o que se combinasse ensinar num determinado grau, ano ou classe, em porções denominadas unidades; no fim de cada unidade, em que o aluno facilmente poderia marchar por si próprio, havia os exercícios de ensaio que o aluno corrigia por si mesmo, também visto que lhe poderiam fornecer as respostas; quando se julgasse seguro da matéria pediria um exercício de exame; era esse o que o mestre julgaria: se estava bem, o aluno passava à unidade seguinte, se havia erros, o aluno revia a parte da matéria em que se mostrara pouco sólido; só depois da segunda prova satisfatória passaria a outra unidade; os que avançassem rapidamente numa matéria poderiam dedicar o seu tempo àquela em que se mostrassem mais fracos ou passar de classe sem estar amarrados aos companheiros menos hábeis; a diferença entre a matéria mais adiantada e a mais atrasada não poderia ir além de dois graus ou classes. Era naturalmente preciso criar todo o material de ensino, visto que os livros existentes não poderiam servir: Washburne criou-o, em colaboração com os mestres das escolas; Winnetka possui hoje uma excelente coleção de livros didáticos que terão de servir de modelo para qualquer tentativa de adaptação do método a outro país; juntamente com os livros, aparecem as provas de ensaio e as provas de exame que se renovam em cada ano e de que há sempre, no mesmo ano, formas diversas, atendendo a que a resposta depende muitas vezes da fórmula da pergunta e a que é preciso estar bem certo de que o aluno possui perfeitamente a matéria que acaba de estudar.

O ensino individualizado por este sistema aplica-se ao que Washburne chama os *common essentials*, isto é, tudo o que se torna absolutamente necessário para que um homem se possa entender com outros homens; são em primeiro lugar as técnicas da leitura, da escrita e do cálculo; em segundo lugar, as noções de geografia, história, civismo e higiene que mais vulgarmente se utilizam; para as estabelecer, e seguindo o seu sistema favorito de inquéritos, procurou Washburne com os seus colaboradores por jornais e revistas os nomes de acontecimentos, de homens, de lugares que apareciam mais amiúde e cujo desconhecimento prejudicaria a compreensão do texto; foi sobre essa base que se estabeleceram os programas de geografia e história de Winnetka; na educação cívica fugiu-se de tudo o que representava teoria ou discussão política para se assentar num programa de cidadania prática; em higiene, com os conhecimentos indispensáveis do corpo humano e das suas funções, fala-se de tabaco, do álcool, dos micróbios, etc.; objetou-se naturalmente a Washburne que a escola ficava, assim, demasiado prática e demasiado subordinada à vida comum sem que tentasse de certo modo ser ela a reformá-la; mas a resposta é fácil: ensina-se neste capítulo tudo o que é obrigatório para que o aluno passe de ano e tire o seu curso; quem ficar conhecendo o programa mínimo, e todos, a não ser os anormais, são capazes de o aprender, já não está desarmado perante a vida: sabe ler, escrever, contar e tem do resto as bases indispensáveis para continuar, se quiser; se a vida lho não permitir, não será, pelo menos, considerado um ignorante. As atividades livres, individuais ou de grupo, a que se dedica sempre metade da manhã e metade da tarde, dão ao aluno possibilidades de aumentar a sua cultura com as sessões de discussão, os concertos musicais, as leituras feitas pelo mestre, as representações, os trabalhos manuais, os jornais escolares, as excursões, a vida dos clubes escolares, das comissões e da assembleia geral dos alunos.

Uma das técnicas a que se dá em Winnetka maior importância é a do cálculo; pretende-se que a criança ao sair da escola saiba traduzir em números problemas da vida e seja capaz de os resolver; é o ensino em que mais se insiste na correção e no exame, exigindo-se segurança absoluta para que se passe ao grau seguinte. Começa-se por dar as noções de quantidade e de número, habituando ao mesmo tempo o aluno à ordem e regra no trabalho e a dominar perfeitamente a numeração; na classe seguinte, exige-se o conhecimento de todos os fatos numéricos elementares e das unidades de medidas mais comuns; no terceiro passa-se à prática dos quatro processos fundamentais com inteiros, quebrados e decimais; por fim, aplicam-se à prática da vida todos os conhecimentos adquiridos; é preciso notar que não se começa pelo abstrato para se passar ao concreto; logo de início se procura que o aluno marche sobre alguma coisa de sólido: é só depois que se vai entrando no mais geral. Os livros de ensino e os exercícios foram, como em todas as outras disciplinas, feitos especialmente para as escolas de Winnetka, sobre dados fornecidos pela experiência, e são os únicos que podem ser aproveitados imediatamente na adaptação do método a outros países; além dos textos, usa-se um material de iniciação mais interessante e proveitoso do que o da Montessori; quase todo é empregado em jogos. Tem-se sempre em vista através de todo o ensino que é necessário estabelecer ligação lógica no espírito da criança, alterando por vezes a ordem vulgar da aprendizagem: o ensino da multiplicação é introduzido logo depois de alguns conhecimentos de adição; por outro lado, o mestre não se esquece de que o aluno pode somar e dividir com toda a habilidade e ser incapaz de aplicar os seus conhecimentos à vida; fazem-se problemas, mas os problemas não são tirados da vida dos adultos que, em geral, interessa pouco à criança: são feitos sobre a sua própria vida, em casa ou na escola.

A individualização da leitura é naturalmente a mais fácil; começa-se por conversações e desenhos sobre temas de conhecimento direto da criança; passa-se depois à interpretação de gravuras para que o aluno se habitue a uma forma de expressão que não é a linguagem falada; no grau seguinte os desenhos são acompanhados de frases cuja forma escrita o aluno vai fixando; depois são distribuídas cartolinas com cenas várias acompanhadas de pequenos cartões com frases para que o aluno as aplique; passa-se a cartolinas com aplicação de palavras e, em seguida, a histórias em que entram todas as palavras já conhecidas da criança; essas histórias são impressas, palavra a palavra, ou frase a frase, em cartolinas que têm no reverso a cena: o aluno pode, a cada momento, verificar os erros da leitura; a introdução de palavras novas faz-se com intervalos suficientes para que o aluno não aborreça a leitura e sempre em lugares em que facilmente ele possa apreender o sentido. Logo que o aluno domina o mecanismo da leitura, fornecem-se-lhe livros devidamente seriados; a cada grau correspondem uns quinze livros; dá-se maior importância à leitura silenciosa do que à leitura em voz alta, porque é a primeira a que mais serve na vida; encoraja-se, no entanto, a leitura em voz alta, animando o aluno a levar livros para casa para os ler à família e organizando sessões de leitura na escola; não se esquece, por outro lado, que ler bem é compreender o que se lê: a verificação de que o aluno apreendeu o sentido do texto é muito importante em Winnetka; uma leitura mecânica não interessa; depois de cada leitura os alunos respondem a um inquérito ou redigem uma nota bibliográfica, havendo, no entanto, o cuidado de não tornar o apuramento da leitura um obstáculo que afaste a criança dos livros. A individualização da leitura leva à criação de bibliotecas escolares bastante fornecidas: calcula-se em Winnetka que nenhuma escola pode funcionar com uma biblioteca de menos de quinhentos volumes; além das verbas orçamentais, há o recurso da subscrição, das ofertas de pais e amigos e da troca por livros de objetos fabricados nos trabalhos manuais; as bibliotecas públicas podem também prestar grandes serviços, organizando-se de modo que seja fácil o empréstimo de volumes às escolas.

Para o ensino da escrita não há técnicas especiais; as crianças vêm do jardim infantil com prática do material Froebel e Montessori, que não se usa, no entanto, segundo o método dos criadores, e chegam, por conseguinte, com bastante disciplina de movimentos para que saibam desenhar as palavras e frases que leem; insiste-se na apresentação do texto escrito, mas evita-se que a exigência demasiada possa levar a criança a não escrever senão com repugnância; logo que o aluno escreve, inicia-se na redação, que não é senão uma forma de exprimir a sua vida. A aprendizagem do vocabulário faz-se nas conversas com o mestre ou com os companheiros, na leitura e em listas especiais elaboradas pela escola, como sempre, sobre resultados de experiências: as listas ou são duplas, de palavras e de significados, ou contêm apenas as palavras desconhecidas; a criança busca-lhes o sentido e aplica-as em frases. Não se espera que toda a utilidade do vocabulário e da redação resida em se pôr à disposição do aluno um meio mais perfeito de expressão: nas escolas de Winnetka, as crianças escrevem bastante, mas não ditados, nem cópias, nem redações sobre os temas tipo de "o inverno", ou "o boi"; contam casos da sua vida, fazem descrições do que viram, cartas, relatórios, tudo o que na realidade as interessa; a crítica do mestre exerce-se sempre, mas só se insiste na forma quando o fundo é bom; é só nesse caso que vale a pena melhorar a linguagem; no outro, o que importa é que o aluno exprima mais vivamente o que estava dentro ou fora de si.

Na história procura-se, sobretudo, não a monótona narração das batalhas e as intermináveis listas de reis, mas a vida dos povos do passado e a influência que exerceram sobre a nossa; tem, no entanto, de se fazer aprender um certo número de datas e de nomes: é esta a parte que se reserva ao estudo individualizado, deixando a outra, a parte de civilização, para as atividades de grupo. No trabalho individualizado, é fornecido ao aluno um texto que o possa interessar e um questionário a que terá de responder; como se trata de uma escola primária não se investigam minudências; o que interessa é a apreensão dos conhecimentos essenciais. Eis, por exemplo, o questionário sobre as Cruzadas:[3]

---

[3] Esse questionário sobre as Cruzadas foi extraído, traduzido e reproduzido por Agostinho da Silva do livro de Carleton Washburne, *La escuela individualizada*, com tradução do inglês para o castelhano e adaptação de Fernando Sáinz. Madri: Publicaciones de la Revista de Pedagogia, 1934. [N. dos O.]

I – Qual dos fatos seguintes decidiu os homens a empreenderem a primeira Cruzada?
1.º Os turcos tinham-se apoderado de Constantinopla, tomando-a aos bizantinos.
2.º Os maometanos queriam conquistar Jerusalém.
3.º O imperador de Bizâncio pediu aos cristãos do ocidente auxílio contra os maometanos.
4.º Os cristãos do ocidente da Europa quiseram apoderar-se de Constantinopla.

II – As Cruzadas duraram aproximadamente:
1.º Dez anos.
2.º Duzentos anos.
3.º Cinquenta anos.
4.º Quinhentos anos.

III – Quais dos fatos seguintes deram ocasião às Cruzadas?
1.º Os maometanos apoderaram-se de Constantinopla.
2.º Os cristãos foram expulsos dos lugares santos.
3.º Os muçulmanos destruíram Jerusalém.
4.º Os turcos maltratavam peregrinos cristãos.

IV – As Cruzadas começaram no ano:
1.º 48.
2.º 637.
3.º 1096.
4.º 1492.

V – As Cruzadas tinham o fim de:
1.º Expulsar os maometanos da Europa.
2.º Impedir que os turcos se apoderassem de Constantinopla.
3.º Conquistar os lugares santos.
4.º Ajudar o imperador de Bizâncio contra os seus inimigos.

VI – As Cruzadas começaram:
1.º Alguns dias depois da conquista dos lugares santos pelos árabes.
2.º No ano em que morreu Jesus Cristo.
3.º Logo que os cristãos souberam que Jerusalém tinha caído em poder dos maometanos.
4.º Pouco depois de os turcos conquistarem a Síria e a Mesopotâmia.

Os questionários sobre as personagens das Cruzadas, influência na literatura, influência na marcha do mundo seriam de tipo semelhante.

No trabalho em grupo far-se-iam leituras mais extensas, discutir-se-ia o significado das Cruzadas e as suas consequências, organizar-se-ia uma representação em que entrassem as personagens do tempo, se evocassem os acontecimentos; os trabalhos manuais dariam a sua contribuição, construindo uma Jerusalém ou fazendo desfilar uma Cruzada de barro; haveria também uma visita a monumentos do tempo das Cruzadas ou ir-se-ia à biblioteca ver manuscritos ou reproduções de manuscritos medievais.

A geografia não está nitidamente separada da história; os conhecimentos são introduzidos à medida que os fatos históricos vão sendo do domínio do aluno; a propósito dos *vikings* e normandos dá-se a geografia essencial dos países do Norte da Europa; os descobrimentos dos portugueses e espanhóis são excelente oportunidade de fazer a criança tomar contato com os nomes das mais importantes regiões do globo. Procura-se na medida do possível não limitar a geografia a uma nomenclatura: aprendem-se os fatos econômicos, o gênero de vida dos povos. As atividades de grupo têm aqui uma grande importância: quando se trata da Suíça, por exemplo, leem-se lendas e contos da Suíça, organizam-se sessões de projeções ou de cinema, fazem-se exposições de quadros relativos à Suíça, os alunos organizam coleções de gravuras e de textos referentes ao país, juntam horários de caminhos-de-ferro e cartazes de turismo, constroem uma aldeia suíça entre montanhas de pano pintado, representam um conto em trajes suíços, preparam alguns dos pratos favoritos dos montanheses e bailam as danças populares, acompanhando-se com os instrumentos característicos.

Na fisiologia e higiene dá-se um caráter prático ao ensino; escolhem-se 31 temas, elaboram-se as provas necessárias e considera-se apto o aluno que responda a questionários do tipo seguinte:[4]

17 – Os nervos

1.º O centro do sistema nervoso chama-se:
a) vaso sanguíneo;
b) coração;
c) estômago;
d) cérebro;
e) órgão.

2.º Os nervos:
a) excitam ao trabalho;
b) protegem o corpo;
c) digerem os alimentos;
d) purificam o sangue;
e) causam enfermidades.

3.º A inteligência deve ser orientada para:
a) o trabalho pausado;
b) o trabalho em grandes períodos sem repouso;
c) a concentração no que se está fazendo;
d) a dispersão, tomando vários trabalhos ao mesmo tempo;
e) uma diversão contínua.

[4] Os exercícios seguintes foram extraídos, traduzidos e reproduzidos por Agostinho da Silva dos questionários n. 17 (*Los nervios*) e n. 25 (*Los microbios*), p. 110-11 e 112-13, respectivamente, do livro de Juan Comas, *El sistema de Winnetka en la práctica*. Madri: Publicaciones de la Revista de Pedagogia, 1930. (Col. La práctica de la educación activa.) [N. dos O.]

25 – Os micróbios

1.º As coisas pequeníssimas que existem no ar, na água, nos alimentos, chamam-se:
a) vitaminas;
b) glóbulos vermelhos;
c) ligamentos;
d) micróbios;
e) saliva.

Sublinha as frases que julgares exatas acerca de:

2.º Micróbios:
a) causam a putrefacção dos alimentos;
b) são muito pequenos e difíceis de ver;
c) são grandes e redondos;
d) são perigosos.

3.º Um micróbio nocivo:
a) causa enfermidades;
b) pode ser visto;
c) produz a fermentação do pão;
d) torna possível a fabricação do queijo.

Como propôs Juan Comas, esta aprendizagem da fisiologia e da higiene poderia servir, porque não exige textos numerosos nem muito material didático, de ponto de partida para uma aplicação experimental do método de Winnetka noutros países; haveria apenas o inconveniente, que pode ser muito grave, de o aluno empregar apenas o método numa das suas atividades, sendo todas as outras quase radicalmente o contrário.

Quanto à educação cívica, não se limitaram os mestres de Winnetka à pregação de um certo número de princípios; é a prática que faz o cidadão; as escolas de Winnetka são escolas de autogoverno; cada classe nomeia os seus representantes, que se reúnem em conselho uma ou duas vezes por semana e deliberam sobre os vários assuntos da vida da escola; são sempre ajudados por um professor que pode intervir na discussão, mas como um igual dos alunos, abstendo-se de longos discursos, de moralizações intempestivas e de qualquer espécie de violência exercida sobre a opinião do conselho; a parte de escrituração, atas, contas, etc., é reduzida ao mínimo; nomeiam-se também comissões que tratam de um assunto particular e que relatam depois a sua ação, ou no conselho ou na assembleia geral da escola, em que tomam parte todos os alunos, com direito de exposição e de voto; nesta república escolar evita-se quanto possível a formação de partidos e procura-se que cada um ganhe o hábito de se guiar no procedimento segundo os resultados de uma reflexão cuidadosa e suficientemente informada; o aluno habitua-se a ser senhor de si e respeitador da personalidade alheia. O autogoverno é o fecho dos estudos sociais no que eles têm de solidariedade humana, de compreensão das diferenças individuais, de simpatia pelo que não é igual a nós, de grande sentimento da interdependência dos homens, das nações e das raças, de entendimento do dever que todos temos de nos melhorarmos a nós para que possamos melhorar os outros.

Nas escolas de Winnetka realizam-se frequentemente sessões literárias em que o mestre ou um aluno mais adiantado, mas geralmente o mestre, lê trechos de obras célebres, comentando-as se for preciso, mas esforçando-se por que a inflexão da voz, as pausas, os gestos, sejam o comentário suficiente e façam entender à criança a beleza e o interesse do texto. As representações são também frequentes; as peças são geralmente escritas pelos alunos, deixando-se sempre uma parte à improvisação dos atores; é nos trabalhos manuais que os alunos constroem o material necessário ao cenário, efeitos de cena, instalação de luz, guarda-roupa; os trabalhos manuais não são em Winnetka uma disciplina à parte sem ligação viva com a existência do aluno e com o sentido do restante das suas aprendizagens: o que se fabrica serve para alguma coisa, ingressa como elemento num quadro mais vasto; por outro lado, busca-se menos a perfeição do que um movimento criador: uma casa malfeita, mas construída com entusiasmo e colocada numa aldeia holandesa ou suíça, vale mais do que o tetraedro exato que não serve para nada. O mesmo espírito entra no ensino da música: os alunos de Winnetka tocam e cantam, sem grandes conhecimentos técnicos, mas com íntima vontade; são meios de expressão e não meios de virtuosidade; a educação musical faz-se por meio da audição e explicação de obras célebres executadas pelo mestre ao piano, ou então de uma grafonola; sempre que é possível, os alunos assistem a concertos fora da escola ou na própria escola, quando os executantes a isso se prestam.

Ocorre perguntar, sempre que se trata de um método novo de educação, o que se passa quanto à disciplina; efetivamente, nas escolas antigas, a disciplina é uma das grandes preocupações dos professores; e deve entender-se aqui por disciplina apenas o não manifestar-se de atos que se consideram perturbadores da ordem; o que importa é que se proceda à eliminação dos sintomas, embora a causa profunda continue produzindo os seus efeitos. Em Winnetka o caso de indisciplina é considerado uma anormalidade; desde que se adote com o aluno uma atitude de compreensão e de humanidade, desde que o trabalho lhe interesse, desde que as suas relações com os companheiros não tenham por base a emulação e a avareza, os atos vulgares de indisciplina desaparecem por completo; não se trata, é bom repeti-lo, de uma teoria; trata-se de um fato comprovado pela prática: os alunos das escolas novas de Winnetka não são indisciplinados. É certo que as aulas não apresentam o aspecto superficial de calma, de sossego e de ordem que aparece nas escolas antigas; os alunos circulam de mesa a mesa; uns, de pé, observam os peixes do aquário, outros discutem a próxima representação, dois alunos seguem uma explicação do professor; mas esta aula é uma oficina e ninguém considera indisciplinado o operário que vai procurar ferramenta ou fala com o mestre sobre o plano de um trabalho. Há, porém, a sólida, duradoura, quase perfeita disciplina interior: o aluno domina-se, vive uma vida psicológica sã, sente as suas responsabilidades de ser humano. Todo o ato de indisciplina aparece nesse ambiente com um tal caráter de doença, que o aluno é enviado a um conselho formado pelo professor que conhece o caso, por um clínico, um psiquiatra e um psicólogo que prescrevem o necessário tratamento físico e mental. Deve notar-se que todos os professores de Winnetka sabem que os atos de indisciplina da escola velha são também de atribuir, em grande parte, à psicologia dos professores; esforçam-se por que a sua vida íntima e a sua vida de escola sejam puras e calmas; têm curiosidades intelectuais, não pregam uma coisa e fazem outra; sabem que a influência sobre o aluno não vem da palavra, mas do ser; e são, quanto possível, otimistas, bem-humorados, tentando em todas as suas horas dominar a vida e compreendê-la; têm o amor da sua profissão e o amor dos alunos. Deve dizer-se que ganham bem e não têm excessivo trabalho; em Winnetka compreendeu-se que a situação econômica do professor tem uma extraordinária importância no rendimento das aulas.

Os resultados das escolas de Winnetka foram verificados com inquéritos minuciosos que têm por base as provas prestadas nas escolas secundárias e nos colégios das universidades; aparecem aí alunos de várias escolas, novas e antigas: os de Winnetka são-lhes superiores em três quartos das disciplinas; embora a técnica dos exames e das provas psicológicas não sejam seguras, parece poder concluir-se que o método de Winnetka dá melhor resultado que os das outras escolas, nas matérias exigidas pelo programa; em capacidade criadora, iniciativa, interesse pela vida, os alunos de Winnetka são também nitidamente superiores. Há, decerto, críticas fundadas: ainda não é aceitável por completo um sistema em que a atividade social e a individual surgem bastante separadas; em que a liberdade do aluno é, de certo modo, limitada quanto à aprendizagem das técnicas; e em que estas não são exigidas por uma necessidade íntima da vida do aluno, mas impostas de fora, na altura que o mestre julga conveniente; há métodos a que se não podem apresentar essas objeções; mas a sua aplicação é muito limitada, porque exige um mestre que seja um artista perfeito da pedagogia; para este mesmo nem seria preciso nenhum método; simplesmente, não se podem exigir tais qualidades da massa dos professores; o sistema de Winnetka, com todos os seus defeitos, é atualmente o método mais próprio para a aplicação em grande escala num país que deseje renovar a sua organização escolar.

Nota de livros[5]

Manuel B. Lourenço Filho. *Introdução ao estudo da Escola Nova*. São Paulo: Edições Melhoramentos, 1930. (Biblioteca da Educação, vol. XI.) Tradução castelhana de Enrique de Leguina, *La Escuela Nueva*. Barcelona: Editorial Labor, 1933. (Col. Labor, Biblioteca de Iniciación Cultural, seção II, Educação, n. 330.)

Carleton Washburne. *La escuela individualizada*. Tradução e adaptação de Fernando Sáinz. Madri: Publicaciones de la Revista de Pedagogia, 1934.

Juan Comas. *El sistema de Winnetka en la práctica*. Madri: Publicaciones de la Revista de Pedagogia, 1930. (Col. La práctica de la educación activa.)

Carleton Washburne; Mabel Vogel; William S. Gray. *A Survey of the Winnetka Public Schools*. Supplementary Educational Research. Bloomington, Illinois: Public School Publishing Company, 1926.

---

[5] Os elementos de referenciação constitutivos da bibliografia originalmente indicada nessa "nota de livros" foram revistos, completados e, quando necessário, também corrigidos. [N. dos O.]

O Plano Dalton

[ARTIGO]*

Foi em 1904 que *Miss* [Helen] Parkhurst, encarregada de reger uma escola rural americana em que se acumulavam oito classes com um total de 40 alunos, pensou nas possibilidades de criação de um método que permitisse vencer as dificuldades resultantes da presença, na mesma sala, de alunos que se encontravam em graus diversos de adiantamento; um livro de Edgar James Swift, *Mind in the making*,[1] ajudou-a a elaborar o seu Plano; as primeiras experiências foram quase secretas e tentadas a medo; a falta de preparação dos alunos, o estarem habituados a processos totalmente diferentes, tornavam muito perigosa toda a tentativa de renovação; por outro lado, havia a contar com as rotinas mentais dos outros mestres e a sua fatal oposição, logo de início, a qualquer modificação dos métodos escolares.

A experiência deu, porém, bom resultado e *Miss* Parkhurst atreveu-se a expor o Plano a um grupo de estudantes; era certo, no entanto, que a realização prática dos princípios de liberdade, de responsabilidade, de autodomínio, de atividade, que a autora preconizava não era muito satisfatória, e a própria *Miss*

---

* Agostinho da Silva. O Plano Dalton. *O Diabo*, semanário de literatura e crítica. Lisboa, ano VI, n. 250, 8 de julho de 1939, p. 1 e 6. Observe-se que à página 1, logo acima do título "O Plano Dalton", portanto como antetítulo, figura "Núcleo Pedagógico de Antero de Quental". Do que se verifica ter a publicação do artigo se dado como uma das ações de divulgação pedagógica e cultural do então recém-criado Núcleo, acerca do qual constam informações em diferentes pontos deste tomo I (*vide* o "Sumário"). Observe-se ainda que, a exemplo de outros periódicos portugueses da altura – como o *Sol Nascente*, revista cultural de literatura e crítica, da cidade do Porto –, *O Diabo* deu grande publicidade à iniciativa do Núcleo Pedagógico de Antero de Quental. [N. dos O.]

[1] Cf. Edgar James Swift. *Mind in the making*. A study in mental development. Nova York: Charles Scribner's Sons, 1908. [N. dos O.]

Parkhurst o reconheceu, resolvendo dedicar alguns anos mais ao apuramento do método: em 1914 vai à Itália frequentar as escolas Montessori e, em 1915, toma a direção, na América, de uma Escola Normal montessoriana; em 1920, depois de abandonar a direção da Escola, faz, em Dalton, o primeiro ensaio sério do método e, pouco depois, quando já o Plano era conhecido e adotado em Inglaterra, funda, com a ajuda de *Mrs.* Crane e de um grupo de amigos, a Children's University School, para experiência e demonstração.

O acolhimento entusiástico que fez ao Plano um grande número, que aumenta de ano para ano, de escolas dos países anglo-saxões é facilmente explicável se atendermos a que *Miss* Parkhurst põe, como ideias fundamentais do seu método, a de que se deve deixar desenvolver a criança num ambiente de máxima liberdade possível e a de que se deve habituá-la à cooperação social; insiste sobretudo na primeira e isso tem levado vários críticos do Plano a afirmarem que o trabalho em grupo é quase totalmente desprezado nas escolas daltonianas; há certamente outros sistemas, por exemplo o método Cousinet, em que o trabalho de grupo é mais bem organizado; mas, como veremos, a colaboração vem naturalmente, nas escolas Dalton, da liberdade que se deixa ao aluno.

A primeira manifestação exterior do princípio de liberdade é a supressão do horário; o "horário-mosaico", com as suas disciplinas sabiamente escolhidas segundo as curvas de fadiga, é um dos melhores meios que a escola antiga tem ao seu dispor para matar toda a iniciativa do aluno e todo o seu gosto pelo estudo; claro está que uma escola em que se não tem nenhuma confiança nessa capacidade de iniciativa dos alunos e em que se julga o educando um ser passivo cuja única possibilidade de salvação está em absorver as conferências do mestre, a solução mais prática de todas as dificuldades é efetivamente a do horário; mas também obrigar o espírito a aplicar-se a horas certas a determinadas matérias, passar de tantos em tantos minutos de disciplina para disciplina, quebrar bruscamente, ao toque da sineta, os interesses que se iam formando, violentar a cada momento as disposições íntimas, é um processo de trabalho incapaz de formar cidadãos conscientes, homens de claro raciocínio e de forte querer.

O aluno que pode trabalhar o tempo que quiser numa certa disciplina e que se pode mover livremente nas salas, sem a tortura da imobilidade durante horas, procura o contato com os companheiros, ou simplesmente para que o anime e ampare na sua tarefa o ambiente de aplicação que o grupo forma à sua volta, ou para que um aluno mais adiantado o guie, lhe dê indicações, lhe verifique os exercícios, ou, ainda, o que não é o menos interessante sob o ponto de vista social, para ajudar o que se encontra num grau inferior de adiantamento; todo o egoísmo da escola velha, todo o cuidado de guardar ciosamente o saber adquirido, para se ter a melhor nota da classe, desaparecem por completo nas escolas Dalton.

Objetar-se-á, e tem-se objetado, que tal sistema conduz inevitavelmente à desordem; para grande número de adultos, esquecidos, segundo parece, da sua infância, a criança é um ser mau que, mal lhe dão alguma liberdade, a aproveita logo para fins que contrariam as sólidas normas da moral; se lhe suprimimos o horário e se a deixamos agrupar-se livremente, circular à vontade, consultar livros, interrogar o mestre, as consequências devem ser terríveis: indisciplina no trabalho, fraude nas provas, barulho durante o tempo da aula e, como resultado final, uma ignorância absoluta; a experiência de séculos é concludente: mal o professor se afasta da linha de rigidez, mal confia na dignidade, na faculdade de autodomínio, na inteligente crítica do aluno, a falência é rápida e segura.

Suponhamos, por um momento, que é certo tudo o que afirmam os partidários dos métodos antigos; suponhamos que, nas escolas Dalton e nas outras escolas novas, em que também se põe em prática o princípio da liberdade, a ordem se quebra e nada se encontra do silêncio, do sossego, da disciplina da escola vulgar; os males resultantes de uma tal desordem seriam naturalmente gravíssimos, tanto para o aluno como, depois, para a comunidade em que ingressasse; seriam, porém, tão graves como os malefícios resultantes da ordem atualmente aplicada? Talvez não. O esmagamento da personalidade, da dignidade individual, do poder de iniciativa que se faz hoje, de resto com as melhores intenções, na maioria das escolas, mesmo nos países mais adiantados, tem feito perder à humanidade séculos de avanço; talvez se viesse, apesar de todos os inconvenientes, a lucrar mais com o método contrário.

Seja como for, a questão não se põe a propósito do Plano Dalton; se o Plano fosse ainda uma teoria ou um sonho de pedagogo em férias, poderíamos discutir longamente acerca das suas qualidades disciplinadoras; como não é, basta atender ao que dizem os visitantes das escolas Dalton, os relatórios dos professores, os depoimentos dos pais; todos estão de acordo em afirmar que não há indisciplina nas escolas, que não é preciso recorrer aos clássicos castigos e que alunos que eram indisciplinados nas escolas velhas se curaram do seu defeito – se era seu o defeito –, depois de trabalharem algum tempo no sistema Dalton; é evidente que há sempre um resíduo subnormal de inadaptáveis; mas o nível médio de disciplina é infinitamente superior; os alunos são diligentes, aplicados, amáveis e calmos, seguros de si e amigos do trabalho.

Concedida a disciplina, e é impossível negá-la, porque a experiência está feita, resta ainda uma outra objeção: a de que, se o sistema é excelente nos países anglo-saxônicos, o será porventura menos em países latinos, por exemplo. Nenhum educador pode desprezar este argumento; os perigos da adaptação apressada a um país de que deu bons resultados noutro podem ser bastante sérios para que obriguem a proceder com toda a cautela; cremos, porém, que o fato das escolas montadas em Montevidéu estarem trabalhando muito bem contraria bastante a força da objeção; depois, se os defeitos que se apontam de preferência no latino são o da indisciplina e o da falta de noção das suas responsabilidades, não parece plenamente indicado que se adote um método que se tem afirmado superior ao das escolas velhas no que respeita a esses dois pontos?

Os perigos de desastre estarão menos nas qualidades das crianças, muito mais semelhantes do que se pensa, apesar de todas as diferenças de nacionalidade, do que na falta de material adequado, de preparação do pessoal e de compreensão dos adultos; a disposição de meios de trabalho idênticos aos das escolas estrangeiras em que o método tem dado resultado, o conhecimento seguro, por leituras e visitas, dos princípios e dos processos do Plano, a boa vontade, a simpatia, o talento pedagógico, a preparação cuidadosa do terreno, a firmeza, o bom senso e o tato são os elementos sem os quais toda a experiência estará sujeita a um fracasso.

O que é necessário pôr-se bem claro é que, em toda a parte em que tem sido bem aplicado, o método de *Miss* Parkhurst se tem mostrado extremamente eficiente, não só no que se refere à aprendizagem das matérias como em todas as questões de melhoramento moral, de sentido da responsabilidade, de cooperação social. Os alunos que seguem o Plano Dalton aprendem mais e melhor do que os alunos da escola velha; a sua cultura geral é muito mais vasta, maior a facilidade de penetração dos problemas, mais aguda a percepção das linhas essenciais, mais desperta e persistente a curiosidade, o amor da descoberta, que precisamente os métodos antigos abandonam ou fazem o possível por abafar.

O aluno das escolas Dalton habitua-se a dispor de si e do seu tempo, a dominar os seus impulsos para o trabalho desordenado ou para a indolência; se há uma certa hesitação e um certo desalinho durante as primeiras semanas, o que é absolutamente natural, depois já ele sabe traçar o seu programa e submeter-se às normas escolhidas; são geralmente as matérias que lhe interessam pouco as que o aluno estuda primeiro, ou porque as vê indispensáveis a um grau de cultura que deseja atingir, ou porque se quer desembaraçar delas para ter em seguida tempo livre para as disciplinas prediletas; ninguém mostra diante das tarefas difíceis covardia ou manha: cada um tem a plena consciência do que faz e a firme vontade de cumprir o que promete.

*

O primeiro ponto importante na orgânica do Plano Dalton é o que refere ao lugar de trabalho; a classe de carteiras alinhadas, com as suas filas de alunos dispostos por alturas ou por mérito de estudo, desaparece por completo; a sala, nas escolas Dalton, é um "laboratório", isto é, um local em que o aluno encontra todos os elementos para fazer ele próprio a sua experiência de aprendizagem; no "laboratório" há os livros, os mapas, as pastas de gravuras, as preparações, os produtos químicos, os aparelhos de Física que são necessários para que possa estudar; cria-se à volta do aluno um ambiente de trabalho, uma atmosfera que o incita; ao mesmo tempo, o material deixa de ser um domínio do professor; o aluno, em vez de um fatigado espectador, passa a ser um operário interessado e diligente.

Em princípio, deve haver tantos "laboratórios" quantas as disciplinas que se ensinam na escola; a escola cuja população obrigasse a mais de um "laboratório" por disciplina não seria uma boa unidade pedagógica; por outro lado, convém que se não tenha de instalar na mesma sala dois "laboratórios": a atenção do aluno dispersa-se mais facilmente e a confusão nos trabalhos é quase inevitável;

uma boa escola Dalton deve ter ainda, além dos "laboratórios", uma sala ou corredor amplo que estabeleça a comunicação entre as várias salas, um ginásio, um balneário, uma sala de reuniões, um terreno de jogos, uma oficina de trabalhos manuais, além das instalações administrativas da escola.

Os alunos circulam de um para outro "laboratório" segundo as suas necessidades de trabalho, sem que estejam adstritos a horários, exceto, naturalmente, nas aulas de ginástica ou de canto e ainda nas reuniões para as aulas coletivas; se acontecer que um "laboratório" já esteja cheio, o professor manda afixar um aviso à porta e o aluno dirige-se para outro e reserva para mais tarde o trabalho que tinha planeado; os alunos habituam-se facilmente à circulação entre os "laboratórios" e, ao fim de pouco tempo, já ela se faz sem barulho que perturbe o funcionamento da escola.

Em cada "laboratório" encontra-se um professor especializado na respectiva disciplina; deve manter, pela persuasão e por um tato pedagógico de que se não podem dar regras nem processos, a ordem necessária para que se possa trabalhar; o ideal não é o silêncio absoluto: é o interesse de cada um pela sua tarefa; daí virá tudo o resto. O professor que discursa não tem cabimento nas escolas Dalton; o professor indica o trabalho, aconselha, mostra os meios de se vencer qualquer dificuldade que apareça, mas faz o possível por que o aluno aprenda por si, trabalhe por si, em si confie; a autoaprendizagem é essencial no Plano, como em todos os sistemas de escola nova; há decerto menos brilho no papel do professor, mas há mais utilidade para todos.

Logo no princípio do ano, os professores reúnem-se e põem-se de acordo sobre o programa que se há de dar na escola; este trabalho é naturalmente desnecessário se o programa adotado for o oficial; depois, trata-se de dividir o programa por trimestres e por meses; é a unidade mês que o professor tem de distribuir por 20 tempos de trabalho, isto é, por 4 semanas x 5 tempos, visto a escola não funcionar ao sábado; a cada matéria atribui o tempo que julga necessário para que a estude um aluno médio, por exemplo, 15 tempos para a leitura de um romance e uma redação, 4 tempos para a história de Atenas no século V, 6 tempos para o máximo divisor comum, 3 tempos para a geografia econômica da França, 2 tempos para organizar uma coleção de coleópteros.

O programa do mês é entregue ao aluno e constitui o "contrato" que ele se compromete a cumprir dentro dos 20 tempos; se o aluno o acabar antes do mês, o professor entrega-lhe outro. Cada "contrato" compreende: um *título* que é o resumo de todo o trabalho ou a ideia essencial que se tem de pôr em relevo; uma *introdução* em que o professor faz a ligação com as matérias anteriores e desperta a curiosidade do aluno; uma série de *problemas* que o aluno tem de resolver – problemas propriamente ditos, desenho de mapas, experiências, exercícios de redação, etc.; indicação do *trabalho escrito* a efetuar; indicação do *trabalho de memória* (regras, teoremas, poesia); indicação do *trabalho oral* (conferências, discussões, recitação); *referências* sobre os elementos que o aluno tem ao seu dispor para o trabalho; indicação dos *tempos*.

Vejamos, por exemplo, um "contrato" para a disciplina de *Geografia*:

A CHINA[2]

Introdução – Suponho que te interessará conhecer alguma coisa acerca deste extraordinário país de 400 milhões de habitantes cujas qualidades naturais não são inferiores às de qualquer outro povo, embora sejam muito diferentes os seus costumes. A civilização da China tem talvez mais dois mil anos que a da Europa, o que quer dizer que tem pelo menos uns quatro mil anos.

Primeira semana

Problemas:

1.º As três grandes religiões chinesas são mais antigas que a de Cristo. O fundador do budismo era oriundo da Índia. Confúcio e Lao-Tsé eram chineses.

---

[2] Este programa de Geografia foi extraído, traduzido e reproduzido, com algumas adaptações, por Agostinho da Silva de "Sample assignments", capítulo VI do livro de Helen Parkhurst, *Education on the Dalton Plan*, com introdução de Thomas Percy Nunn e contribuições de Rosa Bassett e John Eades. Londres: George Bell & Sons, 1922. [N. dos O.]

Podes ler alguma coisa sobre eles na *História da Humanidade* de Van Loon, páginas 240-250.[3] Escreve meia página sobre cada religião.

2.º Estuda com cuidado o mapa da página 243 e a gravura da página 249.

3.º Na biblioteca, há uma série de estampas sobre a vida na China; vê-as com atenção e lê as legendas. Há também muitas gravuras nos números atrasados da *Asia* e do *Geographic*.[4] Algumas dessas revistas já estão apartadas.

4.º Imagina uma viagem à China e escreve as tuas impressões. *Mr.* Klauber, que passou algum tempo na China, virá à escola na quinta-feira, fazer uma palestra e mostrar-vos gravuras, moedas, etc.

Tempo:

O primeiro problema vale tempo e meio; o segundo, meio; o terceiro e o quarto, um cada um.

Ligações:

Consulta o professor de língua pátria e pede-lhe que te diga qual dos teus exercícios pode valer "tempos" nessa disciplina; os exercícios, depois de corrigidos, devem ser passados para o caderno respectivo.

Segunda semana

Há um bom mapa da China e do Extremo Oriente na página 17 do vosso livro de exercícios.

Problemas:

1.º Diz os nomes dos mares, continentes, penínsulas, regiões, rios, etc., indicados nos exercícios 19 e 20.

2.º Lê as páginas 200-235 da *Asia* e toma notas, dando especial atenção às causas do prolongado isolamento da China, à densidade da população e à pobreza das classes humildes. O professor dará indicação de outros livros semelhantes.

---

[3] Cf. Hendrik Willem van Loon. *The story of mankind*. Nova York: Boni & Liveright, 1921. [N. dos O.]

[4] Cf. *Asia*, The American Magazine on the Orient, Nova York, Asia Publishing Company; e *The National Geografic Magazine*, Washington D.C., National Geografic Society. [N. dos O.]

Trabalho oral:

Na aula de Geografia de quinta-feira, uns estudantes chineses dar-vos-ão indicações e responderão às perguntas que lhes dirigirdes.

Tempo:

O primeiro problema vale dois tempos e o segundo, três.

Terceira semana

Problemas:

1.º Lê sobre a China a obra de Robinson, *Commercial* [*Geography*], ou a *Geografia Superior de Dodge*[5] e responde por escrito a estas perguntas: por que se opõem os chineses às máquinas que poupam o trabalho? Por que progrediram tão pouco em dois mil anos?

2.º Estuda como se produz a seda e escreve sobre o assunto. Consulta uma enciclopédia.

Ligações:

Examina as amostras do nosso museu e pergunta a X como se tece a seda. O "contrato" de Arte deste mês ocupa-se de tecelagem e tinturaria. Y enviou-nos há dias alguns bichos da seda; vai vê-los trabalhar.

Tempo:

O problema de leitura vale dois tempos; a resposta às perguntas do primeiro problema vale um tempo; o segundo problema, dois tempos.

Quarta semana

Vou apresentar-te uma série de temas para um trabalho de investigação sobre "os meninos chineses" ou "as meninas chinesas" e tu relacionarás os assuntos contidos nas epígrafes: o culto dos antepassados, a educação, a grafia

---

[5] Cf., respectivamente, Edward Van Dyke Robinson. *Commercial Geography*. Chicago: Rand McNally & Company, 1910; e Richard Elwood Dodge. *Dodge's Advanced Geography*. Chicago: Rand McNally & Company, 1905. [N. dos O.]

chinesa, o mandarim, o casamento na China, os pés da chinesa, os vestidos, etc. O professor indicar-te-á os livros de que precisares. No "laboratório" de História há muitas gravuras da vida chinesa e retratos de chineses notáveis.

Trabalho oral:

Na quinta-feira organizaremos uma discussão. Os rapazes farão de "meninos chineses", as raparigas de "meninas chinesas".

Tempo:

A leitura para este trabalho valerá dois tempos, a redação, três.

A verificação do trabalho do aluno faz-se por diversos meios; por uma simples conversa, pelo exame das respostas aos problemas, pelas discussões e interrogatórios orais e escritos das reuniões de grupos no mesmo grau de adiantamento, o professor investiga da extensão e solidez dos conhecimentos dos alunos, insistindo por uma revisão do que lhe parece menos bem assegurado ou fornecendo elementos para que, em determinados pontos, o rapaz possa alargar o seu saber.

O contato permanente entre os mestres das várias disciplinas, a ligação que, no trabalho, se estabelece de uma para outra, ajudam também a adquirir a certeza de que o aluno não passou apressadamente ou não abandonou de todo tal ou tal ponto do programa. De resto, este é sempre estabelecido de modo que cada progresso exija o conhecimento seguro de todos os pontos anteriores; no entanto, há disciplinas em que essa precedência não é muito fácil de marcar; nesse caso, o mestre dará especial importância à verificação pelos exercícios e pelos trabalhos orais. Há também que notar que, numa escola Dalton, em que não existe uma rígida barreira entre mestres e alunos, mas em que todos formam uma comunidade de trabalho, a verificação é sempre possível por todas as circunstâncias de vidas que se desenrolam par a par, com liberdade, com sinceridade, com simpatia, com perfeito entendimento, com interesse pela obra coletiva.

Por outro lado, *Miss* Parkhurst aplicou ao seu sistema processos que habilitam o professor a saber em cada momento qual o trabalho de cada um dos alunos, da sua seção e das outras seções. Ao aluno é entregue, com o plano do mês, uma ficha individual em que inscreve o seu nome, idade, grau, número do contrato, datas em que começa e deve acabar o trabalho, dias gastos na tarefa e faltas. Na divisão correspondente a cada uma das semanas do mês, o aluno escreve o número de "tempos" que trabalhou nas diversas disciplinas; ao fim do mês, as colunas de tempo devem somar 20; os tempos são marcados segundo a indicação do "contrato". Além da facilidade de verificação, a ficha tem também a vantagem de mostrar imediatamente ao aluno se o seu trabalho foi bem ou mal distribuído, se vai atrasado ou adiantado na tarefa.

Um segundo gráfico, em que se inscrevem os nomes dos alunos de um "laboratório", por seções, e em que um traço, à frente de cada nome, indica o adiantamento e o trabalho efetuado, habilita o professor a comparar o grau de progresso dos seus alunos e a descobrir os que precisam de incitamento ou de serem aconselhados quanto à utilização do tempo; é possível saber-se também que alunos se devem reunir para os trabalhos orais em comum, visto que devem ser, quanto possível, do mesmo grau de adiantamento.

Há, finalmente, umas fichas semanais para todos os alunos da escola, fichas de que se podem fazer depois resumos mensais; são muito úteis para a direção da escola e para estudo de certos aspectos do Plano, mas há escolas Dalton que, ou as suprimiram, ou as substituíram por outros modelos que não oferecem interesse especial.

O horário, como já vimos, foi abolido das escolas Dalton; contudo, conservaram-se certas grandes divisões que se julgaram necessárias, o que não é, devemos dizê-lo, a opinião de outras correntes da escola nova. Na escola-modelo de Nova York, a entrada é às 8h45; no primeiro quarto de hora há um "período de organização do trabalho" e às 9 principia o trabalho nos "laboratórios"; às 12 horas termina e, durante um quarto de hora, os alunos e o mestre anotam nas fichas a tarefa realizada; em seguida, durante 45 minutos, é o tempo das reuniões de seção, das discussões, do trabalho oral; de quando em quando, aproveitam-se esses 45 minutos para a realização de *tests* ou provas de exame. Às 13 é o almoço que reúne, sem distinção de lugares, os alunos e os mestres. A sessão da tarde é iniciada por meia hora de música e compreende jogos, recreios vários, trabalhos manuais, com frequência livre da oficina, conferências, representações, passeios e visitas de estudo, etc. A escola fecha às 16.

Além das vantagens, já referidas, de ser o Plano um sistema de escola ativa, em que o aluno trabalha e se não limita, passivamente, a absorver o que o mestre lhe ensina; de atender à psicologia individual do aluno, fornecendo-lhe um trabalho que ele próprio ajusta aos seus interesses e às suas tendências; de colocar o mestre num plano que não é o do conferente infatigável, mas o do guia que aconselha, incita, ampara e se torna o melhor amigo do seu aluno; de despertar o espírito crítico e o de organização, de desenvolver as faculdades de autodomínio, de levar à colaboração social – tem o Plano Dalton uma outra que é de extrema importância para os países que o queiram adotar em larga escala: a de, exigindo naturalmente um pessoal preparado, consciente, de boa vontade, não pôr, no entanto, como indispensáveis, o que acontece com outros sistemas da escola nova, qualidades pedagógicas que são tão raras como as do grande artista ou as do grande sábio; o professor de qualidade média é capaz de, bem orientado, praticar sem dificuldades o Plano.

Na crítica ao Plano Dalton têm-se seguido duas linhas opostas; uma, que vem dos partidários da escola velha, insiste nos perigos da liberdade concedida aos alunos: os rapazes, postos em regime de liberdade, deixarão de trabalhar, e, mais tarde, na vida, sentirão os efeitos de um sistema de educação que os deixava fazer o que queriam, quando, no mundo real, tudo se passa de um modo absolutamente diferente; outra, a dos partidários de métodos mais avançados da escola nova, censura exatamente a falta de liberdade dos alunos, ainda adstritos às tarefas mensais e às reuniões de seção, o individualismo do trabalho e a submissão a programas. Quanto à primeira, parece que se funda sobretudo num desconhecimento do Plano: a liberdade de um aluno das escolas Dalton existe na *execução* de uma tarefa marcada, como em geral sucede na vida; em segundo lugar, a escola habitua-o a planear o emprego de tempo, a honrar os seus compromissos, a não ser pusilânime diante da faina difícil ou pouco interessante. Quanto à segunda, as objeções têm razão de ser e certamente há escolas novas em que o aluno se desenvolve mais e melhor do que na escola Dalton; é forçoso, no entanto, reconhecer que não são, em geral, sistemas aplicáveis às grandes massas de mestres que exige a educação de todas as crianças de um país.

Na realização prática do Plano, a grande dificuldade é a da elaboração dos "contratos", tanto no que respeita à distribuição das matérias como no que respeita à economia interna e ao interesse da tarefa; tem-se tentado evitar essa dificuldade editando "contratos"-tipo, mas a solução tem o inconveniente de se dirigir a uma escola abstrata.

Resta ainda notar que o Plano Dalton faz grande uso de livros e que os livros até agora existentes não são em geral adaptados aos interesses da criança, sobretudo os da chamada "literatura infantil"; a adoção do Plano Dalton nas escolas de uma nação exigiria a formação prévia de uma biblioteca-tipo de traduções ou de originais, biblioteca que se iria aumentando a pouco e pouco.

Bibliografia[6]

Helen Parkhurst. *Education on the Dalton Plan*. Introdução de Thomas Percy Nunn e contribuições de Rosa Bassett e John Eades. Londres: George Bell & Sons, 1922.

Antoinette Guisen. *Le Plan de Dalton pour l'individualisation de l'enseignement*. Prefácio de Tobie Jonckheere. Bruxelas: Office de Publicité, 1930.

Evelyn Dewey. *The Dalton Laboratory Plan*. Nova York: E. P. Dutton & Co., 1922.

Fernando Sáinz. *El Plan Dalton*. 3.ª ed. Madri: Publicaciones de la Revista de Pedagogia, 1933.

A Dalton Association, 20, Princes Gardens, London, S. W. 7, e o International Dalton Exchange Bureau, 10, West 72nd Street, New York, fornecem informações e brochuras sobre o Plano.

---

[6] Os elementos de referenciação constitutivos da bibliografia originalmente indicada foram revistos, completados e, quando necessário, também corrigidos. [N. dos O.]

O Plano Dalton

[CADERNO DE INFORMAÇÃO CULTURAL]*

Ao contrário do que sucede em muitos outros métodos pedagógicos, o Plano Dalton ou Método de Laboratório teve a sua origem não em considerações teóricas, mas em necessidades práticas: *Miss* Helen Parkhurst foi encarregada, quando professora das escolas primárias, da regência de uma escola rural em que havia um único mestre e, como alunos, quarenta crianças, escalonadas por oito graus diferentes de ensino; era costume resolver-se o problema dedicando a atenção da professora a cada grupo durante uma parte do dia e preenchendo o resto do tempo escolar com exercícios; a maior parte destes exercícios não tinha outro fim senão o de manter as crianças ocupadas durante algumas horas e atendia-se, portanto, muito mais ao tempo que elas levariam a executá-los do que ao interesse que pudessem ter para o aluno ou à utilidade educativa que deles se pudesse tirar; o resultado era, além de toda a perturbação do ambiente de trabalho, com a indisciplina que resultava do aborrecimento e do abandono das crianças, o sentimento que tinha a professora de que estava realizando um trabalho absurdo e quase inútil e o hábito que adquiriam os alunos de fazer a tarefa como quem se submete a uma imposição que tem apenas por si a força e uma organização poderosa. *Miss* Helen Parkhurst resolveu procurar outro caminho, aquele, exatamente, que parecia impossível traçar-se: o de conseguir interesse, rendimento, espírito de criação, gosto de ordem, tanto da parte dos alunos como da parte do mestre; viu que a ideia geral tinha de ser a mesma que até aí tinha guiado todos os professores em idênticas circunstâncias: lição a um

---

* Agostinho da Silva. *O Plano Dalton*. Lisboa: Edição do Autor, 1942. (Iniciação: cadernos de informação cultural, 7.ª série.) [N. dos O.]

grupo de alunos, trabalho para outros; simplesmente, o trabalho tinha de ser executado em linhas diferentes, de modo que as crianças pusessem na sua faina escolar o mesmo espírito de vida que havia ou nos trabalhos que tinham de executar em casa para os pais ou nas brincadeiras que organizavam com os companheiros; a escola tinha de perder aquele caráter de artificialidade, de instituição à parte da vida, de carga de que cada um se tinha de desembaraçar o mais depressa possível, que com tanta nitidez a separava da vida e fazia que uma criança, mesmo inteligente, mesmo bem dotada de vontade, parecesse perder todas as suas qualidades de raciocínio e de energia logo que transpunha o limiar da escola e se lançava à solução dos problemas ou ao estudo da ortografia; *Miss* Helen Parkhurst compreendeu que era a mesma a raiz dos dois problemas, que interessar o aluno como num trabalho vivo libertaria a mestra para guiar os mais fracos, esclarecer todas as dúvidas, vigiar o ritmo geral da classe, melhorar a sua própria cultura e faria que a criança empregasse nas tarefas da escola as mesmas possibilidades que tão bem se revelaram na vida, mas que corriam o risco de se atenuar ou desaparecer se, durante tantas horas por dia, se continuasse a empregar o mesmo processo de trabalho que o aluno não compreende totalmente, que não relaciona, num conjunto, com o resto da sua existência, que realiza mecanicamente, como um animal executa uma habilidade ensinada; a escola tinha de se abrir à vida e de se manifestar como vida dentro dos limites dos programas oficiais e dos recursos de que a organização dispunha.

A leitura do livro de E. James Swift, *Mind in the making*,[1] em que se estudavam os processos de criação do espírito em relação com o trabalho escolar, deu-lhe a ideia de que as escolas deviam, acima de tudo, ser laboratórios, isto é, locais em que tudo estivesse disposto para que efetivamente a criança trabalhasse, investigasse, criasse, e não fosse apenas o passivo auditor de um mestre que, dogmaticamente, lhe fornece o que ele há de saber e, mal maior, o que ele há de pensar; para Swift, e logo para

[1] Cf. p. 279 do presente tomo. [N. dos O.]

Miss Helen Parkhurst, uma escola deveria ter como objetivo essencial de trabalho uma averiguação da vida pelos alunos; deveria ser o lugar ideal – já que a vida humana ainda está bastante mal organizada para poder ser, ela toda, uma escola –, para que o aluno pudesse entrar em contato com a vida, com todos os seus problemas, com todas as suas maravilhas, e a pouco e pouco, guiado pelo mestre, a fosse apreendendo, sabendo o que tem de bom e de mau, apreendendo-a para porventura a modificar; a escola devia ser a entrada num mundo, o explorar paciente e metódico do que surgisse, o apuramento da inteligência, da capacidade de conhecimento, da sensibilidade; o ler, escrever e contar, que tantos põem como único objetivo da escola primária, deviam ser relegados à sua condição de técnicas de aquisição e relação e todo o interesse que por elas teria o aluno viria do interesse por conhecer a vida: havia de se ler, escrever e contar, não apenas porque estava no programa, mas porque apareciam como instrumentos indispensáveis para que as crianças pudessem ir mais além no seu conhecimento do mundo. Por outro lado, a escola devia ser laboratório para o mestre, no sentido de que devia ser o local ótimo para que averiguasse da capacidade, da vocação, dos conhecimentos do aluno; na maior parte das escolas, a criança passa como uma unidade, sem distinções nítidas do restante, unidade a que se tem de ensinar o necessário para que possa fazer o seu exame e cuja aprovação marca muito mais um triunfo para o professor do que uma subida de grau na vida da parte do aluno; a classificação geral de abaixo ou acima da nota de passagem é o que importa numa escola burocrática em que se apaga todo o sopro de vida e em que se prepara a criança, sem nenhuma finura, sem nenhum real interesse, sem nenhuma força, para que possa ingressar na máquina nada eficiente e nada humana a que chamam existência e onde todo o seu destino é explorar ou ser explorado, conforme as circunstâncias; ora, segundo as ideias novas que iam ganhando vigor no espírito de *Miss* Parkhurst, o aluno na escola é um indivíduo, não apenas um dos componentes da massa ensinável e um indivíduo que tem de ir para a vida, sólido de saber e de caráter, bem orientado, para que seja útil, e disposto a olhar com inteligência a organização em que entra, a sentir-se colaborador humano, consciente, não simples peça de um mecanismo, além de tudo absurdo; e, exatamente porque o tratam como indivíduo, ele será o mais apto, dentro da escola e fora dela, para o trabalho de grupo, para a tarefa de colaboração que vai sendo cada vez mais necessária no mundo; é de escolas tratadas como massa que saem os egoístas capazes, pela qualidade e pelo número, de transformar a vida na batalha de interesses, tão pouco humana, tão pouco inteligente.

Miss Parkhurst não pôs imediatamente em prática as suas ideias; durante alguns anos leu, estudou, discutiu com todas as pessoas que se interessavam pelo mesmo assunto, procurou chegar a uma visão clara do problema e dos meios de que se poderia lançar mão para o resolver; depois praticou o Plano em segredo na sua escola, sem o anunciar às autoridades, que naturalmente reprovariam logo, sem que *Miss* Parkhurst se pudesse defender com os resultados da experiência; o sistema dava bom rendimento e o ambiente da escola transformou-se por completo, apesar de se não estar trabalhando com todos os elementos que seriam necessários: os alunos aprendiam muito mais, muito melhor e mantinham-se em completa disciplina; cumpriam as suas tarefas com toda a diligência, propunham modificações no que lhes não parecia trabalhar bem, isolavam-se ou reuniam-se em grupos conforme a disposição, o gênero de trabalho, o grau de adiantamento, ajustavam-se, numa palavra, às circunstâncias da vida; a escola transformou-se, efetivamente, num organismo vivo que, pelo próprio funcionar, se ia robustecendo, eliminando as imperfeições, criando, porventura, outras, no próprio evoluir, mas tendo por completo deixado de ser o conjunto de linhas rígidas, de monotonia e de inconsciência que eram as outras escolas; não parecia, no entanto, a *Miss* Parkhurst que já estivesse em boa altura de ser comunicada e experimentada em larga escala; fez ainda uma viagem à Itália para entrar em contato com as escolas Montessori que, embora tivessem outros objetivos e se tivessem especializado na educação infantil, se baseavam em princípios que interessavam a todos os graus de ensino e tinham feito experiências valiosas nos domínios da psicologia escolar; quando voltou à América, fez a aplicação do sistema numa escola da Califórnia e teve ainda mais possibilidades, quando, em 1915, já delegada da Montessori para tudo quanto se relacionasse com a expansão do método na América, tomou conta de uma Escola Normal para mestras montessorianas; foi nesse período que *Miss* Parkhurst aprofundou os seus estudos sobre o aspecto individual da educação e sobre a organização da escola como uma sociedade humana, procurando que o seu plano desse ao mesmo tempo a máxima possibilidade de desenvolvimento da capacidade do indivíduo e favorecesse ou mesmo exigisse a sua integração no grupo, acostumando-o a todo o trabalho de colaboração sobre que se deve basear a sociedade. Em 1919, *Mrs.* Crane ofereceu-lhe a direção de uma escola para crianças aleijadas, com o pedido de que se experimentasse a aplicação dos novos métodos; Helen Parkhurst aceitou o encargo e apresentou o Plano que a comissão diretiva aceitou; os resultados foram excelentes e *Mrs.* Crane conseguiu fazer que o novo método se adotasse em Dalton, Massachusetts; foi nesta escola, que lhe deu o nome por que se tornou conhecido, que o sistema imaginado por *Miss* Parkhurst se apurou, com supressão do horário, criação de fórmulas de trabalho individual e de processos de verificação dos conhecimentos adquiridos. Em Dalton tomou contato com o método uma comissão de mestres ingleses, dedicando-se depois a escola de Streatham[2] ao ensaio do Plano; fundaram-se depois a Dalton Association, em Londres, e a Children's University School, em Nova York, que tiveram grande importância para a divulgação do Plano nas escolas da América, do Norte e do Sul, Inglaterra e Holanda, onde hoje é adotado.

O Plano Dalton pode funcionar com qualquer programa, convindo, no entanto, que ele seja lógico e sobretudo que não exija da criança um assentimento cego a tudo que se lhe afirma como verdadeiro, mas antes vá mostrando as bases de toda a conclusão a que se chegou, desenvolvendo no aluno o espírito crítico; a existência de programa pareceu a *Miss*

---

[2] Streatham County Secondary School, situada nos arredores de Londres. [N. dos O.]

Parkhurst, ao contrário do que sucede com outros educadores modernos, indispensável, porquanto dá à criança uma longa perspectiva do que há a aprender e fornece, por outro lado, possibilidade de se dividir a matéria pelo tempo de que se dispõe. Assente, pois, um programa, é este dividido, primeiro por meses, depois por semanas, em seguida por dias de aula: não quer isto dizer que se exija, por exemplo, que as leis da gravidade estejam dadas em janeiro ou a China em maio; significa apenas que o aluno deve ter tal ou tal ponto como adquirido no primeiro, no quarto ou no oitavo mês de aprendizado, a não ser que surja da sua parte qualquer deficiência grave, em saúde ou capacidade de apreensão. As "matérias maiores" – línguas, matemáticas, ciências, história, geografia – são distribuídas de modo que, normalmente, caibam no tempo de trabalho de um aluno; as "menores" – música, trabalhos manuais, economia doméstica, ginástica – talhar-se-ão para serem comunicadas a classes ou grupos de trabalho. A divisão do programa é um ponto capital do Plano, visto que exige do professor sentido metodológico muito apurado, ao mesmo tempo que se deve ter em vista a psicologia dos alunos, fazendo-se o possível por que o assunto lhes seja apresentado como um todo e de maneira atraente; a forma de comunicação, o tom de todo o escrito, o despertar de interesse, a clareza das divisões, têm uma grande importância e deles pode depender o êxito da experiência que se tentar. Geralmente o cartão em que se expõe ao aluno o que tem a fazer durante o mês compreende os seguintes pontos: uma introdução, em que se procura despertar a curiosidade e ligar o assunto àqueles que a criança já conhece; uma epígrafe em que se faz o resumo de tudo o que se aprenderá; uma parte de problemas ou exercícios; um trabalho escrito; um trabalho de memorização; uma nota, no caso de se fazer depois uma conferência ou uma explicação em classe oral, em que o mestre indica a maneira por que o aluno se deve preparar; indicações bibliográficas ou de material; finalmente uma classificação em unidades de trabalho. Sirvam para exemplo os seguintes programas apresentados em escolas Dalton:

HISTÓRIA DA GRÉCIA[3]

Quinta Classe 4.º Contrato

Primeira semana

No mês passado vimos como os gregos lutaram contra os persas e os expulsaram da Grécia. Lembras-te decerto da batalha de Maratona e da batalha de Salamina. Terminadas as guerras púnicas e verificado pelos persas que não podiam vencer os gregos, voltaram estes para suas casas. Lembras-te também de que as casas dos atenienses tinham sido queimadas pelos persas mesmo antes da batalha de Salamina; tiveram, portanto, de fazer a cidade toda de novo.

Os espartanos tinham inveja dos atenienses e fizeram tudo o que puderam para evitar que os atenienses reconstruíssem a cidade. Receavam que os atenienses se tornassem o povo mais importante da Grécia; no entanto, os atenienses conseguiram reconstruir a sua cidade. Houve logo desentendimento com os espartanos, que não tinham abrandado na sua inveja, e, por fim, vieram a dar os desentendimentos uma guerra entre as duas cidades, guerra longa e cruel. É sobre esta guerra que vão ser as nossas leituras desta semana. Lê a narrativa dos "Princípios da guerra do Peloponeso" em *A história dos gregos*.[4] Esta guerra chama-se a do Peloponeso porque nela entrou Esparta, que ficava

[3] Este programa de História da Grécia foi extraído, traduzido e reproduzido por Agostinho da Silva de "The assignments", capítulo III do livro de Evelyn Dewey, *The Dalton Laboratory Plan*, Nova York: E. P. Dutton & Co., 1922. Agostinho da Silva e, antes dele, Evelyn Dewey mencionam tão somente o título da obra que serve de base à formulação dos exercícios do programa, *A história dos gregos*. Não obstante, por indispensáveis aos seus entendimento e realização, especificamos as referências completas: Hélène Adeline Guerber. *The story of the Greeks*. Nova York: American Book Company, 1896. [N. dos O.]

[4] Cf. "Beginning of the Peloponnesian war", capítulo LX de Hélène Adeline Guerber, *op. cit.*, p. 152. [N. dos O.]

situada na parte da Grécia que se chamava Peloponeso. Quando acabares a leitura, responde por escrito às seguintes perguntas:

1 – Que povos entraram na guerra do Peloponeso?
2 – Que motivos levaram esses povos à luta?
3 – De que maneira explicou Péricles o eclipse do sol?
(Trabalho para dois dias.)

Vamos ler também alguma coisa sobre a "Morte de Péricles",[5] o grande chefe dos atenienses. Escreve depois as respostas às perguntas seguintes:

1 – Qual foi a causa da morte de Péricles?
2 – Que se dizia do estado em que Péricles tinha encontrado a cidade e do estado em que a deixou?
(Trabalho para um dia.)

A terceira narrativa a ler esta semana tem o título de "Colônias gregas na Itália".[6] Encontras no índice o número da página. No texto fala-se de algumas das cidades gregas de Itália e da Sicília. Examina o mapa que está logo no princípio do livro e vê onde estão as cidades.[7] Creio que te interessará ver como os habitantes de algumas delas gostavam do conforto e do luxo. Verás também como os atenienses planearam uma grande expedição para atacar algumas das cidades da Sicília. Escreve as respostas para as seguintes perguntas:

1 – Que história contarias tu para mostrar como os sibaritas gostavam do conforto?
2 – Quem comandava a frota ateniense?
3 – De que era acusado Alcibíades?
(Trabalho para dois dias.)

Não te esqueças de me trazer todas as respostas escritas, antes de registrar o teu trabalho.

---

[5] Cf. "Death of Pericles", capítulo LXI, idem, ibidem, p. 155. [N. dos O.]

[6] Cf. "Greek colonies in Italy", capítulo LXV, idem, ibidem, p. 165. [N. dos O.]

[7] Cf. "Maps", idem, ibidem, p. 10-11. [N. dos O.]

Segunda semana

Vamos ver esta semana o que sucedeu a Alcibíades, chefe dos atenienses. Era o melhor para comandar uma expedição e sem ele nem o exército nem a armada fizeram grande coisa. Pouquíssimos dos homens que partiram com a frota voltaram de novo para a pátria. Vamos ler o capítulo intitulado "Desgraças de Alcibíades"[8] e outro que se chama "Morte de Alcibíades"[9] em *A história dos gregos*.

Quando tiveres acabado a leitura e achares que sabes bastante de Alcibíades, responde, por escrito, ao seguinte:

1 – De que maneira se passou Alcibíades?

2 – Que razões o levaram a isso?

3 – Quantas vezes se passou?

4 – Como morreu Alcibíades?

5 – Como acabou a guerra do Peloponeso?

6 – Quem a ganhou?

Não te esqueças de me entregar o trabalho escrito antes de registrares a tarefa.

Terceira semana

Sempre gostava de saber quantos de vocês já ouviram falar dum filósofo grego chamado Sócrates; e saberão mesmo vocês o que é um filósofo? Vamos a ver se as leituras da semana os esclarecem sobre este ponto. Leremos em *A história dos gregos* um capítulo sobre este filósofo,[10] e mais duas narrativas intituladas, uma, "Acusação de Sócrates",[11] outra, "Morte de Sócrates".[12] Depois de feitas as leituras, escreverás as respostas às seguintes perguntas:

(Sobre o filósofo Sócrates)

---

[8] Cf. "Alcibiades in disgrace", capítulo LXVI, idem, ibidem, p. 167. [N. dos O.]

[9] Cf. "Death of Alcibiades", capítulo LXVII, idem, ibidem, p. 169. [N. dos O.]

[10] Cf. "The philosopher Socrates", capítulo LXII, idem, ibidem, p. 157. [N. dos O.]

[11] Cf. "Accusation of Socrates", capítulo LXIX, idem, ibidem, p. 173. [N. dos O.]

[12] Cf. "Death of Socrates", capítulo LXX, idem, ibidem, p. 175. [N. dos O.]

1 – Que é um filósofo?
2 – Que acreditava Sócrates?
3 – Fala de Sócrates e de Xantipo.
(Sobre a acusação de Sócrates)
4 – Por que razão vieram os atenienses a querer tanto mal a Sócrates?
(Sobre a morte de Sócrates)
5 – Que sucedeu a Sócrates?

Não te esqueças de me trazer as respostas antes de registrar os trabalhos no cartão.

Quarta semana

Temos estado a fazer leituras sobre as guerras que tiveram entre si as cidades gregas e vimos como os espartanos bateram os atenienses na grande guerra do Peloponeso. Alguns gregos estavam ainda com vontade de se bater e, por isso, quando rebentou uma guerra entre dois irmãos que desejavam ser reis da Pérsia, foi ajudar o mais novo, Ciro,[13] uma grande força de gregos. Esta semana vamos ver quais foram as aventuras destes gregos na Ásia; a leitura que nos interessa está em *A história dos gregos* e chama-se "A derrota de Ciro";[14] logo a seguir vem outra narrativa, chamada "A retirada dos Dez Mil",[15] que leremos também. Depois, responderás ao seguinte:

1 – Contra quem lutava Ciro?
2 – Quem o ajudou?
3 – Que sucedeu, depois da derrota, aos oficiais gregos?
4 – Que fizeram os Dez Mil?
5 – Quem os comandava?
6 – Para onde foram eles?
(Trabalho equivalente a três dias.)

[13] Trata-se de Ciro II, rei da Pérsia. [N. dos O.]
[14] Cf. "The defeat of Cyrus", capítulo LXXI, idem, ibidem, p. 180. [N. dos O.]
[15] Cf. "The retreat of the Ten Thousand", capítulo LXXII, idem, ibidem, p. 182. [N. dos O.]

E agora vamos continuar para ver o que sucedeu aos gregos por terem auxiliado Ciro. Artaxerxes,[16] o irmão que venceu, estava naturalmente irritado com os gregos por terem ajudado o irmão e houve uma guerra entre os gregos da Ásia Menor e os persas. As nossas leituras vão ser sobre o rei de Esparta, Agesilau, e sobre as suas batalhas com os persas. Há duas histórias, uma chamada "Agesilau na Ásia",[17] outra intitulada "Uma estranha entrevista".[18] Depois de terminares a leitura, responderás às seguintes perguntas:

1 – De que cidade era rei Agesilau?

2 – Que aspecto tinha ele?

3 – Quando foi o encontro com Farnabazo,[19] que estava ele a fazer?

4 – Que fez Farnabazo quando viu a simplicidade de Agesilau?

Mostra-me as respostas antes de teres feito o registro.

---

[16] Trata-se de Artaxerxes I, rei da Pérsia. [N. dos O.]

[17] Cf. "Agesilaus in Asia", capítulo LXXIII, idem, ibidem, p. 185. [N. dos O.]

[18] Cf. "A strange interview", capítulo LXXIV, idem, ibidem, p. 186. [N. dos O.]

[19] Trata-se de Farnabazo II da Frígia. [N. dos O.]

CIÊNCIAS[20]

Oitava Classe 5.º Contrato

PRIMEIRA SEMANA

Tema:

Movimento e força

Introdução:

Podes fazer mover um automóvel sem uma explosão de gás? Que obriga um parafuso a entrar na madeira? Por que razão deitamos óleo nas bicicletas? Para que utilizamos as roldanas? Já pensaste nisto alguma vez? Todos os dias observamos o que sucede à nossa volta, mas poucas vezes nos demoramos a considerar de que maneira se dão os fenômenos.

Vamos este mês aprender alguma coisa sobre estes acontecimentos diários e vulgares que se explicam pelas leis fundamentais da Física. Vamos considerar alguns tipos vulgares de máquinas e descobrir como são capazes de realizar o trabalho que nos fornecem. Para ter uma ideia clara das máquinas é preciso conhecer alguma coisa acerca do movimento e da força. Começaremos, pois, por este ponto o nosso trabalho do mês.

Aprende de cor as três leis de Newton sobre o movimento e seus efeitos e realiza depois as seguintes experiências (indicação n. 1).

Problemas:

1.º Demonstrar que uma mudança de movimento segue a direção da força que o produz e é proporcional à intensidade da força empregada e ao tempo

---

[20] Este programa de Ciências foi extraído, traduzido e reproduzido, com ligeiras adaptações, por Agostinho da Silva de "Sample assignments", capítulo VI do livro de Helen Parkhurst, *Education on the Dalton Plan*. Introdução de Thomas Percy Nunn e contribuições de Rosa Bassett e John Eades. Londres: George Bell & Sons, 1922. [N. dos O.]

em que atua. Para isto podes suspender uma bola de um fio grande; dás-lhe impulso simultâneo com as duas mãos colocadas em ângulo reto e observas a direção em que se move a bola. (Antes de tentar a solução dos problemas que se seguem, vê a indicação n. 2.)

2.º Colocas em equilíbrio na ponta de um dedo um cartão de visita e sobre o cartão uma moeda; dás com a outra mão uma pancada no bordo do cartão e observas como é atirado para longe, ao passo que a moeda permanece sobre o dedo. Esta experiência dar-te-á conta da inércia.

3.º Para verificar experimentalmente o movimento de uma força, fazes rolar uma bola sobre uma superfície, uma vez devagar e outra rapidamente, anotando as distâncias que percorre. Depois, utiliza duas bolas de peso muito diferente e fá-las-ás rolar, partindo da mesma velocidade; observarás que as distâncias percorridas são diferentes.

4.º Para descobrir o centro de gravidade, tentarás equilibrar uma régua no dedo. Onde está o centro de massa e de gravidade da régua? Suspende pesos diferentes nos extremos da régua e averigua o centro de gravidade do conjunto. Marca com um sinal o centro de gravidade da régua e, fazendo-a resvalar pouco a pouco sobre uma mesa, na direção do comprimento, verificarás que, momentos antes de cair, o sinal coincidia com a borda da mesa.

Trabalho escrito:

Redige o que saibas da vida de Newton e copia as suas três leis (indicação n. 3).

Cita exemplos de corpos que se movem, indicando as forças que atuam sobre eles. Por que motivo se não encontra na Terra nenhum caso de movimento constante sem atuação de uma força?

Qual será o resultado de ação sobre um corpo de duas forças iguais de igual direção e sentido oposto? E o resultado de duas forças desiguais?

Que se entende por reação? Pode haver reação sem prévia ação ou ação sem reação? Dá exemplos de reação e explica algumas das suas aplicações.

Se deres um soco numa parede, magoas-te? Por que razão não sucede o mesmo quando bates num almofadão?

Indicação:

1. Higgins, *Primeiro livro de ciências*, capítulo III, 1.ª parte.[21]
2. Idem, páginas 50-54.
3. Sobre a vida de Newton, lê o *Educador Americano*[22] ou outra enciclopédia.

Equivalências:

Os problemas contam-se por duas unidades de trabalho, o trabalho escrito por uma e a leitura das indicações por duas.

Segunda semana

Tema:

Mais efeitos das leis de Newton

Introdução:

O trabalho desta semana relaciona-se com os efeitos das leis de Newton quanto ao equilíbrio, à força centrífuga, à queda dos corpos e ao pêndulo; mas, antes de passar aos problemas e às experiências, convém que leias as indicações dadas noutros lugares.

Problemas:

1.º Colocar um lápis de pé e deitado. Em que posição tem base mais ampla e é mais estável? Empilha três livros e vai depois juntando outros, indicando de que modo e por que motivo varia a estabilidade da pilha.

Coloca uma régua deitada e de pé. Qual é a posição mais estável? Por quê?

---

[21] Cf. Lothrop Davis Higgins. *First science book*: Physics and chemistry. Boston: Ginn & C., 1905, em específico o capítulo III, intitulado "Motion and force", seções I ("Newton's three laws of motion") e II ("Some effects of Newton's laws"), p. 46-49 e 50-54, respectivamente. [N. dos O.]

[22] Cf. *The American Educator*. Practical help in home and school, vol. 5. Chicago: Ralph Durham Company, 1920, p. 2547-48. [N. dos O.]

2.º Atar um peso no extremo de um fio e fazê-lo girar prendendo-o pelo outro extremo. Por que razão é preciso fazer força para o reter? Deixe-se, de repente, soltar-se o extremo do cordel e repare-se em que direção é lançado o corpo. Fazer a mesma experiência com cordéis de diferentes comprimentos e explicar as diferenças nos efeitos. Observar que a força que retinha o objeto e a que tendia a dispará-lo eram iguais, permanecendo o corpo a uma distância da mão igual ao comprimento do fio. Quando cede a força que o retinha só atua a centrífuga e o corpo obedece à primeira lei do movimento.

3.º Deixa cair esferas de igual tamanho e peso diferente, ao mesmo tempo, de uma altura igual e observa se chegam simultaneamente ao solo, comparando os resultados com a queda de uma folha de papel.

4.º Fazer dois pêndulos do mesmo comprimento com esferas de substâncias diferentes, procurando que principiem a oscilar juntos e notar se influe a substância na rapidez das oscilações. Fazer oscilar um pêndulo durante 15 segundos, percorrendo um arco pequeno e depois percorrendo um arco muito maior. Que influência tem o comprimento do arco? Construir um pêndulo de 4 polegadas de comprimento e outro de 16 e comparar as velocidades das oscilações. Que relação têm essas velocidades e os comprimentos do pêndulo?

Trabalho escrito:

Que é inércia? Exemplos: por que razão não adquire uma bicicleta a sua maior velocidade no começo da marcha? Que é momento de uma força? De que fatores depende e como se mede? Qual tem maior movimento, uma bala de espingarda ou uma de canhão? Por que razão se não pode pôr um ovo de pé sobre uma das extremidades? Se houvesse um orifício que atravessasse a Terra de lado a lado, até onde cairia um corpo que passasse por ele? Em que condições se mantém um corpo sem cair? Por que motivo é difícil usar andas? De que depende a estabilidade de um corpo? Explica a causa da força centrífuga. Por que razão está o *rail* interior de uma linha em curva colocado mais baixo? Outros exemplos: que espaço percorre num segundo, em dois, em três, um corpo que cai? Por que aumenta constantemente a sua velocidade? Descreve um pêndulo. Que força o faz oscilar ascendente e descendentemente?

Indicação:

Millikan e Gale, *Física prática*, páginas 83-89.[23]

Equivalências:

A consulta desta indicação valerá uma unidade, os problemas, duas, o trabalho escrito, duas.

Terceira semana

Tema:

Trabalho e máquinas

Introdução:

As alavancas, roldanas, cunhas, planos inclinados, etc., ajudam-nos no nosso trabalho? De que maneira? A tarefa desta semana consistirá em encontrar resposta para estas perguntas. Começa por ler a primeira indicação.

Problemas:

1.º Fazer passar a corda que sustenta um peso por uma roldana e prender o outro extremo a um dinamômetro.

2.º Observar a força necessária para mover um peso mediante uma roldana móvel.

---

[23] Cf. Robert Andrews Millikan e Henry Gordon Gale. *Practical physics*. Boston: Ginn & Company, 1920, em concreto o capítulo V, intitulado "Force and motion", seção "Newton's laws of motion", p. 83-89. Agostinho da Silva e, originalmente, Helen Parkhurst indicam as páginas 81 a 87, decerto em razão de lapso ocorrido no processo de elaboração de *Education on the Dalton Plan*, ed. cit. [N. dos O.]

3.º Fazer a mesma experiência com roldanas fixas e móveis associadas. Que parte do peso suporta cada porção de corda?

Trabalho escrito:

No caso da roldana móvel, determinar que parte do peso suporta o dinamômetro e o gancho. Em que direção atua a força na roldana móvel e na fixa? Que espaço percorre a corda para elevar o peso 30 cm, no caso da roldana fixa ou móvel? Com roldanas combinadas, que parte do peso é suportada por cada uma delas e pelo dinamômetro? Que se ganhou e se perdeu com o emprego das roldanas móveis? Qual é o efeito quando se junta ao sistema mais uma roldana fixa ou móvel?

Indicação:

Higgins, *Primeiro livro de ciências,* páginas 60-66.[24]

Equivalências:

A consulta deste livro valerá por duas unidades, a experiência por uma e o trabalho escrito por duas.

Quarta semana

Tema:

Trabalho e máquinas

Introdução:

Vai interessar-te ver agora os rendimentos e leis das máquinas nalgumas das tuas. Constrói modelos com o Mecano [*Meccano*] e nota as vantagens do trabalho.

---

[24] Cf. Lothrop Davis Higgins. *First science book*: Physics and chemistry, ed. cit., especificamente o capítulo III, denominado "Motion and force", seção III ("Work and machines"), p. 60-66. [N. dos O.]

Trabalho escrito:

Que é trabalho, como se mede, qual é a unidade que se emprega? Que é força e qual é a sua unidade? Que é uma máquina? Pode trabalhar por si só? Qual é, em geral, o uso que o homem faz das máquinas? Estabelece as leis das máquinas, mostrando exemplos muito vulgares de casos em que se empreguem as alavancas, rodas dentadas, etc.

Conferência:

Terás de dar informações, numa lição oral, do que leste a este respeito no capítulo "Trabalho".[25]

Indicação:

Caldwell e Eikenberry, *Ciência geral*, capítulo XVI.

Equivalências:

A construção das máquinas contar-se-á por duas unidades, o trabalho escrito, a indicação e a conferência por uma cada.

---

[25] Originalmente, no texto de Agostinho da Silva, figura o título "Alguns casos vulgares de trabalho" e, no de Helen Parkhurst, "Some common types of work", atribuindo ambos os autores logo na sequência o número XV ao capítulo citado. A consulta direta a *Elements of general science* permite-nos, contudo, concluir que houve lapso não só na indicação do número do capítulo – trata-se do XVI e não do XV –, como também na sua denominação – "Work" / "Trabalho" em lugar dos títulos expostos ao princípio desta nota. Cf. Otis William Caldwell e William Lewis Eikenberry. *Elements of general science*. Boston: Ginn & Company, 1914, p. 170-79. [N. dos O.]

LITERATURA[26]

Oitava Classe 4.º Contrato

Este mês vamos ler um livro de Kipling, *Lobos do mar* (*Captain Courageous*).[27] É uma história sobre a vida dos bravos pescadores dos Grandes Bancos da Terra Nova. Tenho a certeza de que hás de gostar. Vais simpatizar imenso com o Harvey, o Dan e os outros todos. Depois de leres a história, farás os seguintes trabalhos escritos:

1 – Supõe que eras repórter do *Gloucester Daily Herald*[28] e que sabias da aventura do Harvey e do Dan com o francês morto. Escreve a história como se fosse uma notícia para o jornal. Faz o possível por a tornar interessante, porque é isso o que tem importância numa história de jornal.

2 – Supõe que eras Harvey e que estavas a bordo de "Cá Estamos" já há um mês. Escreve uma carta à tua mãe, a contar-lhe o que já fizeste durante esse tempo; diz-lhe como te sentes, sempre imaginando que és Harvey. Acho que poderás, quando escreveres, imaginar facilmente o que seriam os sentimentos de Harvey.

Mostra-me a história, para eu ta corrigir e aprovar.

Munido de seu programa, tomado como contrato entre ele e o mestre, o aluno trabalha na sala (laboratório) onde o mestre especializado está pronto a

[26] Este programa de Literatura foi extraído, traduzido e reproduzido, com ligeiras adaptações, por Agostinho da Silva de "The assignments", capítulo III do livro de Evelyn Dewey, *The Dalton Laboratory Plan*, ed. cit. [N. dos O.]

[27] Cf. Rudyard Kipling. *Captain Courageous*: a story of the Grand Banks. Nova York: Doubleday, 1897. Edição portuguesa: *Lobos do mar*. Tradução de Antônio Sérgio. Lisboa: Editorial Progresso, s.d. Edição brasileira: *Marujos intrépidos*: uma história dos Grandes Recifes. Tradução de Lília de Barros. São Paulo: Brasiliense, 1947. [N. dos O.]

[28] *Gloucester Daily Times*, um jornal norte-americano de Massachusetts. [N. dos O.]

aconselhá-lo e a corrigir-lhe o trabalho e onde se encontra todo o material de que pode precisar; haverá, assim, salas de línguas, de Física, de Zoologia, de Matemática, de Geografia, em que a criança se sentirá num ambiente próprio e em que aprenderá o uso de todos os instrumentos de trabalho. A entrada e saída dos laboratórios é livre, sem que haja nenhum horário de disciplinas; cada um faz o trabalho que quer à hora que quer; o horário vulgar, que marca expressamente que ao primeiro tempo se estude Matemática e ao segundo Francês e que limita o tempo de trabalho ou o alonga para além dos interesses, é na realidade feito por conveniência da escola ou do mestre, não do aluno; a liberdade das escolas Dalton não gera, como se poderia supor, a desordem: habitua cada qual a administrar o seu tempo, o que é essencial para a vida, a ter a responsabilidade do trabalho e a guiar-se não por impulsos, mas pelo que a razão lhe apresenta como melhor; para educação e observação convenientes dos alunos anormais, inconstantes no trabalho ou perturbadores do ambiente que deve existir no laboratório e que é um ambiente da atividade, não do passivo decorrer de tempo que são em geral as aulas, existe uma sala especial onde um mestre de maiores aptidões procura reeducá-los. O professor de cada laboratório exerce junto dos alunos uma ação de esclarecedor, de guia e procura sempre, pela indicação de livros, de trabalho, por pequenas conversas, pela comunicação do seu próprio entusiasmo, levar a criança a progredir, fazendo sempre que o trabalho lhe não surja como tarefa pesada, mas como atividade a que se entrega com gosto. As conferências ou classes orais, sempre necessárias, não se realizam nos laboratórios: há uma sala especial que se tem naturalmente de usar, segundo um horário estabelecido. Para toda a escola, só se marca um horário de períodos gerais, por exemplo, o seguinte: a criança entra às 8h30, fazendo-se até às 9 a organização do trabalho que principia a essa hora e se estende até às 12; é durante estas três horas que o aluno, num dos seus programas, frequenta o laboratório e prepara o trabalho oral e escrito; seguem-se 15 minutos, durante os quais se anota nos gráficos o trabalho realizado, e, depois, 45 minutos que se destinam às conferências; às 13 é o almoço e de tarde, em seguida à meia hora de música ou de jogos, os alunos têm o período de trabalho livre com trabalhos manuais, preparação de representações, leitura, visitas de estudo, encerrando-se as escolas às 16 horas.

O gráfico em que o aluno registra o seu trabalho é constituído por um cartão em que há, em cima, espaço para o nome, a idade e a classe, para o número do contrato, isto é, da parte do programa que o aluno tomou o compromisso de estudar, e para o número de dias de trabalho e de faltas; a primeira coluna a contar da esquerda indica as semanas de cada mês, seguindo-se as dos dias e depois as das disciplinas; o trabalho de cada semana em cada disciplina é contado por cinco pontos, um por dia (unidade de trabalho), e o aluno vai marcando dia a dia o trabalho realizado. No gráfico apresentado para exemplo[29] a marcha foi a seguinte: no primeiro dia o estudo começou pela língua materna e o aluno não fez mais nada, registrando 4 unidades de trabalho; no dia seguinte, estuda História, 1 unidade, e Geografia, 4 unidades; no terceiro dia fez 7 unidades em História, no quarto 1 em Geografia; no quinto dia trabalha em Matemática, conseguindo 13 unidades; em Ciências não trabalhou. Na segunda semana e na terceira administrou melhor o tempo e na quarta tem o contrato cumprido em todas as disciplinas, exceto em Matemática, onde falta 1 unidade.

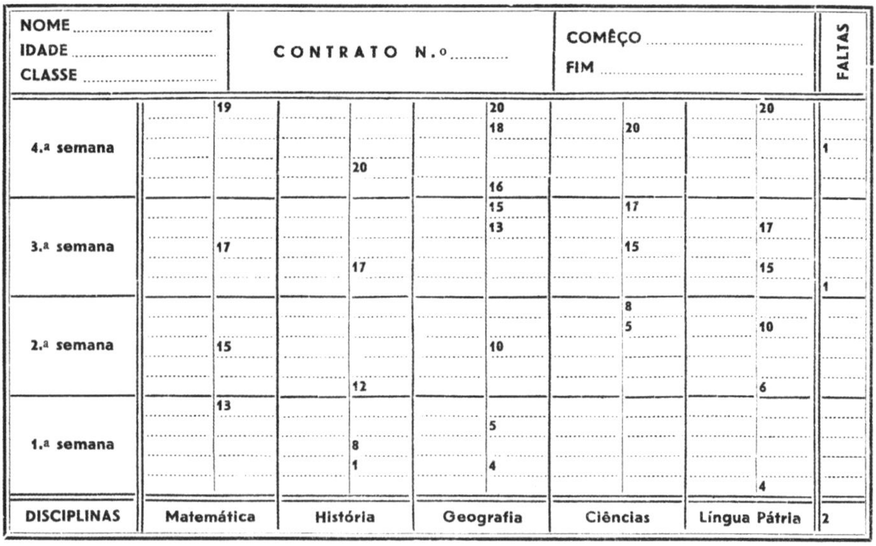

[29] O gráfico subsequente foi extraído, traduzido e reproduzido, com ligeiras adaptações, por Agostinho da Silva de "The laboratory", capítulo II do livro de Evelyn Dewey, *The Dalton Laboratory Plan*, ed. cit. [N. dos O.]

O segundo e o terceiro gráfico estão em poder dos mestres; num deles, gráfico de laboratório, indica-se o trabalho de cada aluno em cada disciplina, no outro, o estado geral do aluno de cada escola, num mês por exemplo; a semana é representada por 4 (quociente de 20 unidades de trabalho por cinco dias) e o traço indica o adiantamento do aluno, bastando que se empregue tintas de cores diferentes, para que se verifique quais os atrasos ou adiantamentos em cada semana.

A verificação do aproveitamento é feita ou pelos interrogatórios orais, ou pelas conversas do mestre com um aluno ou um grupo de alunos, pelo trabalho escrito ou ainda por meio de provas de exame que o professor dá a cada aluno conforme este o solicita; a descoberta de um ponto fraco corresponde à distribuição de trabalho suplementar; se tudo está bem, o aluno passa de contrato, não tendo, portanto, que esperar pelos companheiros menos dotados, o que é um dos inconvenientes do regime vulgar de estudos; no caso de doença, também o aluno se não sente desanimado ao voltar: recomeça os seus estudos no ponto em que os deixou.

Sendo evidentes as vantagens do Plano Dalton, não deixa ele também de apresentar alguns defeitos que têm sido notados por educadores mais progressivos: o trabalho é bastante individualizado, o que pode levar a um enfraquecimento do sentido da colaboração social; certo é, porém, que a segunda parte do dia, e mesmo a primeira, pela formação de grupos para certos trabalhos, pelo auxílio a alunos menos adiantados, podem apresentar muitas oportunidades de corrigir esse defeito; por outro lado, o Plano Dalton aparece como sendo apenas um método de trabalho melhor, não como uma reforma radical da escola, o que incluiria uma crítica e uma rejeição quase total dos programas atuais; um movimento, no entanto, não exclui o outro e o fato do Plano Dalton poder funcionar com programas que não são excelentes, não quer dizer que o trabalho se não possa fazer com programas perfeitos. O Plano Dalton tem, para além de todas as deficiências que se lhe possam apontar, a vantagem de poder ser empregado em larga escala, sobre alguns livros fundamentais e sem exigir dos mestres, como outras escolas novas, excepcionais qualidades de educadores.

Nota de livros[30]

Fernando Sáinz. *El Plan Dalton.* 3.ª ed. Madri: Publicaciones de la Revista de Pedagogia, 1933.

Pierre Bovet. Le système de Dalton. *L'Éducateur*: Organe de la Société Pédagogique de la Suisse Romande et de l'Institut J.J. Rousseau, Lausanne e Genebra, Librairie Payot & Cie, ano 60, n. 12, 14 de junho de 1924, p. 182-85.

Evelyn Dewey. *The Dalton Laboratory Plan.* Nova York: E. P. Dutton & Co., 1922.

M. Garde; Roger Cousinet; Evelyn Dewey; John Adams; T. P. Nunn; Helen Parkhurst. *La Escuela-Laboratorio Dalton.* Madri: Ediciones de La Lectura, 1924. (Col. Ciencia y Educación.)

Lorenzo Luzuriaga. *Escuelas activas.* Madri: J. Cosano, 1925.

[30] Os elementos de referenciação constitutivos da bibliografia originalmente indicada nessa "nota de livros" foram revistos, completados e, quando necessário, também corrigidos. [N. dos O.]

*Escolas de altitude**

Já vai passando o tempo em que se considerava a escola apenas como o lugar em que se ia aprender a ler, a escrever e a contar e uns rudimentos de ciências que não alteravam muito a ignorância fundamental; a escola perfeita, hoje, tem por missão fazer compreender à criança o mundo moderno, prepará-la para a construção do mundo futuro e dar-lhe as possibilidades intelectuais, morais e físicas de ajudar a erguer o edifício do porvir; se trata do espírito, tem naturalmente de tratar também do corpo, não como uma concessão, mas como uma tarefa essencial a que não deve furtar-se.

Há, sobretudo, alguns países em que o baixo nível de vida obriga a precauções especiais sobre este ponto; o número de crianças doentes ou fracas que a doença as espreita a cada momento é tão grande que há que tomar cuidados especiais na organização escolar; a escola não pode continuar a ser indistinta para todos, estabelecida no mesmo local para fortes e fracos; a condições especiais de saúde têm de corresponder condições especiais de escolaridade, pelo que respeita aos estudos e, sobretudo, pelo que se refere ao regime de vida; tem de se pensar na fundação de escolas-hospitais e escolas-sanatórios.

Nalgumas nações já existem escolas estabelecidas em vapores que todos os dias largam do cais e se fazem ao mar, com alunos e mestres, só voltando a atracar ao cair da noite; há escolas de floresta, com uma vida quase de pioneiro, em franco contato com a natureza, enchendo os pulmões da criança de esplêndido ar e o espírito de toda a riqueza de conhecimentos e das atitudes elevadas que o ambiente do bosque não pode deixar de provocar; há, finalmente, as escolas estabelecidas na montanha, junto dos gelos, para certas crianças pré-tuberculosas ou para crianças sadias a quem o clima especial dará uma

---

* Agostinho da Silva. Escolas de altitude. *O Trabalho*. Lisboa, 11 de abril de 1940, p. 8. [N. dos O.]

constituição física que nunca adquiriam na cidade e a calma do espírito que a montanha inculca.

Ao passo que as escolas em vapores ficam naturalmente caras – não queremos dizer que se não devam tentar –, as escolas de floresta ou de montanha podem sustentar-se com recursos mais modestos; é por isso que o seu número se tem multiplicado ultimamente e que, sobretudo as últimas, veem organizar-se à sua volta um movimento de opinião pública que as sustenta material e moralmente; as escolas de montanha têm hoje o seu lugar assegurado e não deixarão de exercer uma influência cada vez maior no desenvolvimento da mocidade.

A instalação das escolas de montanha não é muito complicada, embora a sua feição obrigatória de internato imponha certas condições quanto a pessoal e material; mas mesmo aqui se tem de distinguir entre a escola de montanha para crianças sadias e a escola de montanha para crianças doentes; esta última precisará de pessoal e material médico que a outra pode dispensar; além disso, os alojamentos podem ser mais sumários, não se exigindo os cuidados que evidentemente teria de haver com as crianças tuberculosas ou pré-tuberculosas.

A escola de montanha teria de ser naturalmente uma "escola nova"; nem se poderia pensar em, levando a criança para um ambiente amplo e saudável, a continuar submetendo às normas demasiado estreitas e ao trabalho nada criador dos métodos antigos; era preciso que paisagem e trabalho interior estivessem plenamente de acordo; impunha-se, portanto, quanto a pessoal docente, uma escolha cuidadosa e um treino prévio sem o qual a experiência se arriscaria a ser um desastre; e era absolutamente necessário que não fosse um desastre.

Pelo que diz respeito a material, haveria que pensar, além do material vulgar, numa biblioteca bem organizada, em material para observações científicas – de biologia, de materiologia, de astronomia, por exemplo – e em aparelhagem desportiva. O desporto tem na escola de montanha uma importância primordial e do corpo docente devia fazer parte um professor especializado em educação física; ginástica sueca e *ski* parecem ser as atividades físicas que têm dado melhores resultados; mas não se deviam pôr de parte outras formas de atividade física.

A título de exemplo, damos o horário da escola La Montagne, de Chamonix:

Inverno

7 h – Levantar, arranjos, pequeno-almoço.[1]
8 h-10 h – Aulas.
10 h-10h15 – Recreio, pequena refeição.
10h15-11h15 – Aulas.
11h15-12 h – Ginástica, desportos.
12 h-12h30 – Repouso.
12h30-13h15 – Almoço.
13h15-14 h – Distribuição do correio, repouso.
14 h-15 h – Desportos.
15 h-15h30 – Duche, repouso.
15h30-16h30 – Aulas.
16h30-17 h – Merenda, tempo livre.
17 h-19 h – Estudo.
19 h-19h20 – Repouso.
19h30 – Jantar.
20 h-21 h – Estudo facultativo, correspondência.
21 h – Deitar.

Verão

7 h – Levantar, arranjos, pequeno-almoço.
8 h-10 h – Aulas.
10 h-11 h – Helioterapia, pequena refeição, desportos.
11 h-12 h – Aulas.
12 h-12h30 – Repouso.
12h30-13h15 – Almoço.
13h15-13h45 – Distribuição do correio, repouso.
13h45-14h45 – Aulas.

[1] No português do Brasil, "café da manhã". [N. dos O.]

14h45-16h45 – Estudo.
16h45-19h20 – Merenda, desportos, passeio.
19h30 – Duche.
19h45 – Jantar.
20h15-21h15 – Estudo livre, correspondência, leitura.
21h15 – Deitar.

É preciso notar que a escola de Chamonix não é uma "escola nova" quanto a processos de trabalho e que, portanto, o horário teria de ser alterado, para melhor, em certos pontos.

Seria muito interessante que se pensasse na fundação de uma escola semelhante em Portugal, escolhendo-se naturalmente para a experiência a região da Beira. Haveria duas ordens de problemas a considerar: os financeiros – aquisição do terreno, construção do edifício, manutenção da escola – e os pedagógicos – escolha do pessoal, preparação, possivelmente ida ao estrangeiro do futuro diretor ou diretora; são problemas difíceis de resolver, mas que não representam nenhuma impossibilidade fundamental, se houver a visão clara do que implicam e a vontade firme de lhes dar solução.

NÚCLEO PEDAGÓGICO DE ANTERO DE QUENTAL

*Página Pedagógica**

Delicadeza

A delicadeza para os superiores chama-se respeito, deferência; tem um caráter mais obrigatório do que espontâneo; é mais um ato de inteligência, de vontade, até de habilidade, consciente ou inconsciente, do que um ato de bondade real. A delicadeza com os pequenos, os humildes, os pobres, essa é a verdadeira delicadeza; é o reconhecimento da eminente dignidade da pessoa humana, do pobre, do fraco, do que obedece; eleva-o a ele e eleva-nos a nós. É com esta delicadeza que devem ser dadas as ordens às crianças; a firmeza não exclui o sorriso, as vozes suaves são as mais persuasivas.

Vérine[I]

Castigos

Sabeis o que prova um educador que castiga muito? Prova que há, na sua família ou na sua classe, coisas que não vão bem. E por quem é dirigida a família, por quem é dirigida a classe, por quem?... Castigam-se, portanto, as consequências de uma péssima direção; os castigos numerosos condenam o educador; cada castigo, cada erro castigado em si próprio; mas é uma correção que faz sofrer a vítima.

Jan Ligthart

---

* Núcleo Pedagógico de Antero de Quental – Página Pedagógica. *O Diabo*, semanário de literatura e crítica. Lisboa, ano VI, n. 253, 29 de julho de 1939, p. 3. Página redigida por Agostinho da Silva, diretor do Núcleo Pedagógico de Antero de Quental. Cf. p. 187-88 deste tomo. [N. dos O.]

I Vérine é pseudônimo de Marguerite Lebrun (1883-1959), escritora e militante católica filiada ao movimento da Escola Nova. [N. dos O.]

Os pais e a orientação profissional

Sabemos todos pela nossa experiência pessoal como é grande o número de homens e mulheres cuja vida inteira se aniquilou porque escolheram mal a sua profissão; uma circunstância acidental, um entusiasmo de momento, uma sugestão mais forte, uma certa fraqueza perante imposição em preferências de família, a convicção de que se gastaria mais dinheiro em tal ou tal lugar, levaram-nos a dedicarem-se a um trabalho que na realidade lhes não interessa ou por que se não encontravam preparados, quer psicológica quer fisicamente; o resultado é que se encontram a certa altura tendo sobre si o mais insuportável dos pesos: o do desacordo entre si próprios e a maior parte da sua vida, com as piores consequências para o seu espírito e, geralmente, porque mergulham na amargura ou numa resignação só feita de tristeza, para o espírito dos outros.

Certo é que o remédio seria mudar de profissão; simplesmente, a rede de interesses e de hábitos torna-se quase sempre muito forte para que a vontade a possa destruir; como tem de lutar, diariamente, na pior das lutas – a que se trava contra a inadaptação e o sentido da escravatura –, a energia do indivíduo gasta-se muito rapidamente; por outro lado, a sociedade ainda não organizou um sistema eficiente, sobretudo no ponto de vista econômico, da passagem de adultos de uma para outra profissão.

Grande parte do trabalho do mundo é mal feito, grande parte da energia dispendida e do dinheiro que se gasta não se traduz em realizações de efetivo progresso, porque os homens estão, talvez na sua maioria, mal arrumados na profissão; é fácil de calcular o prejuízo que daí pode resultar para toda a humanidade.

Conviria, pois, que as profissões fossem escolhidas, segundo as capacidades e a real, profunda vocação de cada um; já há um começo de solução com os Institutos de Orientação Profissional, baseados nas mais recentes aquisições científicas da psicologia e da medicina; o que existe em Portugal, dirigido pelo dr. Faria de Vasconcelos, já tem salvado muita gente do irreparável desastre de tomar uma carreira errada; mas são ainda poucos em quase todos os países, e são em número ainda bastante reduzido as pessoas que deles têm conhecimento e que, depois de saberem da sua existência, se resolvem a enviar para exame as crianças ou adolescentes que se encontram a seu cargo; entre outras providências, haveria a tomar a de fazer todos os exames absolutamente gratuitos e a de multiplicar os postos fixos ou volantes com peritos orientadores.

Os pais, no entanto, podem ser auxiliares de importância inapreciável no que respeita à orientação profissional; são eles, em geral, quem se encontra em contato mais íntimo e, em certos casos, mais demorado, com a criança; é a eles que compete ir acumulando um número de observações bastante grande que pode ajudar o orientador, ou mesmo determinar por si próprio um conselho eficiente na altura devida; podem, pelo conhecimento que tiverem do rapaz ou da rapariga, evitar as consequências de que já falamos; claro está que reconhecemos os casos difíceis em que, apesar de todas as observações e desejos, ou dos pais ou das crianças, são obrigados a aceitar uma determinada profissão em virtude de razões econômicas. Mas, fora disso, os pais podem, em geral, ser razoáveis orientadores.

A primeira qualidade que há a adquirir é a do gosto da observação; é do conhecimento de todos que, na maior parte das vezes, a criança não é tratada como um ser que se desenvolve por si próprio, mas como um ser que se modela de fora para dentro; excessivamente preocupados com a formação do miúdo, com a educação a dar-lhe, os pais esquecem-se de o observar e, antes de conhecerem a sua verdadeira natureza, impõem-lhe um molde que eles construíram, que acharam o melhor do miúdo, que é talvez o melhor do miúdo, mas que simplesmente se não adapta ao temperamento da criança; é preciso que todos se compenetrem de que, antes de tudo, é necessário observar, e observar com a serenidade, a imparcialidade, a paciência e a persistência que os sábios põem no seu trabalho. Primeiro temos que saber o que a criança é; só depois poderemos dizer o que há de ser.

A observação tem de ser o mais objetiva possível, livre de preconceitos ou das preferências do nosso próprio espírito; o engenheiro é levado a exagerar o que encontra no filho de gosto da matemática ou da construção, lançando uma sombra discreta sobre as qualidades que a criança não tem; a família que deseja que o menino seja letrado, encontra-lhe uma irresistível vocação no mínimo livro de estampas que a criança folheia e pode levá-lo, por um ambiente consciente ou inconscientemente formado, a escolher uma carreira que se não adapta senão ao que nele era mais superficial e, por isso mesmo, mais aparente.

Além de ser objetiva, despida de fatores sentimentais da parte de quem a pratica, a observação tem de ser exercida sobre toda a vida da criança; há uma grande tendência da parte dos pais para só fazer essa observação na altura em que a criança trabalha; essa tendência é porventura reforçada pelos professores à antiga, desejosos de acentuar, na vida da criança, a importância do trabalho; certamente que o tem, e que se pode, durante ele, recolher uma grande quantidade de dados que são absolutamente preciosos, sobretudo no que se refere a capacidade de esforço, a continuidade nas tarefas, a honestidade, a amor pelas dificuldades; mas deve notar-se que, com os atuais sistemas do ensino, as necessidades de defesa da criança a levam a apresentar características que não são nem verdadeiras nem profundas.

O grande campo de observação são os jogos; aí se desenvolve a atividade espontânea da criança, aí se descobrem, pelas suas reações ingênuas – no sentido de livres e sinceras –, as tendências mais importantes da sua personalidade; brincando, sozinha ou em grupo, a criança é ela mesma, sinceramente, claramente; é no campo de jogos que o egoísta, disfarçado na aula em boa pessoa, se descobre egoísta, que o chefe, tímido e incerto ante o trabalho absurdo dos estudos, se revela e se impõe ao respeito dos outros; brincar é o trecho da vida que ainda se abre amplamente à criança; é natural que a vejamos melhor; se o trabalho escolar estivesse bem organizado, os dois campos de observação teriam valor semelhante, mas não está; e é para as brincadeiras das crianças que devemos de preferência dirigir a nossa atenção.

Nem só o caráter da criança, sociabilidade, bondade, egoísmo, força ou fraqueza espirituais, se pode descobrir durante o jogo; também as suas aptidões se revelam; há os que preferem brincar sozinhos, os que adoram o grupo, os aventureiros e os construtores, os maquinistas, os arquitetos, os legisladores, os espíritos de ação social; cada um se mostra, a quem o sabe observar, com clareza e força; mas é preciso, como primeira condição, que se deixe brincar; que não haja as perpétuas recomendações do "vê lá, não caias" e do "vê lá, não te sujes" e "vai agora brincar aos comboios", "anda fazer casinhas com o papá"; que o fenômeno se produza em ambiente livre de pressões, no momento próprio, de maneira a ser um sinal de significação profunda e não apenas uma armadura externa.

Há outro ponto sobre o qual nos devemos prevenir: a tendência a deixar-nos levar por puros acidentes; só uma observação prolongada é capaz de eliminar esse perigo; depois de ter visto uma fita de *cowboys*, a criança sonha "ranchos" e cavalos bravios, depois de ter lido um Pasteur, quer ser investigador e brinca aos laboratórios; a primeira profissão que hoje têm os miúdos é a de aviador (e de aviador de combate), mas só um ou outro acaba por ser efetivamente aviador; aqui têm especial importância os desejos reprimidos; a criança que já voou pensa menos em aviões do que aquela que nunca voou. Não nos devemos deixar impressionar por tendências passageiras nem pelas que contradizem toda a restante vida da criança.

A tarefa é difícil, mas de tão grande importância para todos que nenhum pai a deve desprezar.

Sobre orientação profissional:[2]

Boletim do Instituto de Orientação Profissional. Lisboa, Instituto de Orientação Profissional, n. 1, 1928, 1.ª série.

Conde de Altea. *La orientación profesional y la escuela*. Madri: Ediciones de La Lectura, 1925. (Col. Ciencia y Educación.)

[2] Os elementos de referenciação constitutivos da bibliografia originalmente indicada foram revistos, completados e, quando necessário, também corrigidos. [N. dos O.]

Édouard Claparède. *L'orientation profissionelle, ses problèmes et ses méthodes*. Genebra: Bureau International du Travail, 1922.

Wilhelm Julius Ruttmann. *Orientación profesional*. Tradução de Antonio Vallejo Nágera. Barcelona: Editorial Labor, 1926. (Col. Labor, Biblioteca de Iniciación Cultural, seção I, Educação, n. 53.)

Sobre o assunto do presente artigo:

André Berge. Les devoirs des parents en face de l'orientation professionelle. *Éducation*: Revue mensuelle des parents et des maitres. Organe de la Confédération Générale des Familles et de l'École des Parents. Paris, Édition Sociale Française, ano 28, n. 29, novembro de 1937, p. 224-28.

Équipes sociales

O objetivo de Robert Garric, quando fundou as *équipes sociales*, foi o de reunir num trabalho comum os jovens de diferentes opiniões políticas e religiosas, de procedências diversas, pobres e ricos, estudantes, operários, empregados, de modo a fazê-los travar conhecimento e a dar-lhes a ideia de que, para além de todas as divergências, há fins que a todos interessam e de que ninguém vive verdadeiramente se não conhece o pensamento e os hábitos de todos os outros homens.

As *équipes sociales*, em pleno funcionamento depois de 1921, contam já numerosos agrupamentos espalhados por toda a França; em Paris existem uns 150 grupos, na província uns 275; montaram cursos variados (francês, matemática, cursos práticos e técnicos) e todas as semanas se realizam reuniões de estudo, visitas a museus, excursões, concertos, etc.

É, no entanto, durante as férias que a *équipe* dá o seu maior rendimento; as colônias de férias, preparadas com antecedência pelo grupo, realizam-se em *camping*; o abandono das comodidades vulgares, a necessidade de resolução das dificuldades que surgem, o contato com a natureza, a liberdade e a disciplina que resultam do cumprimento de normas que todos aceitaram como boas

– tudo contribui para que as colônias de férias das *équipes* sejam uma esplêndida escola de vida.

Os campos de férias são fixos ou volantes; alguns têm-se estabelecido, durante 15 ou 20 dias, em Quinta da Normandia, em escolas de Auvergne e da Bretanha; outros grupos organizam viagens, por vezes bastante extensas, pela França, Córsega, Bélgica; vão a pé ou de biciclete e alojam-se em tendas ou nos Albergues da Juventude.

Um dos exemplos mais notáveis do que se pode fazer na colônia de férias é fornecido pelo trabalho do grupo de Joigny. Tendo obtido uma casa de campo, pôs-se imediatamente o problema de saber se uma instituição que comportaria dormitório e refeitório para 40 raparigas não precisava de um regulamento rígido para que a disciplina se mantivesse e tudo corresse em ordem; o grupo respondeu pela negativa e tentou-se a experiência; uma rapariga designada pela *équipe* tomou a direção geral dos trabalhos, encarregando-se dos abastecimentos, das contas e da resolução das questões que não exigem a reunião do grupo; de manhã, um quadro afixado à porta do refeitório designa as encarregadas do trabalho do dia (lavagem de louça, quartos, mesa, etc.); as que têm biciclete vão ao mercado; as especialistas de cozinha fazem a comida; todo o serviço de casa fica pronto em pouco mais de uma hora.

Depois há uma lição de educação física, natação e, em seguida ao almoço, toda a tarde fica livre para passeios, leitura, reunião de grupos de debates. Cada uma das raparigas estabelece um horário seu, absolutamente à vontade, desde que respeite as horas do levantar, das refeições e do deitar.

As *équipes* de Lião conseguiram alugar um chalé nos Alpes; os montanheses acolheram os rapazes com desconfiança e resolveram mantê-los à parte da vida da aldeia; a *équipe* organizou imediatamente reuniões na taberna, na mercearia da aldeia, explicando o que eram as *équipes sociales* e o que tencionavam fazer; ofereceram-se depois para os ajudar a carrear os ferros e a serrar a lenha para o inverno; dentro em pouco tempo, toda a desconfiança tinha desaparecido e, no fim das férias, os rapazes tinham exercido na aldeia uma influência cultural muito importante.

Os "quadros" das colônias de férias[3]

O desenvolvimento das colônias de férias organizadas por particulares ou por entidades oficiais está-se tornando tão grande em certos países que teve de pôr-se a questão dos "dirigentes". Até agora, as colônias de férias, às vezes com frequência de centenas de crianças, têm sido regidas por pessoas que só excepcionalmente têm a preparação necessária; no entanto, os problemas psicológicos e educativos que se levantam numa colônia de férias podem ser tão delicados que exigem a criação de um pessoal especializado; seria, por exemplo, uma ótima ocupação para professores em férias ou para estudantes ou para rapazes e raparigas que, de qualquer modo, estivessem livres na época habitual das colônias.

Em França existem, desde 1936, cursos de conferências para preparação dos monitores de colônias de férias e um "Centro de Formação" que já é frequentado por cerca de 300 alunos.

O ensino comporta uma parte teórica e uma parte prática; na parte teórica tratam-se assuntos de pedagogia – "a colônia educativa, os caracteres, disciplina e liberdade, castigos e recompensas, ação individual" – e de "emprego de tempo" – "organização dos quadros, sistema dos pequenos grupos, educação pelo canto, representações teatrais improvisadas, estudo da natureza, lição-tipo de educação física, etc."; as sessões práticas fazem-se numa quinta dos arredores de Paris e permitem apreciar as capacidades dos alunos e levá-los a utilizar os conhecimentos adquiridos.

Transcrevemos em seguida algumas das perguntas feitas aos candidatos no exame final:[4]

---

[3] Este subtema da "Página Pedagógica" teve por inspiração um artigo de Paul Leclercq, "La formation des cadres des colonies de vacances", publicado em *Éducation*: Revue mensuelle des parents et des maitres. Organe de la Confédération Générale des Familles et de l'École des Parents. Paris, Édition Sociale Française, ano 28, n. 27, julho a agosto de 1937, p. 158. [N. dos O.]

[4] O questionário colocado no exame de avaliação dos candidatos a monitor de colônias de férias foi extraído, traduzido e reproduzido, com algumas adaptações (das dez questões

1 – Faça o esquema do discurso que dirigiria aos rapazes ou raparigas da sua colônia no dia da inauguração;

2 – Invente as características (emblema, divisa, cor, canto, etc.) de um "pequeno grupo" que se chamaria "dos...";

3 – Faça o resumo do regulamento de uma colônia de rapazes de 12 a 16 anos e ilustre-o, se achar necessário;

4 – Como pode reconhecer que uma criança está fatigada ou num estado anormal?

5 – Indique os 12 livros que colocaria, antes de todos, na biblioteca de uma colônia de férias;

6 – Que faria nos seguintes casos?

a) Uma rapariga de 14 anos declara "que as outras não gostam dela" e que "quer voltar para casa";
b) Um rapaz de 11 anos atira um prato à cabeça de um camarada;
c) Um rapaz de 8 anos saiu sozinho do campo de férias e foi até o rio.

Seria bem interessante que os organizadores das nossas colônias de férias, cuja boa vontade e excelentes intenções são indiscutíveis, pensassem na possível organização de um curso semelhante. O Núcleo teria muito prazer em que fosse utilizada a sua colaboração.

*

O Núcleo Pedagógico de Antero de Quental precisa ter mil contribuintes antes de outubro. Cota mínima, 1$00 mensal. Basta, para a inscrição, um postal dirigido a Agostinho da Silva, Rua das Laranjeiras, 20 – 2.º Esquerdo – Lisboa-N.

---

expostas, a "Página Pedagógica" dispõe apenas seis), de um complemento, sito à página 184, ao artigo de Paul Leclercq indicado na nota acima. [N. dos O.]

NÚCLEO PEDAGÓGICO DE ANTERO DE QUENTAL

*Página Pedagógica**

As distrações infantis

Nas famílias de fartos meios – e mesmo entre as que os possuem muito reduzidos, só alterando o rigor do estreito orçamento normal com grande sacrifício – há o costume de entregar às crianças, por uma errada interpretação dos seus interesses e preferências, numerosos brinquedos das espécies mais variadas.

Todos conhecem esse espetáculo, que faz tremer de enternecimento muitas pessoas habitualmente sensatas, dos pequenos quartos de crianças com montanhas de brinquedos inteiros e partidos, pedaços irreconhecíveis de objetos outrora brilhantes, bisarmas luxuosas e sem sentido para a alma infantil. Entende-se que as solicitações das próprias crianças são o menos importante e que é generoso e terno lançar-lhes nos bracitos as mais desencontradas e excêntricas "preciosidades". No meio dessa confusão de inutilidades, as crianças enervam-se, trocam os brinquedos, estragam a maior parte, não sentem interesse profundo e ativo por nenhum. Muitas vezes, é a própria natureza das almas em desenvolvimento que encontra a solução, ao cabo de incertezas e inquietações sem conta: o miúdo escolhe um dos raros recantos livres, fecha os olhos a tudo mais que o rodeia e concentra a sua atenção e o seu prazer sobre um objeto único que melhor contente os desejos da sua imaginação. Uma só boneca, um só bicho, uma só peça de mobília, bastam para povoar um mundo na consciência infantil; muito melhor se exercitam as funções da inteligência e da sensibilidade, limitando-as a

* Núcleo Pedagógico de Antero de Quental – Página Pedagógica. *O Diabo*, semanário de literatura e crítica. Lisboa, ano VI, n. 257, 26 de agosto de 1939, p. 3. Página redigida por Agostinho da Silva, Álvaro Salema e Mário Emílio do Sacramento. Cf. p. 187-88 do presente tomo. [N. dos O.]

um objeto definido, com sentido real na vida interior nascente e representação exata na satisfação das tendências em marcha.

É preciso dar poucos brinquedos às crianças. Numa praia, durante um comprido mês, basta a uma criança um balde ou uma pá para que as suas distrações se desenvolvam criadoramente. O resto, fornece-lho a natureza, que a criança vive com muito maior sinceridade do que todos os artifícios de quinquilharia: algas, conchas, a areia moldável à prática de todas as fantasias.

Há três vantagens fundamentais em dar poucos brinquedos às crianças; desenvolve-se-lhes o engenho natural, alargando a riqueza da sua imaginação; habitua-se a que cuide por si própria dos seus interesses e procure ativamente as alegrias que melhor correspondem ao seu temperamento; cria-se nelas muito mais amizade aos brinquedos que se lhe oferece.

Uma criança que tem poucos brinquedos, conserva-os, arranja-os e nunca mais os abandona. Com muitos brinquedos, só pode haver um prazer autêntico: estragá-los.

Há um bom sistema a aplicar, sejam quais forem os hábitos já criados: esconder uma parte dos brinquedos já conhecidos, para que as crianças tenham o prazer sucessivo de os esquecer e de voltar a encontrá-los. É preciso habituá-las, também, a aplicar o seu sentido de ordem e arrumação: quando um miúdo acaba de brincar, deve-se encaminhá-lo para o prazer que há em colocar tudo nos seus lugares, armazenar em caixas o que não vier a ser utilizado em breve. Para isso, é preciso evitar toda a violência e coação; prevenir sempre com antecedência de alguns minutos; colaborar no trabalho com bom humor e satisfação patentes. A alegria dos pais com o que mais as distrai, é para as crianças o mais delicado e profundo dos incentivos.

Psicologia da adolescência

A ação intelectual da França tem adquirido contemporaneamente uma maturidade, um tão sábio equilíbrio perante os indivíduos e as sociedades, que nenhum dos aspectos que mais profundamente podem interessar ao homem de hoje e de amanhã lhe passa ignorado ou diminuído. Isto mesmo pode observar-se, com muito maiores razões do que em qualquer outro campo, no estudo da formação do homem e dos elementos psicológicos fundamentais que importam a um são critério de educação. O "Centro de Formação Social" de Paris tem organizado, com esse objetivo, séries de conferências confiadas aos mais sábios especialistas em que as opiniões expostas e discutidas são, por si sós, o símbolo de uma esplêndida cultura.

A segunda série dessas conferências foi consagrada à adolescência operária da França. Delas destacamos a do Professor [Georges] Heuyer, psicologista criador e com qualidades de interpretação que raramente se encontram nessa linhagem de investigadores pacientes da alma humana.

Segundo o dr. Heuyer, é um preconceito ruinoso considerar a adolescência como um despertar inteiramente original da inteligência e do caráter. Não deve esperar-se a puberdade para agir sobre a consciência dos jovens, porque o seu verdadeiro significado não é o de um nascimento, mas o do termo de uma evolução longamente prolongada desde as primeiras idades.

Estudando de ano para ano os *tests* representativos do atraso mental, observa-se a partir dos 3 anos (precisamente quando os *tests* começam a ter verdadeiro valor representativo) uma constante evolução no mecanismo da consciência. Os *tests* dos 15 anos, precisamente, revelam a existência de uma série de mecanismos mentais acabados, prontos a corresponder à variedade das situações durante a existência futura. É o que sucede com as faculdades de comparação e generalização, que a cultura subsequente não faz mais do que aprofundar e enriquecer. O que existe, realmente, de novo, original e grave na adolescência, é aquilo a que o Professor Heuyer chama o delírio da *rêverie*. Vivem então os jovens num estado de constante quimera interior que compensa a dolorosa experiência, o agitado encontro de conhecimentos inesperados próprios dessa idade. É uma espécie de sonho, fantasia acordada e persistente, em que se encontram misturadas as grandes forças morais da existência adulta: o amor, sentimental ou erótico, a ambição, o instinto da autoridade, a pesquisa do prazer, da riqueza ou dos ideais. O delírio da *rêverie*, diz Heuyer, é a hipertrofia de uma forma intelectual característica na puberdade, um desenvolvimento anormal da imaginação. Aos 16 anos julga-se poder conquistar o mundo – e só no sonho ele pode ser conquistado.

Também na criança aparece essa tendência para o mito, em que a personalidade é exaltada indefinidamente; mas a criança, ao contrário do adolescente, procura realizá-lo, realiza-o, na realidade da sua vida interior com a transfiguração que faz de todas as coisas: "Vou ser isto...", "Vou ser aquilo..." – exteriorização constante do seu pendor imaginativo. Para o adolescente, tudo se passa no mistério da alma escondida, furtada inexoravelmente ao olhar investigador, incompreensivo e duro do adulto. O mito vive no mais profundo da consciência e raramente se exprime em quaisquer gestos ou atos.

Também a adolescência se caracteriza, segundo Heuyer, pela necessidade das explicações totais – em filosofia, em religião, em moral, em política. Cai-se para os extremos e sempre fortemente. Depois, com a experiência, o contato e o conhecimento áspero dos homens, tudo se dilui e restringe, tudo se torna, também, mais complexo: a lógica e a ordenação rígida e integral dos princípios submetem-se à experiência e por elas são vencidas.

Mais importante que o instinto de imitação, o instinto de oposição domina a adolescência e explica a necessidade, tantas vezes desprezada, de compreender e, em muitos casos, aceitar as reações violentas do jovem às teimosas determinações do mestre ou do pai. As crianças educadas em ambientes normais, conformistas, respeitosos, tornam-se inteiramente estranhas ao seu meio, por uma evolução natural e, por isso mesmo, inapagável.

Por esta reação se explicam muitos fatos da vida escolar. Vemos a todo instante crianças inteligentes, trabalhadoras e disciplinadas, transformarem-se repentinamente em turbulentas, distraídas e ociosas. A oposição a um mestre, que esse estado revela, nasce muitas vezes de um simples gesto, de uma palavra, de qualquer insignificância que ao seu autor passou despercebida, mas que impressiona violentamente a alma dos mais novos.

É preciso estudar individualmente os adolescentes, acompanhá-los com uma curiosidade discreta, mas firme, ampará-los imperceptivelmente e mostrar sempre uma simpatia aberta, sincera, luminosa – em que um pouco de ironia doce não será inútil – perante as suas manifestações de revolta e intransigência.

A EDUCAÇÃO CÍVICA E AS ATUALIDADES

Como explicar o desinteresse manifestado pela maioria dos jovens de todo o mundo pelo decorrer da vida das suas nações e pelos acontecimentos do mundo? Por que leem os jovens tão pouco os jornais noticiosos? Em que medida será útil à juventude o conhecimento das atualidades políticas e econômicas? – são perguntas a que pretende responder, duma maneira sugestiva, um relatório redigido por ocasião dos exames pedagógicos realizados na Suíça, em recrutas do exército, e de que traduzimos alguns trechos publicados na revista *Pour l'Ère Nouvelle* (já em transcrição de *L'École Bernoise*):[1]

> Lamentamo-nos da *falta de interesse dos jovens* com respeito aos negócios públicos. Pretende-se que os jovens não leem os jornais, excetuados os desportivos. *Mas verifiquemos se fazemos tudo o que é necessário para melhorar essa situação e se o fazemos com suficiente sutileza.* Muitos jovens nunca, ou quase nunca, ouviram falar, quer na escola primária quer na escola complementar, dos *problemas de atualidade* política e econômica. E admiramo-nos de que eles se não interessem! A escola não os ajudou, na medida em que o podia fazer, a compreender o que se passa à sua volta, junto deles e no mundo. Desde Pestalozzi, mesmo bastante antes dele já, que se sabe que o

---

[1] Trata-se de tradução de excerto de relatório redigido, em 1938, por (*Monsieur*) Karl Bürki sobre os exames pedagógicos dos recrutas e a instrução cívica na Suíça. Cf. A travers les revues: instruction civique et actualités. *Pour l'Ère Nouvelle*. Revue internationale d'éducation nouvelle. Organe de la Ligue Internationale pour l'Éducation Nouvelle. Paris, Éditions Bourrelier, ano 18, n. 148, julho de 1939, p. 181-82. A *Pour l'Ère Nouvelle* publicou apenas o excerto aqui citado e, por sua vez, já enquanto citação de uma edição bastante mais alentada, embora não completa, do relatório em tela. Cf. Les examens pédagogiques des recrues en 1938. Extraits du rapport de l'expert en chef M. K. Bürki. *Berner Schulblatt / L'École Bernoise*: Korrespondezblatt des Bernischen Lehrervereins / Organe de la Société des Instituteurs Bernois. Berna, Eicher & Roth, ano 72, n. 4, de 22 de abril de 1939, p. 67-70, e n. 5 (continuação), de 29 de abril de 1939, p. 82-84. O excerto reproduzido por Agostinho da Silva e coautores está nas p. 69 e 70. Os itálicos figuram já no texto saído pela *Berner Schulblatt*, tendo sido mantidos em *Pour l'Ère Nouvelle* e nesta "Página Pedagógica". [N. dos O.]

homem tem mais interesse pelas coisas a que penetrou já o sentido, que – se o podemos dizer – *venceu interiormente* e que são aquelas que formam o seu espírito e pelas quais adquire conhecimentos sólidos.

Pertence à escola guiar o aluno para o bom caminho e fazer aquilo que Pestalozzi fez com as crianças de Stans: *conversou com elas acerca dos negócios públicos e dos acontecimentos contemporâneos.* O assunto dessas conversas, é uma verdade, deve ser escolhido com bastante cuidado e tratado com infinito tato. Ele é, abstração feita da personalidade do professor, um assaz importante elemento de triunfo do mestre que ensina educação cívica.

O ensino, nas nossas escolas [e nas nossas escolas] complementares, não comporta ainda, muitas vezes, mais que definições que deixam o aluno completamente indiferente. "O ensino da educação cívica deve transportar os alunos ao presente. *É pela síntese das observações e das experiências pessoais e não pela análise teórica que o aluno deve chegar ao conhecimento das relações que se manifestam na vida econômica e na do Estado.* As atualidades econômicas e políticas devem ser o ponto de partida do ensino."[2]

*

NOTA – Temos a certeza de que, desejando apoiar a ação do Núcleo, já decidiu inscrever-se como sócio; simplesmente, tem ido adiando a sua comunicação; repare, porém, em que a tarefa é uma tarefa de todos e que, com a sua irresolução, não está ajudando como devia o nosso esforço. Escreva agora mesmo um postal para a sede do Núcleo, Rua das Laranjeiras, 20 – 2.º Esquerdo, Lisboa-N. Cota mínima 1$00, pago por trimestre, semestre ou ano.

*

Colaboraram na redação desta página com a direção do Núcleo os srs. drs. Álvaro Salema e Mário Emílio do Sacramento.

---

[2] O trecho entre aspas é citação do Plan d'études pour l'instruction civique dans les écoles complémentaires commerciales et les écoles professionnelles du canton de St. Gall, Suíça. [N. dos O.]

Anexos

ESCOLA NOVA DE S. DOMINGOS DE BENFICA*

Rua do Montepio Geral, 1

ENSINO INFANTIL E PRIMÁRIO

A Escola visa criar em torno dos alunos um ambiente em que se possam desenvolver ao máximo as suas possibilidades intelectuais, morais e físicas.

A cultura intelectual baseia-se sobre o estudo dos fatos e a atividade pessoal do aluno. Isolado ou em grupos, sob a guia do professor, o aluno observa os fenômenos, realiza as experiências, faz as leituras necessárias para a sua documentação, tira as conclusões que lhe parecem seguras e que são depois analisadas e criticadas pela classe. Ao mesmo tempo trabalha-se no aperfeiçoamento da expressão falada e escrita, aquisição de técnicas, etc. O professor nunca intervém para ensinar, mas somente para ajudar a descobrir e a aprender.

A formação moral é obtida pela prática. Os alunos intervêm no governo da Escola, gradualmente, segundo o seu desenvolvimento; os professores provocam a formação de grupos de trabalho que dão o hábito do esforço em comum e o gosto da solidariedade; a Escola alarga quanto possível a ação social extraescolar dos seus alunos. Acima de tudo a Escola esforça-se, com a colaboração de todos que nela trabalham, alunos e mestres, por ser um meio de ordem, de serenidade, de cortesia e de justiça.

---

* Agostinho da Silva. *Escola Nova de S. Domingos de Benfica*. Lisboa, datiloscrito, setembro de 1937. Prospecto de 4 páginas que visava divulgar a escola experimental criada na Rua do Montepio Geral, freguesia de Benfica, em Lisboa. Tendo-se constituído como o primeiro projeto experimental em que era o principal propositor e dirigente, a Escola Nova de S. Domingos de Benfica não seria, no entanto, à época, um caso isolado na atuação e prática pedagógicas de Agostinho da Silva. Depois dela, e até 1943, ele criou outras pequenas escolas de semelhante ideário e concepção. Cf. a esse propósito *Carta-circular*: Escola experimental, nas p. 336 e 337 deste tomo I e "Agostinho da Silva: um educar humanístico, lúdico e livre em imagens", no tomo II. [N. dos O.]

A Escola dá grande importância aos trabalhos manuais, sobretudo à carpintaria, como o mais próprio para desenvolver os dons de observação e de habilidade e o gosto da precisão, a necessidade intelectual e moral do trabalho bem-feito; não esquece, porém, a modelação e o desenho, a criação de animais e a jardinagem.

Quanto à educação física, a Escola proporcionará aos alunos sessões de ginástica natural, jogos, excursões.

A disciplina não tem por base nem a coação nem a repressão; procura dar-se ao aluno, pelo conselho, pela persuasão, a noção do que deve ser o seu comportamento dentro e fora da Escola; a Escola ajudará cada um, por uma intervenção oportuna, calma e firme, a melhorar as suas boas tendências e a sufocar as más. A Escola terá atingido um dos seus fins principais quando a disciplina for obtida, em cada aluno, pela supremacia da sua razão sobre os seus instintos.

*

A Escola tem duas seções: a de ensino infantil e a de ensino primário.

Na seção de ensino infantil, para crianças dos 4 aos 6 anos, faz-se a educação dos sentidos, a educação intelectual, a iniciação no estudo da natureza, o trabalho manual e a ginástica adaptados à idade, o ensino dos rudimentos da leitura, escrita e numeração.

Na seção do ensino primário seguem-se os programas do ensino oficial, como programas mínimos, visto terem os alunos de ser submetidos a provas de exame; a Escola não descurará, porém, nenhuma ocasião de aumentar a cultura geral dos alunos.

A Escola funciona em dois períodos: o primeiro, das 9 às 12 horas, dedicado ao trabalho propriamente intelectual; o segundo, das 14 às 17 horas, destinado aos trabalhos manuais, ginástica, música, etc.

Os alunos podem tomar a sua refeição na Escola; a refeição é seguida de repouso até às 14 horas.

A frequência da Escola é limitada a 30 alunos.

Para os alunos que o desejem, a Escola organiza um serviço de transporte automóvel.

Setembro de 1937.

CARTA-CIRCULAR: ESCOLA EXPERIMENTAL*

Lisboa, abril de 1943

Meu prezado Amigo,

Desejo criar uma escola infantil que seja a base de um sistema escolar experimental; a escola instalar-se-á no campo, junto de Lisboa, e admitirá alunos, sem atender às suas possibilidades econômicas. O que já há mais de cinco anos têm feito as minhas colaboradoras,[1] em prédios alugados na cidade, deu-nos duas certezas: a de que é possível educar crianças pelos processos pedagógicos que adotamos e a de que só uma casa nossa, com terreno, longe de vizinhos, poderá fornecer um ambiente adequado. Cremos, por outro lado, que é só trabalhando na aldeia com todos os meios de que

---

* Agostinho da Silva. *Carta-circular*: Escola experimental. Lisboa, datiloscrito, abril de 1943. A exemplo de algumas das cartas-circulares coligidas neste tomo primeiro (cf. p. 338-40 e 361-74), esta igualmente integra a documentação do Processo político PVDE/PIDE/DGS, SC, SR 1661, NT 2349, Arquivo Nacional da Torre do Tombo, Lisboa, um dos que tem a ação educacional, cultural e intelectual de Agostinho da Silva por objeto. Por se tratar de correspondência endereçada a muitos destinatários e ter como tema o projeto de "uma escola infantil que seja a base de um sistema escolar experimental", atribuímos-lhe o título "Carta-circular: Escola experimental". [N. dos O.]

[1] O autor refere-se a Maria Raquel de Almeida Dias, Etelvina Azevedo, Olga Azevedo, Alda Branco Rodrigues, Maria Alice Vasconcelos, Ester Trindade, Luiza Ribeiro Rodrigues, Angela Pinto, Raquel Loureiro da Silva e Aida David e Silva, colaboradoras que, ao longo do tempo, prestaram serviços de ordem prática, administrativa e pedagógica no escritório, projetos e iniciativas de Agostinho da Silva. Aida David e Silva, por exemplo, para além das funções de secretária administrativa, chegou a exercer igualmente as de professora na Escola Nova de S. Domingos de Benfica. Cf. "Nomes das empregadas que prestavam serviço no escritório do Dr. George Agostinho Baptista da Silva". Processo político PVDE/PIDE/DGS, SC, SR 1661, NT 2349, Arquivo Nacional da Torre do Tombo, Lisboa. [N. dos O.]

disporíamos na cidade que poderemos lançar os fundamentos de uma parte da tarefa de fazer progredir o país.

Como sempre, põe-se a questão financeira; poderíamos pedir que nos dessem dinheiro; achamos, porém, que não temos o direito de fazê-lo, enquanto a escola não obtiver resultados decisivos; resolvemos, portanto, pedir-lhe que nos empreste o que puder: dez tostões ou dez contos valem para nós o mesmo; e melhor: dez tostões dados com entusiasmo e com fé valem para nós muito mais do que dez contos cedidos por simples benevolência; e valem mais porque deixarão em nós uma parcela da vontade dos fortes.

Não lhe posso dar, quanto ao dinheiro emprestado, nenhuma garantia, porque nada tenho, além da intenção de lho restituir; e creio também que não poderei começar o pagamento antes de decorridos dois anos. Porventura responderão muitos Amigos que vão difíceis os tempos: acho que vão; mas, se não tivermos coragem nos tempos difíceis, também não teremos persistência nos tempos fáceis, que são os piores.

Espero receber brevemente a sua resposta, afirmativa ou negativa; qualquer delas nos dará ânimo, porque já aprendemos o valor dos obstáculos e já adquirimos a certeza de que eles vêm sempre por bem e sempre nos ajudam no que queremos fazer; de resto, sabemos bem que só uma impossibilidade absoluta impedirá o Amigo de nos ajudar; sabemos que o seu pensamento e os seus bons desejos se não afastarão da nossa obra.

Será possível comunicar esta carta aos seus Amigos?

Creia-me sempre muito obrigado,

Agostinho da Silva

NÚCLEO PEDAGÓGICO DE ANTERO DE QUENTAL CIRCULAR I*

Lisboa, 1 de agosto de 1939

Ex.mo Senhor,

É hoje reconhecido por todos que o problema da educação está entre os primeiros que têm de resolver-se e que, sem uma sólida preparação cultural, nenhum povo pode assegurar-se um progresso duradouro e profundo. Nesta convicção de que o trabalho educativo é basilar e de que grande parte dos esforços do escol de cada país se deve canalizar neste sentido, se decidiu a fundação do Núcleo Pedagógico de Antero de Quental.

O Núcleo tem, entre os seus objetivos, os seguintes:

1.º – Realizar missões de cultura pelos pequenos centros de população, com palestras, leituras comentadas, projeções cinematográficas, concertos, representações, exposições de arte e de ciência;

2.º – Realizar missões de cultura em escolas, asilos, cadeias, hospitais, etc.;

3.º – Organizar a divulgação pedagógica;

4.º – Promover a publicação de coleções de iniciação cultural para crianças e adultos;

5.º – Fundar escolas experimentais em que se estude a adaptação ao nosso país dos métodos modernos;

6.º – Organizar uma biblioteca pedagógica, com serviços de empréstimo domiciliário;

7.º – Criar nos pequenos centros de população bibliotecas escolhidas que despertem e cultivem o gosto pela leitura;

8.º – Organizar sessões de cultura por T.S.F.[1]

---

* Agostinho da Silva. *Núcleo Pedagógico de Antero de Quintal* – Circular I. Lisboa, datiloscrito, 1 de agosto de 1939. Cf. p. 187-88 do presente tomo. [N. dos O.]

[1] Sigla de "telefonia sem fio" enquanto designativo de radiofonia, radiodifusão ou rádio. [N. dos O.]

Do seu programa já realizou o Núcleo, num mês de existência e com reduzidos recursos financeiros, parte do n. 2.º, efetuando palestras às crianças das escolas da Voz do Operário;[2] parte do n. 3.º, publicando em *O Diabo* Páginas Pedagógicas e assegurando a sua colaboração nos jornais *República*, *O Trabalho*, *Jornal de Ílhavo*, *Democracia do Sul*, *Diário de Coimbra*, *Gazeta de Coimbra*, *Despertar*, *Sol nascente*, *Montes claros*, *Diário do Alentejo*; parte do n. 7.º, organizando emissões radiofônicas de cultura infantil nos postos Rádio Hertz, Lisboa, 201m., às quartas-feiras, 17h30, e Rádio-Porto, 201m., às terças-feiras, 20 h.[3]

Para constituição dos fundos necessários ao seu empreendimento, o Núcleo conta com a formação de um grupo de contribuintes, cuja cota mínima será de 1$00 mensal, paga por trimestres, semestres ou ano.

---

[2] Fundada em 1883, em Lisboa, a Sociedade de Instrução e Beneficência A Voz do Operário (até 1890 denominada Sociedade Cooperativa A Voz do Operário) objetivava manter o periódico *A Voz do Operário*, que havia sido criado por operários tabaqueiros em 1879, e instaurar escolas que fomentassem a instrução e o bem-estar da classe trabalhadora, iniciando estas o seu funcionamento a partir de 1891. O Livro dos Relatórios de Contas dessa Sociedade atesta a participação de Agostinho da Silva, como membro do Núcleo Pedagógico de Antero de Quental, entre os anos de 1939 e 1942, em: lição na Biblioteca Infantil, conferência intitulada "Cartas sem palavras", julho de 1939, e palestra sobre a "História do Canal de Suez", 29 de dezembro de 1939; lição sobre as "Abelhas", 16 de março de 1940; palestra sobre "Aspectos da civilização grega", 1941; lição sem referência ao tema, e participação, ao lado de outros intelectuais, como Antônio Sérgio, Álvaro Salema, José Castelo-Branco Chaves e Fernando Rau, por exemplo, na exposição sobre Antero de Quental, 1942. Cf. Livro dos Relatórios de Contas da Sociedade de Instrução e Beneficência A Voz do Operário. Lisboa, Biblioteca Custódio Braz Pacheco, Sociedade de Instrução e Beneficência A Voz do Operário, anos 1939-1942. [N. dos O.]

[3] Essas palestras radiofônicas ocorreram entre junho e agosto de 1939: Apresentação do Núcleo Pedagógico de Antero de Quental (28 de junho); 1.ª palestra – Nanda Devi (5 de julho); 2.ª palestra – Gandhi (12 de julho); 3.ª palestra – A vespa (19 de julho); 4.ª palestra – A raposa (26 de julho); 5.ª palestra – Marte (2 de agosto). Menciona-se ainda uma 6.ª palestra intitulada "Animais pré-históricos", com data de 9 de agosto, contudo, dela não existe registro escrito. Cf. Agostinho da Silva. *Palestras radiofônicas*. Lisboa: datiloscrito, 1939, 32 p. (Acervo Pedro Manuel Agostinho da Silva). [N. dos O.]

Para fazer a sua inscrição – e estamos certos de que V. Ex.ª não deixará de nos ajudar nesta tarefa –, basta que V. Ex.ª dirija um postal para a sede do Núcleo, Rua da Laranjeiras, 20, 2.º Esquerdo, Lisboa-N., com o nome, morada, quantitativo da cota, e indicando se a deseja pagar por trimestre, semestre ou ano.

O Núcleo ficaria muito grato a V. Ex.ª se, além de fazer a sua inscrição como contribuinte, V. Ex.ª comunicasse esta circular às pessoas do seu conhecimento.

Os contribuintes do Núcleo têm o direito de receber gratuitamente o Boletim de Informação, de que esperamos publicar em outubro o primeiro número, e, ou grátis ou com forte desconto sobre o preço de capa, todas as publicações do Núcleo.

Agradecendo a V. Ex.ª toda a atenção que possa dar à presente circular, subscreve-se

De V. Ex.ª muito atento e obrigado,
O Diretor do Núcleo,
Agostinho da Silva

DA EDUCAÇÃO E CULTURA COMO ALAVANCAS DE TRANSFORMAÇÃO SOCIAL E POLÍTICA: O PROJETO ENCICLOPÉDICO DAS BIOGRAFIAS E COLEÇÕES *INICIAÇÃO*, *À VOLTA DO MUNDO* E *ANTOLOGIA*

AMON PINHO

ROMANA VALENTE PINHO

Com o propósito de ensejarmos uma apreensão sintética e de conjunto desta arrojada iniciativa de Agostinho da Silva que tão bem explicita a sua multifacetada ideia de educação e cultura como alavancas de transformação social e política, elencamos em seguida os 202 títulos que, entre 1937 e 1947, ele programou editar na forma das Biografias e dos Cadernos de Divulgação Cultural. Estes últimos conformados em quatro coleções: *À volta do mundo – coleção de textos para a mocidade*, *Iniciação – cadernos de informação cultural*, *Antologia – introdução aos grandes autores* e *À volta do mundo – textos para a juventude*.

Dos 202 títulos programados, 141 foram publicados, tendo-se constituído em verdadeiro empreendimento enciclopédico e – posto que fundamentalmente dirigido às classes trabalhadoras – autêntica campanha de educação do povo, num Portugal em que, sob o domínio duradouro do Estado Novo de Antônio de Oliveira Salazar, mais de metade da população (algo como 52%) era analfabeta e, portanto, carente de iniciativas culturais semelhantes que pudessem contribuir para uma modificação daquela condição educacionalmente precária.

Tão significativos foram a repercussão e o alcance do trabalho educativo, cultural e, nesse sentido, formativo desenvolvido desde o Núcleo Pedagógico de Antero de Quental,[1] com a publicação crescente das Biografias e dos Cadernos e a realização assídua de missões culturais, entre outras atividades afins, que ainda em 1939 – ano de criação do Núcleo – passou Agostinho da Silva a ser alvo de monitoramento e investigação por parte da polícia política do

[1] *Vide*, a respeito, "Núcleo Pedagógico de Antero de Quental (em organização)" e "Núcleo Pedagógico de Antero de Quental – Circular I", p. 187-88 e 338-40 do presente tomo, respectivamente.

Salazarismo, a na altura denominada Polícia de Vigilância e de Defesa do Estado (PVDE).[2] A mesma que quatro anos passados o prenderia, em 1943, na esteira dos embates político-ideológicos travados com o segmento católico do *establishment* estado-novista. Em 1942, com a vinda a lume do Caderno Iniciação *O cristianismo*, desencadeara-se uma acirrada polêmica do autor com intelectuais católicos e os seus veículos de imprensa preferenciais, que culminaria numa interpelação frontal, em forma de declaração escrita, ao Episcopado português, na prisão política de Agostinho da Silva e nos cerceamentos daí decorrentes. Cerceamentos, aliás, que teriam entre suas consequências e desdobramentos o próprio autoexílio político para o Brasil (1944-1945 e 1947-1969), bem como para a Argentina e o Uruguai (1945-1947).

No Uruguai, a propósito, os Cadernos começariam por ganhar, em outubro de 1946, uma edição em castelhano, os Cuadernos de Información Cultural. O projeto consistia sobretudo em traduções para a língua de Cervantes dos textos originalmente saídos em Portugal.[3] Tal como bem o evidencia, de resto, o planejamento editorial da coleção, reproduzido adiante na íntegra, e em meio ao qual também se distinguem títulos inéditos, ou seja, cadernos que não haviam sido publicados ou previstos publicar nem mesmo em Portugal, a exemplo de *La educación de los adultos*, *El sistema de Spinoza*, *Los Andes*, *La Siberia*, *La literatura sueca*, *La radioactividad*, *Historia de la música*, *Teoria de la música* e *Los primitivos contemporáneos*.

A iniciativa cisplatina, contudo, vinga apenas pontualmente, quedando-se pelos começos, de modo contrastante ao que se dera, e ainda na altura

---

[2] Cf. Processo político PVDE/PIDE/DGS, SC, SR 1661, NT 2349, Arquivo Nacional da Torre do Tombo, Lisboa.

[3] Note-se que, em Portugal, escritos de divulgação cultural de Agostinho da Silva foram vertidos para o esperanto: 38 títulos ao todo – ou 39, se incluímos nessa contagem a tradução do folheto *Doutrina cristã*, editada em conjunto com a do Caderno Iniciação *O cristianismo*, conforme adiante especificado à nota 47 –, traduzidos na década de 1940 e publicados nesta mesma década e na de 1980, consoante levantamento efetuado em diferentes bibliotecas, catálogos, periódicos e acervos. Elencamos à frente, em notas de pé de página, as referências completas dessas traduções para o esperanto.

se dava, com o projeto-matriz na terra natal do autor. Dos doze cadernos planejados para sair, com periodicidade quinzenal, nos primeiros seis meses, foram editados apenas três: *Vida de Masaryk*, *El Sahara* e *Filosofía presocrática*. Quanto aos nove restantes, a saber, *Por tres huevos de pingüino*, *El petróleo*, *Historia del Japón*, *Literatura rusa*, *El Sol*, *Las escuelas de Winnetka*, *El mundo de los microbios*, *Vida y arte de Van Gogh* e *El budismo*, não há indícios de que tenham realmente vindo a lume. O mesmo aplicando-se para todos os títulos subsequentes, "a publicar", conforme indicado no referido plano de edição. Aliás, tanto mais a estes aplicando-se, posto que em maio de 1947, Agostinho da Silva retorna para o Brasil – desde onde havia partido em 1945 rumo ao Cone Sul –, pondo fim à sua experiência por terras uruguaias e argentinas e, por conseguinte, ao empreendimento recém-implementado dos Cuadernos e da SPS Ediciones, casa editorial instituída para abrigar a iniciativa,[4] assim como a "George Nansen", pseudônimo a que George Agostinho Baptista da Silva atribuíra a autoria de cada um dos três cadernos em castelhano documentadamente publicados.

Acrescente-se ainda que à totalidade dos títulos, listados neste capítulo, de Biografias (14), Cadernos de Divulgação Cultural (188)[5] e Cuadernos de

---

[4] Observe-se que SPS é sigla formada a partir das iniciais de Servicio de Paz Social, um agrupamento inspirado no escotismo e criado por Agostinho da Silva e Judith Cortesão, à época em que residiam em Montevidéu. A SPS Ediciones foi, por assim dizer, a frente editorial do Serviço de Paz Social, constituída com o intento de viabilizar a publicação dos Cuadernos no Uruguai, por um lado, e de associá-la de forma objetiva à edição dos Cadernos levada a efeito em Lisboa – uma vez que retomada em 1946, após um 1945 de suspensão, na sequência do autoexílio político sul-americano de Agostinho da Silva, começado em novembro de 1944 –, e ao tentame de passar a publicá-los também no Rio de Janeiro, por outro. É o que explicaria vir-se nas capas de *Vida de Masaryk*, *El Sahara* e *Filosofía presocrática* o logotipo da SPS Ediciones estampado e, imediatamente abaixo, "Montevideo · Lisboa · Rio de Janeiro".

[5] Na primeira edição impressa de *Filosofia enquanto Poesia*, volume 1 da Biblioteca Agostinho da Silva, indica-se, por lapso no cálculo então feito, o cômputo não de 188, mas de 174 títulos programados dos Cadernos de Divulgação Cultural. Esse cômputo correto dos 188 títulos, por sinal, virá a constar da referida versão impressa do primeiro volume da Biblioteca quando houver reimpressão ou reedição.

Información Cultural (68) – segundo disposição cronológica ou temático-alfabética, e distribuição em coleções e séries –, segue-se o inteiro teor de seis cartas-circulares redigidas por Agostinho da Silva e endereçadas aos assinantes factuais ou potenciais daquela múltipla e prolífica produção de escopo universal. Teor concernente a questões que vão desde balanços financeiros e pedidos de indicação de novos assinantes à divulgação das coleções e de seus variados títulos, passando por considerações acerca da possível influência dos Cadernos no desenvolvimento cultural de Portugal. Abordam-se ainda pontos voltados para a qualidade dos serviços administrativos prestados, à maneira de um exercício de autocrítica da própria ação editorial, além de excepcionalmente enunciarem-se certas formulações morais e éticas características do pensamento de Agostinho da Silva.

Que através, pois, da diversidade e riqueza de informações advindas desses materiais, assim como dos escritos de divulgação cultural que neste segundo volume se publicam (nomeadamente, *Vida de Pestalozzi*, *As escolas de Winnetka* e *O Plano Dalton*), possa o leitor, recorrendo igualmente aos cadernos já coligidos no volume primeiro da Biblioteca Agostinho da Silva (a saber, *Filosofia pré-socrática*, *Sócrates*, *Platão*, *O pensamento de Epicuro*, *O estoicismo*, *A escultura grega* e *Literatura latina*), perspectivar o notabilíssimo trabalho educativo e cultural realizado pelo irrequieto polímata das *vidas* e *iniciações*, *voltas ao mundo* e *antologias* como potencial vetor de mudança e de desenvolvimento político-social. E num sentido de "político-social" que outrossim inclui o econômico e tudo mais o que concerne à totalidade da vida na *pólis*, às sociedades humanas, porque aí nada dá-se em separado.

Biografias

- *A Vida de Moisés*. Lisboa: Seara Nova, 1938. (Cadernos da *Seara Nova* – Biografias.)[6]

---

[6] Publicada inicialmente na *Seara Nova*, revista de doutrina e crítica. Lisboa, anos XVII e XVIII, n. 537, 538, 540, 541, 542, 27 de novembro e 4 de dezembro de 1937 e 18 de dezembro de 1937 a 1 de janeiro de 1938. Republicada, numa edição revista e aumentada, incluindo

- *A Vida de Pestalozzi*. Lisboa: Seara Nova, 1938. (Cadernos da *Seara Nova* – Biografias.)[7]
- *A Vida de Francisco de Assis*. Lisboa: Seara Nova, 1938. (Cadernos da *Seara Nova* – Biografias.)[8]
- *A Vida de Lincoln*. Lisboa: Seara Nova, 1938. (Cadernos da *Seara Nova* – Biografias.)[9]
- *A Vida de Pasteur*. Lisboa: Seara Nova, 1938. (Cadernos da *Seara Nova* – Biografias.)[10]
- *A Vida de Zola*. Lisboa: Seara Nova, 1938. (Cadernos da *Seara Nova* – Biografias.)[11]
- *A Vida de Washington*, 2 vols. Lisboa: Editorial Inquérito, 1939. (Cadernos Inquérito, Série A – Política e História, VII.)
- *Vida de Robert Owen*. Vila Nova de Famalicão: Edição do Autor, 1941.
- *Vida de Miguel Ângelo*. Vila Nova de Famalicão: Edição do Autor, 1942.
- *Vida de Franklin*. Vila Nova de Famalicão: Edição do Autor, 1942.
- *Vida de Lamennais*. Vila Nova de Famalicão: Edição do Autor, 1943.
- *Vida de Leopardi*. Vila Nova de Famalicão: Edição do Autor, 1944.
- *Vida de Leonardo da Vinci*. Vila Nova de Famalicão: Edição do Autor, s. d. [c. 1944]
- *Vida de William Penn*. Vila Nova de Famalicão: Edição do Autor, 1946.

"Cinco falas de gente pastoril", com o título *Moisés e outras páginas bíblicas*. Vila Nova de Famalicão, Portugal: Edição do Autor, 1945.

[7] Editada na *Seara Nova*, revista de doutrina e crítica. Lisboa, ano XVIII, n. 546, 547, 548, 550, 551 e 552, 29 de janeiro a 12 de fevereiro de 1938 e 26 de fevereiro a 12 de março de 1938, e reeditada como *Vida de Pestalozzi*. Vila Nova de Famalicão, Portugal: Edição do Autor, 1943.

[8] Originalmente publicada na *Seara Nova*, revista de doutrina e crítica. Lisboa, ano XVIII, n. 560 a 564, 7 de maio a 4 de junho de 1938 e republicada como *Vida de Francisco de Assis*. Vila Nova de Famalicão, Portugal: Edição do Autor, 1944.

[9] Editada na *Seara Nova*, revista de doutrina e crítica. Lisboa, ano XVIII, n. 566, 567, 568, 570, 571 e 572, 18 de junho a 2 de julho de 1938 e 16 de julho a 30 de julho de 1938 e reeditada como *Vida de Lincoln*. Vila Nova de Famalicão, Portugal: Edição do Autor, 1943.

[10] Publicada na *Seara Nova*, revista de doutrina e crítica. Lisboa, ano XVIII, n. 576 a 581, 27 de agosto a 1 de outubro de 1938 e republicada como *Vida de Pasteur*. Vila Nova de Famalicão, Portugal: Edição do Autor, 1942.

[11] Editada de início na *Seara Nova*, revista de doutrina e crítica. Lisboa, ano XVIII, n. 584, 586 a 591 e 594, 22 de outubro de 1938, 5 de novembro a 10 de dezembro de 1938 e 31 de dezembro de 1938, e reeditada como *Vida de Zola*. Vila Nova de Famalicão, Portugal: Edição do Autor, 1942. Tradução para o esperanto: Aŭgusteno de Silva. *Vivo de Zola*. Tradução de Manuel de Freitas. Porto: Portugala Eldona Rondo, s.d. [1946]

Cadernos de Divulgação Cultural

I. À volta do mundo – coleção de textos para a mocidade

A *Seara Nova*, no desejo de remediar de algum modo a falta de textos de iniciação cultural para rapazes dentre 10 e 16 anos, de que tanto se queixam os educadores, inicia hoje com *A vida dos esquimós* a publicação de uma série de artigos de informação elementar sobre geografia, história, ciências naturais, etnografia, vida dos grandes homens, viagens, etc. Os textos, que não têm nenhumas pretensões a originalidade, são baseados sobre os melhores trabalhos publicados sobre o assunto e, quanto possível, acompanhados de ilustrações elucidativas. Os primeiros artigos versarão sobre *Piccard na estratosfera*, *Os castores*, *As aranhas*, *A viagem de Scott*, *A Dinamarca*, *A vida de Sócrates*, *Os peixes*.[12]

Agostinho da Silva

- *A vida dos esquimós*. Lisboa: Seara Nova, 1938.[13]
- *Piccard na estratosfera*. Lisboa: Seara Nova, 1938.[14]

---

[12] Texto de apresentação da seção "Página para os filhos dos leitores" da revista *Seara Nova*. Cf. Agostinho da Silva. A vida dos esquimós. *Seara Nova*, revista de doutrina e crítica. Página para os filhos dos leitores. Lisboa, ano XVIII, n. 565, 11 de junho de 1938, p. 14. Essa apresentação repete-se com ligeiras adaptações na publicação dos artigos "Vida e morte de Sócrates", "Os castores", "A última viagem do capitão Scott" e "As aranhas" (cf. as notas seguintes). Observe-se que embora os seis títulos listados na sequência correspondam àqueles que se editaram como Cadernos *À volta do mundo* – coleção de textos para a mocidade, não foram acompanhados de nenhum texto de apresentação da coleção nessa ocasião. Desse modo, optamos por introduzi-los com o texto de apresentação que figura na publicação original, na revista *Seara Nova*, quando esses mesmos cadernos surgiram ainda em formato de artigo.

[13] Editado originalmente na *Seara Nova*, revista de doutrina e crítica. Página para os filhos dos leitores. Lisboa, ano XVIII, n. 565, 11 de junho de 1938. Tradução para o esperanto: Agostinho da Silva. *La vivo de la eskimoj*. Tradução de M. F. Porto: Eldonis "Rondeto Zamenhof", 1941. (Col. Ĉirkaŭ la mondo.)

[14] Inicialmente publicado na *Seara Nova*, revista de doutrina e crítica. Página para os filhos dos nossos leitores. Lisboa, ano XVIII, n. 579, 17 de setembro de 1938. Tradução para o esperanto: Agostinho da Silva. *Piccard en la stratosfero*. Tradução de J.B.A. Porto: Edição de Manuel de Freitas, 1943. (Col. Ĉirkaŭ la mondo.)

- *Vida e morte de Sócrates*. Lisboa: Seara Nova, 1938.[15]
- *Os castores*. Lisboa: Seara Nova, 1938.[16]
- *A última viagem de Scott*. Lisboa: Seara Nova, 1939.[17]
- *As aranhas*. Lisboa: Seara Nova, 1939.[18]
- *A Dinamarca*. [não publicado]
- *Os peixes*. [não publicado]

2. Iniciação – cadernos de informação cultural

Destina-se esta coleção, que é lançada sem qualquer espécie de intuitos comerciais, a fazer a vulgarização dos conhecimentos que se consideram indispensáveis para que se possa adquirir uma cultura ampla e sólida.

Os elementos de informação fornecidos por estes cadernos habilitarão à leitura conscienciosa e verdadeiramente produtiva de trabalhos mais desenvolvidos, dando as bases necessárias para que o seu estudo se faça sem grandes dificuldades.

A forma de exposição será quanto possível simples e direta, não se exigindo do leitor nenhuma espécie de conhecimentos especializados.

---

[15] Editado de início na *Seara Nova*, revista de doutrina e crítica. Página para os filhos dos nossos leitores. Lisboa, ano XVIII, n. 580, 24 de setembro de 1938. Tradução para o esperanto: Agostinho da Silva. *Vivo kaj morto de Sokrato.* Tradução de Manuel de Freitas. Porto: Edição de Manuel de Freitas, 1943. (Col. Ĉirkaŭ la mondo.)

[16] Publicado na *Seara Nova*, revista de doutrina e crítica. Página para os filhos dos nossos leitores. Lisboa, ano XVIII, n. 582, 8 de outubro de 1938. Tradução para o esperanto: Agostinho da Silva. *La kastoroj.* Tradução de Manuel de Freitas. Porto: Edição de Manuel de Freitas, 1943. (Col. Ĉirkaŭ la mondo.)

[17] Inicialmente editado como "A última viagem do capitão Scott" na *Seara Nova*, revista de doutrina e crítica. Páginas para os filhos dos nossos leitores. Lisboa, ano XVIII, n. 595 e 596, 7 e 14 de janeiro de 1939. Tradução para o esperanto: Agostinho da Silva. *Lasta vojaĝo de Scott*. Tradução de Manuel de Freitas. Porto: Edição de Manuel de Freitas, 1942. (Col. Ĉirkaŭ la mondo.)

[18] Originalmente publicado na *Seara Nova*, revista de doutrina e crítica. Páginas para os filhos dos nossos leitores. Lisboa, ano XVIII, n. 600, 11 de fevereiro de 1939. Tradução para o esperanto: Agostinho da Silva. *La Araneoj*. Tradução de Manuel de Freitas. Porto: Portugala Eldona Rondo, 1944. (Col. Ĉirkaŭ la mondo.)

O desenvolvimento dos cadernos, exatamente porque se não trata de uma empresa com fins puramente lucrativos, depende do acolhimento que o público lhes reservar; só ele poderá permitir o melhoramento da apresentação, uma ilustração mais perfeita, o aumento do número de páginas.

Os cadernos serão, por agora, de publicação quinzenal, devendo sair nos dias 1 e 15 de cada mês. Não serão numerados, podendo cada comprador dispô-los em coleção por ordem de saída ou por assuntos.

A assinatura faz-se por séries de 6 cadernos e custa 5$50, incluindo porte e despesas de cobrança. Se o número de assinantes o permitir, baixar-se-á o preço de assinatura.[19]

Agostinho da Silva

1.ª Série

- *A primeira volta ao mundo*. Lisboa: Edição do Autor, 1940.[20]
- *A vida de Edison*. Lisboa: Edição do Autor, 1940.[21]
- *A vida e a arte de Goya*. Lisboa: Edição do Autor, 1940.[22]
- *Breve história do linho*. Lisboa: Edição do Autor, 1940.[23]
- *O pensamento de Epicuro*. Lisboa: Edição do Autor, 1940.[24]
- *Uma ascensão nos Himalaias*. Lisboa: Edição do Autor, 1940.[25]

[19] Texto de apresentação da coleção *Iniciação* – cadernos de informação cultural, presente na porção superior da quarta capa de alguns desses cadernos. Na sequência, logo abaixo, figuram listas de divulgação de séries da própria coleção que, no caso dos cadernos que não trazem o citado texto de apresentação, ocupam, acrescidas, outrossim o espaço oportunamente a ele destinado.

[20] Tradução para o esperanto: Agostinho da Silva. *Unua vojaĝo ĉirkaŭ la mondo*. Tradução de J. J. Rodrigues. Porto: Portugala Eldona Rondo, 1947. (Col. Enkonduko en la Kulturon.)

[21] Idem: Agostinho da Silva. *Vivo de Edison*. Tradução de José de Freitas Martins. Porto: Portugala Eldona Rondo, 1981. (Col. Enkonduko en la Kulturon.)

[22] Idem: Agostinho da Silva. *Vivo kaj arto de Goya*. Tradução de Vergílio Mendes. Porto: Portugala Eldona Rondo, s.d. [1947] (Col. Enkonduko en la Kulturon.)

[23] Idem: Agostinho da Silva. *Skiza historio pri la lino*. Tradução de Vergílio Mendes. Porto: Portugala Eldona Rondo, 1982. (Col. Enkonduko en la Kulturon.)

[24] Idem: Agostinho da Silva. *La penso de Epikuro*. Tradução de J.J. Rodrigues. Porto: Portugala Eldona Rondo, 1982. (Col. Enkonduko en la Kulturon.)

[25] Idem: Agostinho da Silva. *Surgrimpo en Himalajo*. Tradução de Manuel de Freitas. Porto: Portugala Eldona Rondo, 1982. (Col. Enkonduko en la Kulturon.)

2.ª Série

- *O planeta Marte*. Lisboa: Edição do Autor, 1940.
- *A vida de Lesseps*. Lisboa: Edição do Autor, 1940.[26]
- *Por três ovos de pinguim*. Lisboa: Edição do Autor, 1940.[27]
- *A arte pré-histórica*. Lisboa: Edição do Autor, 1940.[28]
- *O budismo*. Lisboa: Edição do Autor, 1940.[29]
- *História dos Estados Unidos*. Lisboa: Edição do Autor, 1940.[30]

3.ª Série

- *O petróleo*. Lisboa: Edição do Autor, 1940.[31]
- *A vida e a arte de Van Gogh*. Lisboa: Edição do Autor, 1940.[32]
- *O Saara*. Lisboa: Edição do Autor, 1940.
- *A vida de Pierre Curie*. Lisboa: Edição do Autor, 1940.[33]
- *As escolas de Winnetka*. Lisboa: Edição do Autor, 1940.[34]

---

[26] Idem: Agostinho da Silva. *Vivo de Lesseps*. Tradução de José de Freitas Martins. Porto: Portugala Eldona Rondo, 1982. (Col. Enkonduko en la Kulturon.)

[27] Idem: Agostinho da Silva. *Pro tri pingvenaj ovoj*. Tradução de Manuel de Freitas. Porto: Portugala Eldona Rondo, 1948. (Col. Enkonduko en la Kulturon.)

[28] Idem: Agostinho da Silva. *La prahistoria arto*. Tradução de José de Freitas Martins. Porto: Portugala Eldona Rondo, 1947. (Col. Enkonduko en la Kulturon.)

[29] Idem: Agostinho da Silva. *La budhismo*. Tradução de José de Freitas Martins. Porto: Portugala Eldona Rondo, 1947. (Col. Enkonduko en la Kulturon.)

[30] Idem: Agostinho da Silva. *Historio de Usono*. Tradução de Manuel de Freitas. Porto: Portugala Eldona Rondo, 1947. (Col. Enkonduko en la Kulturon.)

[31] Idem: Agostinho da Silva. *La petrolo*. Tradução de José de Freitas Martins. Porto: Portugala Eldona Rondo, 1982. (Col. Enkonduko en la Kulturon.)

[32] Idem: Agostinho da Silva. *Vivo kaj arto de Van Gogh*. Tradução de Manuel de Freitas. Porto: Portugala Eldona Rondo, 1982. (Col. Enkonduko en la Kulturon.)

[33] Idem: Agostinho da Silva. *Vivo de Pierre Curie*. Tradução de Manuel de Freitas. Porto: Portugala Eldona Rondo, 1982. (Col. Enkonduko en la Kulturon.)

[34] Idem: Agostinho da Silva. *La lernejoj de Winnetka*. Tradução de José de Freitas Martins. Porto: Portugala Eldona Rondo, 1982. (Col. Enkonduko en la Kulturon.)

- *História da Holanda*. Lisboa: Edição do Autor, 1940.[35]

4.ª Série

- *A vida e a arte de Ticiano*. Lisboa: Edição do Autor, 1941.[36]
- *O gás*. Lisboa: Edição do Autor, 1941.[37]
- *As viagens de Colombo*. Lisboa: Edição do Autor, 1941.[38]
- *O estoicismo*. Lisboa: Edição do Autor, 1941.[39]
- *Mozart*. Lisboa: Edição do Autor, 1941.
- *O mundo dos micróbios*. Lisboa: Edição do Autor, 1941.

5.ª Série

- *A vida de Masaryk*. Lisboa: Edição do Autor, 1941.[40]
- *O ferro*. Lisboa: Edição do Autor, 1941.
- *História do Egito antigo*. Lisboa: Edição do Autor, 1941.
- *A escultura grega*. Lisboa: Edição do Autor, 1941.
- *As viagens de Stanley*. Lisboa: Edição do Autor, 1942.[41]
- *A Reforma*. Lisboa: Edição do Autor, 1942.[42]

---

[35] Idem: Agostinho da Silva. *Historio de Nederlando*. Tradução de José de Freitas Martins. Porto: Portugala Eldona Rondo, 1948. (Col. Enkonduko en la Kulturon.)

[36] Idem: Agostinho da Silva. *Vivo kaj arto de Ticiano*. Tradução de Manuel de Freitas. Porto: Portugala Eldona Rondo, 1982. (Col. Enkonduko en la Kulturon.)

[37] Idem: Agostinho da Silva. *La lumgaso*. Tradução de José de Freitas Martins. Porto: Portugala Eldona Rondo, 1982. (Col. Enkonduko en la Kulturon.)

[38] Idem: Agostinho da Silva. *La vojaĝoj de Kolumbo*. Tradução de Manuel de Freitas. Porto: Portugala Eldona Rondo, 1982. (Col. Enkonduko en la Kulturon.)

[39] Idem: Agostinho da Silva. *La stoikismo*. Tradução de Manuel de Freitas. Porto: Portugala Eldona Rondo, 1982. (Col. Enkonduko en la Kulturon.)

[40] Idem: Agostinho da Silva. *Masaryk*. Tradução de Eduardo Padrão. Porto: Portugala Eldona Rondo, 1985.

[41] Idem: Agostinho da Silva. *La vojaĝoj de Stanley*. Tradução de Eduardo Padrão. Porto: Portugala Eldona Rondo, 1984.

[42] Idem: Agostinho da Silva. *La Reformacio*. Tradução de Eduardo Padrão. Porto: Portugala Eldona Rondo, 1984.

6.ª Série

- *O transformismo*. Lisboa: Edição do Autor, 1942.
- *A vida de Florence Nightingale*. Lisboa: Edição do Autor, 1942.[43]
- *O islamismo*. Lisboa: Edição do Autor, 1942.[44]
- *As abelhas*. Lisboa: Edição do Autor, 1942.
- *A vida e a arte de Cellini*. Lisboa: Edição do Autor, 1942.
- *Literatura latina*. Lisboa: Edição do Autor, 1942.

7.ª Série

- *A vida de Nansen*. Lisboa: Edição do Autor, 1942.[45]
- *O Plano Dalton*. Lisboa: Edição do Autor, 1942.
- *As cooperativas*. Lisboa: Edição do Autor, 1942.
- *O Sol*. Lisboa: Edição do Autor, 1942.
- *Goethe*. Lisboa: Edição do Autor, 1942.[46]
- *O cristianismo*. Lisboa: Edição do Autor, 1942.[47]

8.ª Série

- *Beethoven*. Lisboa: Edição do Autor, 1942.
- *Literatura russa*. Lisboa: Edição do Autor, 1942.
- *Filosofia pré-socrática*. Lisboa: Edição do Autor, 1942.
- *Alexandre Herculano*. Lisboa: Edição do Autor, 1942.[48]

---

[43] Idem: Agostinho da Silva. *Florence Nightingale*. Tradução de Eduardo Padrão. Porto: Portugala Eldona Rondo, 1985.

[44] Idem: Agostinho da Silva. *La islamismo*. Tradução de Manuel de Freitas. Porto: Portugala Eldona Rondo, 1982. (Col. Enkonduko en la Kulturon.)

[45] Idem: Agostinho da Silva. *Vivo de Nansen*. Tradução de Eduardo da Mota Padrão. Porto: Portugala Eldona Rondo, 1948. (Col. Enkonduko en la Kulturon.)

[46] Idem: Agostinho da Silva. *Goeto*. Tradução de Eduardo Padrão. Porto: Portugala Eldona Rondo, 1984.

[47] Idem: Agostinho da Silva. *La kristanismo kaj Kristana doktrino*. Tradução de Eduardo Padrão. Porto: Portugala Eldona Rondo, 1982. (Col. Enkonduko en la Kulturon.)

[48] Idem: Agostinho da Silva. *Vivo de Alexandre Herculano*. Tradução de Manuel de Freitas. Porto: Portugala Eldona Rondo, 1981. (Col. Enkonduko en la Kulturon.)

- *A bulha*. Lisboa: Edição do Autor, 1942.
- *A vida e a arte de Courbet*. Lisboa: Edição do Autor, 1942.

9.ª Série

- *Alimentação humana*. Lisboa: Edição do Autor, 1942.
- *Sócrates*. Lisboa: Edição do Autor, 1943.
- *A vida e a arte de Rembrandt*. Lisboa: Edição do Autor, 1943.
- *Apicultura*. Lisboa: Edição do Autor, 1943.
- *História do Japão*. Lisboa: Edição do Autor, 1944.
- *As viagens de Livingstone*. Lisboa: Edição do Autor, 1943-1944.[49]

10.ª Série

- *Vida de Vivekananda*. Lisboa: Edição do Autor, 1944.
- *As estrelas*. Lisboa: Edição do Autor, 1944.
- *História do veleiro*. [não publicado]
- *O sistema nervoso*. Lisboa: Edição do Autor, 1944.
- *Literatura portuguesa*. Lisboa: Edição do Autor, 1944.[50]
- *Motores de explosão*. Lisboa: Edição do Autor, 1944.

11.ª Série

- *William Morris*. Lisboa: Edição do Autor, 1944.
- *Platão*. Lisboa: Edição do Autor, 1946.
- *A arte egípcia*. Lisboa: Edição do Autor, 1947.
- *Bach*. Lisboa: Edição do Autor, 1947.
- *Os vulcões*. [não publicado]
- *O totemismo*. [não publicado]

---

[49] Idem: Agostinho da Silva. *La vojaĝoj de Livingstone*. Tradução de Eduardo Padrão. Porto: Portugala Eldona Rondo, 1983.

[50] Idem: Agostinho da Silva. *La portugala literaturo*. Tradução de Manuel de Freitas. Porto: Portugala Eldona Rondo, 1948. (Col. Enkonduko en la Kulturon.)

12.ª Série

- *Schiller*. [não publicado]
- *A vida e a arte de Rafael*. [não publicado]
- *Literatura norueguesa*. [não publicado]
- *O método de projetos*. [não publicado]
- *Os sonhos*. [não publicado]
- *Psicologia animal*. [não publicado]

13.ª Série

- *A vida de Raleigh*. [não publicado]
- *A Lua*. [não publicado]
- *História da China*. [não publicado]
- *Os insetos*. [não publicado]
- *Psicologia infantil*. [não publicado]
- *O sistema Decroly*. [não publicado]

14.ª Série

- *A vida e a obra de Zamenhof*. [não publicado]
- *O sistema de Aristóteles*. [não publicado]
- *A Turquia moderna*. [não publicado]
- *Literatura espanhola*. [não publicado]
- *O homem pré-histórico*. [não publicado]
- *História da medicina*. [não publicado]

15.ª Série

- *História da Inglaterra*. [não publicado]
- *Voltaire*. [não publicado]
- *Os planetas*. [não publicado]
- *A civilização fenícia*. [não publicado]
- *As catedrais*. [não publicado]
- *Literatura grega*. [não publicado]

16.ª Série

- *Byrd no gelo austral.* [não publicado]
- *História da eletricidade.* [não publicado]
- *Lunetas e telescópios.* [não publicado]
- *Haendel.* [não publicado]
- *A tuberculose.* [não publicado]
- *Liberalismo econômico.* [não publicado]

3. Antologia – introdução aos grandes autores

Esta coleção, paralela a *Iniciação* – cadernos de informação cultural, destina-se a fornecer, a preço acessível, textos escolhidos de todos os grandes autores do mundo, acompanhados de uma breve introdução e, quando necessário, de notas. Não há, na organização desta *Antologia*, nenhum exclusivismo literário, político ou religioso; os comentários são, igualmente, de caráter objetivo.

Não houve a preocupação de escolher os textos por um critério de beleza puramente literário ou de apenas apresentar aqueles em que o autor foi mais brilhante; o desígnio do organizador foi o de se fixar, por um lado, nos que melhor podem dar ideia do espírito do escritor e das circunstâncias da sua época, por outro lado, nos que poderão exercer maior ação de esclarecimento.

Os cadernos serão, por agora, de publicação quinzenal; não sairão numerados, podendo cada comprador dispô-los por ordem de saída ou por autores. A assinatura faz-se por séries de 6 cadernos e custa 5$50, incluindo porte e despesas de cobrança.[51]

Agostinho da Silva

[51] Texto de apresentação da coleção *Antologia* – introdução aos grandes autores, presente na porção superior da quarta capa de alguns desses cadernos. Na sequência, logo abaixo, figuram listas de divulgação de séries da própria coleção que, no caso dos cadernos que não trazem o citado texto de apresentação, ocupam, acrescidas, outrossim o espaço oportunamente a ele destinado.

1.ª Série

- Voltaire, *Diálogos filosóficos*. Lisboa: Edição do Organizador, 1941.
- Arriano, *Manual de Epicteto*. Lisboa: Edição do Organizador, 1941.
- Tolstói, *A terra de que precisa um homem*. Lisboa: Edição do Organizador, 1941.
- Santa Teresa, *Fundação de S. José*. Lisboa: Edição do Organizador, 1941.
- Damião de Góis, *Descobrimentos dos portugueses*. Lisboa: Edição do Organizador, 1941.
- Cervantes, *D. Quixote e Sancho*. Lisboa: Edição do Organizador, 1941.

2.ª Série

- Ruskin, *Vós, os que julgais a Terra*. Lisboa: Edição do Organizador, 1941.
- Ganivet, *A arte espanhola*. Lisboa: Edição do Organizador, 1941.
- Tchekhov, *Um caso médico*. Lisboa: Edição do Organizador, 1941.
- Buffon, *História natural*. Lisboa: Edição do Organizador, 1941.
- Fernão Lopes, *A revolução de Lisboa*. Lisboa: Edição do Organizador, 1941.
- Dostoiévski, *O grande inquisidor*. Lisboa: Edição do Organizador, 1941.

3.ª Série

- Erasmo, *Colóquios*. Lisboa: Edição do Organizador, 1941.
- Lamarck, *Filosofia zoológica*. Lisboa: Edição do Organizador, 1941.
- Mérimée, *Mateo Falcone*. Lisboa: Edição do Organizador, 1941.
- Heródoto, *Viagem ao Egito*. Lisboa: Edição do Organizador, 1942.
- Flaubert, *Cartago*. Lisboa: Edição do Organizador, 1942.
- Frei Luís de Sousa, *Austeridade do arcebispo*. Lisboa: Edição do Organizador, 1942.

4.ª Série

- Harvey, *A circulação do sangue*. Lisboa: Edição do Organizador, 1942.
- Lichnowsky, *Portugal em 1842*. Lisboa: Edição do Organizador, 1942.
- Guizot, *A civilização feudal*. Lisboa: Edição do Organizador, 1942.
- Diogo do Couto, *Negócios da Índia*. Lisboa: Edição do Organizador, 1942.
- Maupassant, *O adereço*. Lisboa: Edição do Organizador, 1942.
- Mateo Alemán, *O pai de Guzmán*. Lisboa: Edição do Organizador, 1942.

5.ª Série

- Condorcet, *Progressos do espírito humano*. Lisboa: Edição do Organizador, 1942.
- Lérmontov, *Taman*. Lisboa: Edição do Organizador, 1942.
- Marco Aurélio, *Pensamentos*. Lisboa: Edição do Organizador, 1942.
- Faraday, *Experiências de eletricidade*. Lisboa: Edição do Organizador, 1942.
- Stendhal, *Waterloo*. Lisboa: Edição do Organizador, 1942.
- Azurara, *Empresas do Infante*. Lisboa: Edição do Organizador, 1942.

6.ª Série

- Fénelon, *Diálogos dos mortos*. Lisboa: Edição do Organizador, 1942.
- Bacon, *Ensaios*. Lisboa: Edição do Organizador, 1943.
- Andreiev, *Silêncio*. Lisboa: Edição do Organizador, 1943.
- Maomé, *Suratas de Meca*. Lisboa: Edição do Organizador, 1943.
- Walt Whitman, *Folhas de erva*. Lisboa: Edição do Organizador, 1943.
- Petrônio, *Banquete de Trimalcião*. Lisboa: Edição do Organizador, 1943.

7.ª Série

- Victor Hugo, *Gauvain e Cimourdain*. Lisboa: Edição do Organizador, s.d. [1943 ou 1944]
- Edgar Poe, *Descida ao Maelström*. Lisboa: Edição do Organizador, s.d. [1943 ou 1944]
- Montaigne, *Do arrependimento*. Lisboa: Edição do Organizador, s.d. [1943 ou 1944]
- Franklin, *Autobiografia*. Lisboa: Edição do Organizador, s.d. [c. 1944]
- Platão, *Teoria do Amor*. Lisboa: Edição do Organizador, s.d. [c. 1944]
- Dickens, *Copperfield na escola*. Lisboa: Edição do Organizador, s. d. [c. 1944]

8.ª Série

- Joaquin Costa, *Ideário espanhol*. Lisboa: Edição do Organizador, s.d. [c. 1944]
- Swift, *No país dos cavalos*. Lisboa: Edição do Organizador, 1946.

- Claude Bernard, *Observação e experiência*. Lisboa: Edição do Organizador, 1946.
- Larra, *Quadros de costumes*. Lisboa: Edição do Organizador, 1946.
- More, *Utopia*. Lisboa: Edição do Organizador, 1946.
- Molière, *Tartufo*. Lisboa: Edição do Organizador, 1946.

9.ª Série

- Rodó, *Juventude*. Lisboa: Edição do Organizador, 1946.
- Lucrécio, *Da natureza*. Lisboa: Edição do Organizador, 1947.
- Emerson, *Confiança*. Lisboa: Edição do Organizador, 1947.
- Shakespeare, *Morte de Júlio César*. [não publicado]
- Tolentino, *Sátiras*. [não publicado]
- Machado de Assis, *Capitu*. [não publicado]

10.ª Série

- Aristófanes, *O regresso da paz*. [não publicado]
- Blake, *Bodas do céu e do inferno*. [não publicado]
- Unamuno, *As hurdes*. [não publicado]
- Lao Tsé, *O caminho*. [não publicado]
- Balzac, *O verdugo*. [não publicado]
- Euclides da Cunha, *O fim da revolta*. [não publicado]

4. À VOLTA DO MUNDO – TEXTOS PARA A JUVENTUDE

Destina-se esta coleção de cadernos a fornecer aos mais novos, de maneira acessível, uma iniciação cultural que os livros escolares raras vezes dão e sem a qual não pode haver a base necessária para uma visão da vida atual e fecunda. Como nas outras publicações do autor, não se procura forçar os espíritos, não se tem por objetivo uma determinada formação doutrinária; trata-se de informar, de esclarecer, de guiar. Os cadernos, que são escritos em linguagem apropriada para rapazes e raparigas entre os 10 e os 16 anos, sairão semanalmente, a partir de janeiro de 1943, se o número de assinaturas for suficiente; o preço da série de seis números será de 7$50, o preço do caderno avulso 1$50. Todos os pedidos de assinatura ou a indicação de nomes de prováveis assinantes, o que será indispensável para o lançamento dos cadernos, poderão ser dirigidos desde já para o autor.[52]

Agostinho da Silva

1.ª Série

- *Vida das enguias*. Lisboa: Edição do Autor, s.d. [c. 1942-1943]
- *Como se faz um túnel*. Lisboa: Edição do Autor, s.d. [c. 1943]
- *História dos comboios*. Lisboa: Edição do Autor, s.d. [c. 1943]
- *Aventuras com tubarões*. Lisboa: Edição do Autor, s.d. [c. 1943]
- *O sábio Confúcio*. Lisboa: Edição do Autor, s.d. [c. 1943]
- *Viagem à Lua*. Lisboa: Edição do Autor, s.d. [c. 1943]

2.ª Série

- *Os primeiros aviões*. Lisboa: Edição do Autor, s.d. [c. 1943]
- *Como se faz um jornal*. [não publicado]
- *Maravilhas das vespas*. [não publicado]
- *Um voo sobre o gelo*. [não publicado]
- *Os ninhos das aves*. [não publicado]
- *A Odisseia*. [não publicado]

3.ª Série

- *Os peles-vermelhas*. [não publicado]
- *D. Quixote*. [não publicado]
- *Como se faz uma ponte*. [não publicado]
- *Os pinguins*. [não publicado]
- *Experiências de química*. [não publicado]
- *Os faróis*. [não publicado]

---

[52] Texto de apresentação da coleção *À volta do mundo* – textos para a juventude, publicizado na última página de alguns cadernos *Iniciação* e *Antologia*.

4.ª Série

- *História dos vapores.* [não publicado]
- *Os mamutes gelados.* [não publicado]
- *Como se faz uma estrada.* [não publicado]
- *Barracas de campo.* [não publicado]
- *Histórias de cães.* [não publicado]
- *Hiawatha.* [não publicado]

5. Cuadernos de información cultural

Publicación quincenal
Texto: George Nansen [pseudônimo]
Traducción: Julieta Tagle y Cipriano S. Vitureira
Clisés [Clichês]: Campiglia y Sommaschini
Composición: Julio Núñez
Tipografía: Isidro Pelfort [ou] Virgilio Chazarreta
Impresión: Juan Battaglia
Encuadernación: Italo Briano

El primer semestre de los Cuadernos:

- *Vida de Masaryk*, n. 1. Montevideo: SPS Ediciones, 7 octubre 1946.
- *El Sahara*, n. 2. Montevideo: SPS Ediciones, 1946.
- *Filosofía presocrática*, n. 3. Montevideo: SPS Ediciones, 1946.
- *Por tres huevos de pingüino.* [certamente não publicado]
- *El petróleo.* [certamente não publicado]
- *Historia del Japón.* [certamente não publicado]
- *Literatura rusa.* [certamente não publicado]
- *El Sol.* [certamente não publicado]
- *Las escuelas de Winnetka.* [certamente não publicado]
- *El mundo de los microbios.* [certamente não publicado]
- *Vida y arte de Van Gogh.* [certamente não publicado]
- *El budismo.* [certamente não publicado]

Algunos de los cuadernos a publicar:[53]

Arte	Astronomía	Biografía
Las catedrales.	*Las estrellas.*	*Edison.*
Ticiano.	*La luna.*	*Pierre Currie.*
El arte egipcio.	*El planeta Marte.*	*Florence Nightingale.*
Goya.	*Lunetas y telescopios.*	*Vivekananda.*
El arte prehistórico.		*Zamenhof.*
Biología	**Educación**	**Filosofía**
Las abejas.	*El método de proyectos.*	*Sócrates.*
El transformismo.	*El Plan Dalton.*	*Platón.*
Los insectos.	*La educación de los adultos.*	*El pensamiento de Epicuro.*
		El sistema de Spinoza.
Física y Química	**Geografía**	**Historia**
El hierro.	*Los volcanes.*	*Historia de China.*
La hulla.	*La Turquia moderna.*	*Historia de Holanda.*
La radioactividad.	*Los Andes.*	*Historia de los Estados Unidos.*
Historia de la electricidad.	*La Siberia.*	*Historia de Egipto antiguo.*
Literatura	**Medicina**	**Música**
Literatura latina.	*Historia de la medicina.*	*Mozart.*
Literatura sueca.	*El cáncer.*	*Bach.*
Goethe.	*El sistema nervioso.*	*Historia de la música.*
Voltaire.		*Teoría de la música.*
Religión	**Sociología**	**Viajes**
La Reforma.	*Las cooperativas.*	*La ascensión a los Himalayas.*
El totemismo.	*El liberalismo económico.*	*Los viajes de Livingstone.*
El islamismo.	*Los primitivos contemporáneos.*	*Byrd en el Antártico.*

[53] A despeito de anunciados, por exemplo, em *Filosofía presocrática*, não há nenhum indício de que tais títulos dos Cuadernos de Información Cultural tenham sido realmente publicados.

Cartas-circulares

Circular[54]

Lisboa, novembro de 1941

Ex.mo Senhor,

Torna-se por vezes difícil a quem vive afastado dos centros de cultura manter-se a par do que se vai publicando e saber em cada momento quais são as obras de que poderia dispor. Por outro lado, as características especiais de quase toda a crítica, sem discriminação entre o que vale a pena ler e o que aparece com reduzido valor, fazem que ela não ofereça ao leitor nenhum guia seguro.

Pensou-se, pois, em criar uma organização que remediasse essa falha da nossa cultura, pelos seguintes meios:

a) Envio periódico de um boletim bibliográfico-crítico das melhores obras publicadas nos vários ramos de cultura, com indicação de preços;
b) Serviço de consultas bibliográficas, com fornecimento de listas sobre assuntos especializados;
c) Envio, a pedido, de listas para formação gradual de pequenas bibliotecas de cultura geral;
d) Remessa de todos os livros nacionais e estrangeiros que forem requisitados e que a organização fará acompanhar, quando o entender conveniente, de indicações críticas.

O Boletim,[55] cujo primeiro número, salvo aviso em contrário, será enviado a V. Ex.ª nos princípios de janeiro, sai, de início, seis vezes por ano, em

[54] Agostinho da Silva. *Circular*. Lisboa, datiloscrito, novembro de 1941.

[55] Agostinho da Silva refere-se nesta circular ao boletim que haveria de ser publicado no início de 1942 com o título *Guia de leitores*. Notas críticas de bibliografia moderna. Lisboa: Edição de Agostinho da Silva, s.d. [1942] Embora pensado como uma publicação bimestral, o *Guia*

fascículos de 24 páginas, e custa, por assinatura anual, 7$50. Para o serviço das

---

não passa do primeiro fascículo, já que "sem exposição dos motivos" o Ministério do Interior de Portugal, por meio da sua Direção Geral da Censura, o suspenderia logo em seguida (cf. a próxima *Circular*, p. 365 e 366 do presente tomo). A edição reunia resenhas de José Castelo-Branco Chaves sobre Erico Verissimo; de Antônio Sérgio acerca do livro *La Turquie, passé et présent*, de Marcel Clerget; de Vitorino Magalhães Godinho, relativamente à obra do comandante Richard Lefebvre des Noëttes, *L'Attelage. Le cheval de selle à travers les âges*; de João Pedro de Andrade sobre os *Contos durienses* de João de Araújo Correia; de Antônio Lima de Faria a respeito de *Síntese* – revista mensal de cultura, de *Naturália* – revista trimestral de divulgação e das *Palestras científicas* de Matias Boleto Ferreira de Mira; de Álvaro Salema a propósito de *O problema do trigo*, de Henrique de Barros, de *Histoire de la navigation*, de Auguste Thomazi, e de *Histoire de la propriété*, de Félicien Challaye; e, finalmente, uma seção de "Notas" assinada por José Castelo-Branco Chaves, intitulada *Esta palavra: – Romantismo...*, e outra de "Alguns livros recentes em língua portuguesa", da autoria ao que tudo indica de Agostinho da Silva, na qual se listam e recomendam 56 obras. Pelo interesse didático, educativo e cultural que o *Guia de leitores* desperta, tão consentâneo, afinal de contas, com o projeto das Biografias e dos Cadernos, transcrevemos na sequência a íntegra da "Nota prévia" que Agostinho compôs enquanto editor de tal publicação: "Destina-se o *Guia de leitores* a fornecer a todos aqueles que desejam iniciar ou alargar a sua cultura os elementos bibliográficos que lhe sejam necessários, e, ao mesmo tempo, a provocar a criação, ou a afirmação, de um espírito crítico que, segundo parece, tem faltado bastante entre nós. Não se procura, nem nos artigos nem nas notas, fazer crítica de grande voo ou trabalho de erudição; trata-se de elucidar, de guiar, como o título indica, de um amparar de primeiros passos e, igualmente, de um marcar de alvos que seria desejável atingir. Cada um dos colaboradores deixará marcado na sua prosa o traço particular do temperamento e das ideias; no conjunto, o *Guia* procura acima de tudo compreender, informar, esclarecer. Como acontece com todos os empreendimentos, fixou-se neste um ponto de partida – a inteligência crítica –, um caminho de avanço – o sentido da possibilidade de convivência das várias correntes de pensamento –, um objetivo a alcançar – o amor da cultura –, no que esta palavra significa de humanidade, de finura de espírito, de vontade de progresso intelectual, moral e material. Tudo o que se fizer dentro destas linhas gerais depende de nós, das circunstâncias e dos leitores; somos os primeiros a ajudarmo-nos, por isso esperamos que nos ajudem, prestando-nos todo o auxílio que pareça possível e não esquecendo que será muito importante para nós o criticarem o nosso trabalho, para que remediemos os pontos fracos; e esperamos também que o ambiente mundial não se revele muito adverso, ou, pelo menos, que tenhamos todos, autores e leitores, a força de ânimo suficiente para suportarmos as dificuldades e as alíneas b) e c) é necessário enviar um escudo em selos; para a remessa de livros existem três modalidades:

a) o interessado envia em vale ou selos, preferindo-se o primeiro meio, a importância do volume que requisita, mais um escudo para despesa de embalagem e porte;

b) o volume segue à cobrança, havendo a pagar o preço do livro, mais as despesas de embalagem e correio;

c) o leitor estabelece na organização um depósito e os livros que for requisitando são-lhe enviados com um extrato da conta-corrente.

O propósito, e seria talvez escusado dizê-lo, não é o do lucro; os serviços, porém, têm de se sustentar, para que possam exercer a sua missão; e terão tanto mais possibilidade de serem menos caros, quanto maior for o número de pessoas que dele se utilizem. Pode V. Ex.ª contribuir para isso, indicando o nome de amigos seus a quem possa ser enviada a presente circular e fazendo entre as suas relações a possível propaganda desses serviços.

De V. Ex.ª muito atento,

Agostinho da Silva
Rua Dr. Antônio Martins, 24 – 2.º – Lisboa-N.
Telefone 52296

---

momentâneas imperfeições e fazermos do *Guia* um pequeno reduto das esperanças que todos temos de que as atividades culturais poderão conhecer tempos melhores".

Circular[56]

Lisboa, (data do correio)

Ex.mo Senhor,

Conforme o prometido, comunico a V. Ex.ª que, nos anos de 1940 e 1941, o lucro bruto dos Cadernos foi de 21.730$45 e o lucro líquido de 8.751$74; como se dispendeu em obras de cultura – laboratório de estudos biológicos, escola infantil experimental, palestras e sessões de cultura, auxílios a bibliotecas –, de que em tempo oportuno enviarei relatório a V. Ex.ª, e em material de preparação para os Cadernos – lições, livros, discos, etc. – a quantia de 14.047$85, o *déficit* foi de 5.296$11.

Embora se tenham reduzido muito estas despesas durante o corrente ano, a situação financeira dos Cadernos agravou-se, em parte porque foi necessário admitir pessoal, mas sobretudo porque, com o aumento do número de assinantes, se elevou imenso a percentagem de recibos e cadernos devolvidos; é frequente ser pago um recibo só à terceira vez, o que traz um total de despesas de quase 5$00 em cada 6$50, e frequente também ser devolvido o recibo sem que o sejam os cadernos correspondentes, o que representa perda total; há, da parte de um grande número das pessoas que se inscreveram para receber os Cadernos, um certo esquecimento das dificuldades que encontra em Portugal uma publicação que não deseja nenhuma espécie de reclame e se tem de sustentar apenas com as suas receitas de venda, por ser impossível ao editor fazer agora qualquer espécie de suprimentos.

Desejaria dizer desde já a V. Ex.ª que não creio terem razão os Amigos que me têm escrito a queixar-se a esse propósito das "más qualidade humanas" e a mostrar como entre nós todo o esforço é inútil; em primeiro lugar, parece-me admirável que ainda seja tão boa uma humanidade submetida a tão duras provas pelo seu regime econômico e social; em segundo lugar, julgo que

[56] Agostinho da Silva. *Circular*. Lisboa, datiloscrito, s.d. [1.º semestre de 1942.]

o esforço não será inútil se persistirmos nele, se não abandonarmos a empresa logo aos primeiros obstáculos, se tentarmos tudo aquilo que à primeira vista se afigura como impossível. Por minha parte, asseguro a V. Ex.ª que só desistirei quando o dinheiro me faltar de todo, não porque, como já escrevi uma vez, esteja convencido de que se realiza com os Cadernos uma grande obra cultural, mas sim porque me parece que a primeira tarefa dos que no nosso país tentam levar o seu povo a outros destinos está em não desanimar, em não se render, em não abandonar o caminho tomado senão quando circunstâncias externas os dominem de vez; e, para terminar este ponto, devo dizer a V. Ex.ª que não creio que haja circunstâncias externas que possam "dominar de vez" quem de fato se empregou com toda a vontade na realização de uma obra.

Seria bom, no entanto, que todos contribuíssem para que as dificuldades fossem menores; poderia combinar-se que as cobranças normais, isto é, as das séries não atrasadas, se fariam regularmente nos dias 1 a 3, tomando cada um em sua casa as providências necessárias; quando fosse devolvido um recibo, eu enviaria um aviso e o pagamento seria feito na administração, por vale ou selos postais, na altura que o assinante entendesse oportuna, sendo-lhe depois enviados todos os cadernos em atraso.

Escusado será dizer que agradeceria qualquer indicação de novos assinantes que pudesse ser-me enviada.

*

O *Guia de Leitores* foi acolhido por parte da imprensa com elogios, por outra parte com artigos violentos. Creio que a publicação não justificava nem uma nem outra atitude, porque não era excelente nem era péssima; seria perfeita uma atitude de simpatia benévola e a sugestão de aperfeiçoamentos a introduzir. Tinha, para o segundo fascículo, composto uma nota em que dizia isso mesmo e em que assegurava aos polemistas que atacaram o *Guia* que todas as suas palavras só me tinham firmado na convicção de que é muito necessário em Portugal um trabalho de apuramento do sentido de convivência, daquele sentido de tolerância que não vê logo a variedade e o espírito crítico como invenções diabólicas ou manejos de potências estrangeiras; a nota, no entanto, não pôde ser publicada porque o *Guia* foi suspenso, sem exposição dos motivos, pela Direção Geral da Censura. Comunico, portanto, a todos que chegaram a pagar a sua assinatura que podem, ou aguardar que a publicação prossiga, ou pedir a restituição da quantia enviada; esta ser-lhes-á remetida por inteiro, porque creio que só devem fazer sacrifícios aqueles que têm confiança no futuro e estão realmente empenhados numa obra de melhoramento dos homens.

*

A publicação das Biografias no gênero da de Robert Owen, deve prosseguir; os Amigos que as receberem não deverão tomá-las como uma imposição; o livro vai para que o vejam, para que saibam que foi publicado; quem não quiser ficar com ele, devolve-o, sem qualquer hesitação nem pedidos de desculpa.

Creia-me V. Ex.ª muito obrigado.

Agostinho da Silva

Nota – Por dificuldade de documentação, *A vida e a arte de Cellini* será distribuída depois de *O Plano Dalton*.

CIRCULAR[57]

Lisboa, outubro de 1942

Exmo Senhor,

Recebe hoje V. Ex.ª um exemplar da *Vida de Pasteur*, pertencente a uma série de biografias de que já estão publicadas *Vida de Robert Owen*, *Vida de Miguel Ângelo*, *Vida de Lincoln*, *Vida de Zola*, *Vida de Francisco de Assis*, *Vida de Pestalozzi*, *Vida de Washington* e de que entrou no prelo a *Vida de Franklin*. Publicam-se três a quatro volumes por ano e a venda é por exemplar, não se tomando assinaturas, o que não leva, da parte do autor, a compromissos de prazo ou preço, nem da parte do comprador a compromissos de aquisição. São biografias não romanceadas e em que se procura encontrar sobretudo o sentido educativo e construtivo das vidas que narram. No caso da *Vida de Pasteur* não interessar a V. Ex.ª, muito lhe agradecia o favor de ma devolver, evitando inúteis despesas de cobrança que será feita dentro de quinze dias.

Se V. Ex.ª o desejar, poderei enviar-lhe exemplares das outras obras anunciadas no presente volume.

De V. Ex.ª muito obrigado,

Agostinho da Silva
Rua Dr. Antônio Martins, 24 – 2.º
Lisboa-N.

[57] Agostinho da Silva. *Circular*. Lisboa, datiloscrito, outubro de 1942.

CIRCULAR[58]

Lisboa, novembro de 1942

Ex.mo Senhor,

Desejaria, antes de mais, porque me parece ser esse o ponto que importa na tarefa a que nos lançamos, comunicar a V. Ex.ª qual a possível influência dos Cadernos no desenvolvimento cultural do país; os elementos faltam, porém, por completo; as críticas dos jornais são poucas e quase sempre elogiosas; nas cartas dos Amigos há também, segundo creio, e fora algumas exceções, um excessivo sacrifício às fórmulas de cortesia e ao hábito que todos tomamos em Portugal de nos furtarmos à censura que julgamos poder magoar a pessoa a quem é dirigida; a julgar pelos que se manifestam, os Cadernos constituem uma obra notável: no entanto, todos sabemos que o não é e parecem-me serem absolutamente justos os que lhes apontaram certa diversidade nos processos de tratamento dos assuntos, silêncio sobre pormenores que seria importante notar e até, nalguns pontos, erros de informação, que não foram de resto muito graves; são também muito justificadas as observações quanto ao nível cultural dos Cadernos: não podem ser entendidos, na sua maioria, pela massa popular; isso só vem demonstrar que há, na realidade, assuntos que não são vulgarizáveis e que, nos que o são, é necessário fazer a vulgarização por vários níveis. Apesar de tudo, parece-me que os Cadernos não têm sido inúteis: se não deram a muitos nenhuns elementos de cultura, deram-lhes talvez uma certa atitude, confirmaram-nos, especialmente pelos cadernos com biografias, num tom de perseverança, de coragem, de confiança na vitória que é essencial para que alguma coisa se faça.

*

Quanto ao aspecto financeiro, melhorou-se bastante; creio que, dentro de alguns meses, estarei desembaraçado dos compromissos que foi preciso tomar

[58] Agostinho da Silva. *Circular*. Lisboa, datiloscrito, novembro de 1942.

para que os Cadernos se lançassem e que a sua vida, pelo lado material, estará garantida. Há, porém, um ponto em que a situação é difícil: para preparar os Cadernos é necessária muita leitura; os livros são caros e as nossas bibliotecas, como se sabe, mal fornecidas; conviria, portanto, que eu tivesse ao meu dispor uma verba avultada, o que se conseguiria elevando o preço dos Cadernos para 7$50 cada série e 1$50 o número avulso; é a solução que se terá de adotar se não houver grande aumento no número de assinantes. Não é justo, porém, que os livros adquiridos pelo esforço de todos fiquem propriedade minha; se tiver de aumentar o preço dos Cadernos – do que não farei novo aviso, para evitar despesas –, estudarei o processo de os pôr à disposição de todos; as normas de utilização serão indicadas no primeiro catálogo a distribuir e interessar-me-ia muito receber desde já todos os alvitres sobre o assunto.

*

Em janeiro do próximo ano deve principiar a reimpressão dos cadernos esgotados, começando-se pela primeira série; os Amigos que desejarem cadernos pertencentes a essa série enviarão, logo que possam, um postal com o nome, morada e título dos cadernos pedidos; os cadernos irão à cobrança, no caso da quantia não ser enviada juntamente com a requisição; na cobrança pelo correio terão, possivelmente, de ser incluídas as despesas do registro, de taxa de apresentação e de vale, o que soma 1$40.

*

Dos Cadernos *À volta do mundo*, destinados à juventude e de que decerto já viu anúncio nas capas de *Iniciação* e de *Antologia*, será enviado o primeiro número a todos os assinantes, para que tomem conhecimento da publicação e possam fazer alguma propaganda entre os seus amigos, devolvendo-me o caderno no caso de não terem conseguido colocação ou de não o quererem também para si próprios. Agradecia muito a indicação de nomes de assinantes certos ou prováveis.

*

Não desejo fechar esta comunicação sem falar de alguns enganos, nem muito graves nem muito numerosos, que se têm verificado nos serviços de administração e que nem sempre os interessados têm acolhido com grande paciência; creio que têm razão se lhes parece que uma fiscalização mais apertada, normas de trabalho mais de acordo com o que se faz em todos os escritórios, seriam capazes de evitar os lapsos; mas julguei eu que era melhor irmos por outro caminho: uma obra de cultura tem de a ser em tudo e é para mim fora de dúvida que a humanidade, o interesse, o gosto da vida que se podem desenvolver por outros processos valem bem os aborrecimentos que de quando em quando possa haver.

Creia-me V. Ex.ª muito obrigado.

Agostinho da Silva

Circular[59]

Lisboa, (data do correio)

Ex.mo Senhor,

A vida das enguias, de que V. Ex.ª recebe hoje um exemplar, é o primeiro caderno de uma coleção, *À volta do mundo*, que publicará textos destinados a rapazes e raparigas dentre os 10 e os 16 anos de idade. V. Ex.ª sabe quanto a nossa produção de livros é deficiente em obras deste gênero e toda a importância que têm na formação da mocidade; espero que V. Ex.ª considere bem o problema, antes de tomar qualquer resolução que possa prejudicar o bom êxito dessa tentativa.

A cobrança da quantia relativa à 1.ª série far-se-á pelo correio dentro de quinze dias, bastando que, no caso de V. Ex.ª não desejar assinar a coleção, devolva o presente caderno, no mesmo invólucro e sem nova franquia.

Agradeceria muito que V. Ex.ª, mesmo no caso de não fazer a assinatura, me enviasse uma lista de assinantes, certos ou prováveis, sem qualquer compromisso da parte de V. Ex.ª.

É possível que V. Ex.ª desejasse oferecer alguma assinatura a crianças suas conhecidas, a hospitais, asilos, patronatos ou escolas, e que as circunstâncias não lhe permitam realizar este desejo; peço a V. Ex.ª que, mesmo assim, me indique os endereços: os cadernos serão enviados gratuitamente, na medida das possibilidades econômicas que *À volta do mundo* conseguir.

---

[59] Agostinho da Silva. *Circular*. Lisboa, datiloscrito, s.d. [Janeiro de 1943, conforme data constante no original manuscrito.] No verso da folha desta circular, figura um anúncio denominado "Outras publicações", no qual se faz referência aos últimos títulos publicados em *Iniciação* – cadernos de informação cultural (7.ª e 8.ª séries), *Antologia* – introdução aos grandes autores (5.ª e 6.ª séries) e Biografias (todos os títulos, exceto *A Vida de Moisés*, lançados até 1942). Cf., neste capítulo, as páginas 351-52, 356 e 344-45, respectivamente.

De V. Ex.ª muito obrigado,

Agostinho da Silva
Rua Dr. Antônio Martins, 24 – 2.º
Lisboa-N.
Telefone: 52296

CIRCULAR[60]

Punta de Rieles, Montevidéu, 12 de janeiro de 1947

Prezado Amigo,

Ao fim de cerca de sete anos dos Cadernos, os resultados financeiros são os seguintes: quase sessenta contos de dívidas à Tipografia, vinte contos de dívidas a um Amigo, oito contos de dívidas a outro Amigo.

As causas desta situação foram, entre outras menores: deficiências de produção na oficina, em virtude dos efeitos da guerra, o que deu origem a grandes demoras na entrega; o reduzido número de assinantes durante os primeiros anos de trabalho; o desinteresse, e, mais que o desinteresse, o combate aberto de grande número de livrarias, às quais pareceu que o aparecimento de folhetos baratos prejudicava o negócio de livros caros; certos "erros de administração" cometidos por nós, como, por exemplo, o de se enviarem as publicações grátis a quem as não podia pagar e o de se não despedirem empregados que já não eram necessários, mas que não encontravam outro emprego; finalmente, alguns incidentes de vária natureza e de que só mais tarde poderemos falar com todo o pormenor.

Levanta-se aqui o problema de sabermos se vale ou não vale a pena continuar a publicação dos Cadernos. Para uns não vale: acham que os folhetos são mal feitos, ou que o público não tem por eles interesse suficiente, ou que antes me deveria dedicar a obras de alta cultura. Para outros vale: têm a certeza de que, seja qual for o mérito próprio dos Cadernos, eles lhes abriram caminhos que a tal alta cultura mantinha cerrados; caminhos de espírito e de vida nova, que valem muito mais do que os de saber.

Estou com estes últimos, e para eles continuarei o meu trabalho: impresso, se puder ser impresso; se a economia o não permitir, mimeografado,

---

60 Agostinho da Silva. *Circular*. Punta de Rieles, Montevidéu, datiloscrito, 12 de janeiro de 1947.

datilografado, ou escrito à mão, como último recurso; mas havemos de ir até o fim, quaisquer que sejam as dificuldades, as interrupções, ou os desânimos.

De momento, e quanto à situação financeira, vai fazer-se o seguinte: venda de tudo quanto possuo em Lisboa – livros, mobiliário, objetos de casa, aparelhos científicos, meia dúzia de reproduções de arte; venda de tudo quanto possuo aqui e me não seja estritamente indispensável: há gente que vive com muito menos; ajustamento das tiragens ao número dos assinantes, suprimindo-se a venda avulsa; redução das despesas de escritório e de correio pela entrega dos Cadernos série a série e não, como até aqui, número a número; pedido a todos os assinantes para que paguem adiantado e diretamente ao escritório o maior número possível de séries; pedido a todos os Amigos para que procurem aumentar o número de assinantes.

Como, por minha parte, dei tudo o que podia, sinto-me autorizado a fazer outro pedido: o de que todas as pessoas interessadas na manutenção dos Cadernos enviem a título de dádiva ou de empréstimo sem garantia de paga, qualquer quantia, por mínima que seja, para que se possa constituir um Fundo de Auxílio às edições, inteiramente à parte dos rendimentos de venda.

Espero que, por tudo isso, lhe possa dentro em pouco enviar melhores notícias; mas, se elas forem más, não se deixe abater: derrotas não importam; o que importa é que através de tudo, se mantenha viva a fé que nos trará, na última batalha, a plena vitória.

Agostinho da Silva

CADERNOS E BIOGRAFIAS EM IMAGENS (SELETA)

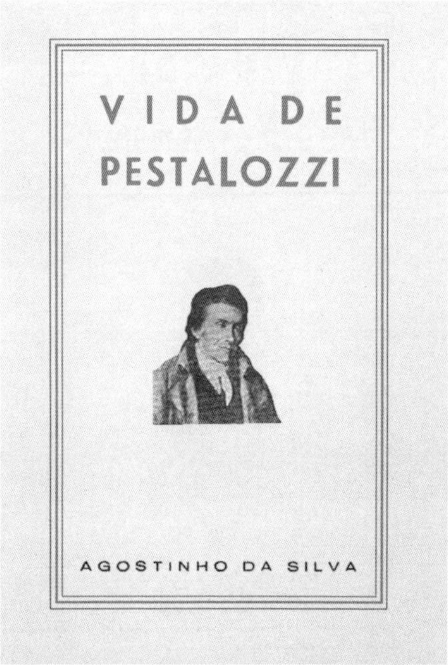

VIDA DE
ROBERT OWEN
POR
AGOSTINHO DA SILVA

VIDA DE
MIGUEL ANGELO
POR
AGOSTINHO DA SILVA

VIDA DE
FRANKLIN
POR
AGOSTINHO DA SILVA

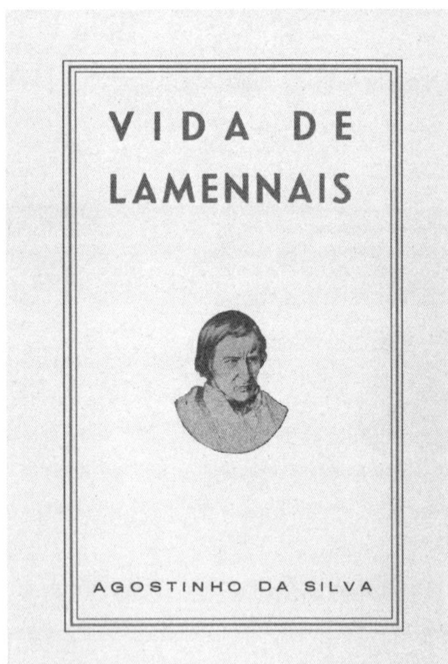
VIDA DE
LAMENNAIS
AGOSTINHO DA SILVA

À VOLTA DO MUNDO

A Vida dos Esquimaus

(Texto organizado por Agostinho da Silva)

SEARA NOVA
LISBOA
1938

À VOLTA DO MUNDO

VIDA E MORTE DE SÓCRATES

(Texto organizado por Agostinho da Silva)

LISBOA
1938

À VOLTA DO MUNDO

A última viagem de Scott

(Texto organizado por Agostinho da Silva)

LISBOA
1939

À VOLTA DO MUNDO

AS ARANHAS

(Texto organizado por Agostinho da Silva)

LISBOA
1939

INICIAÇÃO
CADERNOS DE INFORMAÇÃO CULTURAL
O
PETRÓLEO
LISBOA
1940

INICIAÇÃO
CADERNOS DE INFORMAÇÃO CULTURAL
A VIDA E A ARTE
DE
VAN GOGH
LISBOA
1940

INICIAÇÃO
CADERNOS DE INFORMAÇÃO CULTURAL
HISTÓRIA
DA
HOLANDA
LISBOA
1940

INICIAÇÃO
CADERNOS DE INFORMAÇÃO CULTURAL
A VIDA E A ARTE
DE
TICIANO
LISBOA
1941

INICIAÇÃO

CADERNOS DE INFORMAÇÃO CULTURAL

AS VIAGENS

DE

COLOMBO

LISBOA

1941

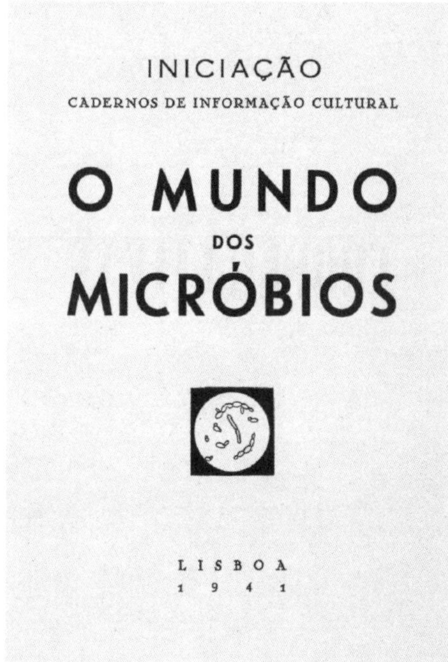
INICIAÇÃO

CADERNOS DE INFORMAÇÃO CULTURAL

O MUNDO

DOS

MICRÓBIOS

LISBOA

1941

INICIAÇÃO

CADERNOS DE INFORMAÇÃO CULTURAL

HISTÓRIA

DO

EGIPTO ANTIGO

LISBOA

1941

INICIAÇÃO

CADERNOS DE INFORMAÇÃO CULTURAL

O PLANO

DALTON

LISBOA

1942

INICIAÇÃO
CADERNOS DE INFORMAÇÃO CULTURAL
AS
COOPERATIVAS
LISBOA
1 9 4 2

INICIAÇÃO
CADERNOS DE INFORMAÇÃO CULTURAL
O SOL
LISBOA
1 9 4 2

INICIAÇÃO
CADERNOS DE INFORMAÇÃO CULTURAL
GOETHE
LISBOA
1 9 4 2

INICIAÇÃO
CADERNOS DE INFORMAÇÃO CULTURAL
BEETHOVEN
LISBOA
1 9 4 2

INICIAÇÃO

CADERNOS DE INFORMAÇÃO CULTURAL

LITERATURA RUSSA

LISBOA

1942

INICIAÇÃO

CADERNOS DE INFORMAÇÃO CULTURAL

ALEXANDRE HERCULANO

LISBOA

1942

INICIAÇÃO

CADERNOS DE INFORMAÇÃO CULTURAL

HISTÓRIA DO JAPÃO

LISBOA

1944

INICIAÇÃO

CADERNOS DE INFORMAÇÃO CULTURAL

VIDA DE VIVEKANANDA

LISBOA

1944

ANTOLOGIA
INTRODUÇÃO AOS GRANDES AUTORES
VOLTAIRE
DIÁLOGOS
FILOSÓFICOS
LISBOA
1941

ANTOLOGIA
INTRODUÇÃO AOS GRANDES AUTORES
RUSKIN
VÓS, OS QUE
JULGAIS
A TERRA
LISBOA
1941

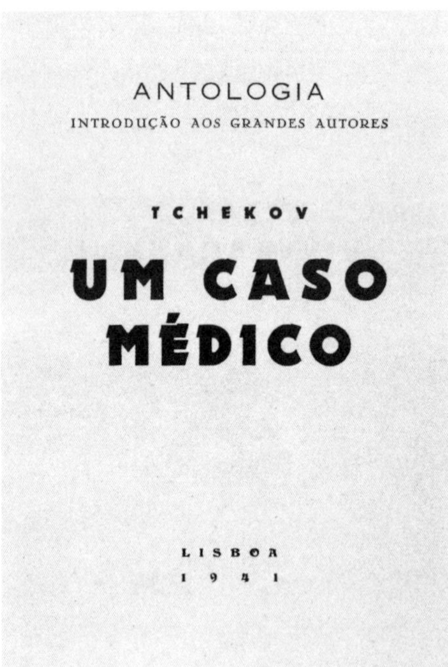
ANTOLOGIA
INTRODUÇÃO AOS GRANDES AUTORES
TCHEKOV
UM CASO
MÉDICO
LISBOA
1941

ANTOLOGIA
INTRODUÇÃO AOS GRANDES AUTORES
BUFFON
HISTÓRIA NATURAL
LISBOA
1941

ANTOLOGIA
INTRODUÇÃO AOS GRANDES AUTORES

ERASMO

COLÓQUIOS

LISBOA
1941

ANTOLOGIA
INTRODUÇÃO AOS GRANDES AUTORES

FÉNELON

DIÁLOGOS
DOS
MORTOS

LISBOA
1942

ANTOLOGIA
INTRODUÇÃO AOS GRANDES AUTORES

MAOMET

SURATAS
DE
MECA

LISBOA
1943

ANTOLOGIA
INTRODUÇÃO AOS GRANDES AUTORES

EDGAR POË

DESCIDA
AO
MAELSTRÖM

AGOSTINHO DA SILVA

ANTOLOGIA
INTRODUÇÃO AOS GRANDES AUTORES
DICKENS
COPPERFIELD NA ESCOLA
AGOSTINHO DA SILVA

ANTOLOGIA
INTRODUÇÃO AOS GRANDES AUTORES
JOAQUIN COSTA
IDEÁRIO ESPANHOL
AGOSTINHO DA SILVA

A' VOLTA DO MUNDO
VIDA DAS ENGUIAS
TEXTOS PARA A JUVENTUDE
POR
AGOSTINHO DA SILVA

A' VOLTA DO MUNDO
COMO SE FAZ UM TÚNEL
TEXTOS PARA A JUVENTUDE
AGOSTINHO DA SILVA

A' VOLTA DO MUNDO
HISTÓRIA DOS COMBÓIOS
TEXTOS PARA A JUVENTUDE
AGOSTINHO DA SILVA

A' VOLTA DO MUNDO
O SÁBIO CONFÚCIO
TEXTOS PARA A JUVENTUDE
AGOSTINHO DA SILVA

A' VOLTA DO MUNDO
VIAGEM À LUA
TEXTOS PARA A JUVENTUDE
AGOSTINHO DA SILVA

A' VOLTA DO MUNDO
OS PRIMEIROS AVIÕES
TEXTOS PARA A JUVENTUDE
AGOSTINHO DA SILVA

INICIAÇÃO
CADERNOS DE INFORMAÇÃO CULTURAL

A VIDA
DE
MASARYK

LISBOA
1941

INICIAÇÃO
CADERNOS DE INFORMAÇÃO CULTURAL

FILOSOFIA
PRE-SOCRÁTICA

LISBOA
1942

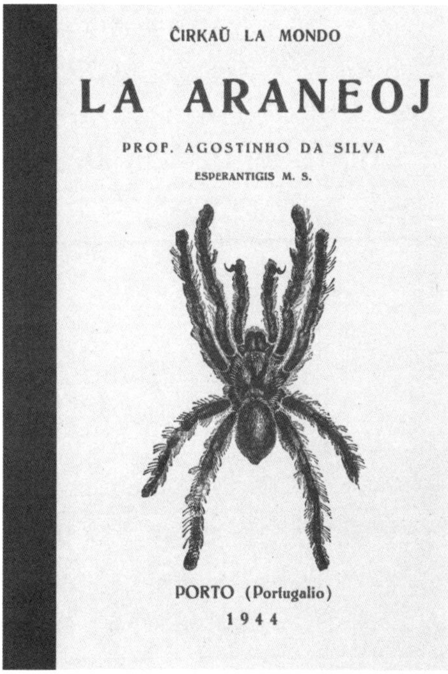
ĈIRKAŬ LA MONDO
LA ARANEOJ
PROF. AGOSTINHO DA SILVA
ESPERANTIGIS M. S.
PORTO (Portugalio)
1944

AŬGUSTENO DE SILVA
VIVO DE ZOLA
EL LA PORTUGALA TRADUKIS
MANUEL DE FREITAS
PORTUGALA ELDONA RONDO
Monte da Lapa, 49-1.º
PORTO (Portugalio)

ENKONDUKO EN LA KULTURON
UNUA VOJAĜO
ĈIRKAŬ LA MONDO
AGOSTINHO DA SILVA
Oceanica Classis
PORTUGALA ELDONA RONDO

ENKONDUKO EN LA KULTURON
LA PRAHISTORIA ARTO
AGOSTINHO DA SILVA
EL LA PORTUGALA LINGVO TRADUKIS
JOSÉ DE FREITAS MARTINS
PORTUGALA ELDONA RONDO

ENKONDUKO EN LA KULTURON

LA BUDHISMO

AGOSTINHO DA SILVA

EL LA PORTUGALA LINGVO TRADUKIS

JOSÉ DE FREITAS MARTINS

PORTUGALA ELDONA RONDO

ENKONDUKO EN LA KULTURON

HISTORIO DE USONO

AGOSTINHO DA SILVA

EL LA PORTUGALA TRADUKIS

MANUEL DE FREITAS

PORTUGALA ELDONA RONDO

ENKONDUKO EN LA KULTURON

VIVO DE NANSEN

AGOSTINHO DA SILVA

EL LA PORTUGALA LINGVO TRADUKIS

EDUARDO DA MOTA PADRÃO

1948

PORTUGALA ELDONA RONDO

Monte da Lapa, 49-1.º

PORTO (Portugalio)

ENKONDUKO EN LA KULTURON

LA PORTUGALA LITERATURO

AGOSTINHO DA SILVA

EL LA PORTUGALA LINGVO TRADUKIS

MANUEL DE FREITAS

PORTUGALA ELDONA RONDO

JÁ CONHECE
FILOSOFIA ENQUANTO POESIA, VOLUME 1
DA BIBLIOTECA AGOSTINHO DA SILVA?

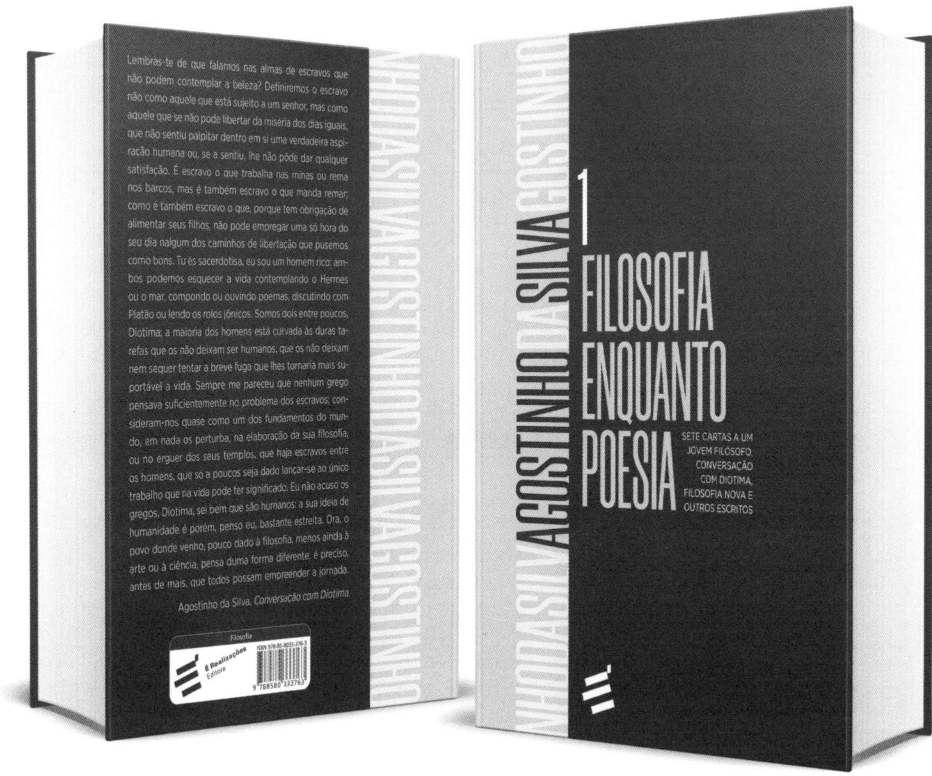

Este livro é a primeira amostra de um tesouro: volume I da Biblioteca Agostinho da Silva, que publica, em edição crítica, escritos desse grande pensador luso-brasileiro. *Filosofia enquanto Poesia* reúne as obras *Sete Cartas a um Jovem Filósofo* – uma das mais conhecidas do autor –, *Conversação com Diotima* e *Parábola da Mulher de Loth*, além de ensaios que Agostinho publicou em *O Estado de S. Paulo* – incluindo "Filosofia nova" –, na coleção *Iniciação: Cadernos de Informação Cultural* – sobre os pré-socráticos, Sócrates, Platão, Epicuro, o estoicismo, a escultura grega e a literatura latina – e como prefácios a traduções de Sófocles, Platão, Aristófanes, Lucrécio, Plauto e Terêncio. Trata-se de uma coletânea que apresenta o *fazer* desse filósofo e escritor. Com organização, posfácio e notas de Amon Pinho, este título conta também com prefácio de Eduardo Giannetti e com depoimentos de Eduardo Lourenço, Joel Serrão, Eugênio Lisboa e o ex-presidente de Portugal Mário Soares.

GOSTINHODASILVAGOSTINH
ODASILVAGOSTINHODASILV
GOSTINHODASILVAGOSTIN
ODASILVAGOSTINHODASIL
AGOSTINHODASILVAGOSTI
HODASILVAGOSTINHODASI
AGOSTINHODASILVAGOST
HODASILVAGOSTINHODAS
VAGOSTINHODASILVAGOST

TINHODASILVAGOSTINHOD
SILVAGOSTINHODASILVAG
STINHODASILVAGOSTINHOD
ASILVAGOSTINHODASILVAG
STINHODASILVAGOSTINHO
ASILVAGOSTINHODASILVAG
OSTINHODASILVAGOSTINH
DASILVAGOSTINHODASILVA
OSTINHODASILVAGOSTINH